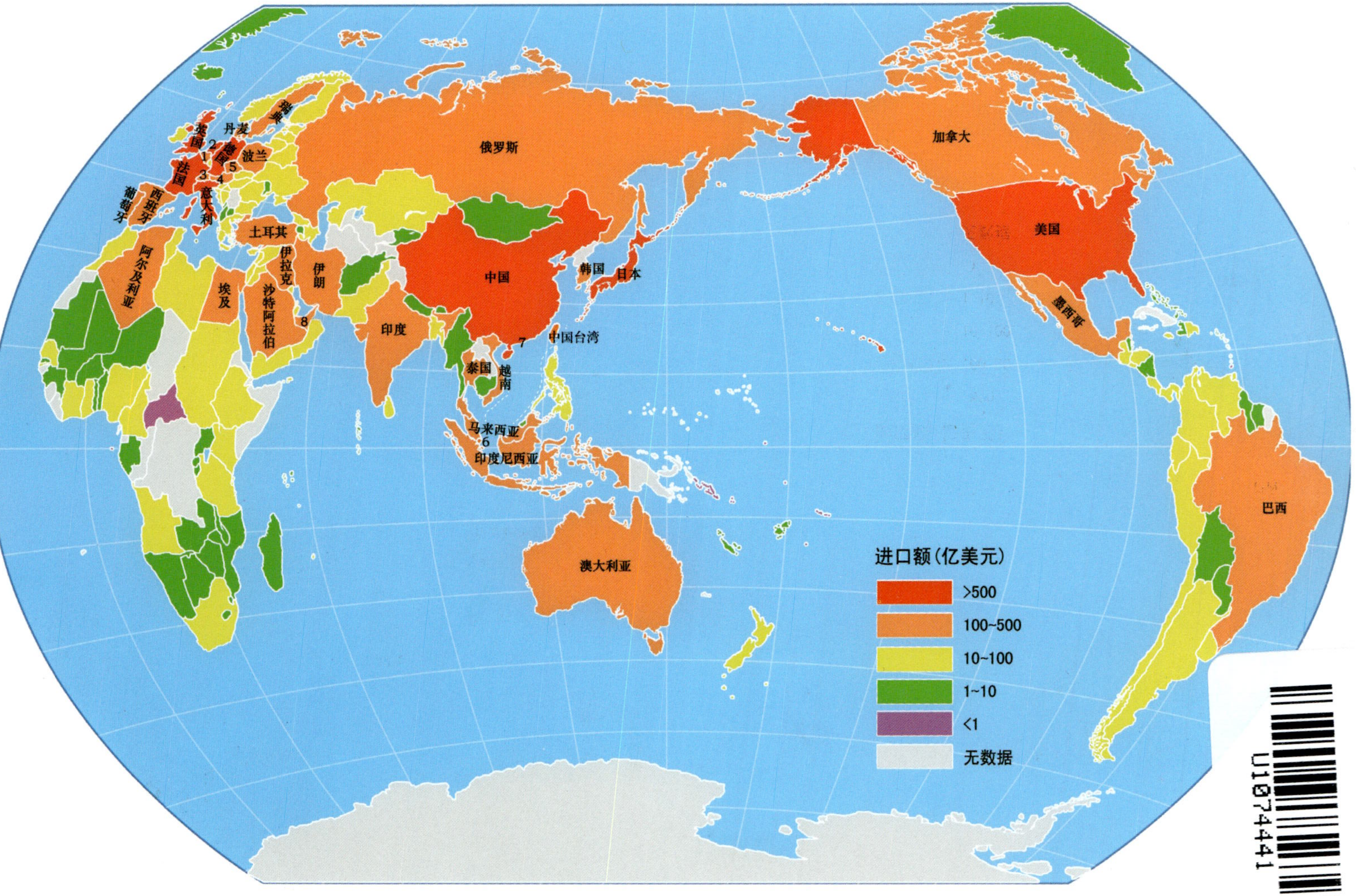

图1　2012年世界农产品主要进口国家（地区）示意图

1.比利时　2. 荷兰　3.瑞士　4.奥地利　5.捷克　6.新加坡　7.中国香港　8.阿拉伯联合酋长国

（数据来源：世界贸易组织数据库）

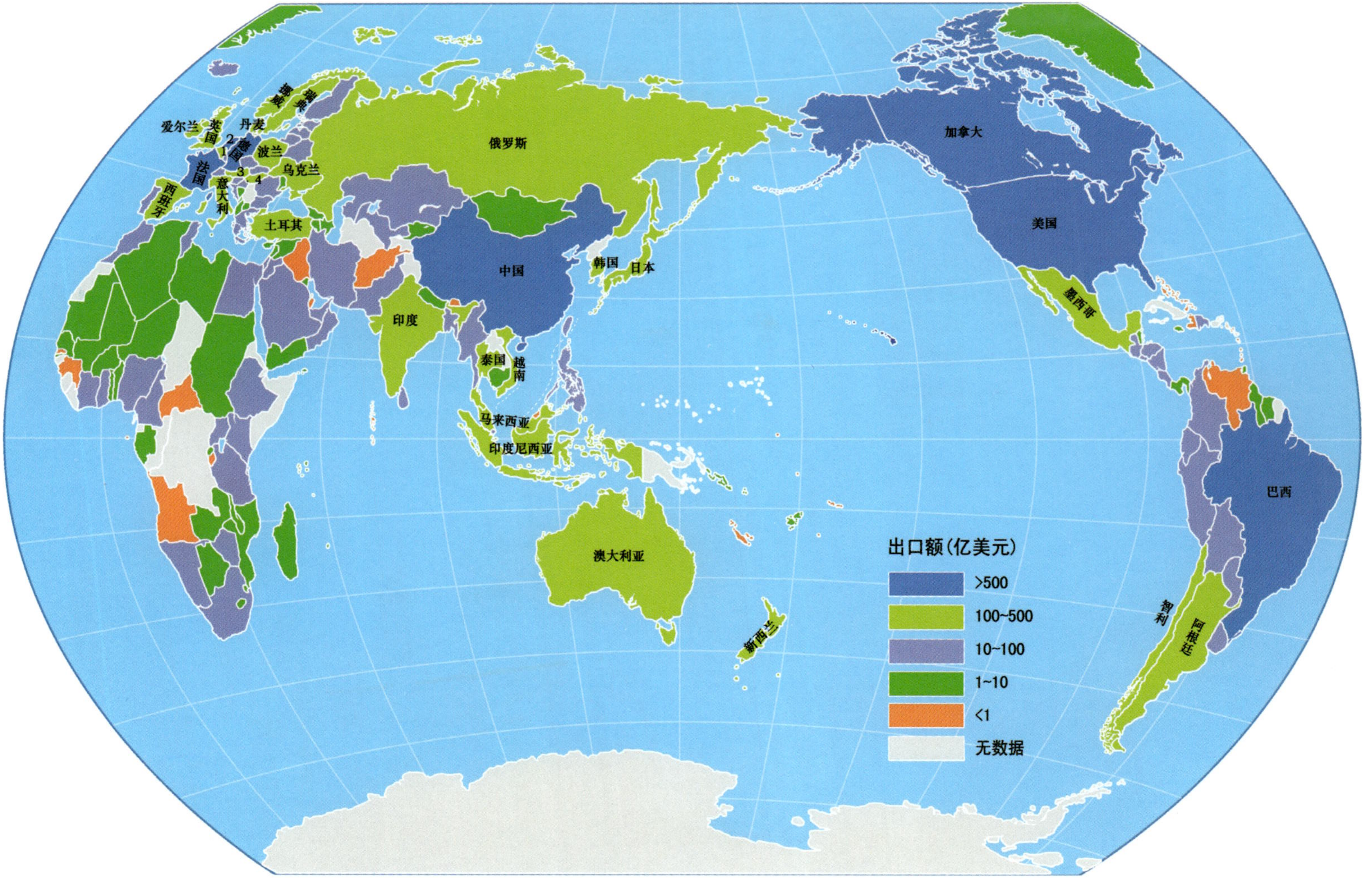

图2　2012年世界农产品主要出口国家（地区）示意图

1.比利时　2. 荷兰　3.奥地利　4.匈牙利

（数据来源：世界贸易组织数据库）

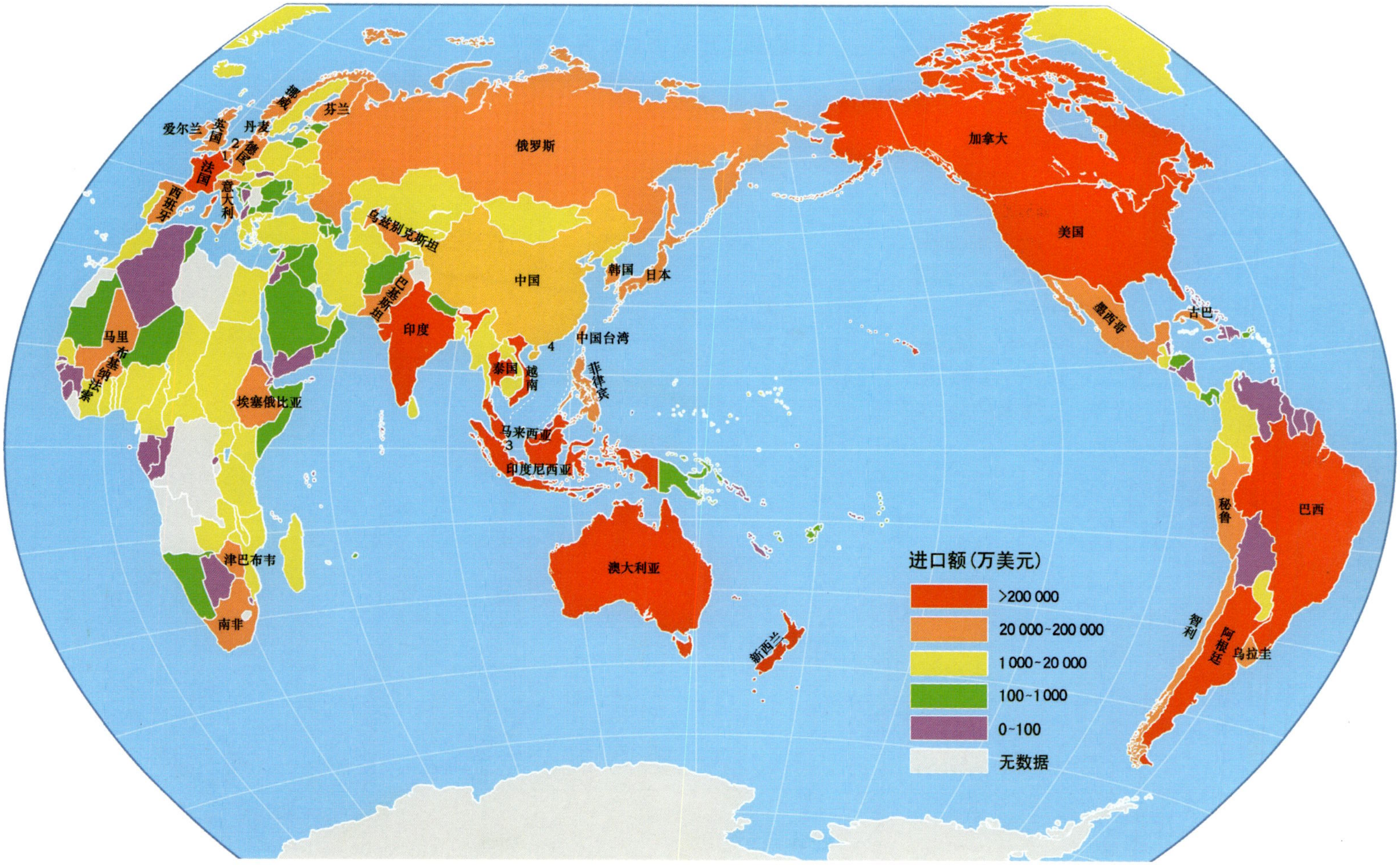

图3 2012年中国农产品主要进口来源地示意图

1.比利时 2. 荷兰 3.新加坡 4.中国香港

（数据来源：中国海关统计数据库）

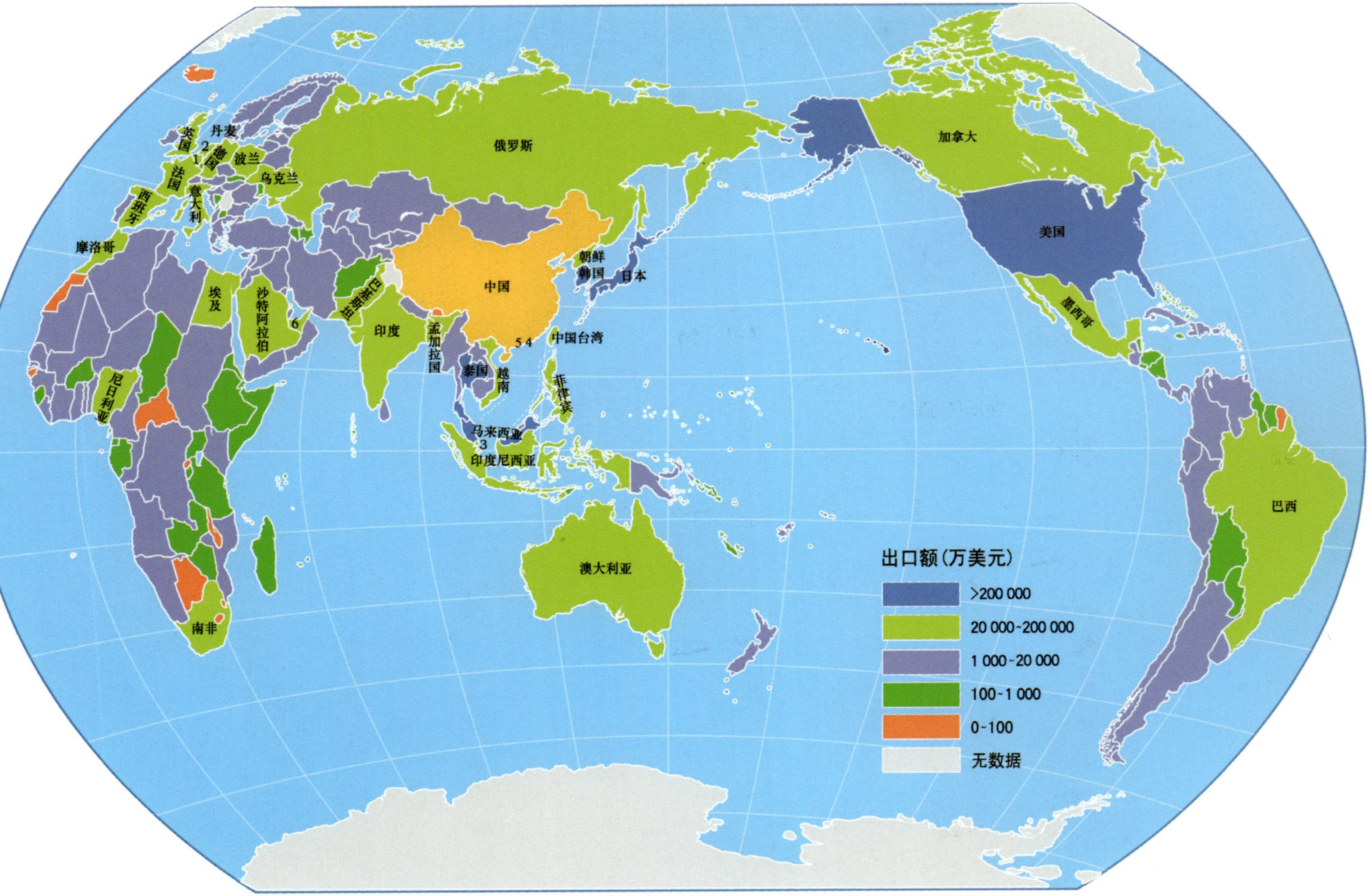

图4 2012年中国农产品主要出口市场示意图

1.比利时 2. 荷兰 3.新加坡 4.中国香港 5.中国澳门 6.阿拉伯联合酋长国

(数据来源：中国海关统计数据库)

2013

国际农产品贸易统计年鉴

INTERNATIONAL AGRICULTURAL TRADE STATISTICAL YEARBOOK

农业部农产品贸易办公室
农业部农业贸易促进中心　编

中国农业出版社

《国际农产品贸易统计年鉴 2013》
编 辑 委 员 会

主　　编：牛　盾

副 主 编：王　鹰　倪洪兴

编　　委：谢建民　于孔燕　徐宏源　宋聚国

编辑人员：赵军华　吴昌学　李宇彤　庞玉良
王　桦　张丽艳　刘丽佳　黄　飞
梁　勇　江月朋　焦　点　宋普阳
刘武兵　周　全　黄昕炎　李　鸥
刘　岩　王　丹　杨　静

编 者 说 明

一、《国际农产品贸易统计年鉴》是一本反映中国及世界重点国家（地区）农产品贸易的统计资料工具书。

二、本书共分四篇。第一篇主要反映世界农产品进出口总体情况，第二篇反映谷物、棉花等主要农产品进出口前15位国家（地区）情况，第三篇分别从产品、贸易伙伴、地区角度反映中国农产品进出口情况，第四篇主要反映与中国贸易关系较为密切的重点国家（地区）农产品贸易情况。

三、世界贸易数据采自世界贸易组织（WTO）统计数据库，中国农产品贸易数据来自中国海关统计数据库，各国农产品贸易数据采自联合国商品贸易统计数据库（UNCOMTRADE）。

四、本书采集、收录了2002—2012年间贸易历史数据。重点对33类产品、38个国家（地区）的数据进行了加工整理。

五、世界贸易统计口径直接采用世界贸易组织统计标准，中国农产品贸易统计口径依照农业部与海关总署共同确定的统计范围和分类标准，各国（地区）农产品贸易统计口径参照中国统计范围和分类标准整理。各数据库统计方式存在差异，数据来源将在注释中标明，以供参考。

六、所有数据随世界贸易组织统计数据库、联合国商品贸易统计数据库、中国海关统计数据库及其产品分类的调整而更新。

七、符号使用说明：表中空白处表示该项统计指标数据不足本表最小单位数、数据不详或无该项数据。

目　　录

一、综合篇

二、产品篇

三、中国篇

四、国际市场篇

一、综合篇

简 要 说 明

一、本篇资料的主要内容

本篇资料综合反映世界农产品在世界商品贸易中的地位，以及世界农产品进出口大国（地区）的进出口排序。

二、本篇资料的数据来源

世界农产品在世界商品贸易中地位的数据采自世界贸易组织统计数据库。世界农产品贸易额前15位国家（地区）根据世界贸易组织统计数据库原始数据加工所得，世界农产品出口额前15位国家（地区）和世界农产品进口额前15位国家（地区）数据均摘自世界贸易组织编写的《2013年国际贸易统计年鉴》。中国商品贸易数据来源于中国商务部发布的数据，中国农产品贸易数据来源于中国海关统计数据库。全球农产品贸易结构及大类农产品贸易数据来源于联合国商品贸易统计数据库。

三、本篇资料的数据采集时间

采集时间为2013年10月。

世界农产品贸易综述

一、10 年来全球农产品贸易总体情况①

2002—2012 年，全球农产品贸易总体快速增长，出口额由 2002 年的 5 850.3 亿美元增至 2012 年的 16 567.1 亿美元，年均增长 11.0%（图 1）。世界农产品出口额占世界商品出口总额的比重保持在 7.8%～9.4%之间。

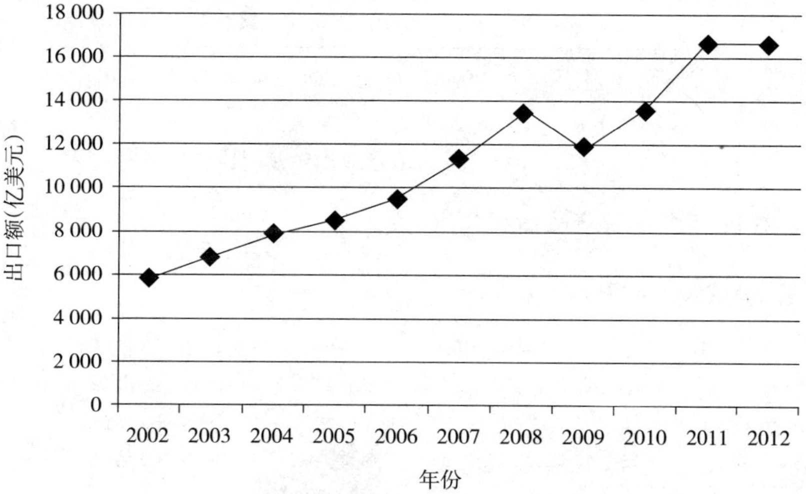

图 1　2002—2012 年全球农产品出口额变化情况

2003—2012 年，除 2009 年受世界金融危机影响出现萎缩及 2012 年同比基本持平外，其余年份全球农产品出口额的增长率大多保持在 10%以上，其中 2007 年和 2011 年出口额同比增速均超过 20%（图 2）。

① 本部分数据来自世界贸易组织数据库。

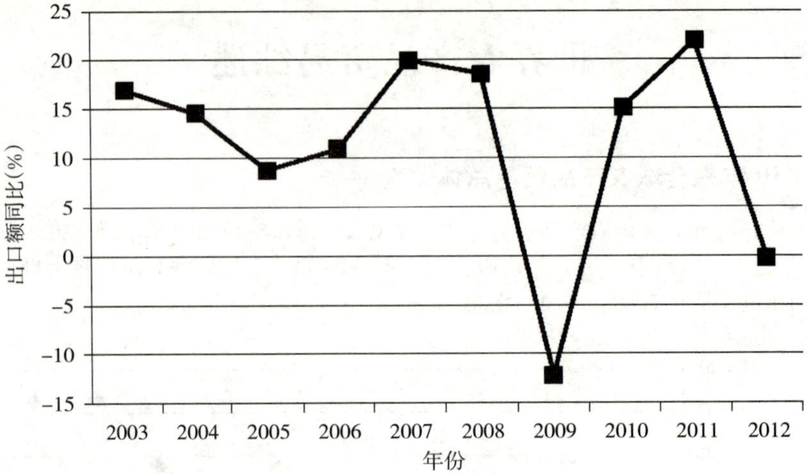

图 2　2003—2012 年全球农产品出口额同比变化情况

二、2012 年全球农产品贸易情况

(一) 全球农产品贸易结构[①]

2012 年，全球大类农产品中贸易额靠前的是畜产品和饮品，出口额分别为 2 457.6 亿美元和 1 649.5 亿美元，占同期全球农产品出口总额的比重分别为 18.5%和 12.4%（图 3）。

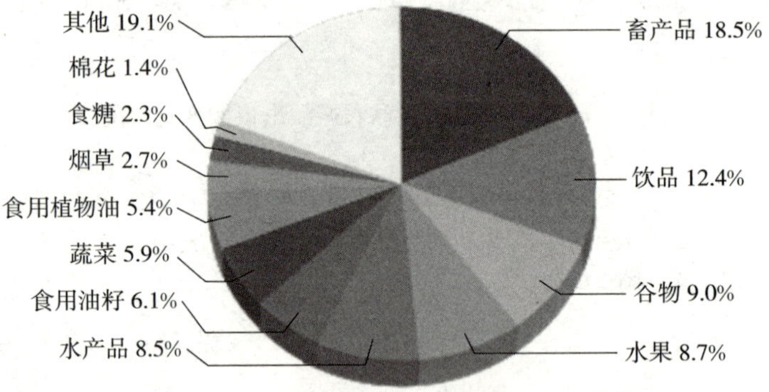

图 3　2012 年全球农产品出口结构

2012 年，除食用油籽出口额同比增长一成外，饮品、蔬菜、水产品、棉花和食糖的出口额同比下降一成以上，畜产品、烟草、食用植物油的出口额同比下降近一成（表 1）。

① 本部分内容根据联合国商品贸易统计数据库数据整理。

表 1 2003—2012 年全球主要农产品出口额同比变化情况

单位：%

产品	2003 年	2004 年	2005 年	2006 年	2007 年	2008 年	2009 年	2010 年	2011 年	2012 年
谷物	9.2	15.4	0.7	11.3	45.7	43.2	−25.9	7.1	39.1	−2.8
棉花	43.4	27.1	−10.0	8.4	7.9	4.4	−22.0	74.0	43.2	−11.1
食用油籽	34.6	7.2	3.2	5.5	39.5	52.9	−10.0	17.2	20.9	13.7
食用植物油	27.6	17.0	3.0	20.5	38.7	46.3	−26.1	21.4	34.9	−6.8
食糖	7.1	8.0	30.7	31.2	−6.6	6.9	12.0	37.6	24.9	−10.9
蔬菜	19.5	11.7	7.1	14.2	18.4	10.2	−3.6	12.6	11.3	−13.2
水果	20.2	11.6	12.3	11.0	19.6	13.6	−7.9	9.6	16.7	−5.7
畜产品	15.1	16.4	10.8	7.3	18.4	19.1	−13.3	14.2	20.3	−8.3
水产品	10.8	12.0	10.1	11.0	8.8	8.3	−4.8	14.1	17.6	−12.3
饮品	20.0	12.3	11.3	14.0	18.9	14.7	−8.1	11.5	21.4	−14.0
烟草	2.9	10.2	7.2	4.4	13.1	12.6	1.1	0.4	14.6	−7.7

（二）主要进出口国家（地区）①

2012 年，全球前五大农产品出口国（地区）分别为美国、欧盟②、巴西、中国和加拿大，出口额分别为 1 719.1 亿美元、1 628.8 亿美元、864.4 亿美元、661.8 亿美元和 628.3 亿美元，占全球农产品出口额的比重分别为 10.4%、9.8%、5.2%、4.0%和 3.8%（图 4）。除巴西保持不变外，其他四国（地区）的份额均有所提高。

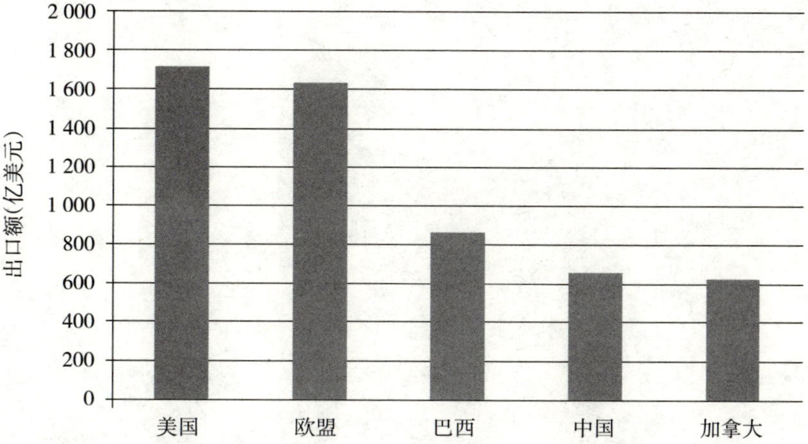

图 4 2012 年全球前五大农产品出口国（地区）

① 本部分内容根据世界贸易组织统计数据库整理，与中国海关统计数据库、联合国商品贸易统计数据库的统计存在差异。

② 欧盟数据为欧盟 27 国对外贸易额。

2012 年，全球前五大农产品进口国（地区）依次为欧盟、中国、美国、日本和俄罗斯，进口额分别为 1 731.9 亿美元、1 568.2 亿美元、1 418.5 亿美元、937.2 亿美元和 419.8 亿美元，占全球农产品进口额的比重分别为 9.9%、9.0%、8.1%、5.4%和 2.4%（图 5）。其中欧盟、美国和俄罗斯的份额有所下降，日本和中国的份额有所扩大。

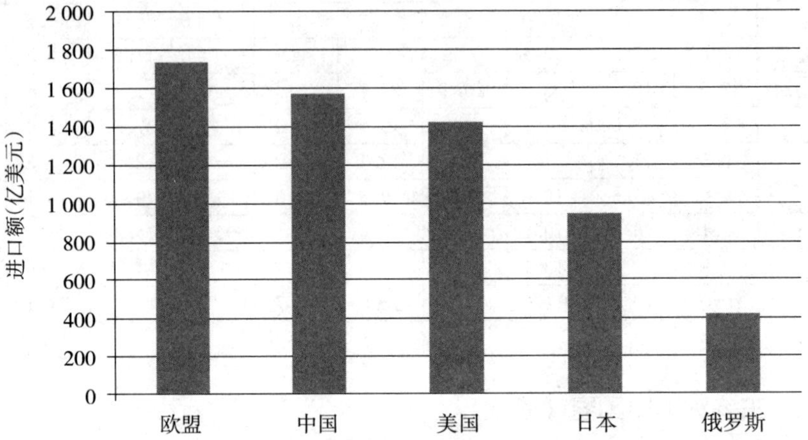

图 5　2012 年全球前五大农产品进口国（地区）

1-1 世界农产品在世界商品贸易中的地位

单位：亿美元，%

年份	世界商品出口额	世界商品进口额	世界农产品出口额	世界农产品进口额	世界农产品出口额占世界商品出口总额的比重	世界农产品进口额占世界商品进口总额的比重
2002	64 950.0	67 430.0	5 850.3	6 263.6	9.0	9.3
2003	75 890.0	78 690.0	6 840.4	7 276.5	9.0	9.2
2004	92 220.0	95 710.0	7 836.4	8 364.2	8.5	8.7
2005	105 080.0	108 700.0	8 523.4	8 985.3	8.1	8.3
2006	121 300.0	124 630.0	9 457.7	9 810.6	7.8	7.9
2007	140 230.0	143 290.0	11 347.6	11 798.9	8.1	8.2
2008	161 600.0	165 710.0	13 456.6	14 084.5	8.3	8.5
2009	125 540.0	127 780.0	11 819.4	12 159.6	9.4	9.5
2010	152 830.0	155 030.0	13 614.6	13 926.3	8.9	8.0
2011	183 190.0	184 990.0	16 605.2	17 043.0	9.1	9.2
2012	184 010.0	186 010.0	16 567.1	17 445.8	9.0	9.4

注：原始数据来源于世界贸易组织统计数据库。

1-2 中国农产品在中国商品贸易中的地位

单位：亿美元，%

年份	中国商品出口额	中国商品进口额	中国农产品出口额	中国农产品进口额	中国农产品出口额占中国商品出口总额的比重	中国农产品进口额占中国商品进口总额的比重
2002	3 256.0	2 951.7	181.3	124.7	5.6	4.2
2003	4 383.7	4 128.4	214.1	189.7	4.9	4.6
2004	5 933.7	5 614.2	233.6	280.9	3.9	5.0
2005	7 620.0	6 601.2	275.5	287.9	3.6	4.4
2006	9 690.8	7 916.1	313.8	321.7	3.2	4.1
2007	12 180.0	9 558.0	369.9	412.0	3.0	4.3
2008	14 285.0	11 331.0	404.7	587.7	2.8	5.2
2009	12 017.0	10 056.0	395.4	527.0	3.3	5.2
2010	15 779.3	13 948.3	493.7	725.5	3.1	5.2
2011	18 986.0	17 434.7	607.2	948.7	3.2	5.4
2012	20 489.3	18 178.2	632.5	1 124.8	3.1	6.2

注：商品进出口额来源于中国商务部发布的数据，农产品进出口额来源于中国海关统计数据库。

1-3 世界农产品贸易额前15位国家（地区）
（2012年）

单位：亿美元，%

国家（地区）	农产品进出口额	在世界农产品进出口总额中所占比重
欧盟27国	12 361.8	36.3
欧盟27国对外贸易	3 360.7	9.9
美国	3 137.6	9.2
中国	2 230.0	6.6
日本	1 045.8	3.1
加拿大	1 007.4	3.0
巴西	995.4	2.9
俄罗斯	735.8	2.2
印度	680.6	2.0
印度尼西亚	659.3	1.9
泰国	588.7	1.7
马来西亚	553.8	1.6
澳大利亚	525.1	1.5
墨西哥	499.1	1.5
韩国	457.0	1.3
阿根廷	456.3	1.3
总计	**25 933.7**	**76.1**

注：根据世界贸易组织统计数据库原始数据整理所得。

1-4 世界农产品出口额前15位国家（地区）

（2012年）

单位：亿美元，%

国家（地区）	2012年出口额	在世界农产品出口总额中所占比重			
		1980年	1990年	2000年	2012年
欧盟27国	6 129.4			41.8	37.0
欧盟27国对外出口	1 628.8			10.2	9.8
美国	1 719.1	17.0	14.3	13.0	10.4
巴西	864.4	3.4	2.4	2.8	5.2
中国	661.8	1.5	2.4	3.0	4.0
加拿大	628.3	5.0	5.4	6.3	3.8
印度尼西亚	450.2	1.6	1.0	1.4	2.7
阿根廷	431.5	1.9	1.8	2.2	2.6
印度	423.9	1.0	0.8	1.1	2.6
泰国	420.3	1.2	1.9	2.2	2.5
澳大利亚	384.0	3.3	2.9	3.0	2.3
马来西亚	339.5	2.0	1.8	1.5	2.0
俄罗斯	316.0			1.4	1.9
越南	250.4			0.7	1.5
新西兰	239.8	1.3	1.4	1.4	1.4
墨西哥	228.4	0.8	0.8	1.7	1.4
总计	**13 487.0**			**83.5**	**81.3**

注：数据来源于世界贸易组织编写的《2013年国际贸易统计年鉴》。

1-5 世界农产品进口额前 15 位国家（地区）

（2012 年）

单位：亿美元，%

国家（地区）	2012 年进口额	在世界农产品进口总额中所占比重			
		1980 年	1990 年	2000 年	2012 年
欧盟 27 国	6 232.4			42.6	35.7
欧盟 27 国自外进口	1 731.9			13.3	9.9
中国	1 568.2	2.1	1.8	3.3	9.0
美国	1 418.5	8.7	9.0	11.6	8.1
日本	937.2	9.6	11.5	10.4	5.4
俄罗斯	419.8			1.3	2.4
加拿大	379.1	1.8	2.0	2.6	2.2
韩国	330.8	1.5	2.2	2.2	1.9
沙特阿拉伯	292.9	1.5	0.8	0.9	1.7
墨西哥	270.8	1.2	1.2	1.8	1.6
印度	256.7	0.5	0.4	0.7	1.5
中国香港	250.0				
马来西亚	214.3	0.5	0.5	0.8	1.2
印度尼西亚	209.1	0.6	0.5	1.0	1.2
埃及	176.6	0.6	1.1	0.7	1.0
泰国	168.4	0.3	0.7	0.8	1.0
总计	**13 124.8**			**80.5**	**73.9**

注：数据来源于世界贸易组织编写的《2013 年国际贸易统计年鉴》。

二、产品篇

简 要 说 明

一、本篇资料的主要内容

本篇资料主要从产品角度，全面反映了世界农产品贸易的主要情况。

二、本篇资料的统计口径

本篇资料依照中国农业部与海关总署商定的统计范围和分类标准进行统计。

三、本篇资料的统计范围

本篇资料选择九大类主要农产品，统计涵盖世界农产品进出口主要国家（地区）。

四、本篇资料的数据来源

本篇资料是通过采集联合国商品贸易统计数据库的原始数据并经加工整理而得。

五、本篇资料的数据采集时间

采集时间为 2013 年 8 月。

主要出口产品

2-1 世界谷物出口量前15位国家（地区）

（2012年）

单位：吨，%

序号	国家（地区）	出口量	同比增长
1	美　　国	64 008 519.1	−26.5
2	阿 根 廷	37 464 032.0	22.9
3	澳大利亚	29 814 936.5	16.2
4	法　　国	28 701 364.5	−12.7
5	乌 克 兰	27 245 515.4	89.7
6	巴　　西	23 395 055.8	75.7
7	加 拿 大	22 690 290.0	7.3
8	俄 罗 斯	22 665 998.4	18.6
9	印　　度	20 090 740.9	104.4
10	德　　国	10 717 150.5	2.1
11	哈萨克斯坦	10 111 739.4	87.2
12	泰　　国	7 029 228.9	−37.6
13	匈 牙 利	6 290 971.0	11.0
14	罗马尼亚	5 399 711.0	13.4
15	巴基斯坦	4 867 228.7	−30.7
	总　　计	**320 492 482.1**	

2-2 世界棉花出口量前15位国家（地区）

（2012年）

单位：吨，%

序号	国家（地区）	出口量	同比增长
1	美　　国	2 834 725.1	−1.5
2	印　　度	2 063 868.5	5.6
3	澳大利亚	1 220 976.4	43.2
4	巴　　西	1 076 248.5	39.1
5	希　　腊	319 762.6	121.1
6	巴基斯坦	293 229.3	20.3
7	马来西亚	243 014.2	103.3
8	土 耳 其	168 673.7	22.6
9	马　　里	156 645.5	25.3
10	墨 西 哥	97 712.1	44.7
11	阿 根 廷	84 997.2	−12.3
12	中国香港	77 385.2	32.0
13	埃　　及	73 619.0	18.1
14	尼日利亚	62 951.7	198.8
15	西 班 牙	62 723.5	31.9
	总　　计	**8 836 532.5**	

2-3 世界食用油籽出口量前15位国家（地区）

（2012年）

单位：吨，%

序号	国家（地区）	出口量	同比增长
1	美国	47 389 678.9	30.3
2	巴西	32 540 315.1	−1.6
3	加拿大	12 639 602.8	13.4
4	阿根廷	6 861 537.7	−40.5
5	澳大利亚	3 470 552.0	41.3
6	巴拉圭	3 229 263.4	−37.9
7	乌克兰	3 148 141.1	21.6
8	荷兰	2 833 043.1	63.5
9	乌拉圭	2 600 745.9	52.9
10	法国	2 021 265.8	−4.7
11	匈牙利	1 330 728.2	26.4
12	中国	1 148 638.3	9.8
13	英国	1 131 217.7	56.2
14	印度	1 117 525.8	−15.5
15	保加利亚	982 081.1	−36.2
	总计	**122 444 336.9**	

2-4 世界食用植物油出口量前 15 位国家（地区）

（2012 年）

单位：吨，%

序号	国家（地区）	出口量	同比增长
1	印度尼西亚	18 848 161.5	14.7
2	马来西亚	15 881 306.2	−0.9
3	阿根廷	4 680 375.6	−14.0
4	乌克兰	3 697 348.2	33.3
5	加纳	3 043 127.7	28723.7
6	加拿大	2 789 419.4	6.3
7	荷兰	2 482 965.4	−7.1
8	美国	2 065 695.3	7.7
9	巴西	1 898 075.1	2.3
10	俄罗斯	1 804 331.9	136.1
11	西班牙	1 766 801.1	24.9
12	德国	1 650 620.4	36.1
13	法国	851 778.7	−28.3
14	比利时	653 758.9	−8.4
15	匈牙利	355 288.8	15.8
	总计	**62 469 054.2**	

2-5 世界食糖出口量前15位国家（地区）

（2012年）

单位：吨，%

序号	国家（地区）	出口量	同比增长
1	巴　　西	24 017 441.2	−5.3
2	泰　　国	6 853 123.5	5.1
3	印　　度	3 492 526.7	28.4
4	法　　国	2 181 741.2	−6.5
5	危地马拉	1 516 859.2	17.7
6	德　　国	978 630.8	−2.5
7	墨 西 哥	889 571.2	−36.9
8	比 利 时	737 558.7	27.2
9	波　　兰	571 403.1	70.8
10	巴基斯坦	451 385.5	10 177.4
11	白俄罗斯	451 240.9	13.9
12	萨尔瓦多	374 495.9	552.5
13	毛里求斯	367 593.1	−10.4
14	韩　　国	359 645.6	−0.1
15	捷　　克	357 025.7	80.2
	总　　计	**43 600 242.3**	

2-6 世界畜产品出口额前 15 位国家（地区）

（2012 年）

单位：万美元，%

序号	国家（地区）	出口额	同比增长
1	美国	2 756 282.7	3.6
2	德国	2 573 272.3	−4.2
3	荷兰	2 337 471.8	−2.9
4	巴西	1 682 466.6	0.8
5	法国	1 667 905.7	−6.0
6	新西兰	1 526 479.4	−1.8
7	澳大利亚	1 492 234.0	−1.8
8	比利时	968 056.8	−5.6
9	西班牙	828 596.4	4.5
10	加拿大	820 590.8	3.5
11	波兰	722 148.8	3.4
12	爱尔兰	660 395.7	−7.1
13	中国	643 835.4	7.4
14	英国	557 790.1	−7.9
15	阿根廷	366 179.5	−9.1
	总计	**19 603 706.0**	

2-7 世界蔬菜出口额前15位国家（地区）

（2012年）

单位：万美元，%

序号	国家（地区）	出口额	同比增长
1	荷 兰	1 168 848.4	−6.0
2	中 国	1 114 834.7	−12.6
3	西班牙	765 371.6	0.7
4	美 国	679 121.6	0.3
5	墨西哥	502 476.9	−6.8
6	比利时	459 703.1	−1.7
7	法 国	388 736.8	−9.2
8	德 国	264 628.3	−8.1
9	加拿大	246 296.1	−5.3
10	印 度	170 539.5	−5.6
11	波 兰	164 792.4	−3.2
12	土耳其	150 248.6	−1.4
13	秘 鲁	118 939.4	3.7
14	泰 国	99 613.3	−9.4
15	埃 及	97 452.3	−16.0
	总 计	**6 391 603.0**	

2-8 世界水果出口额前15位国家（地区）

（2012年）

单位：万美元，%

序号	国家（地区）	出口额	同比增长
1	美　国	1 340 404.7	7.5
2	西班牙	934 540.2	3.5
3	荷　兰	864 921.4	−4.6
4	中　国	739 873.7	12.4
5	智　利	557 951.9	1.7
6	德　国	546 094.1	−3.8
7	比利时	518 868.7	−2.2
8	法　国	414 971.5	−2.0
9	墨西哥	362 363.1	2.5
10	泰　国	353 926.5	−0.2
11	巴　西	346 869.0	−2.0
12	土耳其	342 716.1	−4.9
13	波　兰	283 166.0	13.3
14	南　非	270 632.7	0.9
15	厄瓜多尔	228 375.5	−8.0
	总　计	**8 105 675.1**	

2-9 世界水产品出口额前15位国家（地区）

（2012年）

单位：万美元，%

序号	国家（地区）	出口额	同比增长
1	中国	1 933 602.3	6.7
2	挪威	856 833.9	−9.7
3	泰国	832 927.4	−1.3
4	美国	617 305.6	−2.6
5	智利	538 081.3	1.9
6	加拿大	438 032.0	0.0
7	西班牙	390 127.9	−3.3
8	印度尼西亚	379 474.8	11.5
9	荷兰	374 440.1	−4.9
10	印度	345 622.6	0.5
11	秘鲁	336 872.9	5.9
12	瑞典	287 481.8	0.2
13	德国	282 504.9	−7.6
14	俄罗斯	266 091.4	6.4
15	英国	229 120.2	−10.9
	总计	**8 108 519.1**	

主要进口产品

2-10 世界谷物进口量前15位国家（地区）

（2012年）

单位：吨，%

序号	国家（地区）	进口量	同比增长
1	日　　本	24 597 575.4	−2.4
2	埃　　及	14 613 896.0	−14.3
3	墨 西 哥	14 345 459.3	−17.8
4	韩　　国	14 296 510.2	8.7
5	中　　国	13 982 745.2	156.7
6	西 班 牙	12 651 414.3	15.0
7	荷　　兰	11 555 541.9	−0.3
8	印度尼西亚	10 279 457.5	−16.6
9	阿尔及利亚	9 918 068.8	−10.6
10	巴　　西	8 935 531.0	10.4
11	比 利 时	8 647 153.1	16.1
12	德　　国	8 376 154.9	−7.4
13	美　　国	7 997 782.1	34.4
14	摩 洛 哥	6 701 410.7	9.1
15	马来西亚	5 599 314.7	1.5
	总　　计	**172 498 015.1**	

2-11 世界棉花进口量前15位国家（地区）

（2012年）

单位：吨，%

序号	国家（地区）	进口量	同比增长
1	中　　国	5 412 931.8	51.8
2	土 耳 其	618 293.2	1.0
3	印度尼西亚	612 147.5	11.8
4	泰　　国	325 871.5	−1.4
5	马来西亚	286 469.7	90.2
6	韩　　国	270 542.6	14.5
7	巴基斯坦	243 633.0	−3.3
8	印　　度	233 596.8	336.5
9	墨 西 哥	230 150.3	−16.9
10	中国香港	105 576.1	47.9
11	日　　本	104 529.3	−10.1
12	俄 罗 斯	97 691.9	5.6
13	德　　国	86 853.0	−17.3
14	秘　　鲁	48 963.7	−27.8
15	法　　国	42 346.8	−12.4
	总　　计	**8 719 597.2**	

2-12　世界食用油籽进口量前 15 位国家（地区）

（2012 年）

单位：吨，%

序号	国家（地区）	进口量	同比增长
1	中　　国	62 292 115.5	14.0
2	德　　国	8 262 387.0	15.5
3	日　　本	5 545 672.4	−0.5
4	荷　　兰	5 242 193.0	−18.9
5	西 班 牙	3 986 277.1	8.3
6	比 利 时	3 569 777.1	5.0
7	墨 西 哥	3 322 149.4	−40.1
8	土 耳 其	2 331 289.5	−5.4
9	泰　　国	2 208 208.7	6.4
10	印度尼西亚	2 139 927.5	−9.7
11	埃　　及	2 020 942.3	66.3
12	美　　国	1 605 187.9	0.4
13	韩　　国	1 482 026.0	0.7
14	法　　国	1 458 714.7	−23.5
15	葡 萄 牙	1 135 183.1	−3.2
	总　　计	**106 602 051.2**	

2-13 世界食用植物油进口量前15位国家（地区）

（2012年）

单位：吨,%

序号	国家（地区）	进口量	同比增长
1	印　　度	9 936 101.3	30.0
2	中　　国	9 598 673.9	23.1
3	荷　　兰	3 892 368.8	36.8
4	美　　国	2 961 714.9	−4.6
5	巴基斯坦	2 086 212.9	0.5
6	马来西亚	1 872 950.4	−3.2
7	德　　国	1 849 502.0	−14.8
8	法　　国	1 241 063.7	−4.9
9	比 利 时	1 228 509.5	−15.0
10	土 耳 其	1 211 838.6	28.1
11	西 班 牙	1 121 675.9	9.4
12	埃　　及	1 081 598.0	−7.0
13	英　　国	1 068 232.7	9.1
14	新 加 坡	929 996.4	19.9
15	南　　非	820 470.1	8.3
	总　　计	**40 900 909.1**	

2-14 世界食糖进口量前 15 位国家（地区）

（2012 年）

单位：吨，%

序号	国家（地区）	进口量	同比增长
1	中　　国	3 747 166.0	28.4
2	美　　国	3 034 335.6	−12.3
3	印度尼西亚	2 815 940.2	12.5
4	马来西亚	1 780 878.2	−0.9
5	韩　　国	1 770 077.8	7.5
6	阿尔及利亚	1 672 489.2	7.8
7	日　　本	1 435 884.1	−6.5
8	加 拿 大	1 144 866.1	−2.7
9	尼日利亚	1 127 087.1	−23.7
10	英　　国	1 118 233.5	−14.9
11	西 班 牙	1 085 320.5	−20.8
12	摩 洛 哥	1 002 565.5	13.4
13	埃　　及	891 671.9	−28.6
14	印　　度	749 019.0	893.4
15	比 利 时	734 646.5	4.7
	总　　计	**24 110 181.2**	

2-15 世界畜产品进口额前15位国家（地区）

（2012年）

单位：万美元，%

序号	国家（地区）	进口额	同比增长
1	德　国	2 036 011.9	−6.0
2	日　本	1 630 605.1	0.0
3	中　国	1 490 263.6	11.2
4	英　国	1 384 034.9	−2.5
5	美　国	1 255 849.5	9.8
6	荷　兰	1 221 306.5	−1.4
7	俄罗斯	1 188 800.4	26.7
8	法　国	1 137 536.2	−2.7
9	中国香港	927 770.7	−2.8
10	比利时	741 629.5	−5.8
11	墨西哥	618 504.1	−1.9
12	西班牙	498 363.4	−8.5
13	韩　国	473 423.8	−13.7
14	加拿大	432 126.8	12.8
15	波　兰	337 273.8	−0.1
	总　计	**15 373 500.2**	

2-16 世界蔬菜进口额前15位国家（地区）

（2012年）

单位：万美元，%

序号	国家（地区）	进口额	同比增长
1	美　国	1 248 149.6	2.3
2	德　国	841 804.7	－6.4
3	英　国	589 939.9	－5.7
4	法　国	556 119.7	－3.0
5	日　本	544 818.7	8.1
6	荷　兰	432 099.4	－5.2
7	加拿大	367 196.7	－2.2
8	俄罗斯	345 032.2	－14.4
9	比利时	264 104.0	－3.4
10	西班牙	198 501.9	－7.4
11	韩　国	121 929.1	1.4
12	瑞　典	111 961.8	－2.8
13	奥地利	102 664.3	－4.8
14	马来西亚	98 631.8	－3.7
15	波　兰	95 243.5	－15.7
	总　计	**5 918 197.3**	

2-17 世界水果进口额前15位国家（地区）

（2012年）

单位：万美元，%

序号	国家（地区）	进口额	同比增长
1	美　国	1 613 867.3	4.7
2	德　国	1 054 698.3	−6.9
3	英　国	805 669.7	0.0
4	荷　兰	755 308.6	−1.6
5	俄罗斯	749 252.1	2.1
6	法　国	702 823.1	0.5
7	加拿大	618 832.2	7.5
8	日　本	550 440.6	4.7
9	比利时	493 739.4	−4.8
10	中　国	449 669.3	19.7
11	西班牙	273 242.7	−10.1
12	中国香港	236 357.0	10.6
13	韩　国	206 588.2	6.6
14	澳大利亚	206 377.6	3.1
15	波　兰	192 530.4	−8.9
	总　计	**8 909 396.5**	

2-18 世界水产品进口额前 15 位国家（地区）

（2012 年）

单位：万美元，%

序号	国家（地区）	进口额	同比增长
1	美　国	1 917 068.9	1.0
2	日　本	1 905 087.7	3.2
3	中　国	802 336.2	−0.2
4	西班牙	644 448.6	−12.7
5	法　国	640 981.3	−7.4
6	德　国	579 567.8	−5.2
7	英　国	444 087.5	−2.1
8	中国香港	404 904.1	1.8
9	韩　国	389 354.9	−4.4
10	瑞　典	362 803.0	−0.6
11	泰　国	321 338.2	14.1
12	荷　兰	320 722.8	−8.8
13	加拿大	291 438.7	0.8
14	俄罗斯	280 539.9	6.5
15	比利时	241 962.3	−5.6
	总　计	**9 546 641.9**	

三、中国篇

简 要 说 明

一、本篇资料的主要内容

本篇资料分别从产品、市场、地区 3 个角度，全面反映了中国农产品贸易的主要情况。

二、本篇资料的统计口径

本篇资料依照中国农业部与海关总署共同商定的统计范围和分类标准进行统计。

三、本篇资料的数据来源

本篇资料是通过采集中国海关统计数据库的原始数据并经加工整理而得。

四、本篇资料的数据采集时间

采集时间为 2013 年 7～8 月。

中国农产品贸易综述[①]

一、10 年来中国农产品贸易总体情况

2002—2012 年，中国农产品贸易快速增长，贸易额由 306.1 亿美元增至 1 757.3 亿美元，年均增长 19.1%。其中，进口额由 124.7 亿美元增至 1 124.8 亿美元，年均增长 24.6%；出口额由 181.3 亿美元增至 632.5 亿美元，年均增长 13.3%（图 1）。

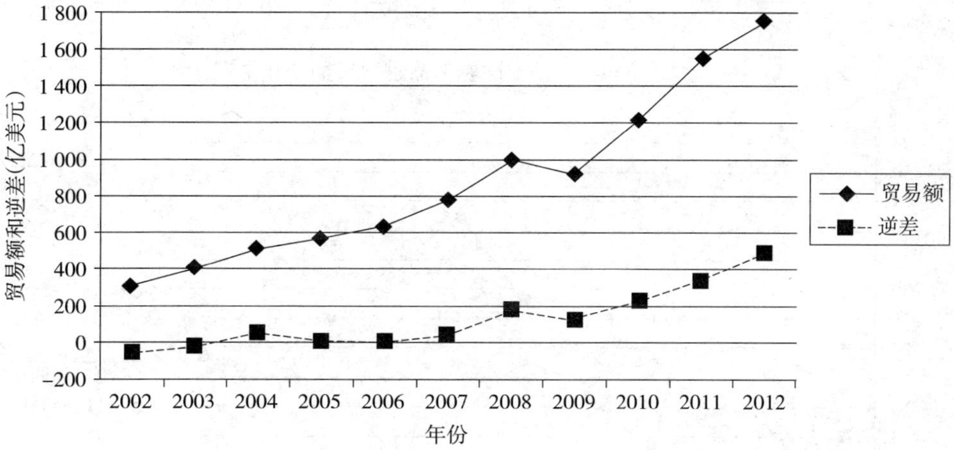

图 1　2002—2012 年中国农产品贸易额和逆差变化情况

随着加入 WTO 后中国参与全球市场资源配置程度的不断加深和国内农产品需求的快速增加，2004 年后中国农产品贸易由顺差转为逆差，此后逐年扩大，2012 年达 492.3 亿美元。

二、2012 年中国农产品贸易情况

2012 年中国农产品贸易额创历史新高，达 1 757.3 亿美元，同比增长 12.9%。其中，出口额 632.5 亿美元，同比增长 4.2%；进口额 1 124.8 亿美元，同比增长 18.6%；逆差 492.3 亿美元，同比扩大 44.1%（图 2、图 3）。据联合国商品贸易统计数据库不完全统计，2012 年中国农产品贸易额居世界第 3 位，仅次于美国（2 864.8 亿美元）和德国（1 879.3亿美元），占 2012 年世界农产品贸易额的 13.4%，其中进口额居世界第 2 位，出口额居世界第 6 位（表 1）。

---

① 本综述中引用的中国农产品贸易年度数据均来自中国海关统计数据库中的当年 1～12 月累计数据。

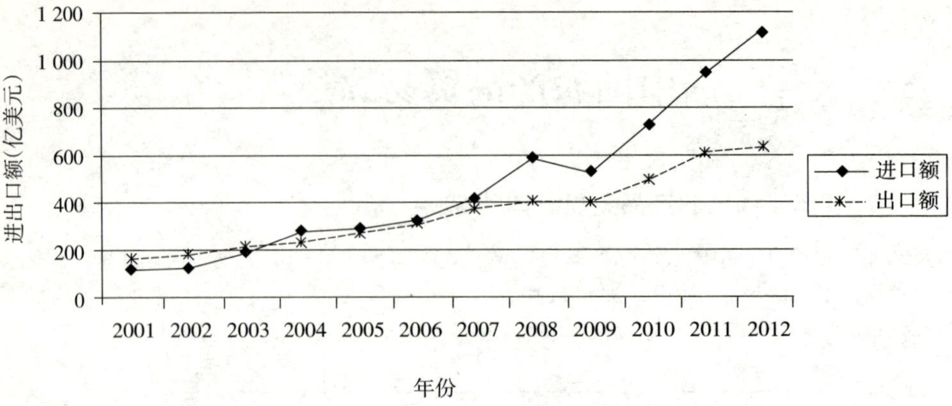

图 2　2001—2012 年中国农产品进出口额变化情况

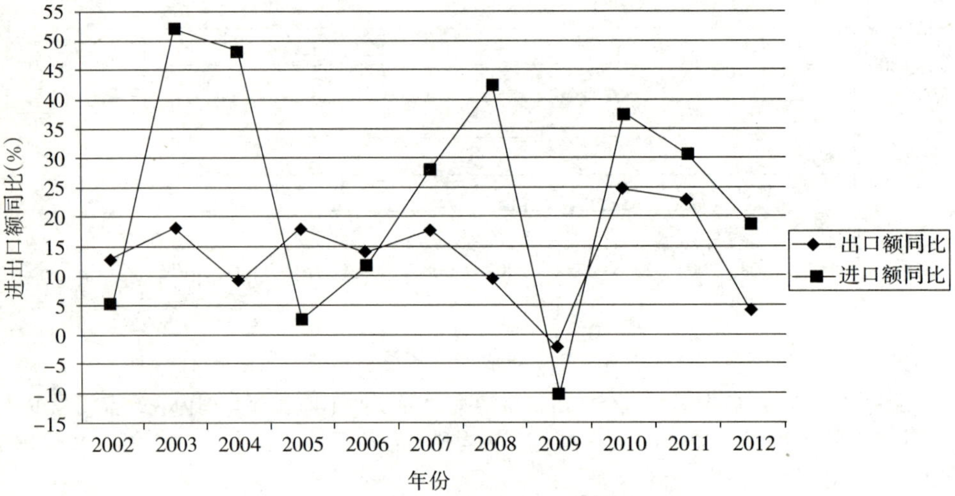

图 3　2002—2012 年中国农产品进出口额同比变化情况

表 1　2012 年全球前十大农产品贸易国及进出口国

单位：亿美元、%

全球前十大农产品贸易国				前十大农产品出口国			前十大农产品进口国		
排名	国家	贸易额	占比	国家	出口额	占比	国家	进口额	占比
1	美国	2 864.8	21.9	美国	1551.8	11.3	美国	1 313.0	10.0
2	德国	1 879.3	14.4	荷兰	957.9	6.9	中国	1 124.7	8.6
3	中国	1 757.6	13.4	德国	859.2	6.2	德国	1 020.1	7.8
4	荷兰	1 593.4	12.2	巴西	834.8	6.1	日本	846.7	6.5

（续）

全球前十大农产品贸易国				前十大农产品出口国			前十大农产品进口国		
排名	国家	贸易额	占比	国家	出口额	占比	国家	进口额	占比
5	法国	1 367.6	10.5	法国	765.2	5.5	英国	640.9	4.9
6	巴西	953.3	7.3	中国	632.9	4.6	荷兰	635.5	4.9
7	英国	952.1	7.3	加拿大	485.0	3.5	法国	602.3	4.6
8	日本	902.8	6.9	西班牙	456.9	3.3	俄罗斯	411.7	3.1
9	加拿大	845.6	6.5	比利时	438.5	3.2	比利时	404.0	3.1
10	比利时	842.5	6.4	阿根廷	430.5	3.1	西班牙	377.7	2.9

（一）2012 年中国农产品贸易特点

1. 粮棉油糖等大宗农产品进口量激增，全面净进口态势进一步增强。棉花、大豆、食用植物油、食糖等传统净进口产品的进口量继续大幅增长，均创历史新高。特别是继 2011 年玉米、小麦、大米三大谷物产品出现全面净进口之后，2012 年谷物进口量再次大幅增长，净进口态势进一步增强。小麦、玉米、大米进口量分别增加 1.9 倍、2 倍和 3.1 倍；净进口量方面的增长更为明显，分别同比增加 2.7 倍、2.1 倍和 24.5 倍。综合来看，2012 年粮棉油糖等主要大宗农产品均呈净进口，且净进口态势进一步趋强。

2. 出口增长乏力，增速大幅回落。果蔬、水产等优势产品出口增长乏力，部分产品出现明显下滑。尽管水果出口额同比增幅超过 10%，但水产品出口额同比增速不足 7%，属于加入 WTO 以来的较低水平，蔬菜出口更是一改加入 WTO 以来的快速增长趋势，出口额下跌 15%。综合来看，全年实现农产品出口额 632.5 亿美元，比上年有所增加，但同比增

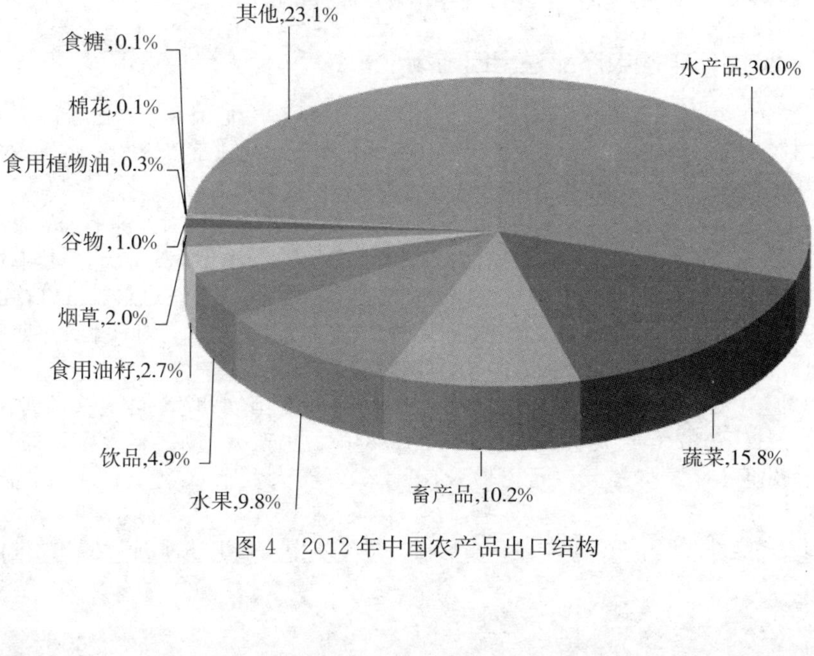

图 4　2012 年中国农产品出口结构

速仅为 4.2%，远低于过去 10 年 14.2%的平均水平（图 4）。

3. 进口继续快速增长，贸易总额和逆差再创新高。与出口增长放缓形成鲜明对比的是，2012 年农产品进口仍保持了快速增长态势，进口额超出 1 100 亿美元，同比增长 18.6%。在进口的强劲拉动下，尽管出口同比增速不足 5%，全年农产品贸易总额仍实现了两位数增速，同比增长 12.9%，达到 1 757.3 亿美元，迈上 1700 亿美元的新台阶。由于进口增速高于出口增速近 15 个百分点，农产品贸易逆差在上年基础上进一步大幅扩大，全年为 492.3 亿美元，同比扩大 44.1%（图 5）。

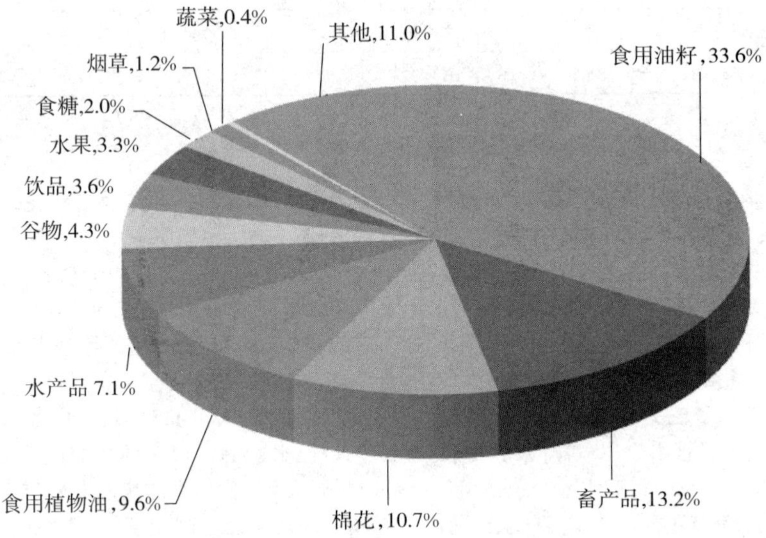

图 5　2012 年中国农产品进口结构

（二）2012 年中国农产品进出口市场

2012 年，中国前五大农产品出口市场分别是日本（120.0 亿美元，同比增长 9%）、东盟（101.3 亿美元，同比增长 2.4%）、欧盟（76.2 亿美元，同比下降 6.6%）、美国（72.5 亿美元，同比增长 7.3%）、中国香港（66.8 亿美元，同比增长 13%）。

亚洲成为拉动中国农产品出口增长的重要引擎。2012 年，中国对亚洲地区的农产品出口额为 391.4 亿美元，占中国同期农产品出口额的 61.9%，同比增长 5.2%。其中对日本出口同比增长近一成，占同期中国对亚洲农产品出口额的 30.7%；对东盟出口首次突破 100 亿美元，占 25.9%；对中国香港出口同比增长 13%，占 17.1%；对日本、东盟和中国香港的出口合计占同期中国对亚洲农产品出口额的 73.7%。

2012 年，中国前五大农产品进口来源地分别是美国（287.9 亿美元，同比增长 23.4%）、巴西（187.0 亿美元、同比增长 19.8%）、东盟（165.2 亿美元、同比增长 10.0%）、欧盟（84.3 亿美元，同比增长 19.3%）、澳大利亚（74.1 亿美元，同比增长 14.9%）。

中国农产品进口集中化的趋势进一步加强。2012 年中国自上述前五大农产品进口来源地的进口额共计 798.5 亿美元，占同期中国农产品进口额的 71.0%，比 2001 年中国加入 WTO 时提高了 9 个百分点，其中自美国的农产品进口额首次超过 280 亿美元，自巴西和东盟的农产品进口额均超过 160 亿美元。

（三）2012 年分产品贸易情况

1. 谷物。2012 年，谷物共进口 1398.3 万吨，同比增长 156.7%；出口 101.6 万吨，同比下降 16.4%。谷物净进口 1296.7 万吨，同比增长 206.4%（图 6）。2012 年谷物进口激增的主要原因是进口谷物比国内谷物具有明显的价格优势。但总体来看，进口占国内产量的比重仍很低，对国内市场的影响有限。

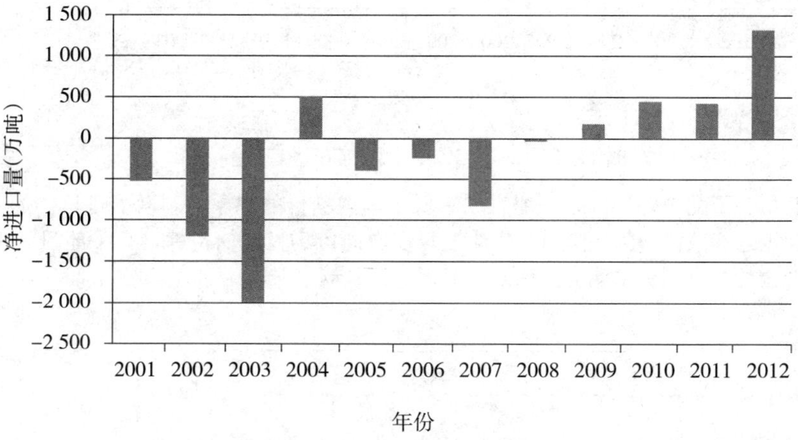

图 6　2001—2012 年谷物净进口情况

2012 年，小麦产品进口 370.1 万吨，同比增长 194.2%；玉米产品进口 520.8 万吨，同比增长 197.0%；稻谷产品进口 236.9 万吨，同比增长 296.2%，出口 27.9 万吨，同比下降 45.9%，净进口量首次超过 200 万吨；大麦进口 252.8 万吨，同比增长 42.4%。

2. 棉花。2012 年，棉花进口 541.3 万吨，同比增长 51.8%，进口额 120.0 亿美元，同比增长 24%（图 7）。棉花进口额快速增长主要是由于国际棉花价格持续下降，而国内棉价在临时收储政策的支撑下基本保持稳定，国际棉价显著低于国内，存在着 1 000～4 500 元/吨的巨大价差。由于价差过大，企业使用进口棉花的动力强劲，不仅 1%关税配额和滑准税配额成为争夺的对象，一些企业甚至以 40%的配额外关税进口大量低价进口棉，挤占了国产棉的需求空间。一方面导致 2011 年度收储的棉花抛售不畅，另一方面也导致 2012 年度棉花因缺乏市场需求而大量进入收储，国家收储的数百万吨棉花积压在库，既产生了巨额的仓储费用，也给棉价带来沉重的下行压力。

3. 食糖。2012 年，食糖进口 374.7 万吨，超出关税配额总量 180.2 万吨，同比增长 28.4%；进口额 22.4 亿美元，同比增长 15.5%。进口均价 598.8 美元/吨，同比下降 10.0%（图 8）。食糖进口大幅增加的主要原因是全球食糖供给严重过剩，国际糖价低于国

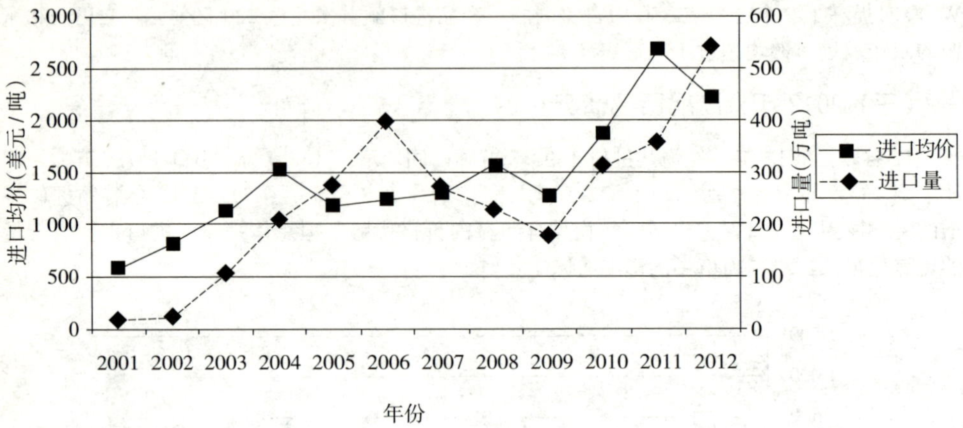

图 7 2001—2012 年中国棉花进口量价变化

内，甚至出现了配额外进口原糖加工成本低于国内糖价的现象，刺激了进口。加之过去 3 年国内食糖连续减产，为保障市场供应国家多次向市场投放储备糖，有关部门利用国际糖价处于低位的时机积极采购补充国储糖库而进口食糖。

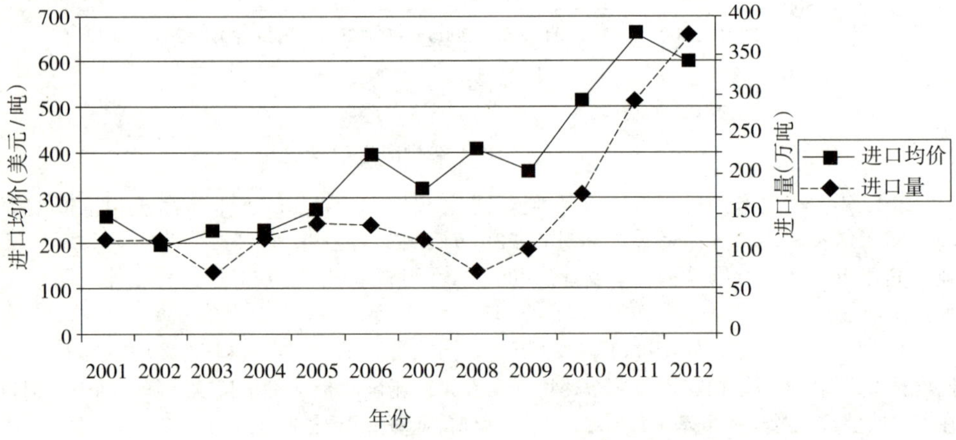

图 8 2001—2012 年中国食糖进口量价变化

4. 食用油籽。2012 年，食用油籽进口 6 228.0 万吨，同比增长 13.6%；进口额 377.5 亿美元，同比增长 19.9%（图 9）。其中，大豆进口 5 838.5 万吨，同比增长 10.9%，进口额 349.9 亿美元，同比增长 17.3%；油菜籽进口 293 万吨，同比增长 132.1%。2012 年食用油籽进口大量增加的主要原因是进口大豆价格优势明显，加之国内压榨需求和养殖业豆粕需求继续增长，加工企业进口意愿增强。同时，2011 年油菜籽减产使得国内供给紧张，再加上受国家临储收购政策的影响，油菜籽和菜籽油价格高于国际，刺激了进口。

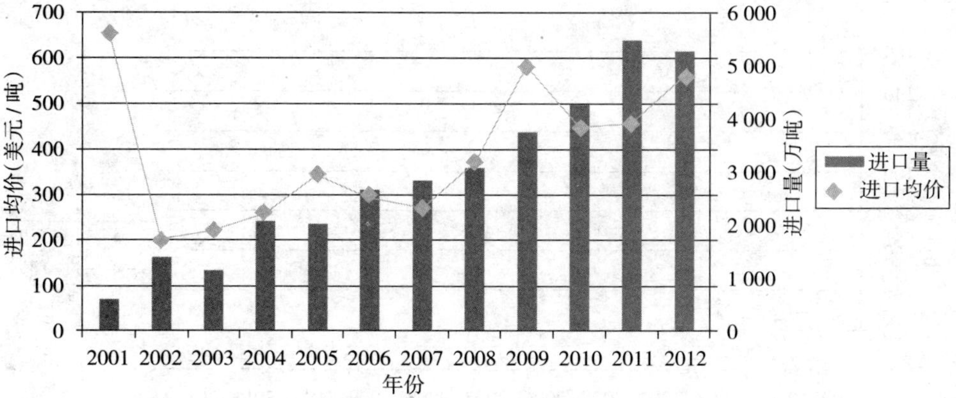

图 9 2001—2012 年中国大豆进口量价变化

5. 食用植物油、饼粕与玉米酒糟蛋白饲料（DDGS）。2012 年，食用植物油进口 959.9 万吨，同比增长 23.1%；进口额 108 亿美元，同比增长 19.9%（图 10）。其中，棕榈油进口 634.1 万吨，同比增长 7.3%；豆油进口 182.6 万吨，同比增长 59.7%；菜籽油进口 117.6 万吨，同比增长 113.4%。

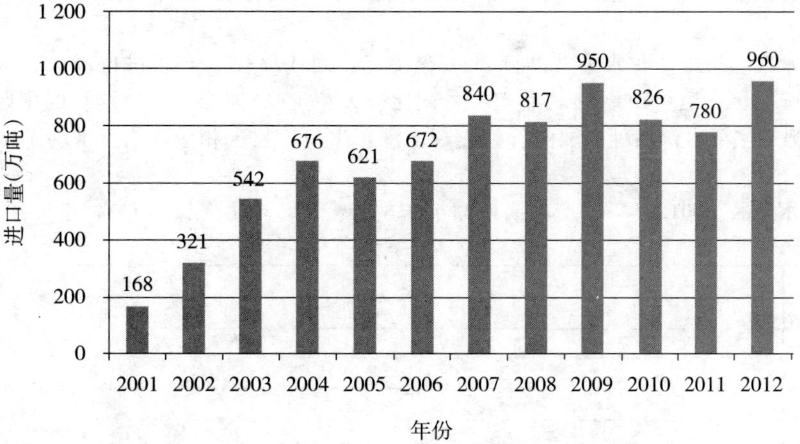

图 10 2001—2012 年中国食用植物油进口量变化

2012 年，饼粕进口 104.7 万吨，同比下降 45.6%；出口 153.4 万吨，同比增长 160.7%。玉米酒糟蛋白饲料进口 238.2 万吨，同比增长 41.3%。

6. 畜产品。2012 年，畜产品进口额 149 亿美元，同比增长 11.2%；出口额 64.4 亿美元，增长 7.4%（图 11）；贸易逆差 84.6 亿美元，同比扩大 14.5%。其中，猪肉进口量额均再创新高，进口量 52.2 万吨，同比增长 11.7%；进口额 9.8 亿美元，同比增长

15.8%。奶粉进口 57.8 万吨，同比增长 27.3%；进口额 19.4 亿美元，同比增长 17.1%。

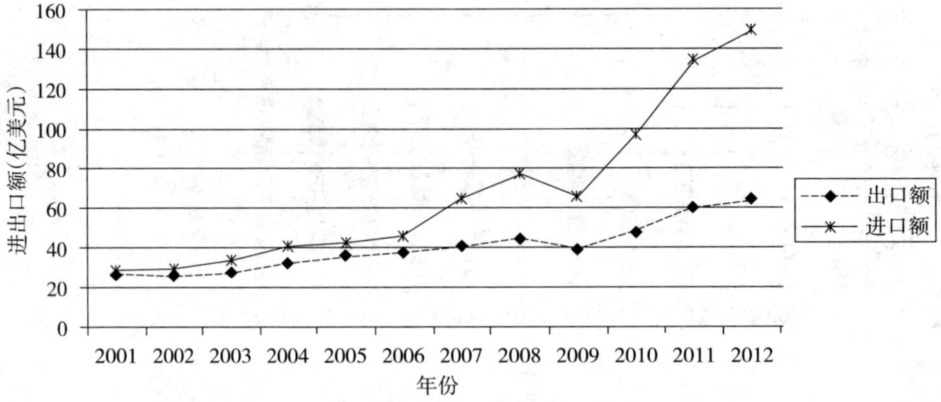

图 11　2001—2012 年中国畜产品进出口额变化

7. 蔬菜。2012 年，蔬菜出口额 99.7 亿美元，同比下降 14.9%。贸易顺差 95.6 亿美元，同比下降 16.1%。蔬菜出口下降与国家在 2012 年 3 月取消蔬菜初级产品出口退税有关。一般来说，蔬菜出口企业收购原料时纳税税率低于出口退税税率，出口退税事实上构成了企业的隐性利润。蔬菜初级加工产品出口退税的取消导致企业利润被压缩，出口积极性下降。

8. 水果。2012 年，水果出口额 61.8 亿美元，同比增长 12%；进口额 37.6 亿美元，同比增长 21%。贸易顺差 24.2 亿美元，同比扩大 0.4%。水果出口额增长的主要原因是苹果、梨等主要出口品种的国内价格出现上涨，出口价格也相应提高，带动了出口额的增长。

9. 水产品。2012 年，水产品出口额 189.8 亿美元，同比增长 6.7%；进口额 80 亿美

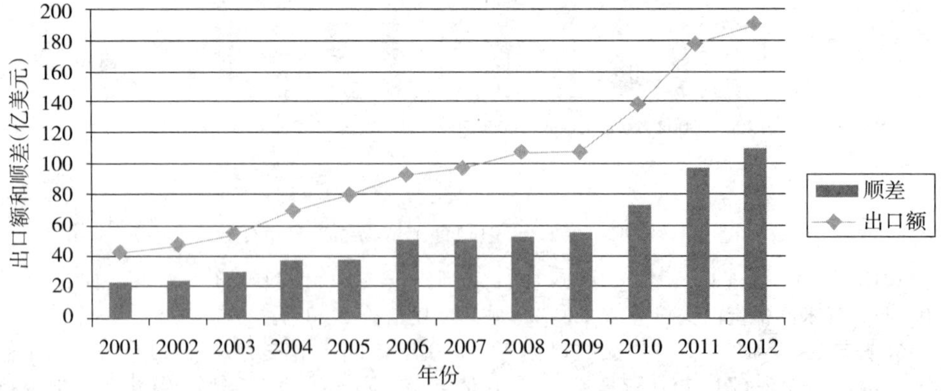

图 12　2001—2012 年中国水产品出口额及顺差变化

元，同比基本持平；贸易顺差 109.8 亿美元，同比扩大 12.3%（图 12）。水产品出口额增加的主要原因：一是受欧债危机及本国经济不景气影响，欧盟、日本、韩国等传统出口市场消费需求萎缩，向这些市场的出口量出现不同程度的下降；二是受资源约束、自然灾害影响贝类等产品产量下降，价格趋涨，提升了出口价格。

主要进出口产品

3-1 中国主要农产品出口额（一）

单位：万美元

项　目	2002年	2003年	2004年	2005年	2006年	2007年
农产品	1 813 032.9	2 141 213.9	2 336 455.5	2 754 897.6	3 138 405.5	3 698 718.9
谷物	172 185.4	267 146.1	84 257.8	153 211.5	117 289.5	220 890.6
小麦产品	13 186.2	32 485.2	18 960.2	12 297.3	25 830.5	69 140.5
玉米产品	116 709.8	176 717.5	32 571.0	110 753.4	42 170.7	87 532.5
稻谷产品	38 500.5	50 178.1	23 946.1	23 233.7	41 727.4	48 787.3
棉花	17 242.7	13 466.7	1 756.5	942.5	2 622.8	3 800.8
食用油籽	62 730.0	78 245.4	83 378.6	96 087.0	87 793.3	108 743.6
大豆	8 848.2	9 902.9	15 262.4	17 812.8	15 390.9	20 679.2
花生	44 872.5	54 446.2	56 712.5	60 569.4	57 639.5	70 152.6
油菜籽	65.7	92.5	8.4	5.6	7.0	27.3
食用植物油	5 846.3	6 041.7	6 511.7	17 646.7	27 230.1	17 214.8
豆油	2 162.7	648.5	1 330.3	4 009.5	7 215.0	5 735.0
菜籽油	1 049.5	390.6	408.3	2 097.6	9 048.3	1 650.7
棕榈油	317.3	1.0	22.4	65.1	45.7	60.2
食糖	7 970.8	2 956.4	2 582.2	11 076.9	6 080.3	4 835.1
蔬菜	263 591.8	307 987.4	380 914.0	450 149.8	545 479.0	625 293.0
水果	98 367.3	137 313.2	164 822.0	203 529.3	247 711.3	375 018.3
畜产品	256 847.8	271 524.0	318 934.0	360 231.7	372 481.0	404 591.1
猪产品	56 574.3	66 363.9	97 042.1	95 212.9	99 099.3	91 219.7
牛产品	8 461.4	8 739.9	13 286.2	18 157.0	18 250.2	19 292.4
羊产品	794.9	2 084.1	4 686.3	5 978.3	7 052.0	5 463.8
禽产品	95 309.9	85 838.5	65 521.4	92 169.6	93 980.8	106 759.5
蛋产品	4 060.6	5 094.8	6 724.4	7 510.3	7 574.4	9 154.9
乳品	5 524.4	4 620.2	5 627.9	8 177.1	9 416.3	24 225.9
动物生皮	748.7	456.7	120.3	229.2	346.8	172.6
动物生毛皮	487.8	462.9	774.8	902.1	1 524.0	2 238.3
羊毛	1 368.8	2 768.5	4 691.7	6 589.7	6 746.8	7 532.8
水产品	467 902.8	547 174.0	695 154.2	790 328.5	935 996.5	975 346.7
饮品	99 942.8	109 323.3	130 685.0	137 754.1	186 013.1	169 151.2
酒	23 233.6	29 362.2	26 090.3	29 435.7	71 373.1	39 754.0
茶	33 998.5	37 601.5	45 186.4	50 104.7	57 445.7	63 822.4
咖啡	2 639.9	3 762.0	4 237.5	4 850.1	7 193.9	7 772.1
烟草	43 295.5	49 293.2	51 359.9	53 724.6	56 560.3	63 822.6

中国主要农产品出口额（二）

单位：万美元

项　目	2008年	2009年	2010年	2011年	2012年
农产品	4 047 097.5	3 954 354.2	4 937 340.4	6 072 106.5	6 325 298.9
谷物	78 390.0	73 944.4	69 331.8	81 168.6	62 991.4
小麦产品	10 789.6	9 826.6	11 771.9	16 092.2	15 016.0
玉米产品	7 942.3	3 170.8	3 334.8	4 658.1	10 117.1
稻谷产品	48 326.4	52 506.2	41 867.9	42 698.1	27 226.7
棉花	4 427.8	1 988.6	1 057.3	8 168.0	4 222.6
食用油籽	141 864.1	113 100.1	117 771.5	144 040.5	170 355.4
大豆	36 615.3	24 497.8	12 550.8	16 660.0	28 035.7
花生	77 493.7	66 267.3	77 487.3	94 766.0	105 139.2
油菜籽	21.1	56.4	7.3	36.9	40.2
食用植物油	40 750.1	15 644.9	12 928.9	21 423.0	18 866.6
豆油	18 497.0	7 587.2	6 508.1	7 433.3	10 375.7
菜籽油	1 128.1	1 328.1	520.6	556.0	1 108.3
棕榈油	172.0	56.0	166.9	160.8	131.7
食糖	2 845.9	3 365.2	6 385.7	5 127.8	4 348.6
蔬菜	648 389.6	682 978.7	994 718.2	1 171 510.5	997 273.3
水果	423 176.0	383 597.3	435 727.7	552 108.3	618 340.2
畜产品	439 110.2	391 190.8	474 805.6	599 122.7	643 704.0
猪产品	96 239.4	89 975.0	101 355.3	118 212.0	123 209.4
牛产品	20 291.6	16 614.9	21 969.4	25 998.3	23 745.1
羊产品	5 105.5	4 314.1	7 026.1	5 415.3	4 355.7
禽产品	99 490.2	103 249.7	135 087.1	176 230.0	188 973.0
蛋产品	13 033.5	12 071.3	14 214.7	17 343.9	17 713.0
乳品	30 170.3	5 689.0	4 394.2	7 966.2	8 235.8
动物生皮	196.0	338.5	368.8	776.1	889.8
动物生毛皮	273.2	49.5	158.4	202.6	272.0
羊毛	5 320.6	3 825.3	6 905.7	11 280.3	8 663.6
水产品	1 067 432.1	1 079 543.2	1 382 765.7	1 779 230.5	1 898 311.3
饮品	188 082.7	181 592.2	216 714.3	273 636.6	312 477.2
酒	44 824.2	38 547.8	52 668.7	57 262.7	72 854.7
茶	71 591.8	73 981.4	82 523.4	101 756.8	112 100.3
咖啡	10 353.8	11 448.0	13 422.8	22 076.3	28 424.6
烟草	74 205.8	87 810.7	102 030.2	114 050.9	126 190.2

3-2 中国主要农产品进口额（一）

单位：万美元

项　目	2002 年	2003 年	2004 年	2005 年	2006 年	2007 年
农产品	1 247 498.2	1 896 789.1	2 808 766.8	2 878 710.4	3 216 744.5	4 119 736.2
谷物	49 458.3	45 790.9	223 184.8	140 932.6	84 056.8	53 609.9
小麦产品	11 272.3	8 553.7	164 964.7	77 287.0	11 931.3	2 871.1
玉米产品	242.9	71.0	101.5	147.7	1 206.4	691.2
稻谷产品	8 031.0	9 717.6	25 464.1	19 944.6	29 368.1	22 804.3
棉花	19 951.2	121 832.0	324 212.7	324 650.5	497 505.6	358 104.5
食用油籽	263 763.4	551 673.2	719 896.2	799 485.7	793 697.4	1 203 370.9
大豆	248 317.6	541 687.6	697 945.9	777 912.5	748 896.8	1 147 223.2
花生	72.1	52.1	117.2	54.5	427.3	211.8
油菜籽	14 657.4	4 669.3	13 441.7	8 409.5	20 797.3	35 172.8
食用植物油	132 060.9	258 523.2	367 091.4	281 721.7	315 836.2	624 644.1
豆油	40 809.6	101 505.5	154 898.3	90 776.9	79 979.3	214 639.1
菜籽油	3 934.1	8 526.2	21 784.2	10 420.6	2 828.8	30 509.7
棕榈油	84 876.5	144 343.0	186 814.7	178 216.0	227 571.1	368 295.3
食糖	23 845.4	17 410.5	27 557.7	38 327.2	54 867.2	37 959.9
蔬菜	10 509.8	10 988.1	13 603.0	12 850.3	14 742.9	16 682.9
水果	38 220.6	50 304.6	59 037.8	66 511.7	77 034.6	96 916.4
畜产品	287 724.2	334 432.8	403 821.0	423 314.9	455 696.3	647 092.9
猪产品	13 192.9	19 761.5	24 077.6	17 901.9	16 020.0	46 959.0
牛产品	6 876.9	13 616.8	23 232.1	9 628.3	4 382.8	5 782.0
羊产品	3 109.7	5 059.4	4 570.7	5 666.3	5 040.6	7 857.6
禽产品	44 840.6	48 616.0	16 988.7	36 108.8	48 906.9	97 842.7
蛋产品	37.4	38.6	7.1	4.0	119.1	13.9
乳品	26 818.3	34 650.2	44 436.3	45 877.1	55 820.4	74 401.3
动物生皮	71 097.8	90 320.6	124 756.6	132 391.9	143 845.0	162 062.4
动物生毛皮	6 222.3	8 970.9	14 445.4	15 940.3	16 654.2	20 125.5
羊毛	81 466.6	75 466.3	107 980.0	121 375.1	126 229.4	179 313.8
水产品	227 644.3	249 459.3	324 076.1	412 103.3	430 078.7	472 075.2
饮品	24 111.2	32 466.7	42 370.9	62 358.3	82 349.2	115 397.5
酒	14 097.2	17 947.2	24 984.7	38 921.4	55 331.9	81 537.4
茶	303.2	477.5	687.0	920.6	1 124.8	1 878.2
咖啡	1 011.6	1 720.1	2 011.2	2 733.1	4 329.6	5 794.2
烟草	24 303.8	30 862.2	29 200.9	38 380.9	46 330.0	54 004.7

中国主要农产品进口额（二）

单位：万美元

项　目	2008年	2009年	2010年	2011年	2012年
农产品	5 876 976.7	5 269 855.2	7 255 380.8	9 487 192.0	11 247 929.9
谷物	73 236.8	89 848.9	152 805.8	204 439.2	478 781.8
小麦产品	1 480.0	21 116.9	31 583.7	42 368.9	110 862.8
玉米产品	1 307.6	2 134.1	36 794.7	57 841.6	168 926.7
稻谷产品	20 840.7	21 557.8	27 135.9	40 763.8	115 316.3
棉花	356 469.0	221 136.8	584 657.5	967 859.6	1 199 954.4
食用油籽	2 286 714.4	2 067 581.0	2 652 824.4	3 147 755.8	3 774 974.3
大豆	2 181 408.9	1 878 743.7	2 508 095.4	2 983 434.6	3 498 872.2
花生	1 252.5	535.4	2 177.5	7 517.9	3 628.9
油菜籽	75 419.6	139 123.7	77 781.5	80 189.8	195 873.2
食用植物油	898 869.5	666 648.7	715 863.4	900 751.1	1 080 384.3
豆油	333 382.4	184 245.9	120 326.9	132 446.2	227 674.7
菜籽油	35 526.9	37 725.2	92 112.9	66 465.9	151 666.6
棕榈油	521 389.7	421 941.0	471 059.7	663 399.2	650 238.3
食糖	31 850.1	37 839.9	90 578.3	194 340.0	224 382.2
蔬菜	18 851.1	18 058.0	27 917.2	32 566.1	41 487.8
水果	120 690.5	165 107.0	203 007.0	310 815.3	376 178.7
畜产品	772 713.9	659 858.5	965 554.7	1 339 842.0	1 490 165.2
猪产品	110 140.0	52 718.0	99 883.1	213 929.2	247 595.1
牛产品	6 186.3	12 847.2	29 682.4	37 442.9	64 589.0
羊产品	10 591.1	13 932.3	15 821.5	27 423.5	42 178.9
禽产品	113 474.5	103 557.2	101 335.4	93 768.0	100 777.8
蛋产品	117.0	59.3	132.9	120.4	66.8
乳品	86 165.0	102 799.2	196 952.4	262 019.5	321 306.3
动物生皮	184 704.6	144 060.5	203 270.6	278 359.2	301 380.2
动物生毛皮	21 972.8	26 065.9	38 256.9	47 832.2	63 761.3
羊毛	169 831.4	146 590.1	196 292.3	285 944.5	263 734.6
水产品	540 588.5	526 447.9	653 624.6	801 671.7	799 827.9
饮品	155 966.1	146 993.2	224 075.3	340 131.2	403 394.0
酒	108 223.7	105 235.0	156 984.6	246 731.6	297 437.3
茶	2 653.3	2 442.8	5 722.6	6 648.1	7 733.9
咖啡	8 244.0	6 898.0	9 996.4	17 320.5	23 005.6
烟草	78 773.1	84 365.3	79 070.6	113 796.4	131 601.6

3-3 中国主要农产品出口量（一）

单位：吨

项　目	2002 年	2003 年	2004 年	2005 年	2006 年	2007 年
农产品						
谷物	14 837 278.6	22 003 788.1	4 795 073.3	10 174 864.6	6 098 837.6	9 911 677.8
小麦产品	976 679.3	2 514 255.7	1 089 321.4	604 659.9	1 509 733.6	3 072 683.4
玉米产品	11 674 785.6	16 391 013.8	2 323 568.0	8 642 047.5	3 099 197.2	4 918 492.2
稻谷产品	1 990 140.5	2 617 412.2	909 015.0	685 839.7	1 253 040.9	1 343 485.2
棉花	159 172.5	117 460.5	11 941.4	8 400.1	16 261.0	24 588.5
食用油籽	1 227 510.5	1 262 995.2	1 172 792.1	1 366 545.2	1 224 340.4	1 289 687.9
大豆	305 364.9	294 790.3	348 647.6	413 434.0	394 749.7	474 623.2
花生	770 037.6	761 638.3	689 407.4	774 272.7	661 188.2	637 523.0
油菜籽	2 334.5	2 913.4	269.0	147.1	144.0	849.4
食用植物油	97 589.2	59 961.4	66 049.7	228 139.2	400 318.0	167 625.8
豆油	47 297.9	10 649.6	19 442.1	63 034.4	117 708.5	65 717.3
菜籽油	18 349.4	5 419.3	5 455.2	30 636.6	144 763.4	21 692.5
棕榈油	10 395.2	15.8	20.1	1 203.3	757.8	601.2
食糖	325 824.6	103 164.9	85 191.4	358 290.3	154 389.5	110 529.0
蔬菜	4 613 881.9	5 491 295.5	5 978 270.8	6 755 828.8	7 292 916.3	8 143 035.5
水果						
畜产品						
猪产品						
牛产品						
羊产品						
禽产品						
蛋产品						
乳品	51 030.7	48 862.9	60 131.3	69 823.5	74 860.1	134 565.8
动物生皮	7 537.3	3 627.5	158.0	327.3	505.2	716.7
动物生毛皮	221.7	173.5	291.2	255.7	373.8	479.7
羊毛	7 563.4	20 756.1	31 955.6	33 368.4	31 293.3	28 128.1
水产品						
饮品						
酒						
茶	256 023.4	261 938.5	284 293.2	291 117.9	304 329.3	295 420.4
咖啡	21 237.5	28 261.1	29 448.4	25 658.5	34 604.6	37 024.4
烟草	193 477.5	210 865.5	207 793.7	187 837.7	174 258.0	191 352.4

中国主要农产品出口量（二）

单位：吨

项 目	2008年	2009年	2010年	2011年	2012年
农产品					
谷物	1 861 067.1	1 370 961.6	1 243 305.7	1 214 847.6	1 016 140.9
小麦产品	309 836.3	245 027.2	277 224.9	328 207.8	285 899.2
玉米产品	273 418.7	129 583.9	127 319.8	136 083.0	257 300.3
稻谷产品	971 625.8	786 198.9	622 337.6	515 667.5	279 213.8
棉花	23 839.7	9 949.2	7 368.6	27 914.4	23 202.9
食用油籽	1 191 999.2	1 094 932.1	877 255.0	911 655.9	1 006 178.0
大豆	484 383.2	356 295.0	172 962.0	214 146.1	321 135.9
花生	513 609.5	565 655.8	516 243.6	487 585.4	450 944.6
油菜籽	55.1	221.0	109.6	185.8	335.5
食用植物油	249 328.3	115 594.9	95 687.0	124 277.3	100 984.8
豆油	133 988.4	69 245.5	59 296.6	51 113.6	65 384.8
菜籽油	7 103.9	9 134.9	3 804.0	3 275.0	6 630.8
棕榈油	1 129.7	473.0	1 548.0	1 284.2	871.1
食糖	62 402.5	63 886.2	94 348.4	59 388.7	47 144.2
蔬菜	8 162 455.3	7 989 671.5	8 399 235.4	9 695 009.6	9 310 339.8
水果					
畜产品					
猪产品					
牛产品					
羊产品					
禽产品					
蛋产品					
乳品	120 632.9	36 779.7	33 760.8	43 324.9	44 896.1
动物生皮	1 389.3	3 899.5	4 346.7	6 663.3	7 723.2
动物生毛皮	92.0	27.3	115.8	142.0	194.0
羊毛	15 086.5	10 808.6	18 394.9	21 487.7	16 025.7
水产品					
饮品					
酒					
茶	303 879.3	308 920.8	308 848.5	329 518.5	323 262.9
咖啡	41 551.9	50 649.3	51 494.5	58 048.8	84 071.1
烟草	225 734.1	238 865.5	289 078.1	266 968.5	262 107.4

3-4 中国主要农产品进口量（一）

单位：吨

项 目	2002 年	2003 年	2004 年	2005 年	2006 年	2007 年
农产品						
谷物	2 851 179.4	2 086 839.5	9 753 474.7	6 271 987.1	3 594 975.2	1 557 475.2
小麦产品	631 654.5	447 321.9	7 258 480.0	3 538 501.7	612 774.0	100 517.4
玉米产品	8 065.4	728.5	2 485.6	4 017.3	65 358.4	35 429.4
稻谷产品	238 016.6	258 674.2	766 255.8	521 731.9	729 915.3	487 487.0
棉花	245 061.4	1 075 192.3	2 114 132.7	2 745 491.9	3 980 047.7	2 741 164.6
食用油籽	11 944 683.1	20 984 164.1	20 768 289.0	27 042 335.8	29 316 979.1	31 914 727.0
大豆	11 315 348.0	20 741 110.7	20 229 939.6	26 590 648.5	28 269 968.3	30 821 448.6
花生	2 015.8	871.7	1 775.1	700.8	5 457.4	3 664.1
油菜籽	618 170.4	166 714.0	424 014.4	296 235.9	737 996.8	833 104.7
食用植物油	3 211 937.4	5 417 534.6	6 764 315.4	6 213 230.4	6 715 351.6	8 396 627.8
豆油	870 274.7	1 884 355.7	2 516 508.0	1 694 326.7	1 542 635.2	2 822 908.5
菜籽油	77 830.2	151 577.7	352 933.1	177 558.1	43 995.0	374 776.1
棕榈油	2 220 657.2	3 324 806.2	3 856 570.4	4 330 140.0	5 081 920.7	5 095 127.6
食糖	1 183 100.2	775 147.3	1 214 344.3	1 389 671.3	1 365 406.5	1 193 358.3
蔬菜	97 713.3	95 787.7	115 322.9	106 848.7	124 071.4	107 148.9
水果						
畜产品						
猪产品						
牛产品						
羊产品						
禽产品						
蛋产品						
乳品	263 826.6	315 043.7	347 183.5	320 034.8	347 826.2	298 580.7
动物生皮	580 783.4	690 422.6	828 207.6	899 127.5	957 050.9	996 399.0
动物生毛皮	3 825.0	13 277.7	21 643.3	29 146.5	32 553.3	31 386.2
羊毛	192 553.5	166 731.4	222 882.9	248 891.7	278 007.3	311 324.7
水产品						
饮品						
酒						
茶	1 783.5	2 965.7	2 508.2	3 090.2	3 784.6	5 984.3
咖啡	12 021.5	14 508.4	15 357.2	17 418.5	20 161.7	21 721.3
烟草	48 941.4	60 045.3	52 483.6	75 945.2	87 172.1	91 664.4

中国主要农产品进口量（二）

单位：吨

项　目	2008年	2009年	2010年	2011年	2012年
农产品					
谷物	1 540 510.3	3 150 987.5	5 708 381.8	5 446 757.9	13 983 013.1
小麦产品	43 060.0	904 125.2	1 230 665.9	1 258 053.3	3 700 977.1
玉米产品	50 024.2	84 479.7	1 573 201.6	1 753 601.3	5 208 007.0
稻谷产品	329 697.6	356 810.4	388 160.9	597 770.0	2 368 557.7
棉花	2 263 716.3	1 758 926.2	3 127 751.3	3 566 366.1	5 413 046.6
食用油籽	39 004 912.5	46 331 475.7	57 046 007.7	54 818 275.3	62 279 986.8
大豆	37 435 601.9	42 551 686.7	54 797 293.7	52 639 678.3	58 384 754.8
花生	10 370.6	3 483.4	16 159.3	57 674.0	25 342.9
油菜籽	1 302 572.8	3 285 852.1	1 599 847.8	1 262 265.1	2 929 591.9
食用植物油	8 171 139.7	9 502 489.8	8 261 662.2	7 797 763.7	9 599 368.9
豆油	2 585 669.7	2 391 222.3	1 340 908.7	1 143 191.9	1 826 113.9
菜籽油	269 792.2	467 526.2	985 324.3	550 903.7	1 175 817.9
棕榈油	5 282 319.9	6 441 283.9	5 696 105.2	5 912 232.1	6 341 162.5
食糖	779 887.0	1 064 481.8	1 766 147.2	2 919 436.5	3 747 166.0
蔬菜	114 094.5	97 176.7	150 045.9	167 318.6	222 121.9
水果					
畜产品					
猪产品					
牛产品					
羊产品					
禽产品					
蛋产品					
乳品	350 691.1	596 999.2	745 293.5	906 063.5	1 145 578.2
动物生皮	1 092 806.0	1 279 627.4	1 230 537.6	1 218 168.2	1 274 507.2
动物生毛皮	32 980.5	32 757.0	34 769.4	31 635.8	35 320.0
羊毛	285 402.5	307 886.0	317 956.7	322 146.5	309 474.7
水产品					
饮品					
酒					
茶	6 230.5	4 713.8	13 531.5	14 872.0	19 500.8
咖啡	24 792.6	24 877.3	35 157.5	49 416.2	68 138.3
烟草	116 161.2	117 031.9	96 038.1	143 884.9	164 476.8

主要进出口市场

3-5 中国对主要国家（地区）农产品出口额（一）

单位：万美元

国家（地区）	2002年	2003年	2004年	2005年	2006年	2007年
合计	1 813 032.9	2 141 213.9	2 336 455.5	2 754 897.6	3 138 405.5	3 698 718.9
亚洲	1 312 092.3	1 485 212.9	1 595 961.3	1 815 453.9	1 931 859.3	2 231 942.0
日本	572 894.2	605 365.5	740 500.6	794 237.1	823 271.9	837 217.1
马来西亚	57 030.4	67 029.2	53 087.1	69 385.3	84 628.6	105 438.1
印度尼西亚	53 287.5	54 065.8	45 078.0	42 202.5	61 705.2	90 728.2
中国香港	207 709.8	226 495.7	271 806.4	276 780.6	278 930.3	322 913.6
韩国	204 889.0	256 793.7	213 004.7	285 627.0	290 165.5	361 177.7
泰国	16 866.1	22 324.7	24 847.3	30 699.9	36 734.6	52 147.3
印度	23 384.1	20 128.8	21 895.1	23 285.7	24 396.9	37 892.9
越南	19 083.1	31 727.5	24 042.5	30 691.8	35 245.6	47 295.8
土耳其	2 924.2	6 325.9	3 825.4	5 721.8	5 339.9	9 452.8
欧洲	232 197.1	305 873.4	341 525.0	453 743.7	558 365.3	705 967.7
欧盟	181 204.7	238 387.8	267 839.2	356 181.6	446 445.4	551 147.1
法国	11 892.8	14 791.5	16 644.3	21 083.2	28 652.7	35 977.2
德国	49 428.7	61 412.2	68 351.6	93 957.7	111 296.6	137 974.7
荷兰	30 220.8	36 372.2	41 494.8	54 207.8	77 316.4	99 293.2
西班牙	10 460.0	13 793.9	22 488.6	37 866.2	45 337.4	56 278.4
英国	19 995.9	27 228.3	31 289.0	39 283.3	51 337.6	58 313.8
意大利	23 062.0	25 198.6	23 921.7	28 915.6	35 338.1	42 141.3
俄罗斯	44 237.1	56 869.7	59 718.2	73 459.3	88 977.2	123 051.1
北美洲	184 687.3	232 055.3	268 255.2	331 841.3	428 184.3	496 375.9
美国	166 463.9	208 863.5	237 406.1	293 364.8	382 744.8	440 513.4
加拿大	18 216.2	23 146.9	30 796.4	38 416.3	45 395.5	55 849.4
墨西哥	4 167.3	8 249.5	19 653.9	21 579.4	28 251.3	30 828.9
南美洲	22 945.2	27 071.8	40 612.0	52 816.1	82 354.9	90 303.9
巴西	3 120.5	2 822.2	3 820.6	7 222.0	8 878.5	11 952.1
阿根廷	155.9	760.3	632.1	934.3	1 357.0	2 379.7
智利	538.7	743.4	906.1	1 376.5	2 030.3	4 151.5
秘鲁	537.4	333.2	416.7	566.0	1 004.0	2 006.6
大洋洲	16 362.3	25 720.3	30 088.8	34 434.0	48 139.9	60 304.8
澳大利亚	13 882.2	19 275.3	24 362.4	28 077.8	36 629.5	45 252.4
新西兰	1 978.2	2 673.8	3 548.4	4 718.7	6 329.6	8 291.6
非洲	44 748.7	65 280.1	60 013.2	66 608.7	89 501.8	113 824.6
南非	6 724.1	12 690.1	8 036.0	10 352.4	14 189.5	20 080.4
埃及	3 331.3	5 445.2	11 061.3	5 828.6	6 282.7	7 686.1
津巴布韦	1 383.7	59.8	35.6	65.6	3.0	10.3
尼日利亚	1 099.4	1 830.9	2 078.1	3 387.1	5 383.6	6 711.9
阿尔及利亚	4 297.3	5 235.9	6 690.8	7 960.5	8 395.1	11 369.2
肯尼亚	116.7	999.8	381.5	516.0	588.0	737.1

中国对主要国家（地区）农产品出口额（二）

单位：万美元

国家（地区）	2008年	2009年	2010年	2011年	2012年
合计	4 047 097.5	3 954 354.2	4 937 340.4	6 072 106.5	6 325 298.9
亚洲	2 275 770.2	2 349 783.3	2 955 886.7	3 670 030.7	3 914 384.9
日本	769 728.9	769 150.5	915 499.8	1 101 314.2	1 200 075.8
马来西亚	118 846.8	122 811.4	167 834.7	212 243.6	216 682.9
印度尼西亚	84 076.6	105 077.6	177 943.9	215 330.7	188 281.6
中国香港	362 744.9	372 190.0	450 633.6	591 628.0	668 414.1
韩国	317 319.2	283 217.4	353 208.6	418 036.0	415 939.6
泰国	73 536.5	85 818.7	118 847.9	174 303.5	204 953.5
印度	43 593.4	51 087.3	54 085.5	56 832.4	61 132.0
越南	71 370.1	94 606.1	135 111.5	208 008.8	194 740.0
土耳其	14 532.0	10 175.9	16 628.9	16 955.2	18 138.1
欧洲	832 001.3	728 782.9	886 378.6	1 062 161.0	1 008 123.3
欧盟	644 563.2	578 438.3	690 479.6	815 778.7	761 609.1
法国	46 221.0	40 010.9	43 897.4	56 548.2	52 812.7
德国	164 269.1	149 706.6	175 239.8	199 482.2	192 672.1
荷兰	99 719.4	92 392.2	109 772.9	126 257.6	119 504.2
西班牙	58 502.7	55 881.5	74 592.7	91 892.4	73 223.8
英国	71 165.8	65 629.1	81 526.4	95 743.6	96 035.1
意大利	50 165.3	41 607.3	48 285.6	62 769.9	51 228.6
俄罗斯	144 423.0	120 066.8	155 111.9	196 433.4	196 121.3
北美洲	576 481.4	536 782.4	662 404.1	768 000.9	826 697.4
美国	510 628.3	470 413.7	581 682.7	675 717.0	725 137.4
加拿大	65 836.2	66 364.1	80 673.6	92 241.1	101 505.4
墨西哥	39 481.3	34 606.1	45 297.5	62 746.2	51 286.4
南美洲	131 708.6	109 530.6	165 631.1	214 312.3	211 156.0
巴西	26 783.3	22 047.3	52 113.0	64 760.0	70 042.0
阿根廷	2 620.7	2 454.3	3 993.3	5 044.2	4 581.5
智利	6 726.7	5 679.0	8 793.0	16 357.4	15 004.8
秘鲁	2 954.4	3 274.9	4 138.7	5 679.9	6 041.3
大洋洲	75 774.5	70 773.8	86 808.9	113 029.1	115 492.6
澳大利亚	58 177.8	57 034.7	68 762.9	90 546.6	90 510.8
新西兰	9 725.8	8 189.7	10 626.8	13 382.4	14 485.8
非洲	155 361.4	158 701.2	180 231.0	244 572.5	249 444.7
南非	22 178.2	26 523.7	27 690.5	34 303.5	37 734.9
埃及	14 861.9	14 522.9	16 974.0	24 577.3	25 724.1
津巴布韦	350.3	19.4	85.4	902.8	181.8
尼日利亚	17 209.7	20 816.5	19 367.3	34 672.1	36 705.7
阿尔及利亚	13 624.3	13 436.4	14 405.9	17 276.0	16 401.8
肯尼亚	863.5	1 399.3	1 728.6	3 372.4	2 188.0

3-6 中国自主要国家（地区）农产品进口额（一）

单位：万美元

国家（地区）	2002年	2003年	2004年	2005年	2006年	2007年
合计	1 247 498.2	1 896 789.1	2 808 766.8	2 878 710.4	3 216 744.5	4 119 736.2
亚洲	270 710.1	397 800.9	556 588.4	572 053.2	801 445.1	1 021 132.7
日本	26 337.7	29 736.9	30 156.2	36 432.2	41 708.6	39 993.8
马来西亚	71 929.8	114 516.2	143 800.9	134 054.3	171 653.6	301 795.5
印度尼西亚	33 172.9	54 193.5	87 764.3	92 190.9	125 206.2	181 223.5
中国香港	3 365.4	3 191.3	3 346.0	4 726.6	6 144.4	8 463.3
韩国	12 698.3	15 463.2	20 076.1	25 275.1	23 282.4	30 269.6
泰国	43 495.7	53 297.0	98 181.3	98 603.4	129 606.8	136 560.1
印度	7 916.3	13 216.5	27 230.1	39 849.4	116 199.0	129 821.6
越南	14 463.6	19 370.0	19 859.2	21 497.3	37 292.4	47 222.2
土耳其	1 312.2	2 272.7	3 017.7	2 279.6	2 532.9	3 943.5
欧洲	164 721.0	211 495.5	258 182.7	339 061.1	368 321.0	451 243.1
欧盟	87 955.4	126 595.8	154 060.0	201 272.1	214 989.3	281 046.8
法国	23 805.7	39 563.1	39 391.2	67 682.0	68 089.5	112 342.2
德国	10 454.5	10 447.1	10 957.0	13 686.9	15 370.7	20 790.6
荷兰	12 736.7	13 687.0	21 370.4	26 170.5	29 439.6	32 370.4
西班牙	3 745.6	5 284.4	6 546.2	8 105.5	11 062.2	11 073.4
英国	5 528.1	8 678.6	15 990.1	22 119.1	21 532.7	22 729.7
意大利	2 549.3	2 704.4	4 155.6	5 475.0	8 177.7	11 549.7
俄罗斯	67 710.9	71 498.0	85 192.6	115 137.7	128 972.6	144 298.5
北美洲	322 291.7	555 826.1	915 516.6	789 954.3	843 130.1	1 041 555.2
美国	272 283.6	501 478.3	769 375.8	672 378.3	759 636.8	913 286.0
加拿大	48 767.3	52 135.7	144 083.7	114 642.2	80 489.3	124 473.8
墨西哥	2 876.0	2 932.1	3 779.9	6 967.3	7 269.0	7 722.8
南美洲	278 043.1	503 133.5	662 636.9	757 556.7	774 086.5	1 161 604.8
巴西	114 914.5	212 364.7	285 709.1	302 702.5	382 437.5	484 525.3
阿根廷	89 151.8	225 948.8	270 279.8	299 304.6	240 914.2	518 137.1
智利	17 921.5	19 424.7	23 405.9	35 307.4	35 420.6	45 386.6
秘鲁	40 775.7	28 841.8	53 570.4	74 709.7	63 036.9	61 343.9
大洋洲	183 609.1	176 843.5	323 039.9	312 129.0	308 600.4	349 741.3
澳大利亚	144 889.2	122 683.8	243 706.1	240 642.7	232 520.7	261 330.5
新西兰	38 577.8	53 547.8	78 621.8	70 604.6	73 363.3	83 223.9
非洲	28 123.0	51 689.7	92 724.4	107 907.4	121 155.9	94 382.3
南非	2 082.0	1 969.5	2 196.2	5 611.8	7 456.5	14 724.3
埃及	2 174.0	3 230.0	2 716.3	3 735.9	3 839.2	3 876.5
津巴布韦	14 974.8	16 069.3	13 528.5	14 411.7	10 939.6	10 566.7
尼日利亚	16.4	51.8	703.2	445.9	999.8	746.5
阿尔及利亚	0.0	0.0	1.7	3.7	0.1	0.0
肯尼亚	457.8	730.4	1 354.2	1 111.2	1 109.1	1 199.7

中国自主要国家（地区）农产品进口额（二）

单位：万美元

国家（地区）	2008 年	2009 年	2010 年	2011 年	2012 年
合计	5 876 976.7	5 269 855.2	7 255 380.8	9 487 192.0	11 247 929.9
亚洲	1 269 763.4	1 151 636.2	1 662 476.2	2 181 839.4	2 462 862.0
日本	40 126.8	46 369.8	60 760.2	37 122.9	43 271.6
马来西亚	413 659.0	306 899.8	352 205.9	526 220.5	448 840.4
印度尼西亚	267 461.6	228 095.1	294 801.3	416 193.3	470 060.6
中国香港	8 293.4	8 920.9	11 202.8	13 560.5	15 099.9
韩国	33 486.8	31 305.5	42 123.0	63 698.1	61 713.9
泰国	120 480.7	179 888.2	248 762.0	298 254.4	395 746.7
印度	161 297.6	95 251.2	257 287.4	376 089.5	417 206.8
越南	49 453.5	74 980.6	76 571.5	131 976.6	222 361.3
土耳其	4 853.5	3 963.3	5 550.9	9 748.5	10 004.9
欧洲	534 469.8	508 387.8	689 401.3	949 137.6	1 075 283.0
欧盟	372 757.4	341 651.4	494 057.1	706 443.0	842 616.0
法国	143 877.5	123 087.0	164 566.0	252 695.6	282 598.0
德国	25 502.9	21 985.5	37 770.9	58 762.2	94 760.6
荷兰	52 102.7	50 375.4	66 833.2	84 116.4	107 086.3
西班牙	14 005.8	19 378.8	34 036.8	62 561.5	68 475.7
英国	22 312.6	23 727.9	31 441.3	47 917.7	48 680.8
意大利	15 204.4	18 000.5	28 897.4	40 567.9	42 954.2
俄罗斯	132 504.3	128 753.0	138 727.3	169 298.8	155 411.6
北美洲	1 622 082.5	1 672 922.5	2 169 691.6	2 651 532.3	3 420 307.6
美国	1 442 136.8	1 403 287.0	1 863 945.2	2 332 273.8	2 878 900.2
加拿大	176 314.9	265 214.0	300 345.9	314 473.5	535 652.4
墨西哥	10 193.0	7 249.4	10 488.6	25 750.2	25 297.7
南美洲	1 954 595.4	1 429 088.5	1 957 596.6	2 524 637.3	2 875 294.0
巴西	880 502.1	845 156.1	1 073 457.1	1 561 257.5	1 870 037.4
阿根廷	840 520.4	348 536.2	570 399.8	544 188.4	509 652.1
智利	61 302.9	80 280.5	82 469.1	112 196.1	139 577.3
秘鲁	100 377.2	80 738.0	112 057.8	133 410.8	125 740.6
大洋洲	397 422.2	386 930.2	615 776.1	947 145.4	1 127 763.6
澳大利亚	293 432.1	249 228.6	393 025.5	644 535.9	740 746.7
新西兰	102 114.6	135 024.5	220 747.3	298 377.0	381 519.6
非洲	98 634.5	120 888.6	160 313.6	232 890.3	286 413.2
南非	20 061.0	25 141.7	35 286.8	41 778.0	46 733.1
埃及	3 308.8	2 812.2	6 576.5	10 202.4	5 920.4
津巴布韦	13 008.4	9 876.7	13 026.8	35 182.9	43 620.4
尼日利亚	484.8	990.8	1 091.6	2 412.2	1 738.2
阿尔及利亚	5.3	0.0	9.9	19.3	69.0
肯尼亚	1 474.3	1 740.2	1 547.7	1 819.9	1 706.2

3-7 中国谷物进口量前 15 位国家（地区）

（2012 年）

单位：吨，万美元，%

序号	国家（地区）	进口量	同比增长	进口额	同比增长
1	美国	5 759 146.6	171.5	189 246.4	164.0
2	澳大利亚	4 677 690.7	139.6	133 996.1	108.9
3	东盟	1 875 255.6	185.2	90 404.3	115.6
4	加拿大	715 627.9	159.3	26 627.0	158.3
5	巴基斯坦	579 582.9	6 586.5	26 878.1	6 182.9
6	哈萨克斯坦	204 907.0	4 316.6	4 411.0	4 106.3
7	阿根廷	112 550.2	−36.0	4 056.5	−36.4
8	欧盟	36 526.5	−84.9	1 801.3	−79.7
9	乌拉圭	11 067.8	15 061.3	645.9	16 384.1
10	俄罗斯	7 147.9	902.3	235.3	643.7
11	韩国	1 771.3	−53.4	155.4	−38.1
12	中国台湾	1 004.5	764.3	164.8	400.3
13	秘鲁	255.0	155.0	43.8	155.8
14	乌克兰	220.0		8.3	
15	印度	144.0	−95.6	50.1	−69.4
	总计	13 982 897.9		478 724.3	

3-8 中国棉花进口量前15位国家（地区）

（2012年）

单位：吨，万美元，%

序号	国家（地区）	进口量	同比增长	进口额	同比增长
1	印　　度	1 537 607.3	45.3	309 518.5	14.8
2	美　　国	1 480 268.0	46.0	369 777.6	24.1
3	澳大利亚	818 388.9	54.5	191 276.8	23.5
4	巴　　西	371 582.3	70.5	81 839.0	34.9
5	乌兹别克斯坦	317 395.7	70.6	69 792.5	32.7
6	马　　里	107 400.7	152.5	26 005.0	145.5
7	布基纳法索	96 800.8	42.4	23 112.1	31.6
8	喀 麦 隆	70 992.9	99.6	17 275.4	92.1
9	墨 西 哥	66 956.6	58.1	14 038.9	27.8
10	欧　　盟	64 178.5	39.7	13 329.4	22.4
11	贝　　宁	58 783.1	103.2	14 206.7	110.1
12	巴基斯坦	58 645.4	25.6	10 121.3	−2.1
13	土 耳 其	50 136.5	76.3	3 670.2	−4.8
14	科特迪瓦	34 219.3	81.7	8 115.8	59.9
15	赞 比 亚	32 850.7	87.9	6 422.7	38.8
	总　　计	5 166 206.6		1 158 501.9	

3-9 中国食用油籽进口量前 15 位国家（地区）

（2012 年）

单位：吨，万美元，%

序号	国家（地区）	进口量	同比增长	进口额	同比增长
1	美国	25 974 931.4	16.1	1 543 588.2	21.5
2	巴西	23 890 985.5	15.8	1 425 811.0	20.9
3	阿根廷	5 898 285.8	−24.8	368 661.2	−15.6
4	加拿大	3 696 217.3	114.6	244 727.4	128.1
5	乌拉圭	1 903 913.1	33.1	121 242.8	50.2
6	澳大利亚	393 641.9	8.1	11 682.3	−11.1
7	埃塞俄比亚	189 464.0	16.4	25 357.2	12.5
8	俄罗斯	91 603.6	1 708.5	3 381.5	1 487.0
9	坦桑尼亚	63 555.0	31.0	8 499.9	35.4
10	马里	39 274.5	52.6	4 811.1	50.0
11	莫桑比克	23 532.8	0.0	3 332.4	8.1
12	苏丹	21 542.4	−61.1	3 184.7	−59.1
13	多哥	18 813.9	95.4	2 276.2	89.7
14	印度	18 745.6	−68.9	2 345.9	−66.7
15	东盟	11 098.1	−5.3	1 473.7	−6.5
	总计	62 235 604.8		3 770 375.4	

3-10 中国食用植物油进口量前15位国家（地区）

（2012年）

单位：吨，万美元，%

序号	国家（地区）	进口量	同比增长	进口额	同比增长
1	东盟	6 304 230.5	6.8	646 963.3	−2.3
2	加拿大	989 401.3	87.7	127 509.0	99.6
3	巴西	922 516.2	81.4	115 349.1	90.2
4	阿根廷	738 512.7	66.0	94 769.5	82.5
5	美国	259 920.8	0.5	33 312.8	12.0
6	欧盟	97 771.6	147.5	22 647.9	54.9
7	阿拉伯联合酋长国	93 847.3	885.1	12 049.7	1 270.2
8	乌克兰	93 110.5	71.7	11 318.2	60.3
9	印度	53 670.9	271.4	7 930.4	252.1
10	澳大利亚	21 914.5	1 218.8	3 269.8	408.3
11	塞内加尔	7 601.0	−62.9	1 936.6	−46.9
12	中国台湾	7 282.9	16.7	1 121.4	20.8
13	土耳其	2 410.3	−30.4	536.7	−20.2
14	俄罗斯	1 884.2	726.3	215.4	862.1
15	突尼斯	1 440.6	189.9	429.9	138.5
	总计	9 595 515.0		1 079 359.4	

3-11 中国食糖进口量前15位国家（地区）

（2012年）

单位：吨，万美元，%

序号	国家（地区）	进口量	同比增长	进口额	同比增长
1	巴　　西	1 989 085.8	−0.1	113 196.9	−10.7
2	东　　盟	1 007 454.1	222.5	60 956.5	195.2
3	古　　巴	426 000.0	5.4	27 890.9	−7.6
4	韩　　国	215 065.1	12.4	15 231.8	1.1
5	危地马拉	69 348.0	6 834.8	4 644.9	5 726.7
6	澳大利亚	32 307.5	137.4	1 902.7	80.7
7	印　　度	7 098.2	230.1	419.8	135.6
8	毛里求斯	478.3	−14.4	45.3	−3.7
9	日　　本	110.3	65.5	21.0	8.2
10	欧　　盟	84.8	−19.2	33.6	−11.2
11	新 西 兰	60.0	−81.5	4.9	−83.4
12	美　　国	46.1	53.8	25.8	42.6
13	中国台湾	18.2	−19.8	2.9	−36.6
14	伊　　朗	3.9		0.8	
15	瑞　　士	2.3	−32.4	2.4	−41.5
	总　　计	3 747 162.8		224 380.3	

3-12 中国畜产品进口额前15位国家（地区）

（2012年）

单位：万美元，%

序号	国家（地区）	进口额	同比增长
1	澳大利亚	333 110.6	−4.1
2	美国	319 840.2	6.9
3	欧盟	312 171.7	26.9
4	新西兰	301 352.6	24.5
5	巴西	60 025.4	−1.1
6	加拿大	53 648.6	18.6
7	乌拉圭	29 284.0	35.3
8	南非	25 886.2	15.0
9	阿根廷	18 036.7	−5.8
10	智利	9 773.7	31.8
11	蒙古	8 164.5	22.6
12	中国台湾	4 175.2	8.3
13	东盟	3 060.6	−36.9
14	韩国	1 637.0	4.7
15	土耳其	1 517.4	1.6
	总计	1 481 684.3	

3-13 中国蔬菜进口额前15位国家（地区）

（2012年）

单位：万美元，%

序号	国家（地区）	进口额	同比增长
1	美国	17 669.6	44.8
2	东盟	5 561.3	20.8
3	欧盟	5 002.3	6.8
4	日本	3 238.4	−13.6
5	印度	3 237.7	103.4
6	加拿大	969.3	0.7
7	韩国	942.5	27.9
8	新西兰	765.4	25.1
9	智利	715.0	0.7
10	中国台湾	499.8	−25.1
11	以色列	437.4	−14.1
12	埃及	424.0	1 799.2
13	澳大利亚	418.4	126.9
14	朝鲜	297.3	40.4
15	俄罗斯	187.6	9.2
	总计	40 365.9	

3-14 中国水果进口额前15位国家（地区）

（2012年）

单位：万美元，%

序号	国家（地区）	进口额	同比增长
1	东盟	202 079.6	22.6
2	智利	60 166.4	32.5
3	美国	40 231.3	−3.4
4	巴西	12 205.8	−28.7
5	新西兰	11 918.1	88.4
6	欧盟	10 959.4	13.8
7	南非	7 750.4	63.0
8	秘鲁	6 910.6	55.1
9	以色列	3 527.1	−0.9
10	厄瓜多尔	3 171.2	443.0
11	中国台湾	3 059.7	16.3
12	澳大利亚	2 491.8	330.6
13	哥斯达黎加	1 887.9	121.3
14	加拿大	1 705.9	17.9
15	阿根廷	1 405.5	55.0
	总计	369 470.7	

3-15 中国水产品进口额前 15 位国家（地区）

（2012 年）

单位：万美元，%

序号	国家（地区）	进口额	同比增长
1	俄 罗 斯	143 303.3	−13.9
2	美 国	138 143.4	1.4
3	秘 鲁	117 379.5	−8.0
4	东 盟	74 268.0	25.1
5	智 利	51 896.7	14.0
6	挪 威	40 520.0	−3.6
7	加 拿 大	34 579.4	10.4
8	新 西 兰	27 587.3	46.1
9	欧 盟	22 991.3	0.4
10	日 本	18 878.2	8.9
11	韩 国	17 619.3	−26.8
12	印 度	13 603.1	−10.6
13	中 国 台 湾	10 342.7	85.9
14	朝 鲜	10 173.6	20.5
15	墨 西 哥	8 266.6	−31.7
	总 计	729 552.4	

3-16 中国畜产品出口额前15位国家（地区）
（2012年）

单位：万美元，%

序号	国家（地区）	出口额	同比增长
1	日本	190 689.1	10.7
2	中国香港	165 513.7	2.0
3	欧盟	104 932.1	−2.1
4	东盟	40 834.9	18.0
5	美国	32 029.6	0.5
6	中国台湾	29 693.6	80.6
7	韩国	16 525.3	9.2
8	中国澳门	11 857.7	10.8
9	吉尔吉斯斯坦	8 628.9	27.1
10	巴西	5 695.0	28.6
11	南非	4 806.1	−2.7
12	朝鲜	2 204.2	62.1
13	科威特	1 814.9	−6.8
14	尼日利亚	1 788.3	−10.6
15	加拿大	1 555.3	12.4
	总计	618 568.6	

3-17 中国蔬菜出口额前 15 位国家（地区）

（2012 年）

单位：万美元，%

序号	国家（地区）	出口额	同比增长
1	日本	237 455.5	4.6
2	东盟	207 477.6	−34.1
3	欧盟	108 406.4	−16.5
4	韩国	81 386.6	−0.9
5	美国	75 504.2	−6.7
6	中国香港	43 827.2	−6.8
7	俄罗斯	40 760.2	−20.0
8	巴西	17 690.0	−14.9
9	尼日利亚	13 232.7	23.6
10	加拿大	13 047.3	−4.4
11	阿拉伯联合酋长国	12 773.7	−16.3
12	中国台湾	10 737.4	2.4
13	澳大利亚	10 335.8	−3.5
14	沙特阿拉伯	8 965.2	−17.5
15	加纳	8 567.8	−1.8
	总计	890 167.7	

3-18 中国水果出口额前15位国家（地区）

（2012年）

单位：万美元，%

序号	国家（地区）	出口额	同比增长
1	东盟	202 738.0	25.0
2	美国	111 585.3	11.9
3	日本	71 563.8	18.3
4	欧盟	52 866.3	−20.5
5	俄罗斯	47 487.9	7.8
6	加拿大	20 458.5	39.1
7	中国香港	13 122.0	23.9
8	哈萨克斯坦	11 325.5	36.7
9	印度	10 434.6	10.9
10	澳大利亚	10 207.7	−11.0
11	韩国	9 645.8	11.5
12	孟加拉国	8 594.2	−15.2
13	沙特阿拉伯	5 562.4	4.5
14	阿拉伯联合酋长国	5 512.9	11.5
15	南非	4 277.6	−19.4
	总计	585 382.6	

3-19 中国水产品出口额前 15 位国家（地区）

（2012 年）

单位：万美元，%

序号	国家（地区）	出口额	同比增长
1	日本	421 553.5	3.5
2	美国	294 685.2	1.1
3	欧盟	221 020.1	−9.7
4	东盟	212 639.0	23.8
5	中国香港	205 861.3	31.9
6	韩国	148 346.6	−6.8
7	中国台湾	107 379.8	27.7
8	俄罗斯	59 548.0	20.3
9	加拿大	37 063.3	−1.1
10	墨西哥	27 582.5	−6.4
11	澳大利亚	24 915.9	3.3
12	巴西	21 998.8	−8.4
13	尼日利亚	9 127.1	−4.2
14	以色列	8 147.2	−2.6
15	朝鲜	4 623.7	44.0
	总计	1 804 492.0	

主要进出口地区

3-20 中国农产品出口额前15位地区

（2012年）

单位：万美元，%

序号	地区	出口额	同比增长
1	山东	1 591 784.7	−1.7
2	广东	754 386.5	8.0
3	福建	723 816.8	10.5
4	浙江	484 991.1	3.3
5	辽宁	455 452.7	7.3
6	江苏	296 993.2	5.8
7	云南	218 172.2	17.0
8	河北	171 020.0	0.1
9	吉林	147 109.8	7.7
10	黑龙江	138 776.5	0.5
11	上海	131 954.0	4.9
12	湖北	117 877.1	−18.3
13	广西	112 662.1	27.9
14	河南	111 620.5	−0.8
15	安徽	99 989.4	12.9
	总计	5 556 606.5	

3-21 中国农产品进口额前 15 位地区

（2012 年）

单位：万美元，%

序号	地区	进口额	同比增长
1	山 东	1 935 331.0	6.5
2	广 东	1 924 800.4	21.3
3	江 苏	1 918 254.4	25.1
4	上 海	863 675.1	12.8
5	天 津	831 553.2	36.6
6	辽 宁	611 289.3	15.9
7	浙 江	527 383.5	9.2
8	广 西	522 198.7	55.3
9	福 建	513 406.9	19.9
10	北 京	402 209.7	19.4
11	河 北	330 074.1	6.1
12	河 南	155 693.8	−1.3
13	云 南	120 616.5	15.7
14	吉 林	98 343.7	57.8
15	安 徽	76 608.9	37.0
	总 计	10 831 439.3	

3-22 中国各地区农产品出口额（一）

单位：万美元

	2002年	2003年	2004年	2005年	2006年	2007年
全国合计	1 813 032.9	2 141 213.9	2 336 455.5	2 754 897.6	3 138 405.5	3 698 718.9
北　京	38 619.6	40 393.2	38 670.6	42 067.5	43 248.7	49 376.8
天　津	34 270.7	48 376.0	45 224.3	48 581.0	55 893.4	59 823.6
河　北	54 110.8	59 752.1	75 531.1	86 972.5	94 799.8	109 275.5
山　西	7 315.2	6 335.9	5 662.5	7 507.8	11 781.5	24 651.1
内蒙古	22 944.6	31 566.5	19 849.5	32 529.8	29 859.2	42 913.8
辽　宁	143 638.5	171 579.3	184 183.5	223 922.2	238 666.5	301 758.6
吉　林	111 032.4	148 592.9	62 230.0	109 760.7	99 193.8	121 316.5
黑龙江	46 153.3	78 922.1	62 526.6	82 175.0	99 650.9	137 186.7
上　海	59 697.6	61 153.3	70 704.7	78 529.2	93 807.5	105 156.8
江　苏	74 250.4	86 940.6	91 075.9	108 678.1	139 882.0	172 924.1
浙　江	159 173.7	182 330.9	228 130.0	249 469.8	268 902.8	300 928.9
安　徽	23 598.4	26 064.5	24 017.2	33 634.6	41 161.4	50 292.2
福　建	133 783.1	136 543.7	186 167.1	200 585.9	233 559.8	264 832.8
江　西	10 745.7	10 064.2	14 312.6	15 480.3	24 839.7	24 856.1
山　东	412 120.9	508 201.8	591 943.7	723 593.6	855 171.5	990 451.0
河　南	22 981.7	46 012.2	35 631.8	40 711.0	48 809.4	52 909.4
湖　北	16 936.7	24 229.5	28 450.2	32 880.8	41 988.4	49 912.9
湖　南	16 148.0	19 028.6	23 435.5	27 310.7	30 975.9	35 279.6
广　东	264 109.6	280 591.9	340 481.2	358 184.9	391 137.0	410 042.0
广　西	17 952.6	20 646.5	22 271.7	25 817.0	32 037.8	38 281.3
海　南	10 763.8	10 538.9	12 788.5	15 802.9	26 939.4	35 433.5
重　庆	9 532.4	9 683.1	11 642.1	13 402.8	13 565.0	14 689.9
四　川	29 319.6	32 624.5	43 610.5	45 552.8	51 585.4	58 558.0
贵　州	5 270.0	5 806.1	7 212.9	7 193.3	6 816.5	8 130.6
云　南	29 010.3	36 662.8	45 410.1	51 436.3	57 631.3	70 134.0
西　藏	598.7	1 117.1	2 951.8	3 312.7	4 435.7	5 723.3
陕　西	13 227.8	15 811.1	20 245.1	28 734.8	37 591.9	69 378.2
甘　肃	6 138.3	7 986.8	12 659.8	17 807.3	18 271.8	26 399.0
青　海	497.6	675.8	507.1	768.9	915.5	969.1
宁　夏	1 256.7	999.9	1 171.2	1 827.1	2 722.2	4 265.0
新　疆	37 834.1	31 981.7	27 756.6	40 666.7	42 563.6	62 868.9

中国各地区农产品出口额（二）

单位：万美元

	2008 年	2009 年	2010 年	2011 年	2012 年
全国合计	4 047 097.5	3 954 354.2	4 937 340.4	6 072 106.5	6 325 298.9
北　京	45 802.2	44 102.0	47 990.9	55 687.1	58 536.1
天　津	74 034.9	71 438.0	81 959.4	94 797.4	88 867.6
河　北	112 329.7	115 866.6	137 641.2	170 857.0	171 020.0
山　西	21 683.0	14 194.0	16 133.1	18 468.2	20 189.7
内蒙古	33 460.7	32 979.8	48 344.2	58 090.2	64 099.0
辽　宁	313 578.2	290 698.3	339 881.9	424 376.4	455 452.7
吉　林	126 651.5	113 955.3	124 314.7	136 618.7	147 109.8
黑龙江	153 965.7	116 264.9	123 217.1	138 078.4	138 776.5
上　海	107 517.9	95 991.3	114 452.8	125 758.9	131 954.0
江　苏	199 362.4	195 817.9	250 057.5	280 589.9	296 993.2
浙　江	343 768.5	313 172.4	376 250.8	469 358.8	484 991.1
安　徽	50 253.5	53 170.2	68 860.9	88 577.9	99 989.4
福　建	294 800.1	327 115.8	468 273.4	655 170.4	723 816.8
江　西	33 464.9	35 040.3	42 095.4	56 026.2	63 837.9
山　东	1 034 982.6	1 018 012.6	1 339 180.3	1 618 753.3	1 591 784.7
河　南	53 912.5	56 156.4	81 031.8	112 508.7	111 620.5
湖　北	65 552.1	71 514.3	106 508.2	144 262.4	117 877.1
湖　南	42 455.7	42 308.5	57 156.0	63 675.1	70 002.5
广　东	456 008.5	482 176.9	570 296.8	698 330.5	754 386.5
广　西	62 960.1	63 258.8	76 902.4	88 075.7	112 662.1
海　南	46 360.7	40 222.6	45 430.6	54 034.7	56 129.1
重　庆	17 965.7	16 931.6	18 269.6	21 988.9	24 413.5
四　川	65 614.6	54 980.2	67 044.5	81 265.4	79 890.5
贵　州	11 185.2	15 021.0	17 519.4	21 909.3	27 747.8
云　南	85 121.9	102 359.1	135 280.7	186 513.4	218 172.2
西　藏	3 201.4	3 770.3	5 867.6	4 301.7	4 172.3
陕　西	68 735.9	54 097.7	58 224.3	67 688.9	75 900.5
甘　肃	35 833.8	32 432.3	35 902.2	39 727.2	44 755.6
青　海	954.8	1 297.6	1 607.3	2 336.8	1 985.2
宁　夏	4 388.7	4 021.6	7 446.7	9 785.9	9 686.7
新　疆	81 190.1	75 985.9	74 198.7	84 492.7	78 478.4

3-23 中国各地区农产品进口额（一）

单位：万美元

	2002年	2003年	2004年	2005年	2006年	2007年
全国合计	1 247 498.2	1 896 789.1	2 808 766.8	2 878 710.4	3 216 744.5	4 119 736.2
北京	88 613.2	113 378.3	270 209.2	218 596.1	182 982.6	183 676.8
天津	45 748.8	73 489.2	107 730.0	135 198.5	156 276.0	226 188.3
河北	46 145.5	74 288.1	90 341.6	99 933.7	119 682.1	145 937.1
山西	1 196.1	3 449.8	3 135.0	4 001.0	1 199.4	782.3
内蒙古	2 796.7	4 859.2	10 758.5	6 505.5	4 829.2	4 489.1
辽宁	80 543.6	122 250.9	165 413.1	174 536.3	163 258.2	184 507.6
吉林	4 899.6	9 049.6	14 084.4	8 188.5	17 235.1	20 863.4
黑龙江	7 800.0	13 130.3	15 983.5	13 713.2	12 004.9	13 899.4
上海	90 478.4	139 040.9	169 052.4	197 935.5	245 235.7	321 832.2
江苏	147 839.0	247 166.2	434 740.3	449 978.2	526 115.5	786 622.3
浙江	80 172.8	105 194.0	171 756.6	174 613.4	199 916.5	251 142.9
安徽	6 304.4	7 480.1	12 618.5	17 157.5	16 051.2	21 413.2
福建	48 086.7	73 137.5	116 194.4	142 576.7	145 215.9	178 152.6
江西	2 006.3	1 913.8	1 650.3	2 601.3	3 415.2	3 613.2
山东	200 068.7	348 151.6	507 123.1	565 632.6	641 422.8	713 964.5
河南	26 040.4	42 852.3	53 891.5	46 354.5	46 472.7	59 548.0
湖北	3 979.4	8 423.3	15 134.3	12 455.6	15 512.9	15 611.4
湖南	3 782.3	7 655.7	8 347.6	11 272.0	12 197.2	11 536.9
广东	303 516.7	409 718.3	509 553.2	457 340.9	542 821.8	763 227.0
广西	35 181.3	43 862.9	71 331.9	77 297.9	95 068.4	128 417.5
海南	3 939.4	5 959.4	7 447.6	5 213.7	5 805.7	5 807.9
重庆	660.6	1 303.9	4 678.5	12 651.4	9 167.5	18 567.3
四川	5 927.6	14 222.5	17 502.0	12 542.0	11 853.2	17 925.7
贵州	508.8	1 045.2	850.6	1 315.3	1 294.1	1 656.5
云南	4 048.5	8 605.3	7 077.2	11 763.5	15 935.8	18 927.4
西藏	539.1	670.0	323.1	702.2	229.3	99.0
陕西	1 339.4	5 862.8	7 543.4	6 925.8	8 165.2	9 965.6
甘肃	1 258.9	1 388.2	329.4	927.7	677.2	693.4
青海	379.6	799.1	515.6	54.2	85.6	97.8
宁夏	355.4	961.5	1 377.7	1 069.0	447.6	182.7
新疆	3 341.2	7 479.3	12 072.3	9 656.8	16 170.1	10 387.2

中国各地区农产品进口额（二）

单位：万美元

	2008 年	2009 年	2010 年	2011 年	2012 年
全国合计	5 876 976.7	5 269 855.2	7 255 380.8	9 487 192.0	11 247 929.9
北　　京	182 604.9	157 857.2	224 737.0	336 788.4	402 209.7
天　　津	398 749.8	334 883.7	453 818.4	608 869.7	831 553.2
河　　北	252 631.1	193 623.7	250 120.9	311 087.7	330 074.1
山　　西	648.7	5 965.0	10 674.7	16 550.1	6 596.3
内 蒙 古	5 475.5	9 087.4	18 856.2	25 417.8	25 356.6
辽　　宁	295 682.0	292 583.2	445 624.4	527 468.4	611 289.3
吉　　林	20 938.4	36 812.5	52 057.2	62 323.5	98 343.7
黑 龙 江	17 233.7	15 830.0	22 146.0	31 251.2	41 618.6
上　　海	379 093.8	373 087.6	518 127.2	765 885.0	863 675.1
江　　苏	1 084 372.8	967 781.6	1 240 918.6	1 533 497.2	1 918 254.4
浙　　江	322 047.9	237 752.5	369 074.2	483 126.3	527 383.5
安　　徽	21 556.6	26 817.3	34 844.4	55 913.5	76 608.9
福　　建	269 089.2	246 858.4	329 861.1	428 250.5	513 406.9
江　　西	3 254.0	2 361.4	7 099.4	18 222.4	15 890.7
山　　东	1 048 491.1	875 487.3	1 277 317.8	1 816 450.1	1 935 331.0
河　　南	100 943.2	75 641.6	113 273.3	157 751.5	155 693.8
湖　　北	18 242.8	13 904.1	31 251.1	64 483.2	75 617.6
湖　　南	21 186.0	29 282.2	28 909.6	40 636.2	53 606.6
广　　东	1 099 768.0	1 021 482.9	1 344 974.4	1 587 411.8	1 924 800.4
广　　西	207 233.3	218 195.0	252 742.2	336 176.7	522 198.7
海　　南	7 312.5	8 189.2	10 261.9	20 040.1	23 532.3
重　　庆	35 358.5	27 820.6	27 906.6	43 546.0	57 821.3
四　　川	22 439.4	22 261.3	33 016.3	43 994.6	41 789.3
贵　　州	2 201.0	1 633.7	2 038.9	3 620.5	4 148.7
云　　南	36 610.8	49 944.2	97 591.5	104 248.9	120 616.5
西　　藏	52.6	57.9	46.4	25.3	1 591.1
陕　　西	11 712.9	12 535.6	17 496.4	17 169.2	18 353.2
甘　　肃	1 005.8	1 200.7	2 151.6	1 323.1	6 409.8
青　　海	22.7	34.9	203.1	360.9	1 735.4
宁　　夏	1 092.4	234.0	280.1	208.5	3 849.2
新　　疆	9 925.2	10 648.4	37 959.9	45 093.7	38 573.7

四、国际市场篇

简 要 说 明

一、本篇资料的主要内容

本篇资料主要反映与中国贸易关系较为密切的重点国家（地区）的农产品贸易情况。

二、本篇资料的统计口径

各国（地区）农产品贸易统计口径参照中国的统计范围和分类标准进行整理。

三、本篇资料的统计范围

本篇资料反映了 37 个国家（地区）主要大类农产品的进出口额和进出口量变化情况。

四、本篇资料的数据来源

本篇资料是通过采集联合国商品贸易统计数据库的原始数据并经加工整理而得。

五、本篇资料的数据采集时间

采集时间为 2013 年 8 月。

六、特别说明

欧盟进出口数据是指欧盟 27 国对外贸易数据，不含其成员间贸易。

亚 洲

4-1 日本主要农产品贸易情况

4-1-1 日本农产品贸易综述

一、10年来日本农产品贸易总体情况

2002—2012年，日本农产品贸易额总体呈增长态势，贸易逆差不断扩大。日本农产品贸易额由2002年的508.0亿美元增至2012年的902.8亿美元，年均增长5.9%，其中出口额由28.7亿美元增至56.1亿美元，年均增长6.9%；进口额由479.3亿美元增至846.7亿美元，年均增长5.9%。贸易逆差由450.6亿美元增至790.6亿美元，年均增长5.8%（图1）。

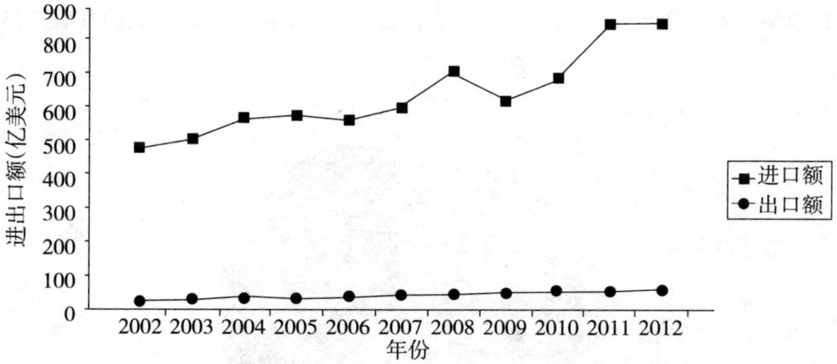

图1 2002—2012年日本农产品进出口额变化

2003—2012年，日本农产品进口额同比增幅年度间变化较大，除2006年和2009年下

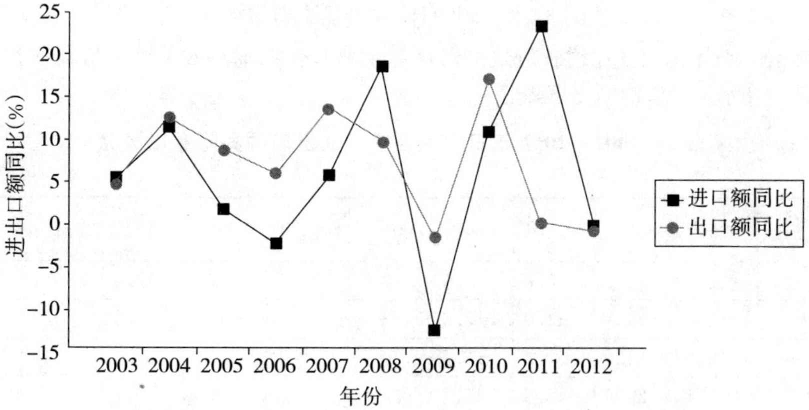

图2 2003—2012年日本农产品进出口额同比变化

降外，其余年份增加；2009 年同比减幅最大，为 12.6%；2011 年同比增幅最大，为 23.6%。出口额同比增幅年度间变化幅度小于进口额，除 2009 年、2011 年和 2012 年同比持平或略减外，其余年份保持 5%以上的同比增幅，其中 2010 年增幅最大，为 17.3%（图 2）。

二、2012 年日本农产品贸易情况

2012 年，日本农产品贸易额为 902.8 亿美元，与上年持平，在全球各大农产品贸易国中排名第 8 位。其中出口额为 56.1 亿美元，同比略有下降，全球排名第 39 位；进口额为 846.7 亿美元，与上年持平，全球排名第 4 位。

（一）进出口产品结构

2012 年，日本出口的农产品以水产品和饮品为主，出口额分别为 22.6 亿美元和 6.1 亿美元，占其农产品出口额的比重分别为 40.4%和 10.9%；与上年同期相比，水产品出口略有下降，饮品出口增长 6.5%。此外，日本还出口少量的水果、烟草、畜产品、蔬菜等，出口额分别为 4.4 亿美元、3.1 亿美元、2.9 亿美元、1.7 亿美元，分别占其农产品出口额的 7.9%、5.6%、5.2%、2.9%（图 3）。

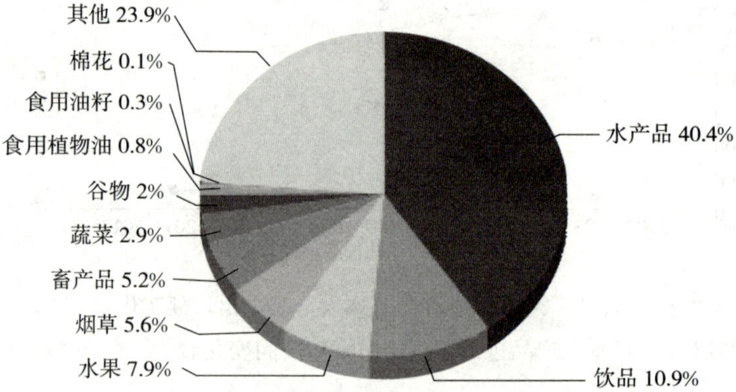

图 3　2012 年日本农产品出口结构

2012 年，日本出口同比增长较快的农产品主要是食用油籽和谷物，增幅均在 15%以上，但蔬菜和水果出口额同比下降近一成（表 1）。

表 1　2003—2012 年日本主要农产品出口额同比变化情况

单位：%

	2003 年	2004 年	2005 年	2006 年	2007 年	2008 年	2009 年	2010 年	2011 年	2012 年
农产品	4.7	12.8	8.8	6.1	13.5	9.6	−1.5	17.3	0.1	−0.3
谷物	−4.2	4.3	−11.0	−2.0	−3.4	32.4	−27.3	30.5	−1.3	15.1
棉花	12.1	34.0	−30.7	−2.7	−0.7	−12.4	29.3	37.4	63.6	7.1
食用油籽	9.4	20.5	5.9	15.4	55.3	−15.6	−5.0	9.7	−2.8	17.1
食用植物油	12.4	4.2	8.6	26.8	−10.3	28.8	23.8	5.6	−2.5	7.1

（续）

	2003年	2004年	2005年	2006年	2007年	2008年	2009年	2010年	2011年	2012年
食糖	12.0	13.9	10.0	−0.3	114.8	−50.9	5.4	12.4	10.1	3.0
蔬菜	5.5	11.2	0.2	8.3	5.0	11.4	−3.4	9.9	4.0	−8.8
水果	19.7	20.9	14.0	−0.5	16.5	13.5	3.9	11.7	3.8	−9.8
畜产品	−6.3	0.8	23.4	1.5	27.5	43.4	−9.4	16.5	4.7	7.8
水产品	6.8	16.2	15.1	9.9	15.1	−0.3	−6.6	19.3	−2.2	−0.9
饮品	−6.2	9.7	13.5	9.3	14.5	31.3	0.8	22.1	6.9	6.5
烟草	−0.9	12.5	−0.6	−7.3	9.0	5.0	6.4	7.4	6.0	−4.2

2012年，日本进口农产品以水产品、畜产品和谷物为主，进口额分别为190.5亿美元、163.1亿美元和87.6亿美元，水产品同比略有增长，畜产品与上年持平，谷物下降近一成，占其农产品进口额的比重分别为22.5%、19.3%和10.4%。此外，日本还进口饮品、烟草、水果、蔬菜、食用油籽等，进口额分别为67.9亿美元、57.9亿美元、55.0亿美元、54.5亿美元和41.7亿美元，分别占其农产品进口额的8%、6.8%、6.5%、6.4%和4.9%（图4）。

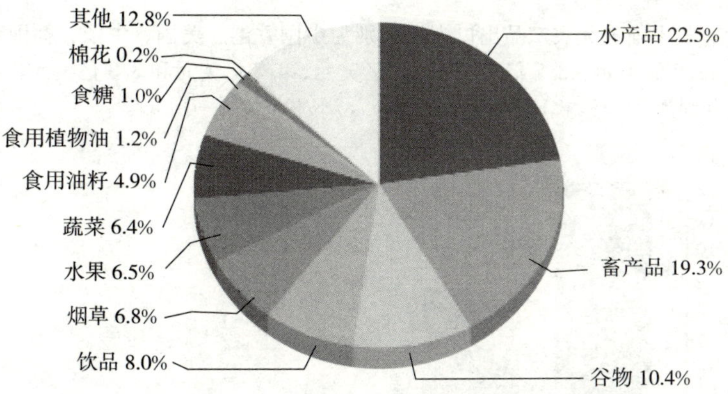

图4　2012年日本农产品进口结构

2012年，日本进口同比增长较快的农产品主要是蔬菜和水果，增幅分别为8.1%和4.7%。棉花、食糖进口大幅下降，减幅分别为41.4%和26.3%（表2）。

表2　2003—2012年日本主要农产品进口额同比变化情况

单位：%

	2003年	2004年	2005年	2006年	2007年	2008年	2009年	2010年	2011年	2012年
农产品	5.5	11.9	1.9	−2.4	5.9	18.7	−12.6	11.0	23.6	0.0

（续）

	2003年	2004年	2005年	2006年	2007年	2008年	2009年	2010年	2011年	2012年
谷物	12.3	20.1	−8.7	0.4	40.5	55.1	−36.1	5.8	38.8	−9.7
棉花	4.8	6.3	−18.4	−10.7	0.5	16.7	−50.4	42.0	99.1	−41.4
食用油籽	20.8	18.2	−15.7	−5.5	26.1	51.1	−31.2	12.9	12.3	3.2
食用植物油	23.3	22.9	6.2	−0.2	22.6	48.3	−27.0	12.4	30.2	−4.1
食糖	6.6	1.2	25.4	33.7	−10.5	7.9	7.0	38.0	66.2	−26.3
蔬菜	6.1	13.4	3.5	1.6	−1.3	−1.7	−0.6	17.4	17.8	8.1
水果	5.1	13.5	5.6	−3.0	6.6	7.7	−3.3	3.7	19.9	4.7
畜产品	9.7	7.1	6.0	−11.4	5.5	16.8	−10.6	15.4	21.6	0.0
水产品	−3.7	11.7	−0.2	−2.7	−5.0	8.6	−8.4	12.2	17.1	3.2
饮品	9.2	10.8	6.5	8.9	5.7	6.3	−8.2	12.6	25.5	−1.7
烟草	2.0	9.6	14.6	4.3	−3.5	8.1	10.0	0.9	54.6	−5.6

（二）进出口主要市场

2012年，日本前五大农产品出口市场分别为中国香港、美国、中国、韩国和泰国，出口额分别为12.2亿美元、8.7亿美元、4.8亿美元、4.3亿美元和3.3亿美元，占其农产品出口额比重分别为21.7%、15.5%、8.6%、7.7%和5.9%（图5）。

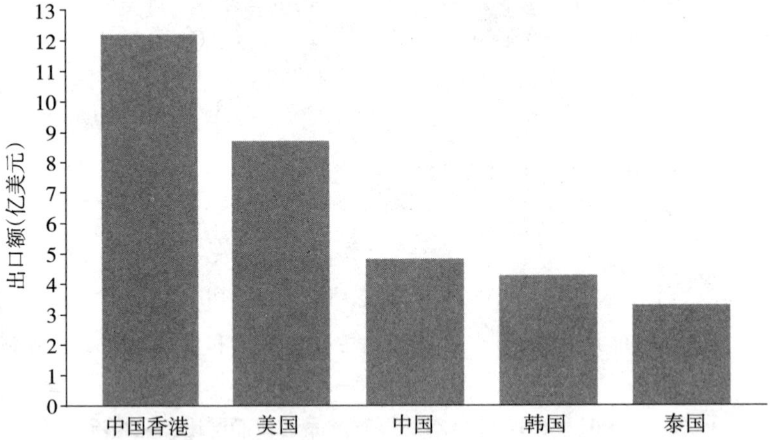

图5 2012年日本前五大农产品出口市场

2012年，日本前五大农产品进口来源地分别为美国、中国、澳大利亚、加拿大和泰国，进口额分别为185.3亿美元、112.9亿美元、52.4亿美元、51.3亿美元和50.8亿美元，占其农产品进口额比重分别为21.9%、13.3%、6.2%、6.1%和6.0%（图6）。

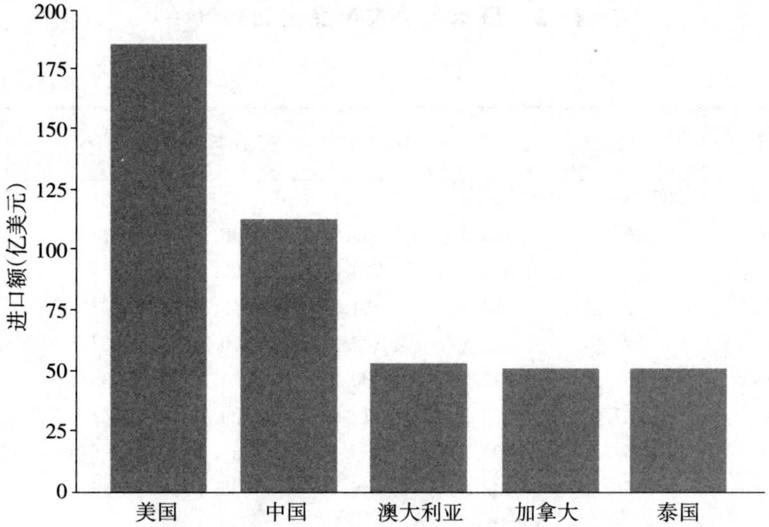

图 6　2012 年日本前五大农产品进口来源地

4-1-2 日本主要农产品出口额（一）

单位：万美元

项 目	2002年	2003年	2004年	2005年	2006年	2007年
农产品	287 040.6	300 506.0	339 054.5	368 841.9	391 201.3	444 146.3
谷物	9 108.3	8 723.0	9 095.3	8 096.4	7 933.1	7 665.5
小麦产品	8 452.8	8 024.0	7 726.8	7 292.7	6 785.8	6 575.6
玉米产品	23.2	12.8	24.9	142.9	68.5	17.5
稻谷产品	625.0	672.3	1 332.2	650.6	1 067.1	1 065.1
棉花	259.9	291.5	390.7	270.7	263.4	261.6
食用油籽	737.0	806.5	972.0	1 029.7	1 188.8	1 846.4
大豆	54.2	100.5	123.2	52.7	26.0	493.6
花生	56.3	42.9	49.7	38.5	85.3	101.7
油菜籽		36.1			0.6	
食用植物油	1 851.1	2 080.5	2 167.9	2 353.8	2 985.5	2 677.4
豆油	31.3	32.4	47.9	39.6	31.5	37.2
菜籽油	43.8	34.3	39.0	54.5	78.2	67.8
棕榈油	99.5	58.3	33.7	83.6	27.1	52.5
食糖	129.7	145.2	165.4	181.9	181.3	389.4
蔬菜	11 026.5	11 628.5	12 929.7	12 950.8	14 031.3	14 738.8
水果	18 829.4	22 537.6	27 240.6	31 048.0	30 886.6	35 992.4
畜产品	11 364.8	10 652.2	10 740.1	13 254.7	13 448.5	17 147.0
猪产品	141.5	248.9	146.7	114.4	170.3	247.9
牛产品	115.5	277.2	524.7	437.9	564.8	1 740.8
羊产品						
禽产品	481.2	528.8	331.6	319.7	296.6	829.6
蛋产品	122.0	116.2	147.9	157.1	124.8	136.9
乳品	379.7	504.0	596.9	802.0	1 107.6	1 856.2
动物生皮	6 248.8	6 949.8	7 029.0	8 668.3	8 144.0	8 119.5
动物生毛皮	1.8	19.7	12.0	13.1	4.5	2.5
羊毛	27.2	24.7	22.8	18.2	21.4	7.1
水产品	116 471.2	124 422.1	144 569.3	166 431.7	182 972.5	210 564.2
饮品	22 786.0	21 364.6	23 441.8	26 616.6	29 085.4	33 302.7
酒	10 810.3	9 567.1	9 822.0	11 363.6	12 216.2	13 552.5
茶	1 571.9	1 852.8	2 273.6	3 036.0	3 479.2	3 658.5
咖啡	3 335.6	2 076.1	1 869.1	1 637.8	1 619.9	2 526.4
烟草	22 793.8	22 599.6	25 432.3	25 283.8	23 445.7	25 561.2

日本主要农产品出口额（二）

单位：万美元

项　目	2008年	2009年	2010年	2011年	2012年
农产品	486 585.8	479 106.6	561 864.1	562 560.2	560 640.4
谷物	10 146.3	7 377.6	9 630.3	9 507.6	10 943.9
小麦产品	8 036.9	5 838.0	6 692.8	7 273.0	7 359.4
玉米产品	26.6	8.6	11.1	9.4	6.1
稻谷产品	2 069.6	1 514.6	2 906.4	2 211.6	3 569.5
棉花	229.3	296.5	407.3	666.4	713.7
食用油籽	1 557.7	1 480.4	1 623.4	1 577.9	1 847.4
大豆	39.4	71.8	44.9	18.0	70.4
花生	106.5	85.6	95.3	90.7	79.4
油菜籽	29.1			74.0	101.7
食用植物油	3 448.0	4 269.2	4 508.7	4 396.6	4 709.9
豆油	53.7	53.3	271.3	66.3	77.5
菜籽油	109.2	395.5	306.6	250.6	292.1
棕榈油	105.0	73.6	88.3	98.4	66.5
食糖	191.3	201.5	226.5	249.4	256.9
蔬菜	16 421.1	15 858.4	17 424.4	18 123.8	16 523.5
水果	40 864.7	42 447.6	47 398.1	49 193.8	44 353.9
畜产品	24 594.2	22 271.8	25 955.4	27 171.3	29 301.6
猪产品	453.1	547.9	508.5	491.4	626.2
牛产品	3 930.0	4 061.2	3 895.0	4 355.1	6 349.2
羊产品					
禽产品	1 084.5	1 292.4	1 711.9	852.8	1 361.1
蛋产品	200.7	276.7	336.9	143.4	249.7
乳品	1 986.4	4 248.0	4 324.2	1 855.8	1 229.1
动物生皮	11 928.7	8 547.0	9 301.4	14 086.6	15 080.0
动物生毛皮	1.5	1.2		0.9	1.0
羊毛	20.5	32.6	29.4	72.7	57.1
水产品	209 974.4	196 030.0	233 769.2	228 613.0	226 481.3
饮品	43 725.6	44 095.9	53 847.6	57 571.8	61 314.0
酒	16 348.9	17 203.7	21 038.1	24 492.4	26 086.8
茶	4 502.4	5 259.7	6 487.0	7 391.4	7 202.6
咖啡	5 160.2	3 998.7	4 735.8	4 574.2	3 842.5
烟草	26 839.2	28 563.4	30 682.5	32 527.7	31 173.1

4-1-3 日本主要农产品进口额（一）

单位：万美元

项 目	2002年	2003年	2004年	2005年	2006年	2007年
农产品	4 792 930.1	5 056 077.6	5 656 772.1	5 761 749.1	5 621 425.2	5 953 647.3
谷物	384 200.6	431 477.0	517 991.9	472 790.0	474 663.7	666 914.1
小麦产品	112 515.8	109 168.8	127 926.8	122 942.2	128 195.1	163 674.0
玉米产品	199 899.6	240 527.5	294 012.0	258 584.3	258 975.8	384 712.2
稻谷产品	22 298.0	25 099.6	34 478.3	32 199.2	30 361.8	37 040.5
棉花	26 600.9	27 880.4	29 629.6	24 176.2	21 594.3	21 701.7
食用油籽	213 469.3	257 898.6	304 836.1	257 081.0	242 844.5	306 307.6
大豆	122 611.0	151 859.8	177 975.5	142 307.8	128 234.4	166 359.0
花生	10 772.2	11 854.8	12 335.8	11 526.0	12 232.1	12 099.3
油菜籽	57 741.2	68 878.5	84 393.3	72 283.4	71 699.4	95 731.0
食用植物油	34 491.5	42 511.0	52 255.0	55 495.3	55 365.0	67 897.1
豆油	468.3	2 265.6	2 945.6	4 976.0	5 250.0	4 431.3
菜籽油	989.4	1 365.4	3 852.5	4 606.3	1 377.2	1 789.8
棕榈油	17 086.0	20 458.9	24 779.9	22 175.9	24 568.8	38 911.3
食糖	27 277.7	29 074.7	29 422.2	36 891.9	49 329.4	44 153.7
蔬菜	298 538.7	316 834.8	359 363.9	372 102.1	377 916.8	373 080.7
水果	311 585.0	327 538.5	371 781.9	392 735.0	381 092.5	406 084.6
畜产品	955 245.5	1 048 264.2	1 122 383.5	1 190 265.1	1 054 977.6	1 112 994.7
猪产品	410 730.2	427 215.6	532 948.2	505 943.6	402 379.8	419 376.6
牛产品	189 108.8	275 812.9	217 920.5	254 603.6	233 291.0	248 221.8
羊产品	8 302.4	8 905.6	13 227.1	15 649.8	14 967.2	10 910.5
禽产品	180 892.0	172 991.7	177 502.0	226 080.7	210 983.0	213 459.6
蛋产品	5 668.3	5 625.2	5 833.8	8 861.7	5 564.3	4 947.2
乳品	72 709.4	73 459.0	86 438.3	91 533.0	90 106.1	114 235.8
动物生皮	15 727.0	18 555.6	18 538.1	14 564.0	15 528.1	16 535.0
动物生毛皮	1 290.2	933.5	898.4	819.9	1 188.3	848.1
羊毛	7 721.6	7 745.1	7 874.9	6 850.4	6 468.6	7 639.0
水产品	1 422 374.6	1 370 349.2	1 530 467.6	1 527 167.4	1 485 524.3	1 411 673.4
饮品	337 975.5	368 966.2	408 690.2	435 395.4	474 196.0	501 009.0
酒	177 766.4	184 726.8	200 577.3	197 564.8	215 841.4	222 499.9
茶	19 713.4	18 951.9	23 552.2	21 040.5	20 161.9	20 643.7
咖啡	66 666.2	67 875.5	76 846.4	106 905.6	113 500.4	119 283.1
烟草	256 512.9	261 599.0	286 776.3	328 764.1	342 941.9	330 917.1

日本主要农产品进口额（二）

单位：万美元

项　目	2008年	2009年	2010年	2011年	2012年
农产品	7 065 541.0	6 173 458.7	6 852 366.4	8 467 463.5	8 467 171.7
谷物	1 034 560.1	660 626.7	699 081.2	970 379.6	876 441.1
小麦产品	327 962.0	145 006.1	166 971.0	271 245.7	215 871.2
玉米产品	558 143.0	377 319.4	396 305.4	535 820.1	512 976.3
稻谷产品	41 675.9	63 024.3	51 881.6	58 608.5	46 995.9
棉花	25 331.0	12 570.5	17 851.1	35 539.0	20 821.6
食用油籽	462 936.5	318 705.4	359 870.9	404 238.7	417 291.7
大豆	236 401.5	175 054.9	183 422.0	181 264.7	181 092.3
花生	16 191.6	14 041.1	17 118.2	20 684.5	22 474.0
油菜籽	156 983.9	94 600.9	116 400.0	154 120.9	165 836.1
食用植物油	100 664.1	73 457.2	82 555.7	107 496.3	103 127.8
豆油	8 261.5	4 785.6	2 604.5	3 345.6	3 899.3
菜籽油	3 915.1	1 899.8	1 345.6	5 113.8	3 997.8
棕榈油	61 286.9	42 131.1	51 409.3	72 823.0	65 165.8
食糖	47 654.0	50 992.5	70 382.7	116 959.2	86 175.9
蔬菜	366 706.4	364 386.4	427 675.4	503 844.5	544 818.7
水果	437 295.7	422 952.0	438 438.1	525 674.3	550 440.6
畜产品	1 300 218.4	1 162 150.0	1 341 247.4	1 631 273.4	1 630 605.1
猪产品	499 979.6	479 149.1	540 937.2	631 522.6	638 640.5
牛产品	259 490.2	239 241.4	272 832.6	315 959.0	329 944.7
羊产品	11 775.7	12 062.2	12 943.4	16 217.6	12 797.6
禽产品	296 181.8	253 907.9	300 275.9	412 201.7	389 330.0
蛋产品	7 213.9	6 003.8	6 333.4	8 857.2	7 521.4
乳品	133 927.7	100 469.5	116 506.2	144 644.7	146 381.5
动物生皮	12 959.5	9 690.1	12 248.4	12 884.2	15 643.2
动物生毛皮	564.3	466.4	493.8	986.4	656.4
羊毛	6 450.4	3 376.1	4 957.9	7 932.5	7 564.0
水产品	1 533 307.9	1 404 903.6	1 576 984.2	1 846 370.1	1 905 087.7
饮品	532 534.4	489 004.0	550 442.9	691 072.5	679 488.3
酒	232 134.9	207 725.0	233 967.2	281 553.8	312 075.3
茶	21 067.4	19 694.3	22 824.0	24 624.2	24 402.3
咖啡	140 027.1	127 981.4	152 827.3	220 121.2	186 382.3
烟草	357 624.3	393 318.7	396 827.4	613 688.8	579 393.5

4-1-4 日本主要农产品出口量（一）

单位：吨

项 目	2002年	2003年	2004年	2005年	2006年	2007年
农产品						
谷物	344 350.6	342 176.8	354 787.6	308 572.0	317 588.1	275 312.5
小麦产品	320 019.9	318 717.6	305 580.1	289 921.4	290 033.0	255 437.3
玉米产品	12.3	17.4	63.8	5 627.7	3 518.6	408.7
稻谷产品	24 280.2	23 281.9	49 095.1	12 897.0	23 618.0	19 375.3
棉花	5 383.2	6 124.2	5 753.3	4 404.8	3 484.7	3 698.8
食用油籽	1 678.1	1 425.6	1 754.3	2 242.3	2 743.8	16 246.5
大豆	109.4	88.2	200.3	116.5	330.1	11 656.6
花生	328.4	199.5	160.5	158.1	271.7	227.8
油菜籽					21.3	
食用植物油	7 266.6	7 308.5	6 002.1	7 649.7	13 812.8	8 312.6
豆油	113.1	151.5	154.5	199.8	164.7	197.1
菜籽油	313.5	176.9	154.4	336.0	487.9	396.7
棕榈油	1 067.0	388.7	146.9	1 119.2	140.2	437.3
食糖	2 093.9	2 131.9	1 959.7	1 912.9	1 490.0	9 427.1
蔬菜				19 455.4	22 428.2	24 464.6
水果						
畜产品						
猪产品						
牛产品						
羊产品						
禽产品						
蛋产品						
乳品	768.2	2 977.2	2 159.5	2 425.3	3 110.0	4 363.5
动物生皮	66 938.6	69 943.2	71 691.8	73 683.2	73 681.7	72 886.4
动物生毛皮	0.3	8.6	0.4	1.1	1.6	2.4
羊毛	89.9	72.7	52.7	85.3	61.5	24.4
水产品						
饮品						
酒						
茶	1 572.1	2 340.3	2 426.0	3 253.9	2 704.6	2 898.4
咖啡	5 872.1	3 713.5	2 325.4	1 982.9	1 548.2	2 477.5
烟草						

日本主要农产品出口量（二）

单位：吨

项　目	2008 年	2009 年	2010 年	2011 年	2012 年
农产品					
谷物	228 484.3	203 265.4	235 270.9	217 283.0	242 666.6
小麦产品	187 117.4	185 410.0	196 183.0	191 480.0	192 598.0
玉米产品	71.8	138.9	65.4	69.9	31.0
稻谷产品	41 161.1	17 663.1	38 898.0	25 691.0	50 019.1
棉花	2 709.3	1 993.7	2 359.2	2 575.7	2 443.2
食用油籽	3 044.8	2 314.2	2 753.0	2 189.0	1 999.6
大豆	100.2	89.2	159.9	18.7	99.5
花生	157.4	145.3	166.7	146.0	60.9
油菜籽	4.1			8.2	65.1
食用植物油	7 067.2	13 740.4	11 142.3	7 713.4	10 547.6
豆油	202.1	116.0	2 967.0	143.3	150.1
菜籽油	343.2	2 791.5	1 034.4	589.5	1 327.2
棕榈油	569.9	435.6	357.4	544.4	473.2
食糖	1 200.3	1 337.1	1 226.5	1 854.4	1 221.2
蔬菜	22 039.9	17 062.1	14 758.0	13 705.7	
水果					
畜产品					
猪产品					
牛产品					
羊产品					
禽产品					
蛋产品					
乳品	2 829.2	5 020.6	4 959.2	2 642.3	2 685.7
动物生皮	74 984.8	88 693.6	83 169.1	81 036.0	82 642.1
动物生毛皮		0.2			0.2
羊毛	58.0	92.0	50.5	139.2	129.4
水产品					
饮品					
酒					
茶	2 877.0	3 191.9	3 499.0	3 523.3	3 277.7
咖啡	4 612.9	3 560.6	4 354.6	2 785.9	2 437.1
烟草					

4-1-5 日本主要农产品进口量（一）

单位：吨

项　目	2002年	2003年	2004年	2005年	2006年	2007年
农产品						
谷物	26 639 121.9	26 573 637.1	25 984 435.3	26 234 701.1	26 029 738.8	25 588 613.6
小麦产品	5 863 949.5	5 247 279.4	5 491 697.7	5 474 303.5	5 339 027.8	5 277 204.9
玉米产品	16 432 835.3	17 074 961.1	16 488 501.9	16 665 263.7	16 893 088.3	16 635 960.0
稻谷产品	652 848.8	708 377.6	663 999.8	789 149.5	608 156.7	644 705.7
棉花	248 986.9	216 660.6	193 271.8	194 260.1	164 042.4	160 411.0
食用油籽	7 625 336.3	7 740 500.4	7 193 812.1	6 977 598.4	6 822 827.5	6 774 890.3
大豆	5 039 280.0	5 172 760.2	4 407 422.0	4 182 572.1	4 042 396.8	4 160 950.7
花生	105 643.7	109 959.4	103 207.3	101 316.9	105 916.3	91 539.0
油菜籽	2 083 638.0	2 083 879.3	2 312 627.0	2 304 208.4	2 292 622.6	2 154 086.1
食用植物油	527 409.0	557 464.2	633 465.7	691 734.8	661 685.4	676 494.9
豆油	3 541.4	17 405.5	28 269.3	51 643.1	59 673.6	42 250.4
菜籽油	16 966.5	17 076.1	48 477.1	63 226.8	17 074.7	17 852.5
棕榈油	415 301.9	427 769.1	465 982.7	478 979.4	498 924.8	532 209.0
食糖	1 477 614.8	1 478 933.5	1 406 156.0	1 352 931.1	1 314 737.0	1 527 807.7
蔬菜				3 103 538.1	2 969 232.5	2 692 942.0
水果						
畜产品						
猪产品						
牛产品						
羊产品						
禽产品						
蛋产品						
乳品	306 764.1	301 409.5	314 312.3	308 666.0	300 750.4	336 667.0
动物生皮	60 951.5	68 682.2	64 666.3	49 211.1	49 057.9	47 685.9
动物生毛皮	105.3	76.9	63.0	62.4	114.1	79.4
羊毛	24 056.5	19 498.0	19 032.4	17 652.4	16 650.9	16 473.1
水产品						
饮品						
酒						
茶	53 586.4	49 702.7	59 574.8	54 060.7	50 527.8	49 822.9
咖啡	427 718.2	402 599.7	424 919.0	439 242.2	447 017.4	414 880.6
烟草						

日本主要农产品进口量（二）

单位：吨

项　目	2008 年	2009 年	2010 年	2011 年	2012 年
农产品					
谷物	25 497 513.4	25 039 998.5	25 644 742.4	25 209 378.7	24 597 575.4
小麦产品	5 782 599.7	4 704 561.5	5 477 519.2	6 216 481.1	5 973 092.6
玉米产品	16 465 616.0	16 299 280.1	16 197 779.5	15 288 821.1	14 899 123.9
稻谷产品	598 425.7	672 063.9	665 896.0	743 075.8	632 007.7
棉花	162 522.9	88 198.7	106 587.7	116 209.8	104 529.3
食用油籽	6 470 689.9	5 830 887.9	6 220 157.9	5 570 969.3	5 545 672.4
大豆	3 711 131.5	3 390 148.0	3 455 674.6	2 830 907.4	2 727 474.0
花生	81 760.7	84 000.4	93 487.6	94 014.4	84 326.4
油菜籽	2 312 543.6	2 072 408.6	2 344 304.0	2 318 994.0	2 408 423.0
食用植物油	702 549.1	676 268.4	682 904.1	719 474.0	717 934.8
豆油	50 781.1	35 596.8	18 314.4	19 819.6	23 568.2
菜籽油	22 084.6	14 310.2	9 047.7	32 190.5	25 207.3
棕榈油	546 444.1	551 416.0	569 443.7	587 699.5	577 047.3
食糖	1 401 572.0	1 299 692.5	1 220 093.7	1 535 772.6	1 435 884.1
蔬菜	2 407 609.3	2 308 680.8	2 626 554.1	2 858 906.3	
水果					
畜产品					
猪产品					
牛产品					
羊产品					
禽产品					
蛋产品					
乳品	292 095.1	276 550.4	293 261.8	317 950.9	337 111.4
动物生皮	34 880.0	28 001.3	27 373.8	24 166.5	29 577.6
动物生毛皮	44.5	41.7	33.1	45.1	24.4
羊毛	12 786.9	8 554.6	9 758.1	10 102.2	9 837.1
水产品					
饮品					
酒					
茶	45 592.5	42 731.4	45 762.8	44 826.8	41 590.6
咖啡	410 667.7	413 309.3	432 141.7	439 003.7	404 429.9
烟草					

4-1-6 日本农产品出口额前15位国家（地区）
（2012年）

单位：万美元，%

序号	国家（地区）	出口额	同比增长
1	中国香港	122 105.0	−11.2
2	美国	87 175.9	3.0
3	中国	48 308.3	14.6
4	韩国	43 133.0	−15.3
5	泰国	33 011.3	12.0
6	越南	26 422.6	8.9
7	新加坡	17 660.5	2.0
8	澳大利亚	8 058.6	8.2
9	英国	6 336.7	−2.0
10	德国	6 266.0	10.6
11	马来西亚	6 260.6	6.9
12	加拿大	6 226.8	12.0
13	荷兰	5 622.4	−4.5
14	法国	5 543.4	−16.7
15	印度尼西亚	4 992.0	5.9
	总计	427123.1	

4-1-7 日本农产品进口额前15位国家（地区）
（2012年）

单位：万美元，%

序号	国家（地区）	进口额	同比增长
1	美国	1 852 508.8	−5.6
2	中国	1 128 948.0	7.9
3	澳大利亚	523 747.8	−3.7
4	加拿大	512 983.7	2.5
5	泰国	508 481.4	−1.6
6	巴西	370 312.8	−2.0
7	荷兰	281 896.5	−2.6
8	韩国	239 025.6	4.4
9	智利	224 771.5	2.1
10	法国	203 871.1	4.1
11	新西兰	169 100.4	4.7
12	俄罗斯	154 381.9	5.3
13	菲律宾	147 684.4	−0.9
14	印度尼西亚	146 347.7	0.5
15	马来西亚	145 730.5	−5.7
	总计	6 609 792.1	

4-2 马来西亚主要农产品贸易情况

4-2-1 马来西亚农产品贸易综述

一、10 年来马来西亚农产品贸易总体情况

2002—2012 年，马来西亚农产品贸易额总体呈增长趋势，贸易顺差不断扩大。贸易额由 2002 年 112.0 亿美元增至 2012 年的 460.7 亿美元，年均增长 15.2%；其中出口额由 68.8 亿美元增至 284.5 亿美元，年均增长 15.3%；进口额由 43.2 亿美元增至 176.2 亿美元，年均增长 15.1%。马来西亚农产品贸易一直保持顺差，顺差额由 2002 年的 25.6 亿美元增加到 2012 年的 108.3 亿美元，年均增长 15.5%（图 1）。

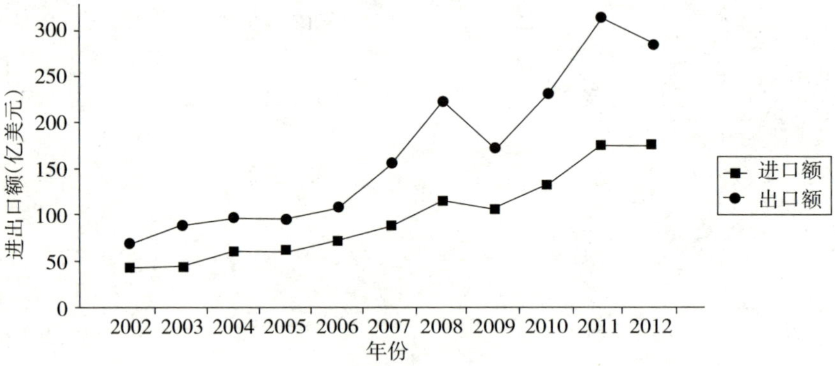

图 1 2002—2012 年马来西亚农产品进出口额变化

2003—2012 年，马来西亚农产品进口额同比增幅年度间变化较大，除 2009 年下降外，其余年份增加，2011 年同比增幅仅次于 2004 年，为 30.7%。出口额同比增幅年度间变化

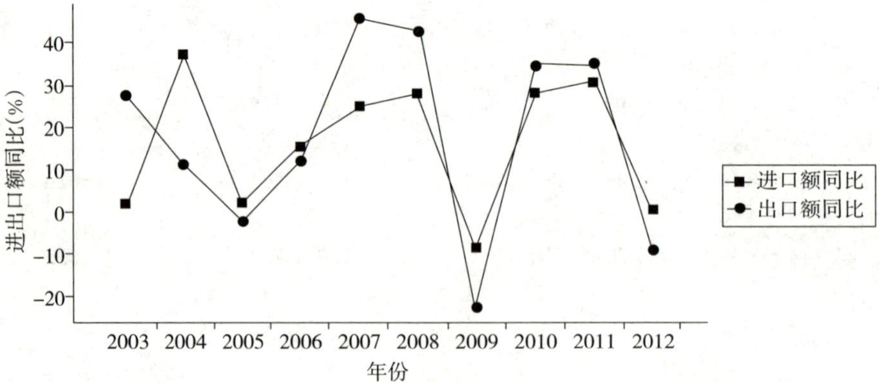

图 2 2003—2012 年马来西亚农产品进出口额同比变化

幅度大于进口额，除 2005 年、2009 年和 2012 年同比下降外，其余年份保持 10%以上的增幅，其中 2007 年、2008 年、2010 年和 2011 年增幅均在 30%以上（图 2）。

二、2012 年马来西亚农产品贸易情况

2012 年，马来西亚农产品贸易额 460.7 亿美元，同比下降 5.6%，在全球各大农产品贸易国中排名第 18 位。其中出口额为 284.5 亿美元，同比下降 9.2%，全球排名第 16 位；进口额为 176.2 亿美元，同比略增 0.7%，全球排名第 17 位。

（一）进出口产品结构

马来西亚出口农产品中食用植物油占半壁以上江山。2012 年，食用植物油出口额为 157.8 亿美元，占其农产品出口额的比重为 55.5%，其次是饮品，出口额为 23.1 亿美元，占 8.1%。与 2011 年相比，两大类产品出口额均出现下降，其中食用植物油降幅较大，下降 11.3%。此外，马来西亚还少量出口水产品、畜产品、水果、烟草和棉花等（图 3）。

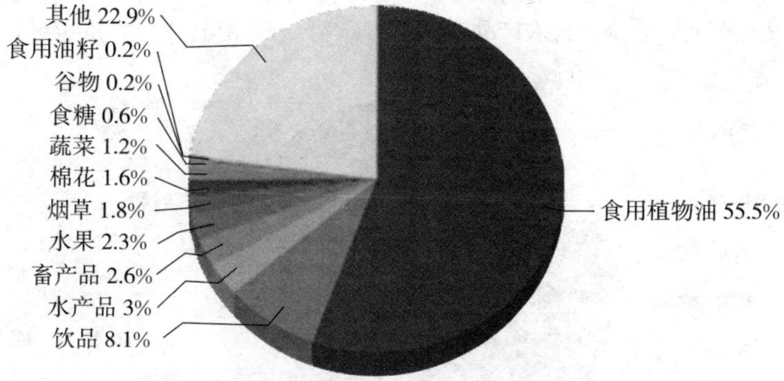

图 3　2011 年马来西亚农产品出口结构

2012 年，马来西亚出口额同比降幅较大的农产品有植物油和食糖，其中食糖下降 18.6%。出口额同比增长较快的农产品主要是烟草和棉花，同比增幅分别为 47.3%和 42.8%（表 1）。

表 1　2003—2012 年马来西亚主要农产品出口额同比变化情况

单位：%

	2003 年	2004 年	2005 年	2006 年	2007 年	2008 年	2009 年	2010 年	2011 年	2012 年
农产品	27.8	10.8	−1.8	12.2	45.8	42.5	−22.8	34.4	35.2	−9.2
谷物	−8.7	−5.6	−17.2	24.9	19.0	20.5	−22.9	18.8	32.9	6.0
棉花	−0.5	23.3	−9.3	16.1	−5.8	237.7	172.9	38.6	283.8	42.8
食用油籽	3.7	−2.7	24.3	−10.7	51.1	63.9	−17.7	23.7	11.6	−2.2
食用植物油	33.5	3.9	−9.7	21.2	57.5	53.8	−27.2	33.6	40.7	−11.3
食糖	−2.9	−7.2	1.5	13.1	47.0	−45.7	−0.4	110.0	21.1	−18.6

（续）

	2003年	2004年	2005年	2006年	2007年	2008年	2009年	2010年	2011年	2012年
蔬菜	2.7	14.0	8.0	7.4	15.3	17.1	−7.7	24.0	20.1	−2.6
水果	6.1	−0.5	6.1	6.3	17.7	23.6	−0.7	28.4	31.3	8.8
畜产品	13.9	−1.2	12.2	8.1	47.1	33.3	−25.6	15.7	26.0	5.7
水产品	15.0	34.0	8.4	0.8	17.7	2.8	−16.5	28.0	10.7	−7.8
饮品	27.1	30.7	13.8	11.9	34.9	24.5	−3.6	39.5	12.9	−3.6
烟草	6.1	−0.8	−3.0	10.2	9.3	20.9	−5.8	7.6	7.5	47.3

2012年，马来西亚进口的农产品相对比较分散，进口额排名靠前的有饮品、谷物、食用植物油和畜产品，进口额分别为21.8亿美元、21.3亿美元、19.2亿美元和17.5亿美元，占其农产品进口额的比重分别为12.4%、12.1%、10.9%和9.9%。此外，马来西亚还少量进口水产品、水果、食糖和蔬菜等，进口额分别为11.2亿美元、11.1亿美元、10.4亿美元和9.9亿美元，分别占其农产品进口额的6.3%、6.3%、5.9%和5.6%（图4）。

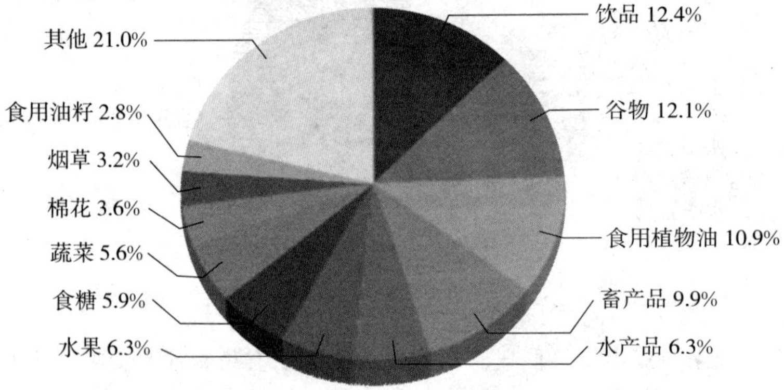

图4 2012年马来西亚农产品进口结构

2012年，马来西亚进口同比增长较快的农产品主要是烟草、棉花和水果，其中烟草、棉花分别增长26.5%和24.4%，水果增长14.1%。进口额同比下降较快的是食用植物油，降幅为12.7%（表2）。

表2 2003—2012年马来西亚主要农产品进口额同比变化情况

单位：%

	2003年	2004年	2005年	2006年	2007年	2008年	2009年	2010年	2011年	2012年
农产品	2.4	37.2	2.1	15.5	25.0	27.9	−9.0	28.5	30.7	0.8
谷物	−6.8	39.7	7.4	12.2	35.8	51.6	−24.4	10.2	27.4	−3.6
棉花	3.3	68.8	−14.4	−41.8	17.7	66.4	65.9	−18.6	295.4	24.4

（续）

	2003年	2004年	2005年	2006年	2007年	2008年	2009年	2010年	2011年	2012年
食用油籽	1.0	37.9	−18.5	−1.9	32.2	25.8	−20.9	31.1	23.6	−2.0
食用植物油	5.5	120.4	−44.7	60.2	1.9	90.3	7.3	43.7	76.1	−12.7
食糖	−6.9	8.2	14.6	32.2	13.6	−6.8	43.7	33.1	21.7	6.9
蔬菜	−3.4	32.8	7.2	17.9	17.1	−4.8	16.9	33.9	5.4	−3.7
水果	0.7	22.0	11.7	7.2	24.9	23.4	7.0	32.2	21.0	14.1
畜产品	−5.5	21.2	9.3	3.0	38.5	10.9	−24.7	34.2	25.5	6.2
水产品	9.2	42.0	−0.7	9.3	12.2	−7.7	15.4	16.7	25.8	8.0
饮品	52.7	27.0	8.7	53.8	23.8	38.9	−25.1	30.5	26.6	0.2
烟草	−9.9	9.6	12.5	4.6	8.3	31.3	−8.6	18.8	18.7	26.5

（二）进出口产品市场

2012年马来西亚前五大农产品出口市场分别为中国、印度、新加坡、美国和荷兰，出口额分别为41.8亿美元、25.5亿美元、24.4亿美元、17.7亿美元和16.1亿美元，占其农产品出口额比重分别为14.7%、9.0%、8.6%、6.2%和5.7%（图5）。

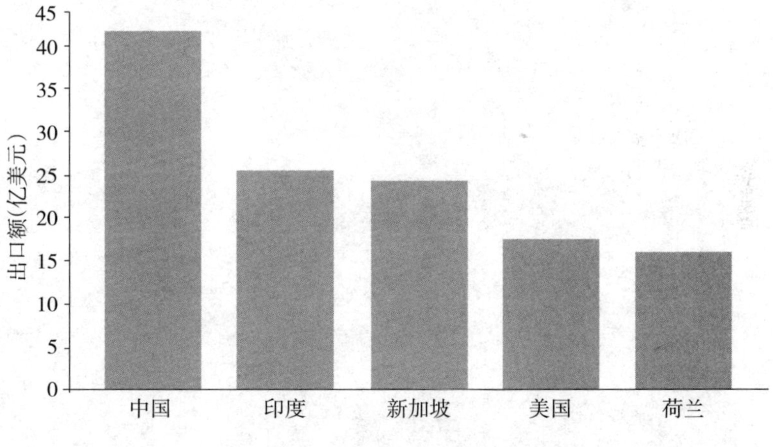

图5　2012年马来西亚前五大农产品出口市场

2012年马来西亚前五大农产品进口来源地分别为印度尼西亚、中国、泰国、印度和阿根廷，进口额分别为35.0亿美元、14.4亿美元、13.5亿美元、12.1亿美元和11.7亿美元，占其农产品进口额比重分别为19.9%、8.2%、7.7%、6.9%和6.6%（图6）。

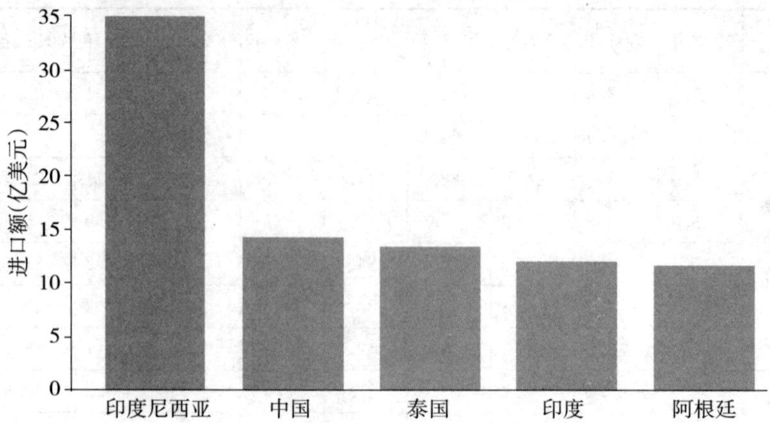

图 6 2012 年马来西亚前五大农产品进口来源地

4-2-2 马来西亚主要农产品出口额（一）

单位：万美元

项　目	2002年	2003年	2004年	2005年	2006年	2007年
农产品	688 347.2	879 489.1	974 725.7	957 485.0	1 074 340.8	1 566 139.4
谷物	3 950.5	3 607.4	3 405.0	2 819.8	3 522.6	4 190.9
小麦产品	2 542.1	2 128.4	1 882.0	1 789.0	1 622.8	2 176.3
玉米产品	470.6	333.7	221.7	157.0	282.0	164.8
稻谷产品	183.3	294.9	297.3	236.2	263.9	165.5
棉花	531.6	528.8	651.7	591.1	686.5	647.0
食用油籽	1 651.6	1 712.0	1 666.4	2 071.1	1 850.3	2 796.5
大豆	756.1	770.8	675.8	804.4	877.8	1 599.3
花生	322.0	421.8	460.1	475.1	409.8	448.5
油菜籽						
食用植物油	353 477.4	471 847.4	490 447.7	442 870.7	536 817.8	845 529.3
豆油	6 772.0	6 171.6	8 723.5	7 185.0	8 377.3	12 521.2
菜籽油	484.0	754.6	2 159.8	2 058.7	2 255.4	3 201.3
棕榈油	344 309.7	462 235.3	476 000.9	429 450.1	520 326.0	824 812.5
食糖	9 926.9	9 643.7	8 945.3	9 079.7	10 273.3	15 098.5
蔬菜	14 465.6	14 853.0	16 932.7	18 282.8	19 642.5	22 657.5
水果	20 773.1	22 036.4	21 929.3	23 276.2	24 732.6	29 116.9
畜产品	24 465.9	27 864.8	27 528.0	30 890.7	33 392.4	49 121.4
猪产品	83.2	126.4	185.1	240.7	412.2	591.1
牛产品	354.0	382.0	382.8	753.6	491.9	464.3
羊产品	1.2		1.8	8.0	4.6	5.8
禽产品	12 878.7	13 578.7	10 848.7	12 158.5	12 408.6	15 962.4
蛋产品	4 305.9	4 318.2	4 446.8	5 389.9	5 261.2	6 973.3
乳品	5 496.2	7 780.0	9 998.1	10 490.0	12 568.5	23 096.1
动物生皮	390.9	490.2	708.2	701.7	701.4	723.8
动物生毛皮	0.4		14.3		0.3	
羊毛	64.1	90.4	75.3	343.8	97.4	142.2
水产品	38 573.1	44 341.2	59 438.0	64 420.8	64 919.0	76 419.6
饮品	44 359.4	56 370.4	73 654.1	83 834.5	93 787.9	126 518.6
酒	6 359.1	9 076.3	13 271.7	16 126.0	20 120.8	28 161.1
茶	675.6	592.1	1 103.4	884.1	679.0	873.5
咖啡	6 966.0	6 016.5	7 175.8	7 421.4	7 584.0	10 857.4
烟草	21 349.2	22 651.2	22 476.6	21 803.2	24 025.6	26 261.4

马来西亚主要农产品出口额（二）

单位：万美元

项 目	2008 年	2009 年	2010 年	2011 年	2012 年
农产品	2 232 530.3	1 723 871.3	2 317 329.3	3 133 364.2	2 845 189.5
谷物	5 051.3	3 894.2	4 625.5	6 145.9	6 516.3
小麦产品	3 002.3	2 185.3	2 299.6	3 566.4	3 527.0
玉米产品	175.2	135.4	304.3	467.3	823.5
稻谷产品	305.1	238.5	258.9	285.2	347.7
棉花	2 184.7	5 961.6	8 261.7	31 708.0	45 284.1
食用油籽	4 582.6	3 771.9	4 667.3	5 206.9	5 091.3
大豆	2 028.7	1 811.8	1 674.8	2 232.8	2 034.2
花生	1 222.7	738.1	1 463.6	1 121.6	1 114.1
油菜籽					
食用植物油	1 300 458.2	946 785.9	1 264 526.7	1 779 629.2	1 578 195.8
豆油	16 609.3	12 068.3	15 100.0	19 905.5	19 815.4
菜籽油	4 141.8	3 185.0	3 700.4	6 553.5	5 861.1
棕榈油	1 274 344.4	926 283.8	1 240 540.2	1 744 690.8	1 543 976.6
食糖	8 202.3	8 171.7	17 158.8	20 781.0	16 906.5
蔬菜	26 528.4	24 495.0	30 366.0	36 459.3	35 502.3
水果	35 983.4	35 718.6	45 856.4	60 211.4	65 493.9
畜产品	65 479.4	48 730.5	56 384.5	71 062.2	75 103.9
猪产品	406.2	913.8	976.3	783.3	1 824.0
牛产品	960.7	1 096.4	1 700.6	1 867.9	1 674.5
羊产品	10.8	3.5	45.3	20.1	53.7
禽产品	20 969.0	19 314.1	23 343.5	27 698.6	25 162.3
蛋产品	9 155.5	8 891.9	10 378.6	12 692.6	13 459.0
乳品	31 423.0	15 528.3	15 709.8	24 382.1	29 211.2
动物生皮	768.7	547.5	738.7	1 029.9	1 530.1
动物生毛皮		0.4	1.5	0.7	
羊毛	109.5	47.0	492.2	139.1	176.1
水产品	78 586.6	65 584.5	83 923.9	92 893.6	85 630.7
饮品	157 545.0	151 940.8	211 911.8	239 291.5	230 563.4
酒	27 737.3	27 961.8	37 456.4	41 181.0	38 724.3
茶	1 419.9	1 403.4	1 503.2	1 837.3	2 410.8
咖啡	14 288.7	16 859.3	24 449.8	31 407.4	38 706.9
烟草	31 745.8	29 906.6	32 177.0	34 606.3	50 966.5

4-2-3 马来西亚主要农产品进口额（一）

单位：万美元

项　目	2002年	2003年	2004年	2005年	2006年	2007年
农产品	431 875.6	442 208.3	606 919.1	619 462.0	715 475.3	894 658.9
谷物	64 656.7	60 254.2	84 161.8	90 376.7	101 369.4	137 623.1
小麦产品	20 611.0	17 624.6	29 559.3	31 165.4	28 891.7	38 725.3
玉米产品	27 090.3	29 001.4	37 102.1	38 235.9	41 523.3	63 166.3
稻谷产品	14 148.8	11 322.5	15 474.0	19 192.1	29 600.2	32 556.0
棉花	5 543.7	5 727.2	9 666.2	8 278.3	4 814.4	5 666.1
食用油籽	21 054.5	21 258.4	29 312.2	23 875.4	23 415.2	30 962.0
大豆	17 169.8	17 107.2	24 191.0	17 962.4	16 468.6	23 929.9
花生	2 333.7	2 545.2	2 530.7	2 486.8	2 554.5	2 945.2
油菜籽	284.8	0.6	76.2		3.2	0.6
食用植物油	20 311.8	21 426.6	47 235.0	26 134.3	41 856.3	42 643.5
豆油	4 026.8	3 045.1	5 150.5	3 898.2	4 769.6	5 156.5
菜籽油	636.5	417.4	2 453.8	2 019.0	1 843.6	3 438.4
棕榈油	12 422.1	14 801.6	35 640.4	15 787.2	28 604.4	29 384.6
食糖	25 780.8	24 008.6	25 986.2	29 785.2	39 379.0	44 752.8
蔬菜	34 379.0	33 218.8	44 099.8	47 274.5	55 740.2	65 245.5
水果	25 092.8	25 273.7	30 838.4	34 446.0	36 939.0	46 150.9
畜产品	65 481.2	61 895.5	75 039.1	82 030.9	84 496.0	117 005.1
猪产品	1 102.4	700.3	993.6	1 028.9	926.9	1 367.0
牛产品	16 213.1	16 646.0	20 974.2	22 206.2	22 419.4	24 255.1
羊产品	3 126.8	3 065.2	4 191.3	4 744.0	5 435.8	6 730.8
禽产品	8 758.6	7 036.7	4 483.3	4 484.7	4 809.6	7 995.1
蛋产品	224.6	220.2	234.8	266.6	90.6	129.6
乳品	30 494.3	30 217.4	39 361.8	43 677.0	44 376.1	69 714.7
动物生皮	857.0	310.6	758.7	1 025.3	947.1	984.3
动物生毛皮				0.3	2.6	2.7
羊毛	1 778.3	1 050.8	1 760.9	2 330.9	3 402.7	3 901.6
水产品	35 039.6	38 252.8	54 319.2	53 947.6	58 962.6	66 168.5
饮品	31 581.9	48 233.2	61 250.8	66 570.2	102 415.6	126 812.7
酒	8 451.4	10 299.3	15 592.0	15 290.2	17 485.4	23 829.9
茶	1 364.5	1 486.9	1 922.9	2 189.1	2 339.5	2 751.0
咖啡	3 674.1	3 607.2	4 687.7	5 298.0	8 416.5	11 486.4
烟草	20 692.2	18 637.9	20 435.3	22 991.8	24 040.2	26 031.9

马来西亚主要农产品进口额（二）

单位：万美元

项　目	2008 年	2009 年	2010 年	2011 年	2012 年
农产品	1 144 242.5	1 041 673.4	1 338 141.9	1 748 983.8	1 762 499.0
谷物	208 599.2	157 758.5	173 804.7	221 346.3	213 342.4
小麦产品	51 944.2	38 986.6	39 891.5	55 125.8	47 116.7
玉米产品	71 012.9	59 295.2	79 498.2	100 095.5	100 485.9
稻谷产品	82 506.7	56 714.8	51 690.8	62 782.9	62 678.3
棉花	9 427.7	15 641.4	12 736.7	50 358.7	62 646.5
食用油籽	38 956.1	30 833.7	40 432.4	49 988.3	48 977.3
大豆	32 460.5	24 799.0	32 251.9	38 615.7	38 726.5
花生	3 806.9	3 249.0	4 426.1	6 039.6	4 664.8
油菜籽	1.3	1.8	2.9	22.0	66.9
食用植物油	81 145.9	87 065.7	125 136.7	220 391.0	192 317.1
豆油	7 584.9	6 447.1	7 024.4	13 450.0	9 289.4
菜籽油	4 823.0	3 378.6	3 735.2	5 218.9	3 995.2
棕榈油	63 424.8	70 734.2	108 444.8	193 754.9	170 496.3
食糖	41 697.7	59 925.9	79 759.0	97 035.2	103 719.8
蔬菜	62 137.6	72 619.0	97 205.9	102 409.4	98 631.8
水果	56 939.1	60 908.9	80 527.7	97 447.5	111 235.9
畜产品	129 732.1	97 626.2	131 039.6	164 401.9	174 611.4
猪产品	1 988.6	2 211.7	3 835.3	4 284.0	4 317.3
牛产品	29 316.0	32 130.4	36 714.0	45 391.3	51 377.5
羊产品	7 325.8	7 228.5	11 549.0	11 026.5	11 283.0
禽产品	9 286.8	7 591.9	10 064.4	12 855.7	13 516.8
蛋产品	154.3	93.3	113.8	57.9	81.3
乳品	74 530.3	42 224.1	60 144.1	80 138.8	82 553.2
动物生皮	927.3	817.1	742.0	678.7	601.8
动物生毛皮	1.0	176.5	682.2	1 817.9	2 188.9
羊毛	3 583.4	1 218.9	2 081.8	4 334.6	4 889.7
水产品	61 049.5	70 466.4	82 220.4	103 416.0	111 683.7
饮品	176 136.4	131 985.7	172 268.9	218 081.5	218 428.6
酒	27 506.9	26 007.0	32 951.8	51 930.8	59 681.7
茶	2 974.2	3 508.0	4 566.6	4 775.8	5 478.9
咖啡	13 921.5	11 394.0	15 782.3	25 051.6	28 158.6
烟草	34 188.5	31 263.3	37 156.4	44 093.2	55 760.9

4-2-4 马来西亚主要农产品出口量（一）

单位：吨

项目	2002年	2003年	2004年	2005年	2006年	2007年
农产品						
谷物	255 105.5	107 622.3	92 373.5	73 097.7	517 713.2	73 473.0
小麦产品	99 989.5	76 288.3	64 424.4	57 598.8	49 366.4	55 296.6
玉米产品	141 331.1	12 727.5	7 291.8	4 435.6	394 580.1	3 899.8
稻谷产品	4 543.4	10 276.7	10 443.6	4 704.7	18 435.0	2 038.4
棉花	7 431.8	8 844.5	8 563.2	9 204.0	9 297.6	8 554.1
食用油籽	46 764.1	37 942.9	26 965.5	36 408.3	41 078.2	45 966.5
大豆	36 215.2	26 979.2	17 326.7	25 226.8	29 106.4	38 527.2
花生	2 976.1	7 216.5	6 807.1	8 671.1	5 777.5	3 894.5
油菜籽						
食用植物油	9 445 064.2	10 661 760.6	10 237 980.2	10 840 384.5	13 608 972.3	11 858 948.5
豆油	142 405.0	97 470.5	120 758.8	110 014.1	720 837.4	146 568.8
菜籽油	7 779.6	9 563.3	26 410.2	25 470.4	29 226.7	32 622.2
棕榈油	9 268 064.9	10 518 017.1	10 047 892.5	10 653 421.0	12 785 984.8	11 628 977.1
食糖	392 128.7	382 574.9	356 588.5	286 610.8	482 158.6	381 390.1
蔬菜			426 553.4	430 551.8	399 365.7	363 661.5
水果						
畜产品						
猪产品						
牛产品						
羊产品						
禽产品						
蛋产品						
乳品	27 681.7	36 856.6	44 793.8	41 489.2	53 813.3	75 940.4
动物生皮	4 031.8	4 245.9	4 303.3	4 587.2	4 635.3	4 801.0
动物生毛皮	1.4		4.4			
羊毛	357.6	221.2	357.7	717.9	560.7	700.8
水产品						
饮品						
酒						
茶	3 370.2	2 355.1	4 044.8	3 827.8	2 955.0	3 050.0
咖啡	33 281.8	31 598.2	38 452.4	36 604.5	27 040.9	28 225.7
烟草						

马来西亚主要农产品出口量（二）

单位：吨

项　目	2008 年	2009 年	2010 年	2011 年	2012 年
农产品					
谷物	64 886.6	54 107.3	70 283.1	89 822.3	99 143.4
小麦产品	44 122.2	36 832.0	46 167.7	62 840.8	60 394.8
玉米产品	4 014.5	2 747.5	7 465.1	10 256.3	21 562.3
稻谷产品	3 229.4	2 608.7	2 426.8	2 815.5	3 341.1
棉花	15 834.0	65 565.5	53 645.8	119 513.4	243 014.2
食用油籽	43 913.5	49 295.2	49 091.8	48 242.5	41 415.3
大豆	31 809.2	41 148.3	32 984.9	38 002.5	31 843.5
花生	9 034.6	4 325.9	10 125.1	5 972.3	5 341.4
油菜籽					
食用植物油	13 501 869.5	14 109 193.6	14 956 627.1	16 018 646.8	15 881 306.2
豆油	116 711.3	113 388.6	150 394.0	137 192.9	139 294.2
菜籽油	26 237.5	26 391.7	28 623.5	42 856.8	36 417.5
棕榈油	13 329 194.2	13 924 402.6	14 732 713.0	15 783 756.1	15 647 335.9
食糖	199 448.2	179 636.3	266 102.3	279 000.5	256 262.9
蔬菜	373 556.7	384 238.5	392 670.9	319 872.4	301 762.9
水果					
畜产品					
猪产品					
牛产品					
羊产品					
禽产品					
蛋产品					
乳品	92 496.3	66 767.2	62 541.5	103 498.0	130 207.7
动物生皮	4 121.9	4 689.2	5 454.7	5 747.7	5 688.4
动物生毛皮			1.3	0.5	
羊毛	548.6	282.6	924.7	308.2	390.1
水产品					
饮品					
酒					
茶	4 310.7	5 539.4	4 681.4	5 378.1	5 870.2
咖啡	36 119.0	49 273.6	69 720.2	61 649.2	73 933.0
烟草					

4-2-5 马来西亚主要农产品进口量（一）

单位：吨

项 目	2002年	2003年	2004年	2005年	2006年	2007年
农产品						
谷物	4 434 631.3	3 822 329.3	4 308 611.5	4 944 632.6	8 113 603.8	5 057 802.2
小麦产品	1 299 402.0	1 002 022.4	1 432 518.2	1 606 001.6	2 970 299.6	1 431 607.8
玉米产品	2 444 976.4	2 286 797.6	2 249 258.2	2 655 403.7	4 096 730.9	2 715 826.9
稻谷产品	518 788.4	387 758.5	536 224.4	603 882.9	860 340.0	817 144.6
棉花	53 612.0	48 212.8	58 337.0	57 625.9	34 744.6	41 198.9
食用油籽	859 094.2	731 238.9	815 043.8	710 149.9	591 380.9	757 222.8
大豆	761 594.1	646 800.7	701 030.7	558 432.3	392 299.1	612 456.6
花生	45 406.3	43 124.3	43 960.3	46 564.7	52 115.6	50 028.8
油菜籽	10 859.4	3.3	2 196.0		83.4	10.9
食用植物油	493 808.1	443 621.4	942 943.8	576 334.7	921 492.4	556 378.0
豆油	89 512.5	51 205.7	77 673.1	72 242.1	87 711.0	69 460.5
菜籽油	11 622.0	6 625.5	36 355.5	31 640.0	28 466.8	41 191.6
棕榈油	345 542.0	341 141.0	781 116.6	418 280.4	706 740.6	396 634.1
食糖	1 335 742.6	1 369 470.7	1 417 023.8	1 356 840.0	1 491 938.3	1 659 440.0
蔬菜			1 088 326.6	1 146 118.5	4 001 491.7	1 179 045.9
水果						
畜产品						
猪产品						
牛产品						
羊产品						
禽产品						
蛋产品						
乳品	232 419.1	240 408.5	254 266.2	252 665.1	251 508.5	241 474.9
动物生皮	1 124.8	278.0	682.3	911.4	819.6	709.3
动物生毛皮					0.2	0.1
羊毛	2 884.0	1 524.6	2 520.4	3 803.7	6 117.0	4 854.4
水产品						
饮品						
酒						
茶	11 239.7	13 059.1	14 750.1	15 649.5	15 524.8	16 416.7
咖啡	31 721.0	25 327.8	34 026.4	32 430.3	43 571.4	53 209.3
烟草						

马来西亚主要农产品进口量（二）

单位：吨

项 目	2008 年	2009 年	2010 年	2011 年	2012 年
农产品					
谷物	4 871 515.9	5 045 111.8	5 454 016.3	5 514 444.3	5 599 314.7
小麦产品	1 232 013.7	1 159 569.5	1 316 141.6	1 375 736.3	1 291 720.6
玉米产品	2 453 391.0	2 705 855.1	3 140 984.9	3 041 054.7	3 245 007.7
稻谷产品	1 112 638.3	1 108 161.2	949 244.4	1 051 584.9	1 023 633.1
棉花	59 312.8	129 359.5	74 000.8	150 580.5	286 469.7
食用油籽	630 676.7	586 546.0	796 549.7	758 200.6	746 999.7
大豆	539 819.0	493 109.6	639 345.5	638 725.3	640 576.8
花生	52 785.4	51 451.0	56 696.1	57 861.2	33 353.3
油菜籽	28.0	23.0	511.2	381.9	948.4
食用植物油	9 375 175.6	1 274 236.4	1 507 740.3	1 934 252.8	1 872 950.4
豆油	64 836.3	76 813.6	125 812.5	105 700.0	72 719.0
菜籽油	37 348.3	37 132.6	37 540.8	40 043.4	30 644.5
棕榈油	9 235 982.3	1 090 284.1	1 289 260.3	1 729 828.9	1 706 063.1
食糖	1 461 727.0	1 567 175.8	1 714 627.1	1 797 420.9	1 780 878.2
蔬菜	1 147 807.1	1 297 211.3	1 323 157.3	1 346 614.5	1 373 125.8
水果					
畜产品					
猪产品					
牛产品					
羊产品					
禽产品					
蛋产品					
乳品	219 209.8	212 017.4	218 798.4	210 839.1	252 986.6
动物生皮	631.3	881.6	650.8	548.1	449.3
动物生毛皮	0.1	8.8	41.5	105.5	49.1
羊毛	4 221.7	2 150.6	2 828.7	3 901.8	4 141.5
水产品					
饮品					
酒					
茶	14 373.8	17 433.1	19 891.0	21 094.7	20 512.3
咖啡	56 047.7	51 618.7	73 637.3	89 061.8	95 333.7
烟草					

4-2-6 马来西亚农产品出口额前15位国家（地区）
（2012年）

单位：万美元，%

序号	国家（地区）	出口额	同比增长
1	中　　国	417 756.2	−22.2
2	印　　度	255 303.3	44.8
3	新 加 坡	243 742.8	4.1
4	美　　国	177 132.3	−20.1
5	荷　　兰	160 807.9	1.5
6	巴基斯坦	139 397.9	−33.2
7	日　　本	123 986.3	−8.4
8	印度尼西亚	97 438.7	9.0
9	越　　南	89 283.0	2.1
10	泰　　国	80 695.5	5.6
11	伊　　朗	70 516.8	27.4
12	菲 律 宾	70 315.7	−23.5
13	埃　　及	63 041.9	−35.0
14	韩　　国	58 648.6	−3.8
15	澳大利亚	49 412.8	−5.5
	总　　计	2097479.7	

4-2-7 马来西亚农产品进口额前15位国家（地区）

（2012年）

单位：万美元,%

序号	国家（地区）	进口额	同比增长
1	印度尼西亚	350 410.7	−13.9
2	中国	144 348.5	1.1
3	泰国	134 584.2	−11.5
4	印度	120 752.2	5.9
5	阿根廷	116 682.8	7.9
6	澳大利亚	110 314.3	12.0
7	巴西	103 440.6	−1.7
8	美国	96 843.6	−13.7
9	越南	70 794.5	25.8
10	新西兰	63 556.4	4.9
11	新加坡	58 939.0	15.1
12	加纳	31 382.6	52.0
13	荷兰	29 969.8	8.4
14	法国	26 824.8	10.1
15	英国	20 793.9	8.4
	总计	1479637.9	

4-3 泰国主要农产品贸易情况

4-3-1 泰国主要农产品出口额（一）

单位：万美元

项目	2002年	2003年	2004年	2005年	2006年	2007年
农产品	1 048 125.4	1 197 008.9	1 315 483.2	1 357 209.8	1 560 388.6	1 879 591.0
谷物	171 673.3	192 626.0	290 144.8	241 865.5	272 307.9	366 965.2
小麦产品	297.9	297.9	376.0	404.8	450.6	746.0
玉米产品	2 831.2	3 667.4	14 604.3	2 792.9	6 929.1	10 413.6
稻谷产品	167 742.8	187 493.4	274 324.2	237 728.6	263 974.6	353 964.0
棉花	526.7	951.5	661.0	583.0	527.4	549.3
食用油籽	1 728.3	2 435.2	8 347.9	4 617.7	6 764.7	5 118.9
大豆	45.4	46.9	69.2	96.1	109.8	167.7
花生	306.3	285.6	402.3	452.2	566.1	1 083.0
油菜籽					0.1	
食用植物油	4 591.2	7 844.6	8 842.1	5 279.9	9 065.2	20 682.1
豆油	1 367.9	1 645.2	1 246.7	681.3	307.3	417.9
菜籽油	4.4	3.8	9.0	15.0	12.0	10.5
棕榈油	3 112.0	6 090.8	7 511.9	4 503.0	8 667.5	19 860.6
食糖	68 425.2	92 817.6	80 617.4	70 299.7	73 446.9	125 890.8
蔬菜	45 669.2	50 507.7	59 012.8	63 593.1	73 687.1	78 904.6
水果	100 661.0	120 138.7	133 091.1	157 885.6	177 143.0	193 697.5
畜产品	123 085.9	131 011.4	85 461.5	107 885.6	118 666.3	145 277.5
猪产品	2 601.1	2 077.3	1 948.6	2 613.0	3 005.9	3 212.8
牛产品	382.2	301.3	205.8	139.6	185.3	193.1
羊产品	2.7	0.1	1.7	8.5	0.9	1.9
禽产品	101 543.4	114 824.6	67 690.9	87 303.2	98 773.8	119 964.1
蛋产品	688.3	1 423.2	594.4	953.3	1 303.0	2 841.2
乳品	13 972.3	9 020.8	11 801.7	12 622.0	10 917.8	13 062.2
动物生皮	350.5	261.3	290.3	402.2	474.3	721.1
动物生毛皮	0.1	0.1		0.1		1.9
羊毛	146.6	142.0	190.3	173.2	131.0	107.4
水产品	378 277.1	403 780.0	416 873.4	460 100.4	539 207.8	583 929.0
饮品	16 487.5	24 793.6	25 868.0	30 621.5	35 160.0	43 170.0
酒	6 326.9	10 516.7	7 908.6	8 982.1	9 658.4	13 285.5
茶	348.8	266.5	360.1	521.6	536.5	870.3
咖啡	1 453.2	2 064.1	3 369.8	5 108.2	7 674.3	7 229.2
烟草	6 763.4	7 343.3	7 436.6	7 161.7	8 069.1	10 503.2

泰国主要农产品出口额（二）

单位：万美元

项　目	2008 年	2009 年	2010 年	2011 年	2012 年
农产品	2 450 624.1	2 332 061.5	2 668 528.1	3 361 744.5	3 301 547.2
谷物	644 073.8	540 315.7	561 557.0	683 360.0	488 670.9
小麦产品	877.2	804.3	884.1	1 002.0	1 155.8
玉米产品	21 728.3	24 374.6	14 197.0	16 921.2	9 394.9
稻谷产品	619 636.5	513 717.7	545 029.7	664 030.9	476 879.2
棉花	372.5	683.2	803.0	1 335.8	640.2
食用油籽	5 489.8	6 412.8	7 028.3	9 043.5	9 730.3
大豆	115.7	132.0	155.0	186.4	172.3
花生	1 624.6	1 297.6	1 547.3	1 702.0	1 943.6
油菜籽	2.3	3.8	1.8	1.4	
食用植物油	36 198.9	9 546.3	13 947.1	45 568.1	38 383.1
豆油	684.3	331.3	2 097.8	5 088.7	7 353.4
菜籽油	15.0	10.6	16.3	12.4	15.7
棕榈油	35 083.0	8 884.0	11 400.0	39 853.1	30 623.1
食糖	143 170.5	180 340.3	215 239.4	363 514.9	395 264.3
蔬菜	86 336.1	84 136.4	94 393.8	109 889.1	99 613.3
水果	229 916.1	231 647.6	260 219.4	354 551.3	353 926.5
畜产品	214 139.0	203 852.4	225 440.6	272 275.3	302 665.7
猪产品	9 507.5	10 375.7	9 787.7	14 106.4	15 800.2
牛产品	2 578.6	5 305.3	5 481.9	7 085.2	11 957.1
羊产品	3.7	0.6	0.3	0.4	5.3
禽产品	179 138.1	165 023.9	184 597.5	218 283.4	233 708.5
蛋产品	3 526.8	3 465.8	2 111.9	1 695.4	2 935.8
乳品	13 527.8	12 763.7	13 980.8	17 690.5	15 430.4
动物生皮	763.5	391.7	513.3	757.0	855.5
动物生毛皮	0.6	0.2	0.2	0.1	0.2
羊毛	86.2	58.8	139.4	299.7	247.2
水产品	669 691.3	640 001.0	735 631.5	843 564.4	832 927.4
饮品	58 592.7	65 314.8	85 849.8	115 620.5	151 027.0
酒	20 667.5	18 260.4	22 196.2	34 197.3	54 959.4
茶	1 215.5	1 432.4	1 628.9	2 837.0	3 321.1
咖啡	8 406.0	11 434.8	14 696.8	16 074.5	18 774.0
烟草	10 725.5	9 290.9	9 876.9	10 662.7	11 276.9

4-3-2 泰国主要农产品进口额（一）

单位：万美元

项　目	2002年	2003年	2004年	2005年	2006年	2007年
农产品	411 103.2	475 155.7	521 322.9	579 755.5	600 452.3	705 549.4
谷物	17 683.2	17 686.8	23 681.0	28 419.5	27 561.6	34 726.8
小麦产品	16 623.5	16 408.5	21 790.7	26 434.6	25 048.0	31 717.2
玉米产品	471.6	382.7	1 067.8	981.7	1 816.7	2 131.5
稻谷产品	100.1	237.8	65.9	103.1	106.5	224.1
棉花	47 017.7	53 453.8	56 193.8	62 131.0	57 504.6	54 459.6
食用油籽	34 431.4	46 233.6	49 676.0	49 121.6	39 816.1	58 628.8
大豆	32 529.9	44 331.8	47 232.9	46 447.4	37 651.2	56 030.3
花生	1 404.1	1 294.7	1 144.9	1 317.4	1 175.3	1 388.1
油菜籽		0.1				0.7
食用植物油	1 598.1	2 283.6	5 514.0	3 807.3	2 813.1	2 351.2
豆油	0.5	0.2	1.1	1.3	76.2	59.7
菜籽油	15.5	39.0	87.2	97.6	30.0	49.8
棕榈油	122.4	505.7	3 931.6	886.4	95.9	119.0
食糖	3.6	13.2	2.2	132.0	430.1	7.0
蔬菜	7 208.5	9 177.1	12 083.3	13 326.6	16 516.3	20 582.2
水果	17 495.6	20 938.8	26 282.3	31 163.9	38 474.8	49 080.8
畜产品	53 210.9	55 661.6	62 383.6	65 719.7	65 739.3	85 007.6
猪产品	175.4	256.1	325.7	418.4	478.3	719.9
牛产品	2 059.6	1 409.5	1 946.1	2 086.7	1 687.7	1 550.9
羊产品	39.2	68.9	223.4	143.5	171.6	288.4
禽产品	1 681.5	3 047.3	4 018.2	4 297.8	4 224.9	5 114.9
蛋产品	159.5	101.5	190.9	351.9	346.3	515.9
乳品	24 296.3	25 591.9	30 324.3	33 933.0	34 360.1	46 703.1
动物生皮	16 281.1	16 458.2	16 312.4	15 516.4	14 483.4	20 058.8
动物生毛皮			1.4		0.3	0.5
羊毛	5 733.6	6 076.2	6 424.0	5 451.0	3 795.7	3 356.8
水产品	107 397.8	116 283.0	127 972.5	148 351.3	159 291.9	175 980.7
饮品	19 700.3	24 847.6	26 058.3	28 478.0	31 931.5	34 187.4
酒	12 008.4	14 800.1	15 443.9	17 687.1	19 848.3	19 856.4
茶	515.9	604.0	926.6	686.5	737.1	922.8
咖啡	1 582.2	1 329.9	1 791.1	2 380.9	3 084.5	3 923.9
烟草	10 082.5	8 739.9	11 834.5	12 622.5	12 149.5	10 684.8

泰国主要农产品进口额（二）

单位：万美元

项　目	2008年	2009年	2010年	2011年	2012年
农产品	988 655.7	812 562.6	1 003 874.3	1 283 097.6	1 431 824.4
谷物	47 982.7	44 302.2	58 676.9	67 263.4	99 994.0
小麦产品	40 601.9	36 078.7	51 453.9	61 273.2	93 852.2
玉米产品	5 364.0	4 423.0	5 750.6	3 569.6	4 031.5
稻谷产品	1 084.6	2 828.1	615.6	977.3	1 277.5
棉花	73 034.1	49 140.3	74 273.6	113 471.4	82 711.6
食用油籽	100 554.1	73 165.9	88 625.9	119 312.6	136 899.7
大豆	96 979.4	69 354.5	81 205.8	112 771.8	128 309.0
花生	2 147.9	1 784.1	4 995.4	3 941.6	5 786.4
油菜籽	0.5				
食用植物油	7 575.2	2 625.1	3 181.8	12 892.7	9 142.2
豆油	140.7	2.5	6.0	113.6	9.9
菜籽油	87.0	40.2	57.1	149.8	93.3
棕榈油	3 254.0	85.2	128.7	8 433.8	4 406.5
食糖	146.0	60.6	829.1	896.7	132.7
蔬菜	24 804.5	27 453.9	33 171.9	41 385.1	46 828.7
水果	61 652.4	60 396.5	71 228.7	95 871.0	118 097.4
畜产品	97 831.1	64 495.8	99 458.2	126 508.3	127 180.7
猪产品	877.2	743.7	629.7	1 491.5	1 438.2
牛产品	1 935.0	1 794.2	2 926.3	7 177.3	12 035.5
羊产品	431.5	407.6	697.5	1 196.9	1 108.1
禽产品	6 052.0	7 303.1	9 054.1	14 764.9	11 225.8
蛋产品	399.2	275.5	246.4	426.6	523.9
乳品	53 781.7	28 119.3	48 414.3	60 210.4	60 279.1
动物生皮	20 827.5	11 886.5	18 227.2	20 787.9	22 325.6
动物生毛皮			0.3	0.9	17.2
羊毛	2 684.3	1 671.0	3 614.8	3 668.6	298.4
水产品	247 829.8	201 819.9	220 126.3	281 550.2	321 338.2
饮品	46 495.0	39 837.9	52 120.0	70 634.6	79 205.6
酒	25 242.9	20 741.9	24 706.4	29 921.0	32 730.4
茶	1 231.9	1 496.6	1 824.0	2 453.3	3 106.5
咖啡	7 184.2	4 504.3	7 286.0	16 181.6	16 764.0
烟草	12 185.0	10 661.6	12 987.6	14 279.0	15 481.4

4-3-3 泰国主要农产品出口量（一）

单位：吨

项 目	2002年	2003年	2004年	2005年	2006年	2007年
农产品						
谷物	7 621 859.3	7 705 005.2	11 126 246.1	7 766 537.2	7 880 703.4	9 735 023.0
小麦产品	9 280.8	7 512.9	9 399.2	8 650.0	8 837.0	13 106.2
玉米产品	154 807.7	199 465.7	995 642.3	71 611.3	307 690.1	377 615.5
稻谷产品	7 422 920.9	7 443 176.5	10 088 672.9	7 656 775.7	7 543 951.8	9 307 197.0
棉花	5 855.5	11 576.1	7 931.3	7 412.0	8 049.0	7 712.1
食用油籽	33 393.4	37 518.8	382 557.6	47 796.3	233 654.6	71 774.5
大豆	914.2	724.4	1 302.0	1 225.3	1 312.7	2 715.3
花生	2 571.7	1 761.4	2 859.6	2 364.5	2 266.6	5 021.6
油菜籽				0.1	0.4	
食用植物油	113 750.2	168 333.6	140 990.2	93 048.6	210 611.5	291 536.4
豆油	31 195.7	29 897.5	19 620.8	11 455.8	5 049.1	4 156.7
菜籽油	74.0	59.2	119.5	180.0	148.3	118.8
棕榈油	81 950.7	137 837.6	120 892.2	81 056.8	205 080.4	283 064.9
食糖	4 032 002.3	5 126 017.9	4 587 199.9	3 041 414.3	2 238 700.2	4 408 343.2
蔬菜	561 397.9	605 916.3	716 824.1	689 040.1	759 884.2	783 780.3
水果						
畜产品						
猪产品						
牛产品						
羊产品						
禽产品						
蛋产品						
乳品	214 338.6	118 098.3	147 122.9	145 297.0	114 270.5	110 210.2
动物生皮	1 917.2	2 008.2	1 138.0	1 146.3	451.5	698.8
动物生毛皮	0.4	0.2		0.1		0.5
羊毛	1 303.3	1 149.9	1 186.8	873.0	642.5	565.2
水产品						
饮品						
酒						
茶	2 093.4	1 191.2	1 747.2	4 354.6	3 467.3	5 396.9
咖啡	11 254.9	13 840.8	36 909.1	37 405.6	53 345.7	37 098.9
烟草						

泰国主要农产品出口量（二）

单位：吨

项　目	2008 年	2009 年	2010 年	2011 年	2012 年
农产品					
谷物	11 051 223.9	9 876 639.5	9 589 293.0	11 262 819.7	7 029 228.9
小麦产品	9 998.5	9 941.2	14 018.3	11 926.1	13 121.2
玉米产品	674 929.8	1 082 796.0	481 937.5	397 017.3	144 830.7
稻谷产品	10 329 070.4	8 746 166.0	9 063 760.0	10 828 517.5	6 859 177.2
棉花	4 384.2	7 760.4	9 017.1	8 690.4	6 499.4
食用油籽	24 214.4	27 682.9	28 454.6	32 238.8	35 271.4
大豆	1 295.9	1 330.7	953.9	2 629.7	1 951.9
花生	4 735.1	4 181.3	3 792.1	4 104.8	3 824.4
油菜籽	3.4	1.9	62.3	0.4	0.1
食用植物油	367 594.1	118 992.0	143 579.1	423 854.1	354 641.8
豆油	4 934.4	3 105.8	19 899.2	38 364.5	60 396.3
菜籽油	98.4	89.6	125.1	349.6	341.1
棕榈油	360 341.5	113 842.5	121 328.5	381 846.6	292 830.3
食糖	5 011 802.6	5 052 570.4	4 500 719.2	6 520 670.5	6 853 123.5
蔬菜	811 526.9	808 218.6	810 526.8	866 046.4	773 269.0
水果					
畜产品					
猪产品					
牛产品					
羊产品					
禽产品					
蛋产品					
乳品	99 530.0	100 275.7	95 067.3	104 533.1	97 581.7
动物生皮	793.9	680.6	1 265.9	1 427.4	1 314.8
动物生毛皮	0.7				
羊毛	376.4	237.3	408.5	393.1	162.0
水产品					
饮品					
酒					
茶	6 582.0	10 492.5	10 794.2	15 110.7	27 496.4
咖啡	29 201.8	36 670.8	45 392.0	42 868.7	49 540.1
烟草					

4-3-4 泰国主要农产品进口量（一）

单位：吨

项 目	2002年	2003年	2004年	2005年	2006年	2007年
农产品						
谷物	966 462.9	879 916.9	1 131 667.7	1 371 898.1	1 314 538.0	1 230 577.4
小麦产品	935 978.4	830 290.5	1 008 104.0	1 249 535.1	1 126 703.6	1 035 799.2
玉米产品	10 234.0	14 268.7	87 044.1	74 241.9	162 684.0	171 077.9
稻谷产品	1 493.8	8 043.8	1 360.3	2 509.2	1 718.7	3 644.0
棉花	444 061.0	419 920.7	370 641.3	514 935.1	428 071.2	402 422.2
食用油籽	1 572 631.0	1 731 564.6	1 489 338.3	1 666 142.0	1 439 987.0	1 594 120.0
大豆	1 529 751.8	1 690 798.2	1 438 442.4	1 610 207.8	1 396 819.4	1 542 905.8
花生	34 469.9	31 558.5	29 806.6	35 135.7	31 291.3	33 528.2
油菜籽		8.0		0.3		22.7
食用植物油	19 748.4	28 105.7	87 487.3	44 541.7	19 271.0	16 693.2
豆油	4.0	1.4	3.1	4.4	1 106.5	702.8
菜籽油	149.4	365.4	835.5	1 075.0	233.4	309.8
棕榈油	2 589.4	9 715.8	74 763.9	18 929.6	1 313.9	1 407.3
食糖	6.3	300.8	27.7	4 428.9	14 811.5	81.5
蔬菜	109 918.6	209 116.4	260 056.2	273 576.9	288 131.8	291 141.2
水果						
畜产品						
猪产品						
牛产品						
羊产品						
禽产品						
蛋产品						
乳品	180 917.8	185 066.8	184 121.6	179 724.7	182 281.5	162 638.2
动物生皮	112 292.8	102 607.5	97 482.4	93 941.9	83 163.9	103 321.6
动物生毛皮						0.1
羊毛	10 357.3	9 249.3	10 645.4	9 267.5	6 403.2	4 304.2
水产品						
饮品						
酒						
茶	1 457.4	5 463.7	8 111.5	2 371.4	2 463.8	2 483.9
咖啡	8 292.4	9 553.0	13 071.9	16 583.7	10 543.4	11 350.5
烟草						

泰国主要农产品进口量（二）

单位：吨

项　目	2008 年	2009 年	2010 年	2011 年	2012 年
农产品					
谷物	1 316 759.2	1 645 343.4	2 328 435.2	1 903 784.7	3 093 942.3
小麦产品	839 472.0	1 221 787.4	1 877 074.0	1 641 754.9	2 826 718.5
玉米产品	437 762.4	306 862.7	421 545.4	208 888.1	214 824.6
稻谷产品	13 979.7	77 337.1	5 565.9	10 913.5	27 249.7
棉花	452 586.1	356 679.1	395 507.7	330 346.7	325 871.5
食用油籽	1 793 898.5	1 604 648.4	1 902 195.5	2 075 343.9	2 208 208.7
大豆	1 724 983.5	1 536 024.4	1 820 130.6	1 995 924.8	2 120 811.1
花生	49 372.6	45 883.6	56 653.4	56 286.5	66 680.3
油菜籽	50.1	0.1	0.1	0.1	0.3
食用植物油	46 346.5	15 502.3	17 230.0	87 147.3	68 509.7
豆油	822.0	13.2	19.1	666.4	29.6
菜籽油	410.4	163.8	256.1	643.5	340.3
棕榈油	29 684.9	1 291.7	1 098.2	66 305.6	44 194.3
食糖	3 285.4	543.8	12 165.6	13 001.1	606.1
蔬菜	360 803.5	389 976.9	455 235.2	532 593.6	570 297.2
水果					
畜产品					
猪产品					
牛产品					
羊产品					
禽产品					
蛋产品					
乳品	161 949.5	149 520.9	178 732.0	197 603.2	226 512.1
动物生皮	111 540.0	108 305.1	107 212.5	102 587.1	110 008.7
动物生毛皮				0.1	
羊毛	3 537.5	2 739.5	4 284.2	2 923.2	
水产品					
饮品					
酒					
茶	2 844.2	2 497.1	3 218.1	4 315.8	18 177.0
咖啡	21 920.4	12 846.1	22 480.2	45 578.6	43 246.0
烟草					

4－4 印度尼西亚主要农产品贸易情况

4－4－1 印度尼西亚主要农产品出口额（一）

单位：万美元

项目	2002年	2003年	2004年	2005年	2006年	2007年
农产品	673 377.3	713 008.5	894 115.7	1 021 598.9	1 192 325.9	1 682 905.1
谷物	1 642.9	1 511.7	2 928.0	3 901.9	2 194.4	4 021.6
小麦产品	838.0	545.9	1 489.8	1 887.2	1 587.2	2 010.0
玉米产品	336.2	555.9	940.7	904.9	433.8	1 860.1
稻谷产品	425.5	329.1	393.4	1 009.1	107.5	83.8
棉花	2 246.0	2 952.5	3 505.2	3 839.5	3 583.7	3 574.4
食用油籽	1 197.3	1 443.6	2 286.1	3 574.5	4 148.4	2 883.4
大豆	15.3	30.0	53.8	49.4	292.7	233.4
花生	562.8	713.9	661.7	663.2	711.1	878.6
油菜籽	1.9	5.4	0.4	39.1	2.5	1.5
食用植物油	210 564.2	246 387.9	344 822.7	375 825.6	482 468.5	787 107.4
豆油	5.7	0.2			0.9	1.6
菜籽油	6.4	0.9	3.3		4.9	86.5
棕榈油	209 240.4	245 462.6	344 177.6	375 628.4	481 764.2	786 863.9
食糖	50.3	56.1	192.2	60.2	98.2	58.0
蔬菜	16 194.9	16 688.5	12 654.5	12 938.4	15 436.3	21 096.1
水果	20 131.2	17 790.9	18 184.8	26 189.8	26 724.9	24 600.7
畜产品	14 810.6	15 046.7	14 935.2	17 165.9	15 227.4	18 862.8
猪产品	3 031.0	2 518.7	2 260.3	2 946.7	1 459.4	3 438.9
牛产品	59.8	54.8	16.4	11.4	4.9	21.3
羊产品	30.9	5.5	12.1	42.5	146.9	192.0
禽产品	5 399.0	5 501.1	5 044.9	3 918.9	5 117.9	7 200.4
蛋产品	77.4	127.4	32.4	9.3	9.9	2.7
乳品	5 483.9	6 201.3	6 874.9	9 615.7	7 894.8	7 586.6
动物生皮	173.9	135.8	87.8	55.7	43.0	51.5
动物生毛皮	20.1	6.2	2.1	0.1	0.2	0.1
羊毛	36.6	12.3	5.0	13.4	37.1	33.0
水产品	154 376.7	161 131.1	175 588.0	187 169.2	205 330.7	220 398.7
饮品	107 633.5	102 200.3	101 087.4	134 958.5	164 808.7	177 911.8
酒	1 716.6	1 486.0	1 787.0	1 477.8	2 231.3	2 037.7
茶	10 746.6	9 938.9	12 045.6	12 328.8	13 475.0	12 754.8
咖啡	23 962.4	27 442.6	30 911.1	52 931.6	61 960.9	68 690.9
烟草	24 788.1	20 987.1	25 724.0	32 374.2	33 977.6	42 472.1

印度尼西亚主要农产品出口额（二）

单位：万美元

项　目	2008 年	2009 年	2010 年	2011 年	2012 年
农产品	2 424 155.9	2 017 775.1	2 586 488.5	3 300 057.0	3 317 252.4
谷物	5 844.3	3 294.3	3 996.9	2 956.0	5 285.7
小麦产品	2 698.6	1 538.8	2 690.6	1 836.2	2 659.2
玉米产品	2 914.6	1 496.2	1 185.3	947.4	1 916.4
稻谷产品	149.4	205.8	85.5	156.0	280.9
棉花	3 968.3	3 186.8	4 550.4	6 133.8	4 113.9
食用油籽	1 679.9	1 395.0	2 859.6	3 907.9	3 503.4
大豆	142.3	40.3	39.5	50.4	171.3
花生	1 316.3	982.8	1 287.6	1 476.8	1 457.0
油菜籽	2.1	1.1	7.5	1.2	15.3
食用植物油	1 237 587.5	1 037 166.7	1 347 087.2	1 726 444.1	1 760 505.2
豆油	0.1	0.1	0.1	1.4	0.1
菜籽油	0.9		0.2	0.1	1.0
棕榈油	1 237 557.0	1 036 762.1	1 346 896.6	1 726 124.7	1 760 216.8
食糖	90.5	88.7	99.1	110.4	138.5
蔬菜	27 800.2	22 388.5	33 465.5	31 369.7	53 747.2
水果	41 040.9	32 469.9	40 351.4	60 127.0	59 697.9
畜产品	35 728.8	26 641.8	32 531.6	36 285.8	31 836.4
猪产品	4 209.7	3 963.2	5 037.6	6 151.1	6 213.6
牛产品	22.4	3.6	0.2	10.2	1.4
羊产品	135.0	59.4	21.3	43.4	8.5
禽产品	9 844.5	12 069.1	17 782.7	20 675.5	17 155.0
蛋产品	21.8	5.0	16.2	0.6	1.0
乳品	20 905.1	8 892.6	8 895.2	8 360.0	7 598.6
动物生皮	11.7	23.0	41.8	79.4	27.5
动物生毛皮					0.1
羊毛	20.9	39.8	238.4	178.6	127.3
水产品	263 598.0	239 614.3	276 153.3	340 430.2	379 474.8
饮品	257 329.3	255 708.7	288 010.6	297 437.5	291 134.8
酒	3 369.9	2 395.0	3 741.6	7 113.8	7 556.3
茶	16 288.3	17 448.0	18 232.5	17 033.6	16 023.3
咖啡	107 766.3	91 613.9	98 156.8	130 349.7	156 681.3
烟草	50 880.5	59 560.9	67 259.7	71 007.0	79 417.6

4-4-2 印度尼西亚主要农产品进口额（一）

单位：万美元

项　目	2002年	2003年	2004年	2005年	2006年	2007年
农产品	431 347.9	453 942.6	537 032.6	544 897.3	629 947.1	899 872.5
谷物	117 283.6	112 501.0	116 714.6	101 872.0	137 739.8	199 248.7
小麦产品	68 370.6	65 530.2	91 809.7	92 703.3	95 923.9	136 177.8
玉米产品	13 870.6	16 928.9	17 812.3	3 120.4	27 864.7	15 361.2
稻谷产品	34 572.3	29 497.3	6 685.2	5 599.8	13 478.3	47 054.4
棉花	70 764.0	64 943.4	69 007.4	58 060.2	62 353.6	80 296.2
食用油籽	34 971.3	38 040.7	45 680.9	36 168.1	36 650.0	55 289.6
大豆	30 065.8	33 222.1	42 235.2	31 386.1	30 246.7	48 194.3
花生	4 348.9	4 112.9	2 964.8	4 128.5	5 597.9	6 352.8
油菜籽		0.3	1.6	23.5	12.1	1.5
食用植物油	1 617.2	1 590.6	1 977.5	2 168.6	2 128.5	2 277.8
豆油	883.5	892.6	1 138.9	1 073.7	969.4	1 561.3
菜籽油	2.0	18.7	10.4	16.9	18.3	23.3
棕榈油	326.8	220.2	193.8	530.1	655.4	102.4
食糖	19 601.1	33 039.3	26 544.8	58 912.5	57 685.9	104 019.4
蔬菜	11 105.3	10 931.3	12 953.7	15 055.0	21 953.5	27 030.1
水果	27 006.2	26 662.8	33 859.7	36 088.0	48 216.3	61 050.3
畜产品	36 405.6	41 846.2	61 225.4	75 023.9	83 783.9	132 387.5
猪产品	176.5	186.9	145.8	191.9	310.5	164.4
牛产品	8 935.9	11 165.0	14 375.6	18 438.9	19 597.9	36 776.4
羊产品	93.9	205.0	201.5	270.1	206.7	268.6
禽产品	1 343.8	1 255.3	1 046.4	1 309.1	1 156.2	1 858.6
蛋产品	280.8	192.4	230.6	221.2	315.3	498.3
乳品	24 125.2	27 096.8	43 090.7	51 692.1	56 085.9	87 204.1
动物生皮	264.4	364.5	249.6	162.4	146.8	280.3
动物生毛皮	2.8	13.2	6.2	0.2		
羊毛	17.5	83.2	150.4	159.5	170.6	207.0
水产品	8 463.3	8 130.8	14 873.6	11 223.0	14 846.6	12 583.3
饮品	8 816.0	10 655.2	14 043.8	14 626.4	16 376.6	28 431.1
酒	337.7	143.5	73.5	70.5	114.9	149.6
茶	378.2	399.0	568.9	767.3	983.9	1 370.5
咖啡	605.0	760.9	2 429.0	2 528.6	3 588.7	12 271.0
烟草	19 774.3	15 484.5	17 110.6	18 035.3	19 126.4	26 779.4

印度尼西亚主要农产品进口额（二）

单位：万美元

项　目	2008 年	2009 年	2010 年	2011 年	2012 年
农产品	1 105 755.7	979 237.0	1 328 648.0	1 929 549.6	1 813 573.9
谷物	248 340.4	173 859.8	243 038.7	505 249.9	391 272.5
小麦产品	224 681.9	153 933.8	168 598.8	247 867.6	244 667.0
玉米产品	9 446.5	7 805.0	36 958.5	102 894.1	50 224.7
稻谷产品	12 790.6	11 075.8	36 321.9	151 626.7	94 653.0
棉花	121 711.2	78 397.0	115 134.7	178 822.3	133 776.0
食用油籽	81 629.7	80 962.8	108 158.9	152 646.9	146 125.2
大豆	70 423.2	62 487.9	84 227.4	124 858.5	121 565.7
花生	10 143.5	17 811.1	22 429.0	25 957.5	22 172.5
油菜籽	4.5	2.2	4.9	5.5	36.7
食用植物油	4 902.0	4 246.2	7 572.2	7 742.5	6 225.4
豆油	3 018.6	1 720.4	2 183.3	3 043.8	3 306.4
菜籽油	29.8	27.8	243.4	431.8	712.9
棕榈油	501.4	1 312.7	3 780.1	2 499.3	83.1
食糖	36 688.8	57 415.6	111 123.7	173 947.9	166 227.1
蔬菜	33 835.8	32 779.5	45 731.5	63 668.0	55 698.3
水果	83 376.9	89 247.7	103 842.5	132 643.1	136 761.4
畜产品	156 168.0	139 769.3	188 905.1	192 115.3	169 704.1
猪产品	212.4	97.6	54.0	142.7	174.4
牛产品	59 460.7	70 743.0	84 864.3	65 495.4	44 893.7
羊产品	288.6	379.6	556.6	655.5	826.7
禽产品	1 021.0	535.7	169.9	263.1	230.4
蛋产品	601.7	723.2	701.7	619.0	699.8
乳品	86 505.0	58 982.7	92 298.2	114 895.7	110 481.7
动物生皮	1 123.6	687.5	1 103.9	760.2	921.4
动物生毛皮	2.9	26.7	17.5	47.3	9.5
羊毛	276.1	135.1	64.1	40.0	435.7
水产品	21 390.5	24 358.3	33 440.3	42 089.0	37 237.3
饮品	30 690.5	24 697.8	31 644.9	39 932.5	48 563.5
酒	349.3	84.5	869.5	1 247.0	1 196.2
茶	1 670.4	1 820.9	2 795.5	3 376.3	4 258.0
咖啡	9 287.9	4 861.9	5 772.0	12 208.0	18 415.8
烟草	40 144.1	36 577.0	47 053.8	59 171.7	76 556.2

4-4-3 印度尼西亚主要农产品出口量（一）

单位：吨

项 目	2002年	2003年	2004年	2005年	2006年	2007年
农产品						
谷物	35 139.3	58 389.3	113 901.9	175 099.3	94 638.0	195 683.8
小麦产品	12 125.3	22 804.8	75 609.6	76 262.2	63 280.6	88 512.4
玉米产品	16 436.0	33 795.3	34 026.4	54 009.7	28 157.8	101 999.4
稻谷产品	6 327.7	1 293.4	3 132.7	43 905.7	2 570.8	4 735.9
棉花	23 608.5	37 715.7	28 841.1	35 836.0	40 780.8	38 002.5
食用油籽	27 676.4	25 264.9	76 186.4	118 769.1	177 305.0	63 653.4
大豆	238.4	169.0	1 322.2	893.6	1 756.7	1 950.3
花生	8 900.0	11 287.2	9 609.3	9 184.0	8 483.7	9 260.0
油菜籽	237.9	274.2	17.0	1 200.0	44.2	0.2
食用植物油	6 378 151.2	6 408 820.2	8 675 254.2	10 380 027.4	12 117 272.5	11 880 352.8
豆油	121.3	1.7		0.2	6.2	7.2
菜籽油	20.5	21.6	42.8		154.0	1 000.0
棕榈油	6 333 708.0	6 386 409.5	8 661 646.6	10 376 190.0	12 100 921.0	11 875 418.2
食糖	815.7	694.9	9 933.2	1 173.5	1 480.0	479.4
蔬菜	215 954.0	171 859.8	157 462.3	154 472.0	234 315.9	170 771.7
水果						
畜产品						
猪产品						
牛产品						
羊产品						
禽产品						
蛋产品						
乳品	34 193.5	54 906.8	47 150.1	50 420.0	42 427.0	36 917.2
动物生皮	446.7	377.3	285.8	140.4	42.1	32.6
动物生毛皮	380.7	135.8	100.5	0.1	0.2	
羊毛	77.5	153.4	39.1	14.6	29.1	43.7
水产品						
饮品						
酒						
茶	107 175.6	93 404.7	105 094.0	105 096.2	95 431.0	83 943.4
咖啡	330 376.9	328 439.8	348 540.7	455 038.5	422 122.4	334 590.3
烟草						

印度尼西亚主要农产品出口量（二）

单位：吨

项 目	2008年	2009年	2010年	2011年	2012年
农产品					
谷物	162 604.9	100 215.0	113 344.8	45 984.1	91 020.7
小麦产品	52 885.4	33 318.8	68 710.9	31 833.8	46 129.1
玉米产品	107 747.2	63 548.5	43 582.9	12 739.4	35 279.2
稻谷产品	1 183.0	2 626.9	516.9	1 165.4	1 504.1
棉花	32 141.0	25 947.6	29 197.0	21 917.3	22 273.8
食用油籽	13 015.9	15 109.9	157 630.4	376 244.1	180 399.6
大豆	1 038.5	510.4	436.9	605.9	2 412.9
花生	10 165.6	6 919.6	7 408.1	7 423.9	6 838.5
油菜籽	3.2	9.5	50.4	7.7	42.4
食用植物油	14 290 812.4	16 835 753.1	16 293 642.3	16 438 489.5	18 848 161.5
豆油	0.7	0.4	0.3	10.7	0.3
菜籽油	5.0		0.4		
棕榈油	14 290 685.4	16 829 205.7	16 291 856.2	16 436 202.2	18 845 020.2
食糖	1 692.7	927.2	669.7	836.9	790.0
蔬菜	184 599.7	177 227.4	169 015.3	138 969.2	230 671.3
水果					
畜产品					
猪产品					
牛产品					
羊产品					
禽产品					
蛋产品					
乳品	62 713.3	51 191.9	48 229.9	43 491.5	44 944.8
动物生皮	24.5	0.8	12.7	18.8	44.9
动物生毛皮					
羊毛	15.8	548.7	2 097.0	1 003.9	1 082.6
水产品					
饮品					
酒					
茶	97 124.7	93 143.7	88 114.2	76 331.2	70 666.4
咖啡	491 329.7	537 776.5	484 848.7	423 410.5	535 216.7
烟草					

4-4-4 印度尼西亚主要农产品进口量（一）

单位：吨

项　目	2002年	2003年	2004年	2005年	2006年	2007年
农产品						
谷物	7 592 965.2	6 665 007.2	6 215 869.1	5 314 537.8	7 262 897.9	7 341 800.9
小麦产品	4 593 764.2	3 845 636.8	4 851 820.8	4 906 500.0	5 019 820.6	5 197 087.1
玉米产品	1 156 905.6	1 347 726.5	1 090 249.0	186 532.6	1 779 040.7	708 312.0
稻谷产品	1 821 924.8	1 446 073.8	257 358.1	204 964.0	446 907.4	1 416 978.0
棉花	632 649.6	531 823.4	458 923.7	464 983.6	474 396.0	595 336.6
食用油籽	1 508 159.7	1 338 210.3	1 232 378.2	1 240 433.3	1 333 735.3	1 605 852.3
大豆	1 370 778.8	1 197 447.8	1 132 991.2	1 110 292.4	1 143 785.4	1 419 444.0
花生	127 302.0	120 961.2	90 786.6	123 604.5	171 242.1	174 330.5
油菜籽	11.1	10.8	53.7	1 561.4	714.9	45.4
食用植物油	30 580.8	22 298.6	25 090.4	31 278.7	30 099.7	23 234.7
豆油	16 609.0	13 806.7	15 636.8	16 562.4	14 966.7	17 530.7
菜籽油	24.4	250.5	181.6	254.0	230.0	263.3
棕榈油	9 499.2	4 013.7	4 319.9	10 644.1	11 415.6	1 068.2
食糖	970 978.2	1 490 068.4	1 130 920.7	1 996 367.7	1 511 001.4	2 972 786.8
蔬菜	337 357.4	333 130.3	387 409.6	440 016.8	487 098.6	586 747.9
水果						
畜产品						
猪产品						
牛产品						
羊产品						
禽产品						
蛋产品						
乳品	159 858.2	169 069.4	235 986.5	243 312.1	272 874.0	297 567.6
动物生皮	4 860.6	5 044.2	2 782.1	2 392.1	3 487.0	5 925.5
动物生毛皮	1.4	429.7	39.7	0.7	0.1	
羊毛	108.1	494.6	594.5	546.1	798.3	695.1
水产品						
饮品						
酒						
茶	3 573.6	4 021.4	4 007.5	5 569.5	5 494.2	9 498.0
咖啡	8 173.3	5 196.3	7 058.8	5 378.3	9 194.9	53 736.2
烟草						

印度尼西亚主要农产品进口量（二）

单位：吨

项　目	2008年	2009年	2010年	2011年	2012年
农产品					
谷物	5 647 049.6	5 926 050.6	7 839 528.8	12 322 652.5	10 279 457.5
小麦产品	5 029 698.9	5 302 040.5	5 587 092.3	6 290 927.4	6 737 921.2
玉米产品	287 108.3	339 170.0	1 528 318.3	3 208 195.6	1 693 416.6
稻谷产品	297 934.6	257 651.6	694 398.1	2 757 979.8	1 812 480.8
棉花	732 015.1	575 576.5	614 258.5	547 420.6	612 147.5
食用油籽	1 402 764.9	1 524 654.0	1 992 984.1	2 369 825.0	2 139 927.5
大豆	1 184 415.7	1 320 741.9	1 744 837.9	2 093 430.9	1 923 285.4
花生	206 242.1	194 681.5	230 106.8	252 088.7	187 029.8
油菜籽	81.3	51.9	70.4	47.6	937.8
食用植物油	36 554.4	43 590.3	74 735.2	53 292.1	36 924.8
豆油	20 871.4	15 366.0	18 972.1	19 720.6	21 978.2
菜籽油	283.7	303.1	1 616.3	2 339.1	4 283.0
棕榈油	8 822.0	21 138.4	46 720.1	23 344.3	616.3
食糖	1 019 944.4	1 393 226.6	1 785 568.6	2 502 568.7	2 815 940.2
蔬菜	710 082.3	627 185.1	647 179.4	935 002.8	827 619.0
水果					
畜产品					
猪产品					
牛产品					
羊产品					
禽产品					
蛋产品					
乳品	250 788.6	269 554.0	302 157.7	335 181.9	352 539.5
动物生皮	11 956.3	10 604.7	18 345.1	12 475.4	12 640.3
动物生毛皮	1.7	52.1	21.2	2.4	3.3
羊毛	787.2	453.2	217.1	123.3	212.5
水产品					
饮品					
酒					
茶	8 014.0	8 177.3	12 394.2	20 871.4	25 900.3
咖啡	14 421.5	17 489.9	23 550.2	29 239.4	62 533.2
烟草					

4－5 韩国主要农产品贸易情况

4－5－1 韩国主要农产品出口额（一）

单位：万美元

项目	2002年	2003年	2004年	2005年	2006年	2007年
农产品	279 413.2	298 088.8	334 486.4	340 389.5	339 461.6	377 372.8
谷物	593.6	599.2	845.1	848.6	1 111.9	1 240.5
小麦产品	425.5	457.7	517.2	621.6	668.8	594.0
玉米产品	2.5	3.1	15.5	14.3	34.1	36.7
稻谷产品	104.5	109.2	281.9	156.4	351.3	539.4
棉花	1 237.6	1 361.0	1 732.1	1 319.5	976.9	1 170.0
食用油籽	511.6	366.8	354.8	456.8	530.8	331.2
大豆	15.5	12.2	13.8	10.1	8.0	4.8
花生	0.1	4.4	1.1	4.2	0.9	8.0
油菜籽						0.8
食用植物油	726.5	632.7	581.4	435.5	387.6	757.4
豆油	667.3	555.2	533.4	379.5	334.0	531.8
菜籽油	1.3	1.1	0.8	2.1	0.3	0.2
棕榈油	15.3	16.1	19.1	13.2	10.6	14.7
食糖	7 578.2	7 199.9	7 434.9	9 400.7	12 529.3	14 094.1
蔬菜	20 060.1	22 372.3	24 158.5	23 266.5	19 801.8	22 329.0
水果	17 362.7	17 331.2	25 356.8	30 090.4	29 689.8	34 573.7
畜产品	5 501.7	6 505.2	6 329.9	8 205.0	7 479.0	7 608.2
猪产品	2 278.1	3 172.7	2 813.7	3 520.5	2 364.3	2 557.7
牛产品	11.6	15.6	23.0	97.9	101.2	20.7
羊产品						0.1
禽产品	738.9	650.7	470.7	999.6	909.6	936.8
蛋产品	1.1	16.9	0.3	9.2	2.4	9.0
乳品	598.3	728.0	704.4	895.8	1 109.0	1 130.4
动物生皮	95.2	155.9	178.0	208.4	82.2	167.6
动物生毛皮	18.1	7.2	4.7	2.1		5.5
羊毛	12.2	39.7	28.8	53.8	11.9	25.1
水产品	113 772.6	110 124.6	124 425.3	114 594.6	104 025.5	118 165.2
饮品	25 994.9	28 246.5	33 488.4	35 284.0	36 469.2	39 840.9
酒	15 132.6	16 611.1	19 868.8	18 308.9	18 653.0	18 677.6
茶	555.4	588.0	794.4	731.9	737.7	386.5
咖啡	3 474.7	3 245.0	3 724.0	5 751.6	6 824.1	9 201.8
烟草	15 629.3	23 721.1	23 450.7	27 056.7	35 031.4	41 367.9

韩国主要农产品出口额（二）

单位：万美元

项　目	2008 年	2009 年	2010 年	2011 年	2012 年
农产品	435 133.7	456 579.4	557 312.1	694 676.0	719 499.2
谷物	1 794.8	2 711.1	2 917.9	3 307.4	3 150.9
小麦产品	1 052.2	1 179.9	1 238.6	1 338.1	1 316.7
玉米产品	44.8	21.0	23.7	27.8	23.8
稻谷产品	600.4	1 359.1	1 445.2	1 683.6	1 518.6
棉花	1 353.3	1 241.1	1 433.0	2 522.3	2 088.3
食用油籽	443.7	467.5	658.1	553.9	743.8
大豆	6.6	12.4	33.6	55.9	33.7
花生	0.2	12.5	9.1	7.5	7.9
油菜籽					
食用植物油	2 353.7	1 111.4	2 892.0	5 689.6	6 417.1
豆油	1 843.8	970.6	2 327.7	4 746.6	4 420.8
菜籽油	0.2	2.5	4.0	11.1	297.4
棕榈油	7.5	1.1	6.1	2.6	1.6
食糖	12 776.2	14 915.6	24 222.9	29 123.5	26 290.5
蔬菜	25 711.1	27 424.3	30 514.7	32 169.6	36 746.0
水果	39 309.2	42 353.0	56 160.8	68 343.4	67 808.5
畜产品	7 077.6	8 665.4	11 860.5	20 040.3	23 821.1
猪产品	1 752.3	1 174.4	107.9	283.6	319.2
牛产品	74.9	796.9	764.9	1 363.6	493.3
羊产品					
禽产品	1 327.5	1 866.0	3 227.6	4 243.8	4 180.1
蛋产品	19.6	57.1	66.8	30.5	66.6
乳品	1 210.8	2 339.5	2 299.8	1 847.3	3 203.0
动物生皮	190.4	208.0	130.2	221.9	202.9
动物生毛皮	0.3	1.1	3.2	2.0	0.7
羊毛	40.0	39.4	25.4	36.9	6.8
水产品	139 256.9	144 052.0	171 369.4	218 146.7	219 891.6
饮品	47 977.9	52 845.6	67 026.6	93 454.1	99 871.5
酒	22 929.0	23 971.2	30 879.2	39 594.5	41 376.5
茶	383.4	561.6	956.4	958.4	1 726.2
咖啡	11 491.1	13 285.9	14 557.2	22 595.3	20 518.3
烟草	46 389.0	47 809.8	54 209.0	57 205.1	63 280.7

4-5-2 韩国主要农产品进口额（一）

单位：万美元

项 目	2002年	2003年	2004年	2005年	2006年	2007年
农产品	1 087 010.3	1 153 746.8	1 269 114.1	1 332 172.6	1 476 853.5	1 754 833.6
谷物	161 087.0	175 076.5	221 513.2	197 418.9	208 007.7	286 309.3
小麦产品	54 337.0	61 206.5	66 518.5	67 533.6	66 884.5	85 629.0
玉米产品	98 879.5	105 457.1	143 753.0	121 950.1	127 058.3	183 370.7
稻谷产品	4 445.9	4 857.9	8 239.4	5 139.6	11 848.4	13 655.9
棉花	37 581.8	40 025.2	43 300.3	36 057.1	30 214.3	30 866.6
食用油籽	43 662.9	55 669.3	65 446.0	54 518.0	53 389.1	63 660.9
大豆	32 822.3	41 068.1	48 742.1	40 004.0	33 175.1	42 959.9
花生	2 298.5	2 385.6	2 428.1	2 521.4	3 264.7	3 746.7
油菜籽	0.2	13.2	1.5	25.7	4.2	3.7
食用植物油	18 985.6	23 412.2	34 802.2	39 490.2	37 002.1	48 572.5
豆油	7 432.8	8 977.6	14 642.9	13 936.2	14 268.9	22 414.4
菜籽油	821.0	1 119.5	1 267.3	1 402.4	1 420.1	3 337.9
棕榈油	7 916.9	9 453.2	10 974.0	10 177.4	10 266.3	13 480.0
食糖	28 477.4	29 351.2	31 078.2	39 495.8	54 658.3	45 060.9
蔬菜	31 865.3	42 013.5	53 867.9	53 934.2	66 836.5	77 490.8
水果	67 396.2	74 778.0	83 658.7	91 022.5	101 756.4	119 812.8
畜产品	239 354.9	245 780.5	198 025.9	252 211.5	285 274.4	326 664.3
猪产品	25 326.6	23 889.7	37 162.2	65 853.0	83 344.8	96 062.7
牛产品	94 926.9	118 191.7	60 252.2	73 576.0	88 387.4	103 862.5
羊产品	659.7	705.2	844.1	955.9	1 134.1	1 251.6
禽产品	15 312.4	14 820.8	8 038.4	16 301.6	18 449.7	19 428.1
蛋产品	500.4	500.0	537.2	640.6	589.8	670.4
乳品	14 741.8	14 775.3	22 217.3	26 871.8	27 766.3	36 069.9
动物生皮	56 687.2	51 605.1	45 902.2	43 389.0	38 629.0	40 327.9
动物生毛皮	8 993.4	5 470.6	5 343.9	8 305.5	10 083.6	8 605.7
羊毛	11 126.4	7 086.8	4 722.4	4 415.1	3 673.8	3 243.8
水产品	193 870.6	202 528.2	232 795.9	245 280.0	284 620.0	314 031.2
饮品	63 431.7	69 915.4	68 560.8	80 706.4	89 014.7	111 480.2
酒	39 151.2	41 075.4	37 947.2	43 102.8	47 594.7	61 161.0
茶	1 170.4	1 097.1	1 432.1	1 827.0	2 045.6	1 597.0
咖啡	8 316.7	10 101.3	11 343.3	16 493.3	18 778.2	23 091.8
烟草	34 372.9	24 923.4	20 744.8	15 518.2	18 485.8	22 223.0

韩国主要农产品进口额（二）

单位：万美元

项　目	2008 年	2009 年	2010 年	2011 年	2012 年
农产品	2 134 311.5	1 753 338.0	2 121 331.6	2 817 605.6	2 770 224.6
谷物	438 062.6	291 636.5	338 403.4	465 974.8	463 449.3
小麦产品	131 404.9	98 572.0	110 190.3	166 684.7	178 950.5
玉米产品	282 987.4	164 686.2	200 047.0	251 127.8	261 680.5
稻谷产品	19 493.7	25 349.5	24 949.0	43 649.2	16 930.5
棉花	34 479.6	29 262.9	40 809.7	86 016.6	68 885.8
食用油籽	108 763.8	86 127.5	87 201.6	102 881.2	110 538.8
大豆	81 302.8	60 440.7	58 827.9	69 590.3	74 125.3
花生	4 682.7	4 111.9	5 008.4	6 370.2	7 552.5
油菜籽	3.5	9.6	5.3	13.2	784.2
食用植物油	73 307.7	54 921.5	67 239.1	97 002.8	98 144.3
豆油	34 495.2	24 733.9	29 036.0	38 329.5	42 398.0
菜籽油	6 891.9	5 530.9	6 876.4	14 462.4	12 341.7
棕榈油	22 458.1	17 805.1	23 654.3	34 758.8	33 547.5
食糖	54 351.1	61 842.9	86 196.7	112 169.3	102 306.6
蔬菜	78 247.6	69 564.1	100 762.5	120 239.0	121 929.1
水果	123 559.7	113 196.9	146 352.7	193 832.0	206 588.2
畜产品	330 919.4	269 780.7	347 716.8	548 685.6	473 423.8
猪产品	94 710.2	74 924.5	76 509.9	165 026.1	130 458.8
牛产品	105 176.9	86 294.1	118 648.2	167 883.0	141 096.2
羊产品	1 484.7	1 350.8	1 864.3	2 726.7	2 797.7
禽产品	24 388.3	19 088.9	27 819.2	38 207.8	41 917.6
蛋产品	559.0	405.5	604.4	808.9	857.1
乳品	40 036.5	32 597.4	44 868.5	74 844.7	62 607.5
动物生皮	40 196.0	28 786.0	40 724.1	47 465.8	49 290.2
动物生毛皮	5 794.7	7 051.6	12 261.3	16 486.5	14 833.4
羊毛	3 535.2	4 206.4	5 617.5	7 385.7	6 209.3
水产品	303 607.4	279 445.2	332 881.0	407 347.0	389 354.9
饮品	124 561.6	106 030.1	133 704.8	181 335.1	175 854.7
酒	66 504.8	50 538.0	59 541.9	67 932.8	71 955.3
茶	1 367.6	1 381.3	1 871.3	2 399.0	3 081.8
咖啡	33 135.3	31 087.4	41 598.7	71 740.3	59 739.2
烟草	31 353.5	34 661.3	38 103.8	34 109.7	36 962.8

4-5-3 韩国主要农产品出口量（一）

单位：吨

项　目	2002年	2003年	2004年	2005年	2006年	2007年
农产品						
谷物	15 452.4	13 835.4	14 409.9	13 719.0	17 815.3	18 514.4
小麦产品	13 720.0	11 985.4	11 773.1	11 214.4	10 970.5	9 814.7
玉米产品	49.6	40.2	135.3	132.5	225.2	493.4
稻谷产品	1 398.3	1 662.2	2 385.1	2 133.0	6 341.6	7 847.4
棉花	14 828.9	15 807.3	14 755.6	12 632.2	10 363.5	11 895.6
食用油籽	2 008.3	1 441.8	1 410.9	1 254.7	1 582.1	930.0
大豆	342.8	601.9	685.2	110.4	200.4	22.5
花生	0.1	59.5	18.5	66.1	9.9	79.7
油菜籽						1.5
食用植物油	9 743.9	6 202.6	4 974.0	4 375.9	4 053.6	5 670.6
豆油	9 498.2	5 707.6	4 790.7	4 231.4	3 942.2	4 250.1
菜籽油	3.1	2.0	0.6	13.7	1.0	0.4
棕榈油	31.8	59.3	60.2	18.9	12.3	38.9
食糖	304 925.2	298 708.6	303 618.1	309 223.4	291 015.7	375 654.1
蔬菜	78 995.8	68 290.8	88 192.4	84 773.2	68 163.3	75 333.8
水果						
畜产品						
猪产品						
牛产品						
羊产品						
禽产品						
蛋产品						
乳品	5 718.1	7 296.4	7 378.8	7 749.9	8 586.0	7 584.5
动物生皮	1 000.6	937.2	1 168.7	1 494.1	827.5	1 812.3
动物生毛皮	4.0	0.8	0.2	0.2		0.5
羊毛	31.4	102.4	60.1	140.1	15.9	50.3
水产品						
饮品						
酒						
茶	1 739.7	2 122.8	2 782.3	2 209.1	2 288.9	1 189.4
咖啡	7 588.0	6 898.3	6 330.8	8 878.0	9 605.6	11 818.4
烟草						

韩国主要农产品出口量（二）

单位：吨

项　目	2008 年	2009 年	2010 年	2011 年	2012 年
农产品					
谷物	18 070.2	24 097.7	27 066.9	30 099.2	30 342.0
小麦产品	9 376.1	10 697.0	12 678.2	13 768.6	15 504.6
玉米产品	420.7	91.5	96.3	149.4	127.8
稻谷产品	7 691.8	12 275.9	13 171.3	14 623.7	13 394.6
棉花	11 578.8	11 505.7	11 771.9	11 762.4	14 828.3
食用油籽	1 219.8	1 334.8	2 369.1	1 464.3	1 911.5
大豆	234.3	166.0	294.2	310.6	181.8
花生	0.2	50.1	64.0	41.9	36.2
油菜籽					
食用植物油	13 412.1	8 109.7	22 661.1	34 005.5	37 685.5
豆油	10 799.8	7 747.1	18 083.3	28 589.8	25 537.5
菜籽油	0.3	8.4	14.7	56.4	2 013.9
棕榈油	23.5	2.3	11.0	7.6	6.0
食糖	285 174.6	290 796.6	371 542.4	360 134.3	359 645.6
蔬菜	103 442.1	121 298.2	117 053.2	102 209.0	105 932.8
水果					
畜产品					
猪产品					
牛产品					
羊产品					
禽产品					
蛋产品					
乳品	6 817.9	12 166.0	9 429.2	9 126.5	14 432.0
动物生皮	3 416.4	3 315.6	1 190.2	1 084.0	738.9
动物生毛皮			0.3		0.2
羊毛	30.3	33.1	24.9	30.6	6.4
水产品					
饮品					
酒					
茶	1 016.0	1 667.8	1 550.0	1 496.1	2 570.3
咖啡	14 119.0	18 108.2	22 478.0	31 931.4	29 684.6
烟草					

4-5-4 韩国主要农产品进口量（一）

单位：吨

项　目	2002年	2003年	2004年	2005年	2006年	2007年
农产品						
谷物	13 418 939.2	12 941 451.8	12 113 879.6	12 467 054.6	12 571 644.2	12 216 329.3
小麦产品	3 863 202.9	3 769 039.7	3 381 874.6	3 671 707.6	3 558 902.0	3 251 013.3
玉米产品	9 143 081.8	8 799 927.0	8 386 568.1	8 552 097.2	8 686 330.7	8 597 840.2
稻谷产品	151 334.7	143 335.8	209 325.4	133 492.5	255 043.7	264 752.7
棉花	354 406.1	317 336.2	276 601.1	287 780.2	220 691.0	230 679.1
食用油籽	1 760 993.4	1 802 289.8	1 575 171.5	1 610 998.8	1 456 680.1	1 492 153.8
大豆	1 501 978.8	1 535 253.7	1 297 182.7	1 348 403.1	1 147 659.7	1 210 559.2
花生	33 348.9	35 328.7	34 321.1	33 809.1	33 990.0	32 793.3
油菜籽	1.0	322.1	5.5	754.4	12.2	13.2
食用植物油	444 701.3	422 642.1	504 016.0	569 731.9	558 003.2	579 928.8
豆油	177 605.5	162 584.7	223 326.6	256 118.6	271 115.5	304 599.3
菜籽油	15 515.4	17 170.7	17 855.5	21 645.6	21 606.8	37 710.7
棕榈油	215 228.0	213 118.8	215 637.2	235 239.8	223 646.4	187 563.7
食糖	1 526 826.6	1 560 939.0	1 600 812.6	1 623 437.2	1 483 341.2	1 515 291.3
蔬菜	368 616.8	609 845.1	722 768.3	731 374.5	892 268.0	1 008 820.9
水果						
畜产品						
猪产品						
牛产品						
羊产品						
禽产品						
蛋产品						
乳品	89 279.3	91 385.5	115 493.8	123 736.1	130 213.7	133 190.8
动物生皮	257 332.2	213 897.4	189 577.6	186 545.8	164 798.8	155 270.6
动物生毛皮	455.6	271.0	191.5	245.2	229.7	233.3
羊毛	25 052.3	13 522.2	8 497.1	8 268.3	7 351.6	5 596.1
水产品						
饮品						
酒						
茶	1 964.3	2 343.1	3 494.6	3 676.1	3 346.6	2 256.1
咖啡	82 825.4	80 061.0	87 870.2	91 618.5	91 661.5	90 889.0
烟草						

韩国主要农产品进口量（二）

单位：吨

项　目	2008 年	2009 年	2010 年	2011 年	2012 年
农产品					
谷物	12 173 246.9	11 563 724.6	13 436 115.8	13 146 747.8	14 296 510.2
小麦产品	2 742 797.9	3 877 892.6	4 457 660.2	4 703 654.8	5 685 361.6
玉米产品	9 039 014.1	7 352 413.9	8 560 286.1	7 778 245.5	8 240 625.5
稻谷产品	308 694.7	267 282.4	345 007.1	572 946.3	245 621.1
棉花	211 537.1	218 166.1	221 130.2	236 323.0	270 542.6
食用油籽	1 592 918.0	1 365 943.5	1 518 599.3	1 471 558.8	1 482 026.0
大豆	1 346 879.2	1 105 026.1	1 242 894.9	1 167 100.6	1 149 292.1
花生	31 104.0	33 191.1	31 728.1	32 045.7	32 808.5
油菜籽	7.6	45.0	20.5	61.6	10 849.0
食用植物油	571 711.6	629 087.9	713 533.4	742 780.3	813 369.3
豆油	287 167.1	284 461.1	325 157.1	301 252.5	339 864.2
菜籽油	48 300.2	55 155.7	68 326.1	109 557.1	94 883.6
棕榈油	199 992.1	252 996.8	280 793.7	291 524.9	324 956.4
食糖	1 645 219.1	1 651 046.5	1 639 928.0	1 647 071.1	1 770 077.8
蔬菜	988 493.8	836 069.9	1 057 130.2	1 233 317.9	1 227 914.8
水果					
畜产品					
猪产品					
牛产品					
羊产品					
禽产品					
蛋产品					
乳品	110 233.9	126 812.1	149 629.6	202 276.0	181 044.5
动物生皮	157 589.9	181 155.0	166 522.7	165 527.0	170 076.8
动物生毛皮	122.6	210.4	247.6	270.4	197.5
羊毛	5 593.5	7 807.7	7 929.0	8 236.8	7 077.3
水产品					
饮品					
酒					
茶	1 395.8	1 164.9	1 654.9	2 147.7	2 321.1
咖啡	108 413.8	105 579.2	117 160.0	130 345.1	115 056.0
烟草					

4-6 中国香港主要农产品贸易情况

4-6-1 中国香港主要农产品出口额（一）

单位：万美元

项目	2002年	2003年	2004年	2005年	2006年	2007年
农产品	424 230.7	416 956.1	417 218.4	397 790.7	439 271.0	519 580.1
谷物	2 067.2	1 506.0	1 801.1	1 821.8	1 951.9	2 327.1
小麦产品	900.2	721.9	745.9	871.2	989.2	1 226.4
玉米产品	109.5	44.5	48.2	73.8	76.9	22.9
稻谷产品	640.3	440.2	780.3	668.8	780.0	961.7
棉花	1 943.9	3 128.0	3 941.8	3 722.7	6 261.7	5 396.3
食用油籽	1 234.1	1 406.7	1 500.0	1 364.7	1 501.1	1 688.5
大豆	403.4	481.2	529.9	489.0	499.0	442.9
花生	137.0	142.8	170.1	173.1	154.8	230.7
油菜籽						
食用植物油	8 381.6	6 145.6	5 620.3	4 192.2	3 185.2	4 450.5
豆油	2 867.2	1 537.5	1 373.0	1 263.2	673.8	1 006.0
菜籽油	1 358.0	876.4	1 062.2	1 341.3	911.3	1 117.9
棕榈油	2 689.4	2 773.0	2 282.2	738.9	796.4	1 088.5
食糖	1 211.7	1 053.9	1 191.1	1 137.0	1 272.2	1 275.8
蔬菜	7 661.2	6 304.5	6 298.6	6 422.3	10 272.0	7 296.4
水果	35 665.6	26 178.6	25 837.6	31 119.2	28 930.1	37 891.4
畜产品	138 484.5	157 976.7	137 484.9	115 953.0	138 018.7	175 726.1
猪产品	16 271.6	19 870.8	19 418.5	8 301.7	14 294.6	35 598.2
牛产品	10 780.2	13 154.0	7 715.1	4 858.3	9 600.2	16 378.9
羊产品	76.3	66.7	80.6	65.3	133.9	276.1
禽产品	43 658.0	41 598.0	12 412.2	17 251.8	28 015.3	45 208.2
蛋产品	63.4	74.2	38.2	43.5	36.8	78.1
乳品	10 300.4	6 018.9	7 104.5	7 616.6	8 344.8	5 951.2
动物生皮	20 595.5	26 160.3	27 354.4	23 127.3	17 982.2	17 406.1
动物生毛皮	30 148.1	44 402.6	56 855.8	47 286.8	51 565.3	47 086.1
羊毛	778.5	619.7	641.2	765.5	555.2	377.7
水产品	68 997.7	66 368.9	76 406.5	75 307.4	76 654.3	90 488.8
饮品	34 728.4	28 875.7	32 938.9	38 214.7	47 554.2	57 028.6
酒	25 667.9	20 461.7	23 272.3	27 354.7	35 892.4	44 133.2
茶	1 383.9	1 125.6	1 133.7	906.4	977.0	1 118.0
咖啡	323.2	415.4	498.3	744.4	647.9	775.3
烟草	54 425.7	54 736.2	62 331.1	58 492.8	60 069.1	65 384.5

中国香港主要农产品出口额（二）

单位：万美元

项　目	2008 年	2009 年	2010 年	2011 年	2012 年
农产品	646 508.4	663 956.5	778 918.5	886 831.0	906 332.3
谷物	3 784.1	3 356.6	3 244.4	3 159.6	3 587.5
小麦产品	1 012.2	916.4	566.6	611.1	794.8
玉米产品	4.0	7.1	6.3	9.9	12.3
稻谷产品	2 424.7	1 517.2	1 817.5	1 783.3	2 196.3
棉花	3 297.0	5 310.2	9 909.2	7 181.5	9 117.2
食用油籽	2 842.2	1 986.6	3 117.4	10 573.3	4 492.1
大豆	382.0	380.9	406.8	379.5	487.4
花生	283.5	451.9	560.3	983.5	977.1
油菜籽					
食用植物油	5 547.1	4 014.4	4 028.7	3 833.4	4 566.6
豆油	1 399.9	792.7	428.9	388.9	1 020.7
菜籽油	1 863.6	1 370.8	1 688.0	1 620.7	1 748.7
棕榈油	769.9	681.2	81.5	305.3	20.6
食糖	1 288.1	1 017.1	1 379.5	1 782.7	1 967.5
蔬菜	7 647.3	8 072.3	9 542.6	10 832.1	9 879.4
水果	47 483.7	69 068.4	71 245.7	94 749.3	104 954.3
畜产品	270 897.0	263 303.9	312 844.3	305 517.5	276 853.0
猪产品	92 646.8	76 794.0	86 836.1	69 812.6	57 164.6
牛产品	25 550.9	39 771.2	26 408.9	19 032.4	22 811.6
羊产品	392.2	1 049.1	1 342.3	384.5	432.3
禽产品	54 369.8	63 530.2	90 457.1	97 984.7	69 407.0
蛋产品	94.8	113.3	127.4	205.5	290.5
乳品	7 438.3	7 516.1	9 721.1	12 632.0	14 633.8
动物生皮	22 842.7	13 425.0	20 521.9	19 833.9	13 501.1
动物生毛皮	58 264.5	50 847.5	67 735.8	73 257.5	88 139.9
羊毛	217.3	159.3	330.7	2 681.7	275.5
水产品	90 738.5	80 745.8	89 773.5	101 541.9	121 803.9
饮品	61 797.9	64 388.3	79 988.7	102 923.2	104 936.1
酒	48 078.9	50 313.6	64 605.9	81 508.5	78 529.9
茶	1 467.4	1 194.3	2 047.4	2 180.8	2 210.1
咖啡	877.5	895.0	1 103.7	1 776.4	2 143.6
烟草	74 599.7	73 820.2	81 445.0	89 367.1	97 747.6

4-6-2 中国香港主要农产品进口额（一）

单位：万美元

项　目	2002年	2003年	2004年	2005年	2006年	2007年
农产品	1 003 272.7	1 002 432.5	1 055 104.9	1 061 461.8	1 138 092.6	1 301 159.2
谷物	21 651.9	23 552.8	25 352.8	25 719.5	26 531.4	30 616.7
小麦产品	5 908.4	5 802.8	6 159.0	6 516.5	6 647.5	7 560.0
玉米产品	852.4	1 121.9	1 512.1	1 714.8	1 724.0	1 278.9
稻谷产品	13 952.0	15 492.5	16 523.8	16 154.2	16 856.6	20 389.7
棉花	8 812.8	11 663.5	10 566.1	10 867.3	16 836.9	17 651.2
食用油籽	4 306.4	4 705.8	5 062.8	4 995.9	5 006.5	5 706.3
大豆	1 177.1	1 267.7	1 611.6	1 494.9	1 402.1	1 611.7
花生	1 096.1	1 208.6	1 444.7	1 382.0	1 368.7	1 317.5
油菜籽						
食用植物油	38 845.7	25 612.4	25 354.4	18 283.3	16 383.1	28 825.9
豆油	12 173.5	5 608.4	6 486.2	5 051.0	3 884.3	5 314.3
菜籽油	2 859.4	1 795.9	2 187.9	2 521.4	1 903.6	2 674.3
棕榈油	19 517.7	13 750.2	11 764.8	6 015.7	5 779.1	15 183.5
食糖	5 585.0	4 790.1	4 756.2	6 154.1	8 379.8	7 886.5
蔬菜	37 360.7	34 853.9	36 117.5	35 887.7	38 989.2	42 429.7
水果	107 958.9	101 231.0	99 396.5	97 806.1	108 037.8	116 639.6
畜产品	303 661.9	324 953.1	338 242.2	348 660.1	383 938.5	449 029.6
猪产品	64 607.1	69 991.0	78 523.0	74 982.6	79 891.8	110 413.8
牛产品	26 980.2	33 503.8	29 293.2	33 396.5	41 302.7	55 599.2
羊产品	1 982.6	2 129.4	2 478.4	2 797.9	3 050.9	3 483.0
禽产品	88 169.3	88 169.6	75 668.7	86 353.0	94 605.9	123 961.0
蛋产品	7 218.1	6 854.4	7 688.3	7 665.5	7 852.0	10 415.7
乳品	30 772.4	25 381.8	28 810.0	31 929.7	35 569.9	39 962.5
动物生皮	24 639.3	30 988.9	31 218.4	24 277.0	20 735.7	22 519.9
动物生毛皮	40 542.1	48 725.7	64 031.7	68 503.8	79 621.4	59 202.5
羊毛	694.1	688.2	497.7	742.9	628.8	333.1
水产品	208 542.2	207 613.9	227 569.3	228 350.7	241 612.8	264 909.6
饮品	92 925.1	88 046.1	98 908.8	106 279.0	103 795.1	125 060.7
酒	35 572.7	31 734.9	37 175.3	40 442.1	45 422.1	58 782.1
茶	3 573.3	3 334.9	3 492.0	3 589.7	4 273.0	4 432.2
咖啡	1 936.1	2 013.9	2 343.3	2 690.4	3 347.7	3 674.3
烟草	47 288.2	45 542.5	53 924.1	45 559.9	49 380.7	54 933.7

中国香港主要农产品进口额（二）

单位：万美元

项　目	2008 年	2009 年	2010 年	2011 年	2012 年
农产品	1 613 663.0	1 693 985.1	2 030 841.3	2 388 041.5	2 468 947.9
谷物	40 088.4	42 426.6	45 064.8	49 798.4	48 772.7
小麦产品	9 864.3	9 449.8	9 110.2	11 292.5	12 773.3
玉米产品	962.1	753.9	1 045.5	1 251.2	853.0
稻谷产品	27 377.1	29 544.3	31 939.5	34 302.0	32 438.2
棉花	11 950.2	12 736.5	18 033.7	12 602.2	15 737.3
食用油籽	8 241.4	7 014.3	8 761.2	11 406.1	11 615.3
大豆	2 304.9	2 493.0	2 227.5	2 411.0	2 427.9
花生	1 946.4	1 699.0	2 147.0	3 143.7	3 179.5
油菜籽					
食用植物油	40 415.0	15 594.9	18 965.2	19 665.1	21 616.6
豆油	7 111.0	5 261.5	5 651.1	6 365.8	6 819.3
菜籽油	4 089.0	3 371.1	5 537.3	5 237.0	7 175.9
棕榈油	22 138.2	1 424.9	1 308.6	1 785.8	1 353.4
食糖	8 245.4	8 587.8	11 445.2	14 941.5	14 189.3
蔬菜	46 222.0	49 056.5	51 629.3	57 725.7	69 465.3
水果	136 710.9	162 687.0	172 554.1	213 727.3	236 357.0
畜产品	645 642.3	670 919.6	798 802.8	954 829.4	927 770.7
猪产品	211 080.7	205 030.5	206 448.6	252 905.2	234 612.7
牛产品	84 296.9	115 234.1	112 433.0	140 827.1	160 063.7
羊产品	4 108.5	5 590.5	8 068.0	8 845.4	7 700.8
禽产品	151 791.8	165 849.5	227 386.3	253 253.2	181 793.1
蛋产品	12 117.1	12 556.9	13 414.8	16 297.4	17 662.4
乳品	50 256.4	57 882.2	73 749.9	98 416.3	131 616.5
动物生皮	30 086.6	18 994.5	30 547.1	32 056.4	18 453.1
动物生毛皮	73 931.2	61 730.5	96 462.4	112 263.9	136 148.6
羊毛	261.0	171.1	610.8	3 054.6	315.2
水产品	287 419.8	291 737.5	343 688.6	397 852.6	404 904.1
饮品	146 104.1	175 004.4	230 471.6	288 886.6	288 852.6
酒	78 577.5	92 764.5	140 108.9	184 075.4	171 491.5
茶	4 886.5	5 001.7	6 381.2	7 203.1	7 717.2
咖啡	4 413.5	4 896.4	6 254.4	8 672.1	9 976.3
烟草	60 390.5	58 824.7	62 423.2	71 387.4	82 839.3

4-6-3 中国香港主要农产品出口量（一）

单位：吨

项　目	2002年	2003年	2004年	2005年	2006年	2007年
农产品						
谷物	46 345.7	30 088.7	37 208.1	37 814.8	40 108.2	48 046.5
小麦产品	22 374.5	17 607.8	19 442.1	22 173.2	25 445.8	33 873.3
玉米产品	6 112.4	1 632.3	1 627.1	1 982.4	1 768.7	219.9
稻谷产品	15 502.7	8 755.5	14 257.2	10 691.1	12 175.7	13 327.7
棉花	35 000.7	69 752.6	71 446.2	69 481.1	115 456.2	93 182.1
食用油籽	17 808.8	20 574.4	19 894.1	17 612.6	17 669.7	16 855.2
大豆	12 575.5	14 139.9	13 355.9	12 891.3	12 513.6	10 523.5
花生	1 212.9	1 190.6	1 301.6	1 138.1	1 108.9	1 354.5
油菜籽						
食用植物油	182 057.5	110 179.5	92 429.5	64 260.7	45 941.4	50 340.2
豆油	65 110.8	25 826.9	22 615.4	23 121.2	12 130.0	12 699.2
菜籽油	28 345.4	13 626.2	14 525.1	19 800.8	12 908.7	11 663.6
棕榈油	71 236.4	63 676.9	50 265.5	17 916.7	17 457.3	19 569.2
食糖	42 811.2	34 020.7	40 880.9	34 728.2	30 368.1	31 093.4
蔬菜			41 014.6	41 400.7	56 809.6	39 478.7
水果						
畜产品						
猪产品						
牛产品						
羊产品						
禽产品						
蛋产品						
乳品	27 403.9	15 385.9	17 568.6	19 403.2	23 137.6	18 275.9
动物生皮	147 289.1	169 699.8	200 190.2	164 750.3	131 841.9	125 705.4
动物生毛皮	2 492.3	3 216.9	3 807.7	3 258.9	3 389.2	3 374.0
羊毛	1 923.7	1 496.1	1 468.4	1 807.9	1 391.4	956.3
水产品						
饮品						
酒						
茶	5 476.2	4 082.7	3 258.0	2 117.1	2 009.8	2 076.6
咖啡	880.2	1 199.0	1 391.5	1 592.3	1 355.5	1 386.2
烟草						

中国香港主要农产品出口量（二）

单位：吨

项　目	2008 年	2009 年	2010 年	2011 年	2012 年
农产品					
谷物	57 079.7	38 827.6	38 685.4	32 906.4	36 272.5
小麦产品	20 592.9	17 546.1	10 844.4	8 918.1	10 653.0
玉米产品	75.6	103.9	117.2	150.9	147.6
稻谷产品	34 740.7	17 764.0	24 556.9	21 404.1	23 714.5
棉花	62 198.3	75 994.4	105 100.0	58 606.7	77 385.2
食用油籽	19 232.0	17 106.2	18 431.0	40 590.6	22 560.2
大豆	8 566.7	11 029.1	11 608.4	10 819.8	10 669.7
花生	1 146.6	1 620.3	1 782.5	2 500.1	2 307.5
油菜籽					
食用植物油	41 374.2	42 636.7	30 605.2	22 106.3	25 910.4
豆油	11 397.1	9 429.2	4 464.8	3 262.8	7 309.7
菜籽油	12 725.7	13 845.6	15 003.0	10 503.3	13 103.3
棕榈油	11 637.0	14 214.8	1 012.7	2 378.0	176.9
食糖	26 699.6	17 195.5	20 479.8	21 592.3	24 977.1
蔬菜	36 460.2	35 300.9	39 731.9	36 560.4	32 556.8
水果					
畜产品					
猪产品					
牛产品					
羊产品					
禽产品					
蛋产品					
乳品	19 982.5	18 235.5	21 325.0	24 292.7	25 363.3
动物生皮	166 911.9	134 319.8	172 051.9	145 360.5	92 359.2
动物生毛皮	3 896.1	4 116.1	4 025.2	3 748.1	4 132.3
羊毛	580.2	558.5	934.7	4 346.3	572.6
水产品					
饮品					
酒					
茶	2 280.3	1 910.9	2 427.0	2 508.1	2 579.6
咖啡	1 439.8	1 520.8	2 111.3	3 108.6	3 014.1
烟草					

4-6-4 中国香港主要农产品进口量（一）

单位：吨

项　目	2002年	2003年	2004年	2005年	2006年	2007年
农产品						
谷物	615 978.0	618 620.9	623 544.3	646 261.3	651 753.5	633 660.4
小麦产品	174 837.0	172 085.1	178 227.0	182 056.1	185 889.3	196 541.4
玉米产品	62 252.7	77 729.3	82 376.9	97 982.0	106 625.0	54 629.2
稻谷产品	366 937.3	357 509.9	351 639.7	353 124.2	347 512.4	371 602.9
棉花	120 561.3	141 169.1	113 860.6	127 983.0	197 042.1	185 932.9
食用油籽	53 609.5	56 937.9	54 157.1	56 838.0	57 580.3	58 713.6
大豆	35 003.1	35 446.1	36 199.4	36 551.5	36 621.6	37 034.8
花生	10 858.6	10 484.0	10 957.5	10 355.5	11 087.0	9 163.7
油菜籽						
食用植物油	891 282.5	462 730.7	407 310.4	305 568.9	260 403.6	325 547.7
豆油	275 128.1	95 430.5	97 527.0	86 390.5	65 347.0	66 735.9
菜籽油	54 989.9	29 094.1	31 212.8	39 458.3	27 349.0	29 158.0
棕榈油	511 167.7	295 933.4	234 558.5	140 769.6	128 294.5	191 697.8
食糖	194 189.4	173 291.6	177 921.2	191 307.4	195 351.3	202 058.8
蔬菜			751 843.9	677 688.4	672 174.1	776 532.1
水果						
畜产品						
猪产品						
牛产品						
羊产品						
禽产品						
蛋产品						
乳品	169 851.1	151 634.1	160 011.0	162 329.5	171 174.1	174 226.2
动物生皮	163 802.6	201 262.6	219 494.4	173 814.4	147 523.9	144 204.0
动物生毛皮	2 783.9	3 231.3	3 824.9	4 033.0	3 958.5	3 426.4
羊毛	1 645.0	1 777.8	1 093.1	1 716.1	1 272.5	825.4
水产品						
饮品						
酒						
茶	14 394.5	12 843.0	12 769.4	12 625.8	14 053.4	13 397.9
咖啡	6 091.0	6 236.2	7 981.8	7 751.9	8 416.4	8 919.7
烟草						

中国香港主要农产品进口量（二）

单位：吨

项　目	2008 年	2009 年	2010 年	2011 年	2012 年
农产品					
谷物	600 612.2	588 685.4	592 710.6	600 614.9	557 387.0
小麦产品	189 795.5	177 831.7	174 794.3	179 099.0	186 327.5
玉米产品	31 137.3	30 704.9	35 541.7	33 062.2	21 396.8
稻谷产品	369 471.0	365 032.4	365 867.9	374 127.2	338 487.3
棉花	107 718.7	120 927.2	134 347.1	71 375.3	105 576.1
食用油籽	59 117.8	56 024.8	56 048.2	59 689.3	56 168.4
大豆	34 565.7	35 479.8	34 192.2	35 627.0	33 234.3
花生	10 328.7	9 745.0	10 628.7	11 649.1	10 913.8
油菜籽					
食用植物油	314 389.4	138 067.2	159 555.1	129 741.8	143 245.1
豆油	57 714.6	60 888.0	57 789.8	48 822.2	53 619.7
菜籽油	29 329.4	34 646.2	54 139.7	40 378.9	54 200.2
棕榈油	197 959.3	16 780.9	13 715.8	14 386.7	11 972.8
食糖	198 269.6	178 776.0	182 996.4	196 323.2	193 642.5
蔬菜	786 333.9	792 702.1	786 742.6	857 691.9	993 599.5
水果					
畜产品					
猪产品					
牛产品					
羊产品					
禽产品					
蛋产品					
乳品	166 551.5	171 468.4	184 457.8	203 429.6	229 338.5
动物生皮	182 988.6	154 644.5	181 127.4	176 454.9	113 495.0
动物生毛皮	3 657.6	3 996.7	4 548.0	5 870.1	4 912.1
羊毛	786.8	585.0	1 374.9	4 615.5	597.6
水产品					
饮品					
酒					
茶	13 119.3	13 604.7	13 849.7	13 496.8	13 783.1
咖啡	10 207.1	10 858.8	12 903.7	15 469.4	18 222.6
烟草					

4-7 印度主要农产品贸易情况

4-7-1 印度主要农产品出口额（一）

单位：万美元

项目	2002年	2003年	2004年	2005年	2006年	2007年
农产品	691 775.1	719 483.2	876 830.4	1 030 726.9	1 243 202.3	1 642 115.4
谷物	162 192.8	148 276.1	189 135.2	193 682.1	160 674.9	280 219.9
小麦产品	42 579.1	52 535.8	49 514.8	18 968.9	2 025.5	1 400.8
玉米产品	1 864.6	3 002.2	19 187.8	7 503.0	10 545.5	32 148.6
稻谷产品	117 183.5	92 120.4	118 391.7	164 092.1	146 129.1	236 160.3
棉花	973.8	6 107.0	21 265.1	33 887.9	99 706.7	166 330.2
食用油籽	14 847.3	24 801.7	39 245.1	31 680.0	38 828.4	61 523.7
大豆	468.8	829.5	6 119.4	759.1	528.2	1 014.7
花生	4 190.4	8 253.5	13 599.3	11 683.8	18 088.2	24 313.7
油菜籽	68.6	294.8	356.5	74.1	0.6	4.3
食用植物油	1 051.7	2 337.2	5 655.3	2 498.7	3 490.7	4 680.1
豆油	782.5	185.3	601.8	789.7	1 345.6	850.5
菜籽油	21.0	125.8	222.7	136.1	198.5	250.6
棕榈油	99.1	1.9	113.2	34.8	192.0	85.4
食糖	28 641.7	38 847.7	5 244.6	3 898.2	62 204.8	97 196.5
蔬菜	34 038.1	38 899.2	48 686.2	55 074.8	77 855.7	107 823.1
水果	19 010.3	20 732.6	22 255.7	29 063.0	35 442.9	42 016.4
畜产品	39 189.5	43 550.5	59 978.0	89 278.5	96 082.7	118 028.2
猪产品	442.4	302.1	388.8	412.7	374.7	245.9
牛产品	27 782.7	28 138.2	39 728.6	56 270.2	67 604.2	80 918.0
羊产品	874.6	2 289.0	2 274.7	2 125.9	2 320.3	3 623.9
禽产品	517.6	1 015.7	756.4	665.8	552.0	591.6
蛋产品	3 305.6	4 664.3	6 024.8	7 577.0	5 638.9	10 132.3
乳品	2 489.1	2 578.3	5 053.4	14 716.2	10 915.4	15 587.8
动物生皮	150.3	232.3	318.4	949.6	1 590.7	2 807.4
动物生毛皮	10.4	10.4	0.7	5.5	2.3	4.4
羊毛	95.0	133.1	127.0	165.6	88.1	70.8
水产品	138 642.9	135 600.4	127 991.3	163 227.0	170 092.0	178 972.7
饮品	56 812.9	58 644.0	65 959.0	79 704.2	94 149.9	95 661.9
酒	2 388.3	2 343.5	2 608.1	4 518.5	5 871.8	7 208.3
茶	33 728.4	33 189.6	40 083.1	40 581.2	44 245.5	45 630.2
咖啡	20 397.5	22 429.3	22 311.9	33 576.3	42 680.3	41 495.5
烟草	20 955.6	22 487.4	26 470.1	29 829.1	36 455.1	44 859.5

印度主要农产品出口额（二）

单位：万美元

项　目	2008 年	2009 年	2010 年	2011 年	2012 年
农产品	2 125 352.5	1 629 962.1	2 294 276.3	3 423 275.5	4 263 910.0
谷物	394 232.0	301 572.4	295 990.3	543 364.8	883 965.4
小麦产品	534.6	1 241.7	1 711.3	17 835.4	142 970.8
玉米产品	93 300.2	53 718.9	53 972.5	109 835.6	114 642.3
稻谷产品	285 835.4	240 968.6	230 812.2	408 695.5	614 225.1
棉花	166 690.2	103 676.6	306 581.6	349 272.5	376 679.0
食用油籽	82 241.6	55 011.2	91 089.6	163 446.4	154 829.4
大豆	2 107.1	3 132.3	1 109.1	2 497.6	4 338.0
花生	28 528.4	21 054.2	40 273.2	95 288.9	90 464.0
油菜籽	79.0	28.5	6.2	41.0	17.8
食用植物油	4 870.1	1 597.7	1 384.3	4 778.7	6 514.1
豆油	1 032.5	146.4	92.4	1 402.7	122.4
菜籽油	146.8	362.0	178.3	355.2	323.6
棕榈油	30.1	0.6	24.9	167.1	26.9
食糖	146 253.5	3 273.9	85 778.8	191 367.7	200 193.1
蔬菜	116 413.1	128 106.8	145 032.4	180 582.7	170 539.5
水果	56 239.4	57 669.9	64 882.9	75 538.4	84 838.1
畜产品	171 214.3	143 125.0	207 413.4	298 624.7	352 883.5
猪产品	896.5	728.7	1 046.7	674.0	421.9
牛产品	111 124.1	99 207.2	170 755.2	261 560.5	307 714.9
羊产品	7 594.1	19 931.6	7 174.1	6 610.6	6 503.5
禽产品	563.0	777.2	1 301.0	2 247.2	1 151.4
蛋产品	10 992.5	6 979.6	6 664.9	7 054.9	8 948.5
乳品	26 999.5	8 895.1	11 533.3	7 544.6	15 732.1
动物生皮	5 565.1	1 812.0	471.1	416.9	172.9
动物生毛皮	15.3	0.4	0.1	11.7	10.5
羊毛	89.8	196.0	348.9	1 019.9	757.7
水产品	162 081.8	165 058.8	248 989.3	343 931.8	345 622.6
饮品	126 628.5	112 556.7	146 219.9	211 190.5	201 801.9
酒	10 793.0	11 492.6	16 046.3	26 682.8	34 352.9
茶	58 972.5	58 159.2	72 003.6	90 020.1	72 210.2
咖啡	54 426.6	40 447.1	54 740.9	90 764.4	88 845.1
烟草	67 481.1	89 763.3	87 868.7	79 792.7	92 321.5

4-7-2 印度主要农产品进口额（一）

单位：万美元

项　目	2002年	2003年	2004年	2005年	2006年	2007年
农产品	388 140.9	476 930.0	506 506.7	564 856.3	583 315.1	783 128.4
谷物	272.2	129.3	296.3	521.2	31 634.9	130 434.8
小麦产品	23.1	72.4	161.7	133.0	30 763.5	129 619.8
玉米产品	30.8	15.9	54.2	94.7	125.8	283.7
稻谷产品	201.5	12.0	13.3	6.0	30.5	33.4
棉花	27 615.9	36 234.0	22 000.6	16 438.9	16 061.6	19 356.7
食用油籽	694.7	955.6	1 343.9	1 714.8	2 490.4	4 452.6
大豆	0.6	5.8	5.1	2.3	6.6	4.8
花生	1.3		0.4	0.8	1.6	3.5
油菜籽		0.6				
食用植物油	159 704.0	235 941.9	233 859.5	212 862.2	208 768.1	228 750.2
豆油	50 438.5	61 918.9	56 955.7	82 218.9	82 106.9	70 508.2
菜籽油			1.3	4.4	4.3	4.9
棕榈油	108 838.8	168 070.6	171 292.5	128 781.8	118 600.3	148 428.6
食糖	672.2	439.3	15 228.8	22 187.0	108.4	56.9
蔬菜	7 576.0	6 770.3	6 639.3	8 794.8	9 013.3	11 413.5
水果	7 355.8	7 623.1	10 609.0	13 232.4	17 557.9	23 520.1
畜产品	25 141.7	27 143.3	27 060.4	30 000.2	32 523.3	38 642.1
猪产品	39.6	23.3	21.4	43.4	31.3	73.2
牛产品	17.6	21.6	31.2	34.6	3.7	2.0
羊产品	21.5	21.1	17.3	9.3	16.9	9.1
禽产品	25.7	9.8	15.2	80.7	272.1	243.7
蛋产品	62.9	70.2	42.6	127.6	69.7	65.4
乳品	1 313.5	2 710.6	1 306.9	764.8	2 167.1	1 363.5
动物生皮	5 999.5	4 756.4	4 519.3	6 346.5	6 074.1	8 137.9
动物生毛皮	6.9	9.8	9.9	21.1	31.1	96.0
羊毛	16 219.9	18 037.1	19 585.8	21 064.2	22 303.2	27 005.6
水产品	5 271.5	7 364.0	8 384.5	10 439.2	10 320.8	10 361.9
饮品	5 402.3	6 759.9	20 632.6	31 718.4	18 060.4	23 646.2
酒	1 029.6	1 910.7	12 750.5	19 931.2	7 297.0	9 166.5
茶	2 709.8	1 425.2	3 170.7	2 440.4	2 917.9	3 014.0
咖啡	240.7	579.5	993.5	4 150.2	2 240.4	3 495.2
烟草	599.0	952.0	2 439.5	1 754.6	2 584.3	1 355.7

印度主要农产品进口额（二）

单位：万美元

项　目	2008 年	2009 年	2010 年	2011 年	2012 年
农产品	857 342.9	1 137 599.1	1 359 113.7	1 683 859.6	1 965 560.0
谷物	28 164.2	2 071.9	12 855.4	3 210.4	4 114.1
小麦产品	26 679.9	362.3	10 200.9	88.6	223.2
玉米产品	522.4	802.8	1 240.6	752.5	387.4
稻谷产品	35.9	30.7	33.9	144.4	94.9
棉花	42 643.4	18 713.9	16 910.6	18 437.8	47 229.1
食用油籽	6 709.7	7 450.3	5 807.7	6 093.1	6 520.5
大豆	5.7	5.2	0.8	10.5	67.4
花生	3.3	3.4	33.5	60.0	14.3
油菜籽			6.9		1.6
食用植物油	288 406.8	473 461.7	622 006.7	895 421.8	1 075 986.3
豆油	34 077.2	69 199.4	111 479.0	120 626.1	137 964.5
菜籽油	5.3	3 737.9	980.0	1 627.0	13 285.2
棕榈油	243 753.1	350 333.5	449 403.9	673 986.4	789 637.4
食糖	2 911.2	87 346.4	98 129.0	4 571.4	40 176.0
蔬菜	13 776.1	14 198.3	16 673.8	19 648.3	22 986.5
水果	28 184.8	32 555.6	43 402.9	55 909.4	53 262.3
畜产品	40 501.9	35 192.2	61 077.1	68 583.8	57 103.3
猪产品	152.2	138.7	146.4	235.3	265.2
牛产品		2.2			
羊产品	5.9	25.1	27.6	6.7	21.5
禽产品	393.0	515.3	306.0	228.5	204.5
蛋产品	39.0	47.5	72.9	124.5	93.9
乳品	1 517.6	6 339.7	18 377.8	17 739.3	10 123.9
动物生皮	9 778.6	7 597.9	9 036.2	9 110.1	7 969.7
动物生毛皮	159.6	99.6	166.0	229.2	179.9
羊毛	26 576.7	18 431.3	30 236.9	37 898.4	34 520.1
水产品	13 177.2	14 513.3	17 194.8	27 263.8	27 960.0
饮品	37 323.3	46 343.8	46 202.2	60 201.3	71 941.9
酒	17 157.4	24 656.9	19 049.4	22 434.9	26 856.4
茶	4 201.8	5 338.0	4 954.2	4 662.3	4 723.1
咖啡	6 081.3	5 525.2	6 213.3	9 787.2	12 884.9
烟草	1 729.6	3 123.9	2 611.5	3 404.5	4 978.2

4-7-3 印度主要农产品出口量（一）

单位：吨

项 目	2002年	2003年	2004年	2005年	2006年	2007年
农产品						
谷物	9 245 050.2	8 326 396.6	8 261 506.7	6 737 984.1	5 277 777.4	8 209 963.3
小麦产品	4 173 170.3	4 285 145.6	3 242 257.5	1 087 057.5	88 645.5	36 637.1
玉米产品	90 823.8	209 748.4	1 314 758.3	437 500.7	637 964.9	1 525 690.8
稻谷产品	4 948 355.1	3 793 750.9	3 582 807.9	5 066 897.9	4 463 644.9	6 261 714.5
棉花	10 239.6	54 653.3	195 383.3	339 313.3	896 436.0	1 266 998.6
食用油籽	297 944.5	394 342.0	666 562.6	454 956.3	552 351.1	644 441.9
大豆	15 194.0	28 026.3	228 845.2	23 097.4	12 644.4	22 935.0
花生	88 178.2	134 620.8	182 783.6	192 435.7	279 170.2	263 929.0
油菜籽	5 944.0	17 304.5	27 040.6	5 524.4	25.4	7.0
食用植物油	17 744.3	22 094.5	51 868.9	27 114.2	40 484.5	36 027.8
豆油	13 050.3	1 705.3	4 499.8	11 180.8	17 396.1	9 163.9
菜籽油	142.8	1 166.5	2 060.0	1 123.9	1 756.1	1 655.0
棕榈油	3 067.3	28.2	1 784.0	683.2	4 396.3	994.9
食糖	1 280 301.7	1 702 567.5	201 225.2	107 892.0	1 368 078.5	3 326 511.0
蔬菜	971 092.1	1 180 357.0	1 441 724.9	1 578 900.9	2 202 265.9	1 849 289.7
水果						
畜产品						
猪产品						
牛产品						
羊产品						
禽产品						
蛋产品						
乳品	16 551.6	13 925.3	23 966.0	76 009.2	54 451.6	55 156.0
动物生皮	743.3	463.2	1 017.9	3 622.7	5 738.2	7 002.5
动物生毛皮	3.5	5.3			3.0	
羊毛	273.4	321.5	309.8	386.0	220.7	128.3
水产品						
饮品						
酒						
茶	183 942.3	168 709.2	177 691.5	177 385.8	184 070.3	184 806.6
咖啡	186 159.7	184 986.3	170 519.0	178 412.2	213 390.1	170 912.9
烟草						

印度主要农产品出口量（二）

单位：吨

项　目	2008年	2009年	2010年	2011年	2012年
农产品					
谷物	8 353 009.2	5 094 941.6	4 587 892.2	9 827 444.9	20 090 740.9
小麦产品	13 966.6	29 394.1	47 939.5	568 985.4	4 796 083.5
玉米产品	4 225 747.0	2 706 688.0	1 855 621.2	3 990 617.9	4 306 359.7
稻谷产品	3 569 921.1	2 174 843.3	2 520 871.1	5 043 463.9	10 602 212.9
棉花	1 224 799.3	781 569.8	2 307 383.7	1 954 340.8	2 063 868.5
食用油籽	699 477.0	572 998.7	801 347.7	1 322 609.1	1 117 525.8
大豆	42 330.9	68 030.7	22 837.5	40 714.6	61 724.0
花生	298 574.6	244 598.0	470 755.6	769 590.7	661 054.5
油菜籽	2 749.9	541.8	162.1	1 394.0	213.1
食用植物油	33 593.1	11 022.0	7 102.3	31 091.2	30 321.6
豆油	9 250.1	2 001.1	810.1	10 434.0	545.4
菜籽油	1 152.8	3 344.0	1 658.7	2 222.2	2 092.7
棕榈油	211.6	5.4	275.9	2 302.9	267.4
食糖	5 022 139.8	78 115.6	1 764 482.4	2 719 020.4	3 492 526.7
蔬菜	2 675 008.8	2 908 125.9		2 621 914.6	2 940 018.0
水果					
畜产品					
猪产品					
牛产品					
羊产品					
禽产品					
蛋产品					
乳品	83 352.9	36 466.8	46 117.0	26 388.7	55 232.1
动物生皮	9 246.0	3 304.2	1 813.3	2 197.1	452.8
动物生毛皮					
羊毛	206.0	937.9	1 384.3	2 499.3	2 116.3
水产品					
饮品					
酒					
茶	205 294.7	202 820.7	222 426.5	326 919.9	230 181.2
咖啡	183 734.7	153 566.1	155 901.3	268 532.6	257 686.4
烟草					

4-7-4 印度主要农产品进口量（一）

单位：吨

项 目	2002年	2003年	2004年	2005年	2006年	2007年
农产品						
谷物	7 674.4	3 762.0	11 339.1	17 923.3	1 426 464.7	5 095 953.9
小麦产品	746.0	2 976.0	6 926.9	3 681.8	1 396 414.4	5 081 440.3
玉米产品	698.4	349.4	1 223.9	2 100.8	2 741.2	6 019.3
稻谷产品	5 551.4	162.2	99.8	63.9	539.2	309.4
棉花	267 784.6	274 394.7	158 635.0	123 233.6	87 339.8	118 766.6
食用油籽	10 702.3	13 144.6	22 874.3	37 544.1	48 444.0	67 409.4
大豆	16.1	51.8	28.9	8.6	40.4	39.3
花生	18.8		2.2	3.2	20.6	29.3
油菜籽		0.5				
食用植物油	4 142 128.7	5 049 349.4	4 297 494.8	4 568 928.9	4 305 214.7	4 468 284.9
豆油	1 222 287.5	1 091 523.3	914 486.6	1 509 932.0	1 498 937.9	1 196 209.0
菜籽油			24.0	124.0	41.2	44.6
棕榈油	2 914 688.1	3 858 120.3	3 297 645.7	3 037 157.1	2 681 993.2	3 144 532.5
食糖	41 307.3	24 441.0	685 702.3	855 114.3	1 866.4	509.2
蔬菜	112 194.7	96 529.3	79 011.7	85 084.8	70 219.5	91 407.2
水果						
畜产品						
猪产品						
牛产品						
羊产品						
禽产品						
蛋产品						
乳品	10 709.8	16 309.7	7 834.3	3 343.8	11 676.2	4 291.9
动物生皮	17 960.9	16 086.3	13 188.3	17 675.1	19 334.1	22 837.6
动物生毛皮	12.2	3.6	1.0		3.2	
羊毛	81 724.8	86 612.3	93 020.4	95 270.2	100 960.2	96 534.2
水产品						
饮品						
酒						
茶	23 848.3	10 926.4	29 876.2	18 677.6	25 994.3	18 873.3
咖啡	3 503.5	10 457.0	15 456.2	43 338.7	18 151.5	22 073.5
烟草						

印度主要农产品进口量（二）

单位：吨

项　目	2008 年	2009 年	2010 年	2011 年	2012 年
农产品					
谷物	747 898.7	45 205.3	382 451.1	50 659.4	73 429.1
小麦产品	722 525.0	10 505.9	333 226.7	1 456.7	3 674.5
玉米产品	7 042.2	12 412.9	20 484.6	13 586.1	4 602.9
稻谷产品	239.5	164.4	221.5	1 198.1	680.9
棉花	226 582.7	143 082.0	82 072.4	53 510.1	233 596.8
食用油籽	64 416.1	79 864.6	62 621.1	66 218.4	71 385.2
大豆	56.9	63.8	4.6	121.1	855.1
花生	27.2	240.6	1 067.6	1 454.9	63.1
油菜籽			102.2		75.1
食用植物油	5 794 964.3	7 600 964.1	7 304 209.5	7 645 706.4	9 936 101.3
豆油	580 022.5	979 884.4	1 251 210.6	939 375.5	1 093 539.1
菜籽油	40.6	44 092.3	9 987.0	11 995.3	102 398.0
棕榈油	5 138 625.3	5 979 042.1	5 436 190.2	5 973 262.2	7 653 356.3
食糖	71 210.9	2 085 710.4	1 787 970.6	75 399.4	749 019.0
蔬菜	93 976.6	95 118.7		89 647.1	105 506.6
水果					
畜产品					
猪产品					
牛产品					
羊产品					
禽产品					
蛋产品					
乳品	4 316.3	31 210.4	57 003.0	50 798.3	28 292.6
动物生皮	29 668.4	30 925.2	33 793.5	26 551.4	20 005.7
动物生毛皮					
羊毛	78 898.5	61 058.2	96 197.0	79 928.8	75 652.1
水产品					
饮品					
酒					
茶	23 436.6	31 751.2	25 188.3	22 303.0	21 392.0
咖啡	30 329.8	34 709.7	41 558.1	51 281.1	61 537.7
烟草					

4-8 越南主要农产品贸易情况

4-8-1 越南主要农产品出口额（一）

单位：万美元

项目	2002年	2003年	2004年	2005年	2006年	2007年
农产品	434 002.5	474 914.5	561 899.4	675 465.4	796 047.2	985 476.3
谷物	72 999.8	72 666.6	96 693.2	141 849.3	128 673.8	150 246.8
小麦产品	172.9	402.7	457.3	722.2	817.8	895.5
玉米产品	83.9	159.6	1 015.7	142.7	84.7	123.2
稻谷产品	72 665.1	72 026.0	95 087.9	140 904.3	127 656.9	149 060.4
棉花	3.6	32.9	112.5	421.8	335.9	598.0
食用油籽	10 996.0	7 434.3	5 861.9	5 094.1	7 511.8	8 402.1
大豆	102.5	186.5	32.4	95.5	25.9	23.7
花生	6 525.9	5 716.2	3 966.1	4 527.9	2 325.0	4 159.7
油菜籽						
食用植物油	902.2	1 808.8	2 715.8	599.8	706.6	2 477.6
豆油		1.8	4.1	20.8	13.3	809.2
菜籽油			0.4	6.1		1.4
棕榈油	566.6	1 379.9	2 409.0	124.5	265.1	691.8
食糖	943.6	1 066.4	52.8	27.0	236.5	470.3
蔬菜	17 650.1	17 436.2	22 745.4	24 085.1	28 986.1	38 498.6
水果	17 184.6	9 693.8	11 380.4	17 296.5	17 599.4	22 736.5
畜产品	15 394.1	12 914.3	10 268.2	16 892.8	17 139.8	16 777.3
猪产品	1 755.6	1 435.1	3 594.2	3 148.6	2 127.6	4 297.7
牛产品	84.3	41.6	16.1	3.8	25.9	27.6
羊产品						0.2
禽产品	1 120.3	1 244.5	296.2	563.0	455.8	574.1
蛋产品	378.2	333.9	296.9	253.7	280.9	356.8
乳品	8 591.8	6 719.6	3 425.2	8 533.7	9 012.3	1 633.5
动物生皮	470.1	334.4	198.9	2 260.1	2 423.7	6 593.7
动物生毛皮	0.7				10.5	
羊毛					0.7	
水产品	205 732.6	221 344.8	242 807.4	277 390.8	339 405.3	380 424.1
饮品	43 032.2	58 711.4	76 624.8	88 037.2	137 355.6	211 936.7
酒	1 474.4	1 411.5	1 375.5	1 668.1	1 734.7	3 176.7
茶	8 383.1	5 848.3	9 727.8	10 278.2	11 260.2	13 470.0
咖啡	32 881.7	50 927.0	64 786.1	74 983.8	122 992.1	192 729.4
烟草	5 995.0	12 687.3	13 938.2	12 765.2	11 869.1	11 298.2

越南主要农产品出口额（二）

单位：万美元

项　目	2008 年	2009 年	2010 年	2011 年	2012 年
农产品	1 282 880.9	1 220 152.8	1 443 477.9	1 881 371.5	
谷物	292 158.2	268 547.3	328 099.6	371 335.6	
小麦产品	1 585.6	1 625.6	2 895.0	4 869.7	
玉米产品	639.7	168.3	114.9	313.3	
稻谷产品	289 661.8	266 711.6	325 068.1	366 118.1	
棉花	1 044.1	938.9	1 762.3	2 501.9	
食用油籽	6 228.5	4 704.2	6 036.0	4 840.3	
大豆	89.0	49.0	85.3	4.2	
花生	2 640.2	2 722.2	2 960.8	1 534.4	
油菜籽					
食用植物油	3 402.8	2 448.9	3 972.9	12 629.7	
豆油	270.0	88.9	201.0	5 707.5	
菜籽油	1.8	4.5	2.9	8.0	
棕榈油	1 488.2	241.7	1 879.5	5 206.8	
食糖	501.1	150.6	81.2	17 380.3	
蔬菜	45 679.4	50 504.9	61 652.1	98 776.4	
水果	33 288.9	31 335.6	32 716.7	47 937.2	
畜产品	14 637.6	12 363.4	14 418.6	21 649.5	
猪产品	5 411.7	3 974.9	3 289.9	5 155.9	
牛产品	63.9	32.5	16.0	19.5	
羊产品	0.8	8.4			
禽产品	1 000.1	1 021.9	1 301.2	1 253.0	
蛋产品	469.9	528.6	548.6	588.3	
乳品	2 961.6	2 369.2	3 367.0	6 658.3	
动物生皮	834.5	397.6	319.5	423.1	
动物生毛皮					
羊毛			0.3	0.6	
水产品	457 524.3	432 485.9	514 446.3	628 852.5	
饮品	235 865.1	203 733.9	223 215.6	328 249.1	
酒	3 939.1	5 094.3	8 209.2	17 149.2	
茶	14 928.7	18 040.6	20 230.3	20 582.2	
咖啡	213 230.9	176 294.9	189 924.2	284 600.6	
烟草	12 984.1	16 735.5	20 935.6	22 502.1	

4-8-2 越南主要农产品进口额（一）

单位：万美元

项 目	2002年	2003年	2004年	2005年	2006年	2007年
农产品	142 429.6	178 919.3	221 393.0	267 590.8	314 730.2	443 065.1
谷物	18 856.0	20 690.8	21 781.5	28 623.5	36 545.4	50 898.8
小麦产品	12 647.1	13 571.7	17 278.4	20 930.8	23 502.9	36 728.4
玉米产品	4 587.9	5 735.2	1 835.4	4 449.6	9 582.7	10 495.2
稻谷产品	1 532.9	1 307.9	2 119.8	2 590.9	2 567.1	2 713.6
棉花	11 163.4	10 535.7	19 156.3	17 005.6	22 184.2	26 805.8
食用油籽	880.6	1 116.4	622.3	314.7	1 038.1	2 777.5
大豆	463.2	352.1	130.0	153.6	780.5	2 324.8
花生	321.2	99.0	78.4	41.5	119.4	121.8
油菜籽		74.3	3.9	4.5	1.6	6.8
食用植物油	12 119.9	13 809.6	20 595.7	16 970.4	22 848.4	43 785.4
豆油	3 898.6	3 283.7	5 287.6	4 204.0	5 785.6	10 299.9
菜籽油	556.4	1 154.7	747.6	564.3	35.1	130.3
棕榈油	7 616.8	9 289.8	14 470.5	11 909.0	16 717.4	32 840.3
食糖	18.4	2.9		2 193.0	4 865.4	1 034.6
蔬菜	3 539.8	4 449.6	3 973.0	4 384.7	5 637.1	8 301.7
水果	4 338.0	6 056.0	6 836.6	12 140.9	13 687.3	17 530.9
畜产品	17 710.0	23 016.9	27 223.4	37 613.7	41 980.8	56 708.5
猪产品	70.8	80.7	82.7	97.0	157.0	308.7
牛产品	761.0	881.0	810.5	324.4	571.7	1 196.3
羊产品	13.1	37.5	78.9	136.1	95.2	173.9
禽产品	786.1	561.4	474.4	415.6	1 320.1	5 590.8
蛋产品	29.0	35.0	74.8	35.6	62.5	72.4
乳品	13 321.2	17 084.4	20 117.5	27 889.7	27 283.4	36 442.4
动物生皮	253.1	1 079.3	1 861.4	4 802.7	7 776.7	5 462.4
动物生毛皮	0.4	26.4	78.8		9.1	3.5
羊毛	17.8	19.5	55.0	170.4	5.4	16.6
水产品	11 851.0	15 409.9	22 215.4	28 223.4	30 717.3	37 962.3
饮品	3 130.2	3 394.9	3 570.2	3 721.4	4 909.3	7 241.0
酒	1 652.0	1 773.6	1 678.0	2 105.1	2 769.0	3 839.5
茶	484.9	394.4	360.5	389.7	399.1	410.6
咖啡	444.1	507.5	487.1	362.4	542.8	1 402.5
烟草	13 110.2	13 280.4	14 170.6	15 276.5	11 490.7	14 202.3

越南主要农产品进口额（二）

单位：万美元

项 目	2008年	2009年	2010年	2011年	2012年
农产品	626 708.9	618 157.0	837 244.7	1 061 023.6	
谷物	52 908.1	75 009.2	111 698.2	123 558.1	
小麦产品	31 849.5	35 399.4	58 263.3	82 509.3	
玉米产品	14 907.7	32 714.9	45 378.3	32 805.5	
稻谷产品	4 338.3	5 658.2	5 572.6	5 915.4	
棉花	46 654.6	39 475.6	67 353.1	106 146.8	
食用油籽	7 844.6	8 886.9	12 083.7	49 449.5	
大豆	7 136.9	7 952.9	11 266.2	48 105.8	
花生	125.6	152.0	200.9	444.3	
油菜籽	6.9	5.7	6.1	7.7	
食用植物油	59 962.0	45 024.0	63 579.2	82 850.3	
豆油	14 257.6	9 511.8	14 835.8	15 539.8	
菜籽油	190.3	230.5	348.6	799.0	
棕榈油	45 023.7	34 653.5	47 767.7	65 687.5	
食糖	3 591.0	6 173.7	19 394.7	18 257.3	
蔬菜	11 187.4	13 272.1	19 838.0	20 804.4	
水果	21 401.7	29 403.5	31 918.6	37 947.8	
畜产品	90 159.9	69 526.8	92 922.9	112 599.8	
猪产品	3 079.5	802.7	562.8	2 125.6	
牛产品	2 899.3	2 454.4	5 239.5	5 369.1	
羊产品	158.5	388.3	464.1	397.8	
禽产品	13 401.4	7 372.0	7 665.7	10 456.5	
蛋产品	203.3	156.3	172.5	237.4	
乳品	42 306.3	32 687.2	50 064.4	56 969.2	
动物生皮	13 442.1	4 583.1	6 565.6	8 760.9	
动物生毛皮	123.7	1.3	5.4	43.4	
羊毛	7.8	12.1	27.0		
水产品	46 508.8	43 498.9	53 718.2	73 499.8	
饮品	12 765.5	15 696.7	13 340.4	17 570.9	
酒	6 693.8	8 300.5	5 071.0	6 755.4	
茶	465.1	658.4	670.2	801.5	
咖啡	2 663.2	3 924.1	3 575.9	5 763.9	
烟草	18 903.2	24 768.2	22 603.1	23 986.1	

4-8-3 越南主要农产品出口量（一）

单位：吨

项目	2002年	2003年	2004年	2005年	2006年	2007年
农产品						
谷物	1 928 769.9	1 910 660.1	2 153 133.7	3 070 393.5	4 674 136.3	4 607 677.1
小麦产品	8 957.5	17 952.5	16 627.2	23 105.4	26 436.6	21 832.1
玉米产品	3 198.8	5 111.3	58 935.3	4 878.6	2 293.3	4 908.4
稻谷产品	1 915 285.5	1 886 066.2	2 075 145.9	3 041 366.6	4 644 355.5	4 580 687.4
棉花	52.2	404.9	856.1	3 324.0	3 793.1	6 870.9
食用油籽	114 796.2	92 739.5	52 780.7	54 608.6	40 705.8	51 821.5
大豆	4 328.8	7 020.5	823.8	2 589.6	781.2	742.3
花生	94 892.5	72 788.6	37 255.0	43 767.7	20 307.6	42 824.2
油菜籽						
食用植物油	12 482.8	25 327.6	37 888.9	4 440.7	5 545.6	27 992.6
豆油		24.0	49.9	253.9	162.0	11 506.0
菜籽油			4.3	68.5		14.0
棕榈油	11 143.5	22 660.0	36 591.9	1 891.6	4 028.8	12 701.2
食糖	38 390.8	40 989.1	1 476.7	802.4	8 336.1	10 590.1
蔬菜						
水果						
畜产品						
猪产品						
牛产品						
羊产品						
禽产品						
蛋产品						
乳品	48 086.1	31 815.2	16 779.4	38 592.4	46 280.3	7 675.6
动物生皮	2 506.2	1 563.6	646.8	15 660.2	18 203.2	74 994.3
动物生毛皮						
羊毛					3.0	
水产品						
饮品						
酒						
茶	39 943.3	25 577.1	32 794.3	33 417.1	105 798.2	115 948.8
咖啡	295 063.2	403 026.5	438 821.7	504 058.0	982 529.3	1 233 321.2
烟草						

越南主要农产品出口量（二）

单位：吨

项　目	2008 年	2009 年	2010 年	2011 年	2012 年
农产品					
谷物	4 815 392.1	6 003 193.8	6 980 120.2	7 252 237.0	
小麦产品	42 568.6	28 630.5	82 016.8	128 309.9	
玉米产品	24 749.0	3 813.3	2 268.4	4 803.4	
稻谷产品	4 746 031.3	5 970 069.1	6 895 557.8	7 118 672.9	
棉花	12 167.5	8 264.4	15 621.9	20 191.0	
食用油籽	32 693.2	21 829.8	37 791.7	15 680.4	
大豆	2 535.1	946.3	1 934.6	90.4	
花生	23 712.8	17 851.3	30 539.4	10 724.5	
油菜籽					
食用植物油	25 166.9	6 834.9	26 260.3	106 361.0	
豆油	2 768.6	581.6	1 741.4	55 513.0	
菜籽油	14.8	27.1	20.9	64.0	
棕榈油	17 611.9	1 859.3	19 761.0	46 375.9	
食糖	12 571.9	3 844.4	1 716.0	275 519.1	
蔬菜					
水果					
畜产品					
猪产品					
牛产品					
羊产品					
禽产品					
蛋产品					
乳品	15 005.4	12 253.5	17 766.5	25 908.3	
动物生皮	470.5	56.5	352.6	617.7	
动物生毛皮					
羊毛			1.4	3.7	
水产品					
饮品					
酒					
茶	104 991.3	134 556.6	136 964.0	134 573.6	
咖啡	1 062 740.9	1 186 661.7	1 223 040.2	1 268 058.9	
烟草					

4-8-4 越南主要农产品进口量（一）

单位：吨

项 目	2002年	2003年	2004年	2005年	2006年	2007年
农产品						
谷物	1 110 490.5	1 081 436.3	981 236.5	1 317 469.5	1 862 162.1	1 959 892.9
小麦产品	870 559.6	790 086.2	848 597.6	1 041 808.6	1 285 592.7	1 299 344.9
玉米产品	197 796.9	263 095.6	61 585.0	189 135.5	476 125.4	552 698.5
稻谷产品	40 079.5	26 698.9	41 398.2	50 056.6	49 913.1	52 340.9
棉花	110 377.3	79 027.5	122 717.2	109 675.4	183 577.6	211 072.2
食用油籽	23 516.6	19 577.0	7 867.5	5 850.1	24 001.7	67 925.2
大豆	17 662.4	12 107.9	3 668.8	4 292.8	21 535.1	63 572.6
花生	4 816.1	1 239.1	780.8	417.5	1 225.9	2 047.4
油菜籽			116.5	132.0	48.4	25.2
食用植物油	273 451.6	241 747.3	361 893.8	299 965.3	362 768.3	805 046.1
豆油	85 841.9	56 565.8	82 592.8	65 504.2	90 136.7	172 226.1
菜籽油			10 719.3	7 959.6	403.1	1 581.8
棕榈油	187 008.5	184 359.0	267 738.2	224 990.8	270 061.5	626 849.3
食糖	581.5	88.3	0.7	44 986.4	114 692.7	19 746.8
蔬菜						
水果						
畜产品						
猪产品						
牛产品						
羊产品						
禽产品						
蛋产品						
乳品	62 759.7	76 425.5	80 431.8	123 750.6	121 285.0	165 313.6
动物生皮	655.9	2 071.6	6 978.2	25 889.2	45 869.2	32 644.7
动物生毛皮						
羊毛	104.6	88.3	257.0	805.5	10.8	93.5
水产品						
饮品						
酒						
茶	1 003.6	776.6	761.1	842.4	910.5	2 976.5
咖啡	2 890.9	3 331.9	2 463.7	1 093.1	1 658.3	5 505.5
烟草						

越南主要农产品进口量（二）

单位：吨

项目	2008年	2009年	2010年	2011年	2012年
农产品					
谷物	1 403 708.1	2 431 179.6	4 292 249.7	3 770 195.9	
小麦产品	756 960.9	1 398 689.6	2 244 080.1	2 452 825.8	
玉米产品	516 103.3	938 694.6	1 873 088.7	1 145 954.3	
稻谷产品	67 092.7	60 463.1	69 043.5	78 810.4	
棉花	299 183.9	305 529.3	357 087.0	331 388.2	
食用油籽	182 591.8	136 232.3	221 127.8	1 000 983.6	
大豆	177 401.6	131 295.5	216 051.3	992 562.0	
花生	1 120.1	977.4	1 687.1	3 363.5	
油菜籽		5.8	26.0		
食用植物油	722 854.2	240 634.8	747 514.8	846 434.9	
豆油	171 323.7	72 052.4	168 374.6	161 422.5	
菜籽油	1 996.2	1 544.0	3 072.9	7 258.6	
棕榈油	546 410.4	164 536.2	572 767.7	673 039.3	
食糖	71 725.6	85 512.6	294 931.3	260 514.0	
蔬菜					
水果					
畜产品					
猪产品					
牛产品					
羊产品					
禽产品					
蛋产品					
乳品	134 271.5	93 760.6	207 341.7	202 990.1	
动物生皮	65 094.1	26 057.1	59 940.6	60 586.3	
动物生毛皮			0.6		
羊毛		62.5	196.8		
水产品					
饮品					
酒					
茶	868.0	1 344.2	1 340.7	1 616.8	
咖啡	5 661.8	7 419.5	5 162.0	11 302.4	
烟草					

4-9 哈萨克斯坦主要农产品贸易情况

4-9-1 哈萨克斯坦主要农产品出口额（一）

单位：万美元

项目	2002年	2003年	2004年	2005年	2006年	2007年
农产品	59 705.7	93 859.3	100 650.4	85 587.2	125 824.4	222 952.6
谷物	37 953.1	62 302.7	53 607.0	38 377.8	74 167.4	163 627.9
小麦产品	35 828.8	58 027.9	48 391.5	36 209.0	69 510.7	150 972.9
玉米产品	112.9	311.9	210.1	61.7	179.6	51.3
稻谷产品	85.9	132.6	2 023.2	960.5	494.4	1 228.1
棉花	10 663.9	14 467.3	17 530.5	16 876.6	18 479.6	18 368.6
食用油籽	16.7	78.9	356.1	310.6	801.6	1 567.1
大豆	0.9	41.9	113.7	114.0	78.8	159.5
花生	1.4	3.1	4.0	3.6	1.7	0.5
油菜籽				60.0	612.3	1 148.2
食用植物油	283.5	708.0	1 081.2	774.8	1 195.4	1 569.2
豆油			10.9	11.7	94.7	280.2
菜籽油		8.3	38.2		34.7	14.9
棕榈油	11.8					0.1
食糖	278.9	3 762.1	4 852.9	5 656.5	4 289.3	1 578.9
蔬菜	1 415.8	1 627.5	5 399.2	3 238.2	5 652.9	5 590.8
水果	976.3	1 379.1	3 968.5	2 709.6	4 335.9	5 728.6
畜产品	2 602.1	3 161.2	4 155.9	3 910.4	3 026.0	1 948.7
猪产品	205.6	242.6	313.0	639.8	140.8	198.6
牛产品	74.1	5.7	29.5	28.8	41.0	170.1
羊产品	4.2	15.6	7.0		13.3	2.1
禽产品	179.4	205.5	298.1	229.6	134.3	376.1
蛋产品	7.4	10.1	0.7	1.1		0.5
乳品	108.1	839.0	581.9	1 950.6	1 378.7	869.9
动物生皮	1 637.1	1 478.4	1 618.3	899.0	916.2	132.7
动物生毛皮		0.6	0.7	1.9	0.8	1.3
羊毛	439.9	448.2	441.4	250.2	359.7	266.8
水产品	1 787.8	2 177.6	3 328.7	5 396.0	5 065.3	8 147.3
饮品	416.2	555.6	643.3	1 126.2	1 066.3	1 612.3
酒	263.9	293.8	326.0	315.9	371.0	694.4
茶	28.8	31.0	36.8	66.1	75.1	75.6
咖啡	1.7	3.9	14.9	50.3	25.6	8.8
烟草	2 014.3	2 000.3	2 557.1	3 656.3	3 952.5	5 038.3

哈萨克斯坦主要农产品出口额（二）

单位：万美元

项　目	2008 年	2009 年	2010 年	2011 年	2012 年
农产品	311 552.8	173 332.2	204 344.9	191 773.0	320 607.0
谷物	248 484.1	125 137.9	153 364.6	131 731.2	230 578.1
小麦产品	230 806.0	120 737.5	144 996.3	116 062.9	220 618.2
玉米产品	106.8	102.1	143.1	436.0	254.9
稻谷产品	1 331.7	357.7	2 807.6	3 670.8	1 746.8
棉花	13 176.2	8 761.4	9 323.7	7 334.9	8 856.3
食用油籽	2 692.3	2 459.6	3 124.4	8 880.5	24 146.2
大豆	287.9	177.7	76.5	217.2	908.5
花生		2.2	2.4	44.4	97.9
油菜籽	2 020.8	1 338.0	1 053.6	3 260.7	3 378.9
食用植物油	739.8	2 501.1	4 020.3	3 127.7	4 790.9
豆油	2.1	32.0	107.4	257.2	623.0
菜籽油	18.5			99.5	132.5
棕榈油		0.6			7.2
食糖	971.2	125.7	998.1	646.0	154.0
蔬菜	7 963.3	3 353.9	2 101.0	637.2	1 027.2
水果	6 302.0	4 255.6	1 333.0	2 914.7	4 220.7
畜产品	1 840.8	2 092.5	1 709.6	2 488.0	2 849.9
猪产品	148.3	271.9	188.4	230.5	448.9
牛产品	215.9	49.0	146.5	331.2	183.0
羊产品	1.5	26.9	199.5	267.6	10.9
禽产品	292.1	272.8	288.5	299.0	1 144.0
蛋产品	2.6		0.2	3.8	3.0
乳品	802.8	985.3	280.7	403.5	548.6
动物生皮	142.2	180.9	336.6	326.1	397.6
动物生毛皮			10.6	8.1	15.2
羊毛	314.1	441.6	341.7	671.6	380.8
水产品	8 409.9	8 663.2	9 343.7	8 083.5	7 009.0
饮品	2 417.7	2 907.5	4 206.7	6 836.2	8 534.2
酒	592.8	764.5	434.4	466.0	703.6
茶	218.0	168.0	148.4	384.2	612.2
咖啡	5.8	88.2	338.0	544.6	856.9
烟草	4 761.9	3 911.4	4 117.5	4 919.9	8 165.1

4-9-2 哈萨克斯坦主要农产品进口额（一）

单位：万美元

项 目	2002年	2003年	2004年	2005年	2006年	2007年
农产品	54 660.9	69 167.1	93 898.2	131 033.5	172 821.8	234 364.1
谷物	1 182.1	712.0	584.6	1 336.6	2 285.8	3 389.4
小麦产品	107.7	118.8	107.2	129.0	276.5	173.0
玉米产品	45.5	74.9	53.4	57.4	73.9	135.0
稻谷产品	883.8	425.5	167.7	334.9	703.7	800.0
棉花	1.3	49.7	6.3	2 682.2	5 055.8	5 224.9
食用油籽	389.2	2 155.1	889.0	1 784.5	2 155.8	3 661.0
大豆	37.6	232.7	223.7	569.2	211.4	1 425.0
花生	57.9	23.6	12.4	77.5	112.8	196.5
油菜籽		3.8	4.2	158.5	331.5	77.3
食用植物油	4 185.5	3 406.1	2 659.5	4 836.7	4 425.6	7 026.5
豆油	245.5	5.6		0.2	0.2	
菜籽油	3.2	1.7	4.6	16.1	23.1	19.7
棕榈油	848.8	1 004.1	1 052.0	1 398.4	615.1	987.6
食糖	9 919.9	13 223.7	15 304.6	20 024.4	23 959.8	18 368.3
蔬菜	1 586.0	2 378.7	3 707.9	4 743.7	7 219.3	10 836.3
水果	2 144.9	3 800.3	7 083.1	12 104.6	16 297.6	24 747.3
畜产品	7 214.4	10 535.3	15 573.0	24 165.4	31 960.7	45 080.4
猪产品	79.1	116.4	123.4	309.0	563.7	742.1
牛产品	392.7	526.2	689.0	1 029.0	1 898.8	3 539.0
羊产品	42.4	29.2	29.0	100.2	25.8	17.6
禽产品	2 120.4	2 519.4	4 264.0	6 399.1	8 449.7	9 235.1
蛋产品	258.7	330.9	563.0	595.5	1 049.8	1 963.8
乳品	3 459.0	5 860.7	8 034.6	13 300.8	16 488.4	24 737.3
动物生皮	37.2	178.2	658.4	80.0	49.3	25.6
动物生毛皮	3.3	3.2	9.2	5.2	0.5	1.3
羊毛	21.7	7.5	0.4	25.2	26.3	19.6
水产品	1 236.9	1 497.9	1 674.1	2 441.6	3 444.3	5 669.4
饮品	10 110.5	13 006.4	20 311.3	24 255.1	33 506.4	51 557.3
酒	2 178.8	3 104.7	5 924.6	8 617.3	12 111.6	20 382.1
茶	2 603.0	3 155.7	4 484.2	4 451.7	5 792.6	7 744.2
咖啡	260.9	796.1	812.7	970.6	1 470.5	2 138.9
烟草	4 906.3	4 142.9	5 801.1	7 773.5	8 609.7	12 798.1

哈萨克斯坦主要农产品进口额（二）

单位：万美元

项　目	2008 年	2009 年	2010 年	2011 年	2012 年
农产品	301 703.7	247 873.6	235 263.7	402 821.6	427 993.6
谷物	5 778.9	6 332.6	2 119.3	6 766.3	4 965.1
小麦产品	774.7	1 428.7	130.4	851.0	547.4
玉米产品	165.5	297.4	192.8	243.4	252.0
稻谷产品	1 648.4	2 777.4	997.4	1 574.1	1 978.7
棉花	425.7	48.5	346.4	417.5	887.3
食用油籽	2 339.0	4 654.2	3 318.5	5 422.5	9 808.5
大豆	23.9	182.7	11.7	46.5	72.2
花生	184.1	333.3	732.9	1 155.5	2 099.4
油菜籽	138.8	144.7	235.2	111.4	282.8
食用植物油	18 561.4	9 458.1	7 567.7	14 350.2	11 405.9
豆油	59.2	0.1	0.7	8.7	240.9
菜籽油	157.9	52.0	6.8	3.0	6.3
棕榈油	2 157.5	956.5	694.8	1 262.0	1 886.5
食糖	27 061.2	20 865.7	28 652.0	34 562.5	26 301.7
蔬菜	14 770.5	12 541.4	18 150.6	34 407.8	30 730.8
水果	31 106.7	28 231.3	33 767.7	65 263.8	73 304.4
畜产品	59 712.9	47 790.9	45 220.4	79 979.7	91 168.6
猪产品	1 272.3	1 289.6	1 677.8	2 291.5	3 611.2
牛产品	3 083.8	2 080.9	3 861.3	10 767.3	14 440.8
羊产品	49.5	33.4	19.1	48.9	174.1
禽产品	9 339.7	8 342.1	12 123.2	19 302.9	22 760.2
蛋产品	2 117.8	1 900.7	969.7	1 976.8	1 273.2
乳品	36 009.2	27 589.1	22 641.7	35 750.9	37 022.9
动物生皮	66.4	52.8	1.4	22.8	0.7
动物生毛皮	1.5		0.2	0.1	0.2
羊毛	10.3	6.2	7.9	14.9	42.3
水产品	7 856.6	6 814.3	5 811.2	8 973.0	9 171.1
饮品	57 393.9	45 678.3	40 018.1	64 322.7	72 618.0
酒	20 355.7	12 713.8	9 605.5	17 730.4	20 155.1
茶	9 840.7	9 374.0	11 611.3	12 686.2	14 605.6
咖啡	2 331.9	2 473.1	1 941.1	3 261.8	3 925.2
烟草	16 971.8	16 460.0	10 411.6	18 100.0	20 890.1

4-9-3 哈萨克斯坦主要农产品出口量（一）

单位：吨

项　目	2002年	2003年	2004年	2005年	2006年	2007年
农产品						
谷物	4 613 025.4	4 093 737.2	3 465 359.1	2 971 798.4	5 736 688.4	8 339 269.3
小麦产品	4 244 840.6	3 799 987.8	3 118 230.9	2 831 149.0	5 317 277.4	7 632 738.3
玉米产品	9 365.2	16 554.8	13 804.5	4 265.1	13 392.2	3 068.0
稻谷产品	5 984.9	3 566.0	78 361.9	36 931.5	25 556.1	43 520.3
棉花	145 916.4	128 786.0	159 281.1	180 519.9	201 977.0	179 981.3
食用油籽	726.8	2 086.4	15 366.7	10 054.8	36 862.0	50 151.5
大豆	20.0	1 434.7	4 140.5	2 915.0	2 339.9	4 497.8
花生	28.4	45.4	104.8	115.9	45.9	16.9
油菜籽				3 000.0	30 350.4	34 971.1
食用植物油	3 797.4	10 088.2	14 351.5	9 861.1	17 124.1	18 176.0
豆油			176.9	189.2	1 206.9	3 128.1
菜籽油			600.1		702.1	195.0
棕榈油	240.0	0.2				0.5
食糖	8 680.4	147 674.9	134 900.2	142 677.4	84 554.9	33 595.1
蔬菜			193 681.2	152 129.0	163 232.8	157 628.0
水果						
畜产品						
猪产品						
牛产品						
羊产品						
禽产品						
蛋产品						
乳品	2 165.8	4 259.6	6 253.1	16 075.3	7 776.4	6 045.9
动物生皮	36 166.6	8 186.9	28 224.6	18 740.7	14 935.6	3 963.0
动物生毛皮			0.3	2.1	0.6	0.8
羊毛	7 076.1		6 403.7	3 199.8	5 304.6	4 238.0
水产品						
饮品						
酒						
茶	259.4	73.6	135.3	236.9	340.3	259.4
咖啡	24.4	6.9	40.9	126.4	65.8	61.1
烟草						

哈萨克斯坦主要农产品出口量（二）

单位：吨

项　目	2008 年	2009 年	2010 年	2011 年	2012 年
农产品					
谷物	7 451 304.1	5 827 550.3	7 803 659.2	5 401 234.5	10 111 739.4
小麦产品	6 751 393.2	5 477 055.1	7 365 608.8	4 793 386.3	9 704 192.4
玉米产品	2 373.2	4 575.1	6 482.3	11 014.8	12 475.4
稻谷产品	28 505.3	8 212.8	50 306.8	67 623.5	50 704.7
棉花	99 228.8	79 502.1	66 842.5	32 540.3	56 567.3
食用油籽	56 468.7	75 398.5	81 239.8	174 830.0	448 877.1
大豆	6 842.2	4 568.0	2 461.4	6 449.1	22 320.0
花生		30.4	41.7	916.1	1 660.0
油菜籽	43 632.7	42 402.5	30 654.0	52 167.7	66 371.2
食用植物油	4 832.9	24 949.4	34 597.5	21 076.9	35 924.5
豆油	26.2	362.7	1 071.8	1 964.8	5 381.8
菜籽油	135.1	0.2		984.3	1 094.0
棕榈油		1.9			86.0
食糖	17 226.2	2 338.8	13 221.2	6 636.2	2 168.0
蔬菜	141 006.8	119 449.1	122 917.8	29 207.7	
水果					
畜产品					
猪产品					
牛产品					
羊产品					
禽产品					
蛋产品					
乳品	3 645.7	4 684.9	1 579.6	2 970.7	4 672.0
动物生皮	4 659.6	6 675.0	13 306.4	11 184.9	17 841.1
动物生毛皮			16.0	12.9	
羊毛	4 866.2	7 568.6	5 611.7	9 486.6	4 858.8
水产品					
饮品					
酒					
茶	731.9	427.6	442.1	763.9	1 382.3
咖啡	43.9	202.7	558.0	462.3	807.0
烟草					

4-9-4 哈萨克斯坦主要农产品进口量（一）

单位：吨

项　目	2002年	2003年	2004年	2005年	2006年	2007年
农产品						
谷物	65 643.6	43 373.2	20 313.8	51 250.8	89 378.8	96 915.0
小麦产品	6 021.3	11 155.0	6 438.4	4 992.7	20 298.6	4 205.1
玉米产品	445.6	793.7	799.3	1 063.4	960.0	3 012.0
稻谷产品	45 444.9	16 724.9	4 360.6	7 546.9	15 004.5	16 404.5
棉花	63.9	402.6	52.0	27 275.5	50 523.1	47 460.3
食用油籽	12 445.3	76 959.0	27 982.5	50 551.7	69 566.8	113 632.6
大豆	598.3	3 298.0	3 136.9	16 091.2	6 967.2	47 277.7
花生	916.1	266.1	110.4	706.1	1 063.7	1 579.1
油菜籽		38.2	42.1	308.0	477.0	246.7
食用植物油	80 005.3	58 602.7	44 236.3	72 454.2	64 619.3	64 632.9
豆油	6 435.2	179.0		2.8	2.1	0.4
菜籽油	65.5	15.2	42.4	176.4	221.5	166.7
棕榈油	15 716.6	18 128.5	16 872.0	22 025.4	11 075.2	10 998.3
食糖	342 631.5	513 387.7	538 529.3	593 828.7	467 873.7	468 772.0
蔬菜			89 203.9	85 369.7	146 206.9	179 718.0
水果						
畜产品						
猪产品						
牛产品						
羊产品						
禽产品						
蛋产品						
乳品	48 165.9	67 082.5	76 342.4	112 084.0	130 204.0	147 249.8
动物生皮	799.3	2 161.7	7 606.2	940.5	593.6	347.4
动物生毛皮	0.7		0.7	0.4		3.0
羊毛	377.9		9.7	430.7	383.3	138.5
水产品						
饮品						
酒						
茶	19 909.2	22 498.9	29 719.7	24 174.1	27 839.3	27 666.2
咖啡	2 019.1	3 230.8	2 927.2	4 373.4	5 784.1	7 433.1
烟草						

哈萨克斯坦主要农产品进口量（二）

单位：吨

项 目	2008 年	2009 年	2010 年	2011 年	2012 年
农产品					
谷物	136 562.7	199 208.1	45 416.7	119 712.7	110 123.7
小麦产品	31 728.9	86 356.0	4 193.2	25 636.3	28 217.1
玉米产品	2 372.1	8 916.7	3 310.5	2 556.6	2 417.2
稻谷产品	27 150.6	42 595.4	18 422.9	19 473.7	32 706.2
棉花	3 252.6	549.7	1 381.5	2 344.7	5 627.1
食用油籽	31 023.0	83 013.6	21 702.2	24 459.2	115 850.6
大豆	518.7	4 160.3	132.4	422.3	969.6
花生	1 139.7	2 299.1	5 678.9	8 075.7	14 747.3
油菜籽	283.5	237.4	1 705.9	162.4	5 295.0
食用植物油	120 165.7	104 025.2	72 693.1	154 286.6	90 236.9
豆油	1 181.0	0.3	4.4	53.1	2 351.9
菜籽油	960.0	647.3	48.3	20.9	43.2
棕榈油	17 451.9	9 573.6	6 600.5	8 613.1	14 329.0
食糖	548 621.5	361 710.4	411 008.1	409 282.3	405 619.8
蔬菜	215 927.3	241 433.7	402 431.9	559 234.7	
水果					
畜产品					
猪产品					
牛产品					
羊产品					
禽产品					
蛋产品					
乳品	177 051.6	174 689.3	125 081.5	163 486.5	181 799.4
动物生皮	1 765.7	1 413.6	34.0	226.7	1.3
动物生毛皮	8.9		0.1	0.1	
羊毛	64.0	18.7	19.4	68.1	227.0
水产品					
饮品					
酒					
茶	31 501.4	26 657.2	28 674.0	29 968.3	34 535.6
咖啡	6 719.4	7 631.1	6 194.4	7 121.7	7 540.2
烟草					

4-10 吉尔吉斯斯坦主要农产品贸易情况

4-10-1 吉尔吉斯斯坦主要农产品出口额（一）

单位：万美元

项目	2002年	2003年	2004年	2005年	2006年	2007年
农产品	12 039.8	10 602.2	13 251.6	12 989.3	14 661.4	20 070.9
谷物	59.4	119.8	36.4	18.6	35.3	84.9
小麦产品	54.7	118.1	34.7	17.2	30.1	73.2
玉米产品	1.7	0.1			0.8	
稻谷产品	1.5	1.2	1.2	0.6	4.4	6.9
棉花	4 532.4	4 321.6	4 282.8	4 140.1	3 637.0	2 930.8
食用油籽	2.9	6.1	84.4	32.6	24.1	42.4
大豆			0.5	5.2	1.0	3.4
花生	1.2	0.2		0.7	4.7	
油菜籽						
食用植物油	1.2	1.3	4.5	10.4	0.2	13.7
豆油						
菜籽油						
棕榈油						
食糖	525.3	668.4	2 197.7	1 120.2	485.3	286.2
蔬菜	389.2	383.5	704.5	553.3	780.8	1 639.3
水果	190.2	189.0	227.5	384.3	770.9	2 417.2
畜产品	2 487.9	1 808.8	2 066.5	2 956.1	3 690.4	4 456.2
猪产品	0.5	16.1	35.8	54.5	51.3	31.4
牛产品	0.7	0.3	110.8	137.2	138.5	239.0
羊产品			2.5	32.8	51.4	59.6
禽产品	1.5	32.9	37.1	56.4	51.0	34.3
蛋产品				8.3	5.5	11.0
乳品	348.0	653.7	795.9	1 391.3	2 016.8	2 535.2
动物生皮	1 912.2	806.2	611.4	867.5	1 087.0	1 150.1
动物生毛皮	14.9	8.3	15.2	10.6	5.5	8.5
羊毛	130.2	115.5	131.8	195.1	153.8	178.7
水产品	0.1	0.3	2.5	2.1	2.7	27.2
饮品	248.9	325.7	723.5	823.3	317.8	556.3
酒	8.6	6.9	5.3	6.6	11.3	32.6
茶	208.3	249.5	276.9	108.6	44.4	30.5
咖啡	0.2			15.0	1.3	13.1
烟草	2 065.5	1 282.8	1 179.3	1 243.8	1 157.6	1 403.8

吉尔吉斯斯坦主要农产品出口额（二）

单位：万美元

项　目	2008 年	2009 年	2010 年	2011 年	2012 年
农产品	21 842.4	18 307.8	22 547.2	26 172.7	26 578.9
谷物	145.4	292.8	167.0	127.5	17.7
小麦产品	80.9	46.6	0.9	19.1	1.2
玉米产品	0.8		20.1	21.0	0.2
稻谷产品	63.7	246.2	146.0	83.9	16.3
棉花	2 377.1	2 155.7	2 779.3	3 101.9	3 387.8
食用油籽	15.6	53.5	85.1	31.8	34.1
大豆					
花生	4.5	6.4	0.7	0.4	12.8
油菜籽					
食用植物油	10.2	2.2			1.1
豆油					
菜籽油					
棕榈油					
食糖	57.6	0.1	19.2	0.9	0.4
蔬菜	2 378.4	1 752.3	3 307.0	4 425.8	4 099.8
水果	4 116.6	3 103.3	3 009.9	3 471.5	5 011.5
畜产品	5 113.0	3 191.5	4 708.3	4 676.6	4 680.3
猪产品	34.1	10.5	34.6	74.0	78.6
牛产品	310.5	214.0	180.6	423.8	875.1
羊产品	79.6	178.5	612.6	213.4	123.9
禽产品	33.1	34.4	34.7	74.1	79.2
蛋产品	9.1				1.0
乳品	3 012.7	2 197.0	3 217.5	2 706.9	2 367.0
动物生皮	1 248.9	155.1	159.0	581.3	642.6
动物生毛皮	8.1	2.7	0.2	1.1	
羊毛	106.3	124.1	112.8	89.3	50.4
水产品	36.9	41.2	31.3	55.9	6.9
饮品	715.5	844.1	951.3	1 470.1	873.8
酒	58.3	35.2	87.5	128.8	96.2
茶	30.7	23.8	47.5	107.8	142.1
咖啡	2.2	2.3	8.9	13.9	19.7
烟草	1 647.0	1 622.1	2 361.0	1 567.9	1 330.0

4-10-2 吉尔吉斯斯坦主要农产品进口额（一）

单位：万美元

项　目	2002年	2003年	2004年	2005年	2006年	2007年
农产品	8 044.1	9 440.5	13 107.3	17 187.0	25 258.7	38 117.1
谷物	1 737.8	1 061.5	1 452.8	2 836.0	4 268.9	9 546.7
小麦产品	1 567.2	828.0	1 366.8	2 658.4	3 301.4	8 517.4
玉米产品	37.0	31.3	26.4	29.3	11.7	49.1
稻谷产品	105.3	188.9	43.4	124.6	895.0	827.9
棉花	1.1	11.4	0.7	2.5	38.8	28.3
食用油籽	12.1	9.9	5.7	33.9	7.0	21.8
大豆	6.6	2.2	4.6	6.6	4.2	5.3
花生	0.3	0.3	0.3	0.3	0.3	
油菜籽	0.2					
食用植物油	335.4	558.9	1 036.7	788.4	1 086.9	1 858.6
豆油	41.7	6.8	54.4	47.9	39.1	10.2
菜籽油		2.1	1.4		0.2	10.5
棕榈油	23.5	39.0	78.7	104.0	140.4	195.6
食糖	1 195.9	1 154.4	1 914.3	2 332.9	4 604.6	3 454.8
蔬菜	102.5	190.8	262.7	346.6	494.5	758.4
水果	261.4	375.2	774.2	1 268.2	1 805.7	2 085.7
畜产品	513.8	647.6	950.0	1 473.7	2 413.0	4 173.3
猪产品	3.4	2.0	2.2	61.1	595.9	744.0
牛产品	27.4	30.7	37.0	17.7	76.0	131.0
羊产品	0.8	0.8				
禽产品	119.7	333.9	444.8	610.9	639.1	1 338.2
蛋产品	26.3	39.3	11.9	5.5	12.6	32.0
乳品	77.5	91.5	197.3	371.4	802.9	1 541.4
动物生皮	230.0	109.5	152.0	264.7	130.6	174.6
动物生毛皮						
羊毛	10.1	26.8	80.5	122.8	120.3	148.0
水产品	143.4	245.2	258.1	269.6	397.1	567.2
饮品	1 763.8	2 391.9	3 148.2	3 559.4	4 674.1	7 733.8
酒	767.8	1 139.5	1 521.1	1 577.0	1 731.6	2 651.8
茶	218.4	254.5	273.6	300.2	376.7	356.5
咖啡	18.9	35.7	46.6	54.9	86.2	148.1
烟草	953.2	1 163.8	1 506.0	2 118.5	2 164.6	3 065.1

吉尔吉斯斯坦主要农产品进口额（二）

单位：万美元

项　目	2008年	2009年	2010年	2011年	2012年
农产品	54 153.4	50 759.4	54 887.0	71 461.5	79 305.3
谷物	14 815.0	11 256.9	8 456.2	12 623.4	13 748.6
小麦产品	13 342.1	8 482.6	7 016.8	11 265.8	11 881.3
玉米产品	6.0	19.1	28.3	118.4	55.0
稻谷产品	1 242.1	2 438.5	1 259.9	857.2	1 318.1
棉花	41.6	26.2	91.9	26.0	26.8
食用油籽	23.6	193.3	193.7	457.2	504.3
大豆	4.5	18.5	28.6	66.9	142.6
花生	1.0	3.2	7.9	14.7	19.5
油菜籽				0.1	
食用植物油	3 497.6	3 485.7	4 732.1	5 707.9	5 897.3
豆油	23.0	32.6	197.1	216.3	
菜籽油	23.5			9.9	112.9
棕榈油	295.7	193.9	230.8	334.6	364.3
食糖	3 744.8	4 611.4	4 648.6	7 790.5	6 484.6
蔬菜	1 059.2	920.1	722.6	1 211.2	1 161.9
水果	2 873.6	3 333.4	3 678.6	4 449.7	5 002.7
畜产品	6 074.0	6 414.5	9 637.8	9 303.6	10 287.2
猪产品	715.6	411.1	1 394.8	1 007.5	1 196.3
牛产品	150.1	50.0	290.1	385.1	568.3
羊产品	1.4			2.1	0.3
禽产品	2 700.0	3 960.9	5 994.2	5 761.2	5 851.9
蛋产品	67.5	227.8	294.4	404.3	213.8
乳品	2 008.3	1 552.7	1 414.9	1 343.6	1 591.0
动物生皮	166.7	113.6	90.6	197.4	436.7
动物生毛皮	0.8				
羊毛	177.3	28.8	29.4	22.6	50.5
水产品	724.1	806.4	929.1	1 194.2	1 516.5
饮品	11 151.4	10 200.9	10 941.1	14 314.6	16 801.7
酒	3 373.0	2 706.1	2 629.9	3 412.2	3 416.2
茶	508.8	532.9	559.8	707.2	1 010.3
咖啡	204.7	355.3	479.3	631.6	794.6
烟草	3 478.6	3 143.6	3 694.4	4 539.5	5 539.2

4-10-3 吉尔吉斯斯坦主要农产品出口量（一）

单位：吨

项　目	2002年	2003年	2004年	2005年	2006年	2007年
农产品						
谷物	4 807.7	9 979.6	1 516.9	781.4	1 347.7	2 370.1
小麦产品	4 555.9	9 937.9	1 455.7	741.9	1 246.6	2 119.6
玉米产品	130.9	6.3			17.6	0.7
稻谷产品	42.9	24.7	40.0	10.4	83.5	127.9
棉花	62 559.7	43 392.7	47 595.3	52 360.7	46 523.1	32 992.8
食用油籽	99.2	254.1	3 163.1	1 286.4	715.4	1 060.0
大豆			14.0	164.2	31.9	123.6
花生	23.5	7.0		13.2	108.2	
油菜籽						
食用植物油	50.5	55.1	61.9	122.6	2.8	76.7
豆油						
菜籽油						
棕榈油	0.1					
食糖	14 716.5	19 703.1	60 962.5	30 997.4	11 112.5	5 829.6
蔬菜				32 434.7	50 064.6	66 472.4
水果						
畜产品						
猪产品						
牛产品						
羊产品						
禽产品						
蛋产品						
乳品	5 999.3	17 091.2	14 884.3	22 318.3	38 304.8	34 103.2
动物生皮	34 545.2	10 900.4	10 981.2	19 118.3	24 048.5	29 091.9
动物生毛皮				46.7	0.3	0.4
羊毛	1 628.7	1 557.4	1 518.1	1 702.6	1 701.4	2 225.6
水产品						
饮品						
酒						
茶	933.8	967.7	1 004.7	376.5	683.0	410.5
咖啡	2.3			22.1	18.4	62.6
烟草						

吉尔吉斯斯坦主要农产品出口量（二）

单位：吨

项　目	2008年	2009年	2010年	2011年	2012年
农产品					
谷物	3 147.0	6 543.2	5 052.3	2 975.1	278.5
小麦产品	1 733.5	1 268.2	68.0	662.0	5.3
玉米产品	12.0		1 727.9	599.0	0.3
稻谷产品	1 401.5	5 274.8	3 256.4	1 520.1	272.1
棉花	23 743.2	22 091.4	19 842.9	21 232.1	26 945.1
食用油籽	329.2	1 075.7	1 970.3	600.9	432.9
大豆					
花生	64.3	104.9	12.0	2.1	143.4
油菜籽					
食用植物油	168.8	4.6			1.7
豆油					
菜籽油					
棕榈油					
食糖	1 335.7	0.4	201.4	7.3	2.5
蔬菜		71 217.2	221 373.0	224 250.9	166 984.9
水果					
畜产品					
猪产品					
牛产品					
羊产品					
禽产品					
蛋产品					
乳品	29 499.9	23 386.3	32 669.3	23 608.1	23 512.1
动物生皮	6 786.1	928.3	7 885.4	29 371.0	25 079.2
动物生毛皮			0.1	0.5	
羊毛	1 207.8	1 669.0	1 219.7	2 296.0	820.0
水产品					
饮品					
酒					
茶	259.8	245.5	327.3	401.5	474.7
咖啡	43.5	18.2	39.0	52.7	18.0
烟草					

4-10-4 吉尔吉斯斯坦主要农产品进口量（一）

单位：吨

项　目	2002年	2003年	2004年	2005年	2006年	2007年
农产品						
谷物	185 597.4	109 812.1	107 953.9	219 385.2	310 824.6	466 318.4
小麦产品	174 331.5	97 315.8	102 937.1	210 801.2	271 201.3	424 080.9
玉米产品	3 126.6	3 477.2	3 231.0	2 965.1	1 427.5	3 086.1
稻谷产品	3 954.2	7 706.8	1 245.7	4 752.8	35 080.1	32 626.2
棉花	34.3	204.6	43.3	89.6	323.1	684.3
食用油籽	127.7	71.1	243.3	814.2	129.5	830.4
大豆	76.5	45.8	213.6	136.2	96.5	300.1
花生	2.5	1.5	4.0	7.7	1.0	
油菜籽	0.3	0.1				
食用植物油	6 009.5	8 225.5	13 508.0	11 077.0	14 219.2	19 051.9
豆油	1 933.4	170.5	548.5	553.4	329.5	122.7
菜籽油		47.7	15.5	0.1	0.6	191.8
棕榈油	651.8	1 082.5	1 987.2	1 703.6	2 278.1	2 373.6
食糖	44 785.5	39 727.4	67 994.0	73 666.8	101 668.3	83 841.5
蔬菜				5 945.7	12 582.2	18 520.6
水果						
畜产品						
猪产品						
牛产品						
羊产品						
禽产品						
蛋产品						
乳品	922.3	932.4	1 679.6	2 631.0	4 565.6	7 607.8
动物生皮	7 631.4	6 341.6	7 705.0	9 325.1	4 667.1	5 077.1
动物生毛皮						
羊毛	59.3	260.5	347.2	657.4	518.9	802.1
水产品						
饮品						
酒						
茶	3 097.1	3 952.6	4 015.1	3 930.1	4 169.3	3 880.7
咖啡	169.1	361.9	463.0	675.0	723.7	747.5
烟草						

吉尔吉斯斯坦主要农产品进口量（二）

单位：吨

项　目	2008年	2009年	2010年	2011年	2012年
农产品					
谷物	468 006.9	499 946.8	404 279.5	454 861.5	606 658.0
小麦产品	414 982.7	410 449.3	375 041.3	426 475.9	553 038.2
玉米产品	308.5	992.6	310.0	608.2	1 952.5
稻谷产品	44 779.9	67 611.8	24 186.0	16 297.5	28 015.9
棉花	410.8	366.4	728.7	118.7	472.9
食用油籽	524.3	5 548.8	2 899.4	6 496.4	11 265.0
大豆	214.0	908.6	1 543.0	3 571.5	7 279.2
花生	3.1	13.2	26.9	35.7	47.3
油菜籽				20.0	
食用植物油	24 012.2	33 559.9	39 799.3	36 737.1	41 932.6
豆油	309.7	204.2	1 363.3	1 336.0	0.1
菜籽油	185.4			98.3	897.8
棕榈油	3 294.7	1 816.2	2 116.7	2 293.3	2 472.1
食糖	71 924.4	81 692.5	61 876.1	86 739.1	85 036.6
蔬菜		14 398.3	10 106.1	12 854.3	9 481.7
水果					
畜产品					
猪产品					
牛产品					
羊产品					
禽产品					
蛋产品					
乳品	9 163.9	9 385.6	7 944.5	7 607.7	9 672.1
动物生皮	629.8	604.0	4 367.2	8 091.1	21 091.0
动物生毛皮					
羊毛	455.8	326.8	104.5	178.0	100.8
水产品					
饮品					
酒					
茶	4 268.7	4 109.8	3 900.5	4 030.8	5 181.2
咖啡	867.7	913.2	1 078.3	1 370.3	906.9
烟草					

4-11 沙特阿拉伯主要农产品贸易情况

4-11-1 沙特阿拉伯主要农产品出口额（一）

单位：万美元

项目	2002年	2003年	2004年	2005年	2006年	2007年
农产品	55 155.6	91 189.4	109 460.7	130 849.0	154 876.7	217 801.4
谷物	371.2	451.5	630.9	1 117.4	1 465.9	2 162.5
小麦产品	68.4	32.7	64.0	59.5	98.7	114.6
玉米产品	12.2	47.1	34.7	52.2	202.9	84.5
稻谷产品	275.0	260.4	411.3	865.6	1 083.5	1 779.8
棉花	69.5	13.0	16.1	10.6	4.7	9.9
食用油籽	33.3	69.0	66.0	100.4	85.2	143.9
大豆	0.7	1.2	0.4	0.2	1.2	
花生	14.3	28.7	27.1	52.4	40.0	76.6
油菜籽	0.4	0.3		0.2	0.2	
食用植物油	2 769.8	3 346.8	3 741.1	4 970.8	4 562.5	8 396.7
豆油	3.9	2.6	37.6	13.1	19.0	41.6
菜籽油		4.4	22.1	26.9	9.9	17.9
棕榈油	121.3	224.8	111.1	92.4	143.5	622.2
食糖	16.1	1 736.0	6 265.0	5 705.9	13 408.5	26 049.8
蔬菜	10 695.7	19 944.0	18 173.7	22 747.3	23 595.1	30 216.9
水果	11 230.1	17 069.7	16 749.8	19 543.3	22 525.4	29 678.1
畜产品	24 053.4	36 056.7	45 836.8	54 415.2	62 732.0	82 419.9
猪产品	14.6	18.8	63.0	91.2	43.0	48.1
牛产品	469.2	530.7	698.8	1 131.1	1 689.0	2 314.2
羊产品	821.1	1 644.0	3 225.9	4 981.1	4 927.8	6 260.7
禽产品	1 957.0	4 825.8	5 444.6	6 409.5	7 792.9	8 590.8
蛋产品	765.8	1 021.1	1 304.4	1 554.8	3 375.9	3 505.5
乳品	17 323.5	24 784.9	30 926.7	35 682.4	40 392.5	54 901.9
动物生皮	367.6	1 238.6	1 942.1	1 985.6	1 020.9	1 364.1
动物生毛皮		31.0	0.5	10.9	5.0	
羊毛	591.8	291.5	632.1	828.7	973.7	756.9
水产品	1 352.1	2 945.3	3 099.8	4 788.8	5 167.5	6 849.8
饮品	3 289.3	7 218.7	10 405.9	12 762.9	14 201.0	21 665.2
酒	19.8	41.4	27.5	3.4	0.3	
茶	105.6	261.4	301.8	368.9	567.3	586.2
咖啡	63.3	103.4	93.4	173.8	209.7	152.8
烟草	35.2	155.9	233.8	205.5	467.8	187.7

沙特阿拉伯主要农产品出口额（二）

单位：万美元

项　目	2008 年	2009 年	2010 年	2011 年	2012 年
农产品	68 741.6	101 753.3	312 001.8	355 796.1	
谷物			1 847.7	2 266.5	
小麦产品			494.1	428.6	
玉米产品			169.4	300.4	
稻谷产品			805.6	1 306.2	
棉花				28.2	
食用油籽			92.1	135.2	
大豆					
花生			40.4	46.2	
油菜籽					
食用植物油	5 029.3	5 508.7	16 135.8	29 394.5	
豆油	710.0	1 066.8	3 229.0	11 263.6	
菜籽油					
棕榈油			1 260.5	3 163.8	
食糖	14 828.1	11 541.4	26 257.9	27 821.3	
蔬菜	11 197.5	15 617.5	40 703.4	47 087.5	
水果	11 003.8	14 165.0	44 497.1	46 350.6	
畜产品	29 844.5	38 423.8	120 499.1	142 258.1	
猪产品			72.6	74.0	
牛产品		20.0	5 636.9	7 006.8	
羊产品	800.8	734.1	7 913.6	10 146.2	
禽产品	645.6		7 109.1	8 129.0	
蛋产品			6 359.4	6 656.7	
乳品	28 398.2	37 669.8	83 536.7	95 580.7	
动物生皮			22.5	41.9	
动物生毛皮					
羊毛			569.5	543.9	
水产品	4 529.1	5 134.0	12 572.1	7 591.1	
饮品	3 231.7	6 106.6	24 391.4	25 171.1	
酒			16.1	14.9	
茶			1 354.8	1 346.8	
咖啡			490.5	692.5	
烟草		2 180.4	86.1	108.9	

4-11-2 沙特阿拉伯主要农产品进口额（一）

单位：万美元

项　目	2002年	2003年	2004年	2005年	2006年	2007年
农产品	528 491.6	603 542.3	677 262.5	886 436.4	956 658.5	1 203 342.9
谷物	99 338.0	121 369.0	129 646.3	187 523.0	202 815.0	332 419.3
小麦产品	920.2	1 293.0	1 754.5	1 682.2	1 713.4	2 454.8
玉米产品	14 634.1	13 303.6	14 904.5	19 451.1	21 619.8	46 888.2
稻谷产品	32 553.4	37 746.6	54 843.4	58 499.9	54 694.5	64 716.4
棉花	268.7	238.6	388.8	380.4	538.8	306.3
食用油籽	2 511.9	3 778.8	5 200.7	6 562.9	5 872.1	7 936.6
大豆	51.2	69.6	77.6	69.9	73.9	1 307.1
花生	716.3	936.6	975.3	1 381.1	1 508.1	1 591.9
油菜籽	2.4	9.0	3.0	1.7	8.3	3.5
食用植物油	10 164.4	16 659.0	22 319.8	30 618.2	34 506.1	45 524.2
豆油	488.0	488.8	612.5	482.9	653.9	784.2
菜籽油	49.1	114.0	152.5	232.6	199.8	217.5
棕榈油	4 369.2	6 850.9	10 628.1	11 488.0	15 597.4	21 912.2
食糖	7 672.4	4 744.3	3 060.0	24 523.1	41 538.0	39 354.2
蔬菜	33 570.9	36 040.9	39 488.2	42 686.0	48 255.6	60 482.3
水果	57 686.5	70 199.4	78 125.4	101 957.0	108 243.3	123 152.3
畜产品	168 359.6	185 070.3	212 904.2	272 972.4	264 370.2	309 548.4
猪产品	43.3	12.6	2.0	1.8		4.6
牛产品	11 585.4	10 253.5	13 103.7	14 870.2	22 984.0	28 229.5
羊产品	58 066.3	49 725.0	60 525.8	81 286.0	68 529.6	67 419.3
禽产品	34 895.1	46 845.9	46 969.2	65 396.4	58 896.9	76 181.7
蛋产品	1 289.9	1 788.4	1 555.4	1 570.8	1 598.1	1 935.3
乳品	58 302.5	70 166.3	83 141.2	98 937.1	102 037.4	125 314.4
动物生皮	26.1	19.2	60.2	93.6	85.2	56.5
动物生毛皮	10.6	3.2	4.8	13.5	0.3	0.7
羊毛	1.8	19.0	50.0	23.8	10.6	22.3
水产品	13 411.2	14 372.6	18 839.0	21 498.7	25 211.7	25 806.7
饮品	35 662.8	37 018.5	40 558.7	50 104.6	56 890.9	64 756.7
酒	170.5	148.1	145.8	188.4	252.2	275.4
茶	11 541.1	11 874.6	11 358.5	13 564.8	13 714.3	16 191.0
咖啡	5 608.0	6 152.9	7 830.4	9 939.5	11 010.2	14 440.6
烟草	33 035.4	36 769.5	41 683.9	45 081.3	46 131.6	49 308.1

沙特阿拉伯主要农产品进口额（二）

单位：万美元

项　目	2008 年	2009 年	2010 年	2011 年	2012 年
农产品	1 257 080.2	1 080 422.5	1 697 079.2	2 013 900.6	
谷物	528 657.5	351 020.1	419 933.9	446 771.8	
小麦产品	9 385.7	40 213.7	45 503.2	71 710.5	
玉米产品	57 853.0	37 795.6	47 420.0	61 417.1	
稻谷产品	164 287.4	147 101.7	131 223.0	112 748.1	
棉花	8.3	25.6	346.5	433.7	
食用油籽	9 688.7	14 074.2	27 507.1	47 849.7	
大豆		8 793.2	16 752.7	34 333.5	
花生			2 346.6	3 013.5	
油菜籽			65.2		
食用植物油	41 547.4	38 717.8	60 102.3	90 848.6	
豆油			952.9	1 350.1	
菜籽油			350.1	327.3	
棕榈油	24 798.3	29 787.0	35 781.7	52 646.8	
食糖	50 512.7	51 317.7	89 912.9	87 340.4	
蔬菜	30 867.5	43 310.3	91 940.5	105 258.7	
水果	88 841.2	90 728.1	183 582.6	210 005.9	
畜产品	316 199.4	290 604.8	409 530.8	515 275.6	
猪产品			19.6	116.2	
牛产品	27 547.2	29 716.3	38 631.2	42 959.2	
羊产品	57 637.8	56 378.2	78 927.0	84 677.2	
禽产品	105 518.5	110 264.9	135 336.2	188 673.5	
蛋产品			1 370.5	1 782.7	
乳品	118 782.8	87 973.8	140 933.4	180 498.8	
动物生皮			14.6		
动物生毛皮					
羊毛					
水产品	21 261.4	20 109.0	40 116.2	50 548.8	
饮品	44 091.9	49 794.0	93 478.8	111 331.7	
酒			1 323.4	1 602.1	
茶	15 456.7	15 379.4	22 299.7	24 203.8	
咖啡	12 029.9	11 498.6	19 760.2	25 206.4	
烟草	44 248.8	51 384.8	69 512.5	80 056.3	

4-11-3 沙特阿拉伯主要农产品出口量（一）

单位：吨

项 目	2002年	2003年	2004年	2005年	2006年	2007年
农产品						
谷物	10 131.7	15 443.7	19 844.8	25 618.5	25 793.6	41 723.3
小麦产品	2 497.8	1 273.4	2 088.7	1 926.9	1 309.7	1 766.0
玉米产品	455.4	1 393.7	547.6	331.1	2 162.3	1 493.3
稻谷产品	6 310.3	4 339.4	12 424.0	16 529.1	19 127.7	33 611.1
棉花	232.6	53.9	126.2	128.6	53.5	263.5
食用油籽	409.3	558.4	686.6	944.9	597.8	1 411.5
大豆	20.4	25.0	10.0	10.8	24.7	
花生	87.2	126.4	177.8	515.5	208.2	619.6
油菜籽	4.6	1.1		0.7	3.3	
食用植物油	29 408.4	30 668.7	33 118.1	53 341.3	35 238.9	58 992.3
豆油	145.5	35.0	1 149.3	363.6	600.4	416.0
菜籽油		75.5	399.3	672.3	478.7	486.0
棕榈油	2 263.0	3 741.1	1 752.6	1 279.4	1 444.4	4 990.3
食糖	242.4	57 107.5	234 107.4	184 731.6	237 624.6	375 324.6
蔬菜		308 761.1	358 743.1	520 757.1	515 963.1	611 034.7
水果						
畜产品						
猪产品						
牛产品						
羊产品						
禽产品						
蛋产品						
乳品	158 833.3	234 250.5	281 132.9	337 411.5	392 229.3	443 241.1
动物生皮	1 098.9	4 029.4	5 590.5	4 058.6	2 426.7	29 720.0
动物生毛皮		110.6	18.1	7.7	21.0	
羊毛	9 744.2	10 541.1	9 398.5	11 793.1	12 953.5	12 025.3
水产品						
饮品						
酒						
茶	676.8	656.2	991.2	1 005.4	1 200.3	1 480.2
咖啡	2 040.4	742.5	740.7	970.6	1 262.5	922.2
烟草						

沙特阿拉伯主要农产品出口量（二）

单位：吨

项　目	2008 年	2009 年	2010 年	2011 年	2012 年
农产品					
谷物			48 506.0	39 985.6	
小麦产品			16 337.0	9 368.0	
玉米产品			4 077.0	5 746.0	
稻谷产品			9 184.0	14 587.6	
棉花				263.0	
食用油籽			610.0	577.1	
大豆					
花生			117.0	205.0	
油菜籽					
食用植物油	28 896.0	38 165.0	110 446.0	176 051.4	
豆油	10 000.0	13 008.0	36 220.0	92 382.0	
菜籽油					
棕榈油			9 042.0	14 651.0	
食糖	302 744.6	260 192.0	399 430.1	356 021.1	
蔬菜	170 777.0	314 782.0	1 078 417.6	1 136 142.5	
水果					
畜产品					
猪产品					
牛产品					
羊产品					
禽产品					
蛋产品					
乳品	273 748.0	300 820.0	640 798.0	676 319.0	
动物生皮			178.0	310.0	
动物生毛皮					
羊毛			10 499.0	8 664.0	
水产品					
饮品					
酒					
茶			2 232.4	2 330.0	
咖啡			3 391.7	3 600.1	
烟草					

4-11-4 沙特阿拉伯主要农产品进口量（一）

单位：吨

项　目	2002年	2003年	2004年	2005年	2006年	2007年
农产品						
谷物	5 739 988.5	5 778 414.1	4 862 245.8	8 461 110.3	10 133 217.8	10 134 787.1
小麦产品	30 341.0	41 921.1	50 859.2	52 752.9	49 812.9	56 250.9
玉米产品	1 170 929.8	893 506.9	793 997.8	1 234 321.6	1 347 820.3	1 835 382.0
稻谷产品	675 176.3	732 054.8	1 056 915.3	1 117 998.5	1 065 707.4	1 072 943.0
棉花	3 685.7	3 945.8	3 549.2	4 771.0	4 774.4	3 480.6
食用油籽	49 815.0	71 839.8	77 791.5	110 273.3	86 050.8	116 766.5
大豆	1 065.7	1 229.9	1 414.0	1 351.5	1 421.3	27 530.3
花生	5 549.1	7 716.6	9 661.3	12 980.5	12 552.2	13 500.7
油菜籽	114.7	168.8	31.0	86.3	186.0	46.6
食用植物油	162 712.4	229 993.6	287 656.0	392 978.5	489 322.2	486 144.7
豆油	7 058.8	6 030.7	7 835.4	6 923.4	10 486.2	10 429.6
菜籽油	810.1	1 605.6	2 185.2	2 849.5	2 287.0	2 421.4
棕榈油	97 360.6	124 711.3	172 026.1	219 401.4	286 936.4	280 426.4
食糖	382 823.9	228 925.2	111 495.8	946 902.6	1 030 741.8	1 317 345.8
蔬菜		869 596.6	909 555.0	990 476.1	1 034 290.0	1 054 678.9
水果						
畜产品						
猪产品						
牛产品						
羊产品						
禽产品						
蛋产品						
乳品	259 389.8	310 742.5	340 035.1	378 853.9	387 657.6	407 923.4
动物生皮	30.9	245.3	817.6	776.3	757.5	631.0
动物生毛皮	34.2	13.1	8.8	18.0	1.7	1.0
羊毛	6.2	237.8	657.0	128.0	495.5	341.3
水产品						
饮品						
酒						
茶	22 469.2	23 591.9	24 948.1	28 452.8	25 525.2	29 810.4
咖啡	25 522.2	26 808.6	32 852.8	34 917.7	37 681.2	41 168.6
烟草						

沙特阿拉伯主要农产品进口量（二）

单位：吨

项 目	2008年	2009年	2010年	2011年	2012年
农产品					
谷物	11 032 639.0	10 661 955.0	12 231 393.0	11 319 195.0	
小麦产品	206 661.0	1 358 412.0	1 726 886.0	2 118 977.0	
玉米产品	1 640 590.0	1 544 640.0	1 931 286.0	1 654 128.0	
稻谷产品	1 618 069.0	1 798 390.0	1 305 804.0	1 127 148.0	
棉花	79.0	128.0	2 129.5	2 695.0	
食用油籽	101 487.0	242 673.0	476 740.0	747 246.0	
大豆		192 179.0	370 032.0	614 121.0	
花生			14 883.0	16 877.0	
油菜籽			604.0		
食用植物油	290 817.0	378 411.0	542 204.8	614 964.2	
豆油			8 052.0	8 531.0	
菜籽油			2 832.0	2 278.0	
棕榈油	201 185.0	316 570.0	359 810.0	393 343.2	
食糖	1 485 960.0	1 140 547.0	1 543 729.0	1 246 433.0	
蔬菜	563 534.1	695 719.0	1 322 167.5	1 376 356.3	
水果					
畜产品					
猪产品					
牛产品					
羊产品					
禽产品					
蛋产品					
乳品	250 871.0	255 542.0	412 074.0	489 570.4	
动物生皮			207.0		
动物生毛皮					
羊毛					
水产品					
饮品					
酒					
茶	23 788.0	20 331.0	32 465.0	34 419.0	
咖啡	33 195.0	33 276.0	51 855.0	51 697.0	
烟草					

4-12 以色列主要农产品贸易情况

4-12-1 以色列主要农产品出口额（一）

单位：万美元

项目	2002年	2003年	2004年	2005年	2006年	2007年
农产品	107 835.0	125 778.5	72 235.3	170 961.4	177 241.7	222 412.7
谷物	14.7	12.5	19.8	46.3	178.0	466.1
小麦产品	4.5	4.1	6.6	11.3	0.5	10.3
玉米产品	5.5	0.2	2.1		0.1	32.6
稻谷产品	4.7	4.1	2.3	28.8	110.2	134.3
棉花	2 797.0	3 140.8	4 085.6	4 279.6	4 278.7	2 843.6
食用油籽	2 729.1	2 958.1	3 438.7	3 174.0	3 389.5	3 795.4
大豆	1.9	18.8	199.8	25.8	2.7	
花生	1 321.9	1 429.7	1 442.5	1 665.0	1 644.9	1 957.6
油菜籽						
食用植物油	37.1	64.5	90.5	349.8	154.9	217.3
豆油	0.2	0.1	0.9	11.2	1.2	1.3
菜籽油						
棕榈油	0.6		13.2	0.6	6.8	7.9
食糖	24.4	51.9	113.1	77.5	2.0	1.2
蔬菜	23 710.7	30 868.9	10 644.6	44 409.7	50 929.9	73 263.9
水果	24 612.4	26 497.7	9 345.8	38 866.6	39 923.2	52 703.7
畜产品	4 292.6	4 822.1	3 775.1	5 440.3	3 460.9	4 200.6
猪产品	0.1	0.3	4.2	0.7	0.8	0.6
牛产品	0.4				74.9	26.7
羊产品				0.9	3.0	0.1
禽产品	2 666.4	2 789.7	3 020.2	3 053.0	1 815.2	2 691.3
蛋产品	180.5	462.8		138.3	82.6	99.6
乳品	744.7	570.5		1 549.1	1 260.8	1 125.7
动物生皮	562.8	657.1	653.9	115.4	126.8	39.1
动物生毛皮			0.2	0.2		0.1
羊毛	1.1		16.0	17.6	12.3	22.7
水产品	926.1	1 417.7	526.7	1 609.9	1 835.7	2 185.3
饮品	1 761.3	2 186.6	2 420.9	2 979.8	2 681.7	3 655.0
酒	829.1	1 251.1	1 474.6	1 462.4	1 507.2	2 150.2
茶	79.9	117.3	26.4	167.0	206.9	210.2
咖啡	194.7	79.8		113.4	110.8	33.2
烟草	60.4	38.1	53.3	98.8	77.6	131.0

以色列主要农产品出口额（二）

单位：万美元

项　目	2008年	2009年	2010年	2011年	2012年
农产品	221 748.2	210 410.8	229 946.4	247 058.5	249 182.0
谷物	1 799.2	1 116.6	1 538.7	1 661.4	2 622.9
小麦产品	430.1	358.7	27.2	32.4	23.8
玉米产品	462.2	465.4	1 109.6	1 592.0	2 544.0
稻谷产品	146.8	29.8	23.4	19.9	27.5
棉花	2 845.4	2 576.0	3 468.0	3 466.8	3 896.1
食用油籽	4 904.4	5 579.5	6 116.1	5 810.2	5 689.4
大豆	14.8	0.5		1.3	
花生	2 356.7	2 488.4	2 666.2	2 325.4	2 060.3
油菜籽	0.4				1.9
食用植物油	137.7	113.8	124.8	157.2	212.3
豆油		0.4	0.9	6.1	13.4
菜籽油	0.3	2.8	0.8	1.1	0.9
棕榈油	1.1	9.7	4.1	1.5	4.7
食糖	43.5	4.1	289.9	1 370.6	247.3
蔬菜	71 335.6	69 843.5	76 650.6	81 072.0	74 561.0
水果	65 342.5	64 099.8	76 020.6	87 860.2	92 016.3
畜产品	10 676.7	7 559.5	7 538.5	10 374.6	9 442.3
猪产品	15.5		0.1	3.0	
牛产品	10.6		1.2	6.9	0.5
羊产品			1.4		15.5
禽产品	7 740.6	3 990.7	4 459.5	6 043.8	5 274.4
蛋产品	203.7	131.0	130.2	81.4	189.7
乳品	1 495.3	2 002.2	1 256.4	1 651.6	1 766.0
动物生皮	514.7	255.7	506.2	864.4	858.4
动物生毛皮		0.5		7.0	
羊毛	24.9	12.5	40.9	32.8	49.2
水产品	2 953.7	3 243.2	3 756.8	4 015.1	3 713.2
饮品	6 282.8	5 028.8	6 325.3	6 786.1	7 184.4
酒	2 681.8	1 905.1	2 468.6	2 734.1	2 881.8
茶	262.6	208.7	314.2	243.2	181.2
咖啡	1 493.6	1 230.4	1 240.3	1 671.6	1 765.8
烟草	1 000.8	53.3	108.1	62.9	35.5

4-12-2 以色列主要农产品进口额（一）

单位：万美元

项　目	2002年	2003年	2004年	2005年	2006年	2007年
农产品	207 930.2	218 527.2	228 303.9	257 339.9	285 798.7	346 339.5
谷物	41 287.2	45 513.3	59 146.7	47 402.6	53 818.3	74 377.1
小麦产品	19 264.3	17 494.6	23 326.7	21 790.7	22 669.7	33 232.8
玉米产品	12 998.7	15 860.0	21 940.4	16 464.0	19 205.8	26 187.4
稻谷产品	3 244.2	3 114.4	4 286.9	3 734.3	4 746.8	5 992.8
棉花	1 115.2	914.1	1 312.2	1 178.6	872.5	997.6
食用油籽	19 777.5	21 028.5	26 823.5	24 087.7	22 466.6	28 155.1
大豆	15 664.8	16 858.4	20 260.5	17 567.3	15 785.8	20 316.9
花生	642.6	567.1	983.0	945.6	946.7	878.4
油菜籽	571.5	553.4	660.1	735.9	1 310.2	1 603.3
食用植物油	3 191.0	4 758.7	3 826.0	4 909.7	5 281.7	7 136.5
豆油	441.1	1 090.5	519.5	999.8	572.2	1 061.2
菜籽油	45.4	400.4	411.8	873.6	942.3	1 441.2
棕榈油	840.1	1 202.7	1 322.2	1 264.7	1 964.5	1 904.8
食糖	11 672.8	11 694.7	12 904.3	14 114.3	21 589.9	21 339.6
蔬菜	8 992.2	9 484.9	7 308.4	10 351.4	11 423.6	15 140.1
水果	22 710.8	22 739.4	24 463.5	27 515.5	29 204.4	34 858.3
畜产品	18 170.2	17 156.8	469.7	22 910.2	33 175.5	33 237.8
猪产品	67.9	70.4	6.0	116.9	108.5	95.4
牛产品	14 012.0	13 087.6	6.7	17 713.9	27 502.7	24 112.6
羊产品	267.9	247.7		107.3	193.4	326.3
禽产品	677.0	611.9		609.7	649.3	1 127.3
蛋产品	214.0	160.7		325.0	447.7	812.8
乳品	2 196.9	2 358.1		3 177.5	3 261.6	5 195.7
动物生皮	215.5	149.1	119.2	111.3	144.9	217.9
动物生毛皮	0.1	0.6	0.2	0.9	0.2	
羊毛	0.4				0.6	0.3
水产品	14 883.2	15 182.7	5 480.2	17 664.9	17 718.7	20 804.5
饮品	18 707.5	20 492.5	19 258.8	25 527.2	27 345.5	33 337.7
酒	5 204.9	5 191.5	5 841.9	6 188.1	7 148.7	8 636.2
茶	828.0	602.0	3.6	662.5	554.4	645.5
咖啡	4 413.2	4 803.7	1 889.6	6 387.4	7 302.8	8 864.3
烟草	12 376.3	11 529.5	12 268.6	12 224.4	12 377.5	13 771.2

以色列主要农产品进口额（二）

单位：万美元

项　目	2008年	2009年	2010年	2011年	2012年
农产品	447 279.7	372 978.5	446 291.5	547 935.5	536 709.9
谷物	103 341.5	73 472.2	84 695.5	116 166.2	114 044.1
小麦产品	55 356.1	38 252.6	39 593.4	51 095.0	54 733.9
玉米产品	28 418.9	18 734.7	25 805.4	39 095.4	38 404.9
稻谷产品	8 690.9	8 086.8	8 485.3	8 557.1	9 833.2
棉花	1 184.7	808.0	646.3	567.4	613.3
食用油籽	30 709.5	25 744.3	35 367.5	37 878.1	37 920.5
大豆	18 084.2	16 202.6	22 786.4	22 809.4	22 496.2
花生	1 468.9	1 192.2	983.6	1 239.5	2 144.7
油菜籽	2 454.1	1 572.0	3 447.2	5 023.4	3 998.2
食用植物油	10 229.3	10 527.7	10 235.9	13 208.7	14 142.2
豆油	1 066.4	723.9	407.0	577.8	1 198.4
菜籽油	2 564.2	3 670.2	2 187.2	4 038.7	5 007.3
棕榈油	3 738.2	2 673.8	2 636.9	3 313.6	2 908.0
食糖	24 246.2	24 552.8	24 233.0	32 924.5	30 365.2
蔬菜	21 368.3	16 738.5	17 622.2	20 426.6	19 878.6
水果	42 195.5	35 264.1	40 929.9	46 748.8	37 742.3
畜产品	49 265.6	41 292.9	57 551.2	73 478.0	68 733.6
猪产品	108.5	108.4	128.3	346.7	427.2
牛产品	37 491.8	31 902.0	44 314.0	57 066.8	53 371.7
羊产品	578.4	854.2	1 423.9	1 710.4	2 190.3
禽产品	1 320.9	1 173.1	1 564.9	2 205.7	2 062.0
蛋产品	839.4	1 004.3	1 153.2	1 058.8	1 001.1
乳品	5 996.0	3 526.0	5 684.4	7 049.1	5 674.5
动物生皮	227.2	137.7	100.7	88.6	126.7
动物生毛皮					1.6
羊毛	2.5	1.2	2.5	1.4	0.8
水产品	26 324.4	23 973.1	31 983.8	39 981.0	39 733.7
饮品	41 626.1	38 676.0	45 327.5	52 915.3	52 101.5
酒	10 147.9	10 439.3	11 879.1	13 156.8	13 046.2
茶	931.3	826.5	1 008.2	1 000.2	1 119.0
咖啡	11 495.2	9 627.0	11 548.0	15 381.4	16 823.9
烟草	16 658.1	16 496.7	18 940.6	20 408.5	20 483.4

4-12-3 以色列主要农产品出口量（一）

单位：吨

项　目	2002年	2003年	2004年	2005年	2006年	2007年
农产品						
谷物	531.4	384.4	428.7	1 231.0	3 819.3	12 496.4
小麦产品	194.1	171.5	199.1	425.4	16.0	281.3
玉米产品	223.3	9.8	131.6		2.9	1 538.4
稻谷产品	114.0	105.2	47.9	677.8	2 560.3	2 549.4
棉花	37 192.0	78 986.5	23 539.0	30 084.4	30 082.5	13 992.0
食用油籽	20 238.1	34 886.2	31 023.1	42 996.0	49 517.3	29 326.2
大豆	52.4	441.6	4 538.4	586.0	61.3	
花生	8 552.1	8 787.4	8 319.3	18 366.1	18 085.6	9 349.2
油菜籽						
食用植物油	225.6	357.9	263.0	1 058.0	561.9	391.0
豆油	3.3	1.3	11.0	136.9	14.7	8.9
菜籽油						
棕榈油	11.8		29.2	9.1	103.3	56.4
食糖	137.5	1 202.1	849.2	1 242.4	58.4	12.5
蔬菜						
水果						
畜产品						
猪产品						
牛产品						
羊产品						
禽产品						
蛋产品						
乳品	2 069.5	2 734.4		15 339.2	9 948.3	2 915.3
动物生皮	3 208.0	3 581.4	3 991.5	380.6	414.9	156.5
动物生毛皮						
羊毛	6.7		116.7	74.9	57.2	215.6
水产品						
饮品						
酒						
茶	198.0	246.1	47.2	290.8	421.1	474.4
咖啡	559.8	227.7		369.1	456.8	100.4
烟草						

以色列主要农产品出口量（二）

单位：吨

项　目	2008年	2009年	2010年	2011年	2012年
农产品					
谷物	45 036.0	37 270.3	58 244.2	61 621.5	145.6
小麦产品	12 003.5	10 942.6	1 196.5	1 098.0	87.2
玉米产品	13 506.6	17 618.3	39 551.2	60 299.9	0.7
稻谷产品	1 045.9	356.0	236.9	99.4	39.9
棉花	22 360.5	12 013.0	14 015.7	10 086.6	139.0
食用油籽	17 729.5	21 434.5	28 026.0	22 312.9	18 417.6
大豆	373.8	2.3		24.2	
花生	8 457.2	8 483.0	8 003.3	5 310.9	4 883.8
油菜籽	10.4				
食用植物油	279.3	273.4	398.0	434.6	23.0
豆油		2.6	1.6	49.7	
菜籽油	0.6	20.0	5.3	8.7	3.9
棕榈油	5.0	70.6	42.4	10.8	19.1
食糖	1 066.8	87.5	5 233.7	16 878.9	240.0
蔬菜					
水果					
畜产品					
猪产品					
牛产品					
羊产品					
禽产品					
蛋产品					
乳品	3 851.5	7 966.1	2 963.5	3 138.2	3 374.6
动物生皮	2 527.4	1 447.5	2 692.3	4 402.3	4 691.9
动物生毛皮					
羊毛	296.5		433.3	227.6	
水产品					
饮品					
酒					
茶	480.3	328.1	242.4	512.6	
咖啡	2 169.4	1 499.4	1 990.2	1 524.6	2 025.2
烟草					

4-12-4 以色列主要农产品进口量（一）

单位：吨

项　目	2002年	2003年	2004年	2005年	2006年	2007年
农产品						
谷物	3 250 674.9	3 202 543.2	3 444 903.6	2 281 263.5	2 593 702.2	2 881 966.7
小麦产品	1 543 549.5	1 238 289.2	1 341 361.7	1 100 714.1	1 143 573.7	1 228 767.0
玉米产品	1 082 413.3	1 164 664.4	1 345 561.0	835 601.1	986 715.7	1 186 668.8
稻谷产品	91 929.5	77 961.0	99 204.7	69 937.3	88 805.4	109 291.6
棉花	18 526.2	15 820.4	18 780.7	20 022.2	12 889.1	17 595.2
食用油籽	784 801.1	686 337.2	690 046.1	565 165.7	528 153.5	613 652.6
大豆	703 833.3	617 634.8	608 260.2	501 032.7	450 030.1	516 144.3
花生	5 625.9	4 423.1	5 843.9	5 352.1	5 343.9	6 757.4
油菜籽	22 035.2	17 371.1	19 103.9	21 807.0	38 824.1	38 130.6
食用植物油	45 562.7	64 474.7	45 435.6	55 959.2	61 445.7	71 901.2
豆油	7 586.6	16 439.4	6 125.8	12 228.9	7 104.3	14 513.8
菜籽油	569.8	5 135.2	4 502.0	9 764.5	10 538.2	11 388.3
棕榈油	19 003.7	22 885.7	24 268.9	20 237.6	30 059.0	24 563.3
食糖	427 925.8	418 781.5	520 498.7	330 972.5	533 130.6	498 950.2
蔬菜						
水果						
畜产品						
猪产品						
牛产品						
羊产品						
禽产品						
蛋产品						
乳品	9 469.2	10 742.2		13 185.1	13 403.4	12 803.6
动物生皮	892.6	724.5	859.4	470.9	515.7	1 216.1
动物生毛皮						
羊毛	2.5				2.2	1.7
水产品						
饮品						
酒						
茶	2 399.3	2 082.8	5.8	1 457.6	1 277.4	1 273.7
咖啡	22 156.6	22 649.5	2 714.3	26 323.8	30 914.3	31 055.6
烟草						

以色列主要农产品进口量（二）

单位：吨

项　目	2008 年	2009 年	2010 年	2011 年	2012 年
农产品					
谷物	2 998 839.6	3 436 727.6	3 500 463.1	3 499 464.8	3 493 674.7
小麦产品	1 620 631.6	1 825 525.4	1 723 590.9	1 575 389.9	1 737 034.3
玉米产品	949 744.3	1 004 794.6	1 153 822.5	1 257 473.4	1 280 451.5
稻谷产品	98 174.6	110 285.8	96 600.1	92 220.9	130 530.9
棉花	13 922.9	6 356.4	2 158.3	2 400.6	1 660.2
食用油籽	413 061.2	440 092.5	613 586.2	542 519.3	487 844.5
大豆	320 307.9	352 212.5	485 278.8	423 782.8	363 521.9
花生	8 316.2	7 258.6	5 807.6	6 357.1	8 871.7
油菜籽	37 675.7	38 285.3	71 114.9	55 241.0	61 463.1
食用植物油	75 411.4	100 576.2	73 647.2	76 807.6	148 084.9
豆油	7 821.4	4 971.9	3 280.0	3 437.1	8 604.3
菜籽油	14 854.4	44 614.2	16 370.7	22 658.4	37 593.6
棕榈油	39 715.4	31 804.3	26 810.0	25 232.1	24 046.8
食糖	554 857.5	493 489.2	402 586.0	474 004.2	477 154.4
蔬菜					
水果					
畜产品					
猪产品					
牛产品					
羊产品					
禽产品					
蛋产品					
乳品	13 351.5	9 360.2	12 958.5	14 122.6	12 633.8
动物生皮	1 202.8	708.2	814.8	383.1	1 002.9
动物生毛皮					
羊毛	5.7		9.6	0.8	
水产品					
饮品					
酒					
茶	1 746.1	1 632.2	1 930.9	2 121.4	147.2
咖啡	31 324.6	27 026.0	33 517.2	31 182.7	92 778.0
烟草					

4-13 土耳其主要农产品贸易情况

4-13-1 土耳其主要农产品出口额（一）

单位：万美元

项目	2002年	2003年	2004年	2005年	2006年	2007年
农产品	383 988.5	505 959.6	620 725.5	798 678.7	824 885.3	937 715.9
谷物	14 193.3	18 736.9	23 970.8	57 767.3	51 116.3	56 037.2
小麦产品	6 864.3	12 906.7	21 816.9	50 838.9	40 220.5	48 647.3
玉米产品	1 096.9	1 321.8	1 770.2	2 579.8	4 123.7	2 360.8
稻谷产品	92.4	173.2	161.3	174.2	291.1	222.4
棉花	7 535.9	15 767.9	13 597.3	10 467.0	14 807.4	17 716.3
食用油籽	20 007.4	24 418.2	42 278.6	62 238.9	51 596.9	58 231.9
大豆	24.4	9.8	87.8	6.6	5.2	10.6
花生	82.3	138.0	129.0	174.5	197.8	219.6
油菜籽	0.1				2.7	48.7
食用植物油	6 879.9	21 916.8	17 142.6	35 654.4	30 481.0	20 254.7
豆油	324.6	1 201.3	315.4	227.0	228.7	971.1
菜籽油					14.4	291.5
棕榈油	1.4	17.6	42.0	5.3		0.8
食糖	3 459.9	4 768.3	3 978.7	466.2	5 835.9	1 639.3
蔬菜	46 441.6	63 705.1	76 552.7	85 224.1	92 475.8	124 206.0
水果	88 060.8	114 016.6	138 203.4	163 665.5	188 044.9	229 100.8
畜产品	18 724.4	19 991.3	19 597.4	20 569.6	21 352.6	30 371.4
猪产品	3 587.8	4 652.4	4 541.3	3 828.7	3 198.8	3 089.3
牛产品	34.3	98.1	48.9	58.3	116.0	181.2
羊产品	2 675.3	326.3	269.1	19.5	384.8	36.9
禽产品	5 045.8	6 612.8	6 816.8	7 620.1	6 067.1	7 915.8
蛋产品	376.1	1 067.6	1 410.5	1 850.6	1 834.4	6 743.1
乳品	2 339.9	2 968.2	3 535.8	5 453.9	7 803.9	9 923.2
动物生皮	3 257.4	3 131.4	2 830.5	2 268.6	1 685.9	1 554.7
动物生毛皮	0.3	0.4	2.5	1.0	25.7	10.2
羊毛	1 339.5	1 439.4	2 377.6	1 931.3	1 831.7	2 783.9
水产品	12 853.3	17 072.5	22 658.7	25 678.3	27 330.3	32 055.3
饮品	15 136.5	26 003.6	35 422.5	40 200.6	42 908.3	55 245.3
酒	2 806.1	3 760.1	5 092.5	7 207.3	7 906.0	8 867.7
茶	502.3	700.1	689.4	705.3	571.0	763.8
咖啡	120.4	119.3	187.0	267.3	447.5	595.9
烟草	38 503.3	41 880.9	47 784.8	59 004.7	68 489.0	64 379.9

土耳其主要农产品出口额（二）

单位：万美元

项　目	2008 年	2009 年	2010 年	2011 年	2012 年
农产品	1 108 429.5	1 086 506.8	1 224 395.5	1 476 984.2	1 553 480.9
谷物	76 179.8	89 456.4	110 222.2	122 865.5	121 063.7
小麦产品	70 322.1	72 045.2	90 292.6	100 641.1	97 487.0
玉米产品	4 010.6	9 325.2	5 513.2	8 635.8	9 630.8
稻谷产品	1 008.9	2 503.4	5 265.7	8 404.9	7 497.1
棉花	18 601.3	12 172.8	15 678.3	29 673.1	22 083.3
食用油籽	61 134.0	51 177.2	67 119.1	80 139.7	84 513.6
大豆	15.4	21.2	13.6	5.5	1 086.1
花生	205.6	302.8	454.3	446.5	490.1
油菜籽				2.5	231.8
食用植物油	26 623.7	23 588.0	20 139.5	45 612.2	55 404.6
豆油	874.9	327.9	394.8	809.2	461.9
菜籽油	272.0	148.5	194.7	448.7	172.2
棕榈油	9.6		10.7	197.1	244.3
食糖	336.3	350.2	4 516.5	5 817.1	2 543.3
蔬菜	145 242.7	145 786.8	154 045.9	152 325.6	150 248.6
水果	261 643.0	269 194.1	310 409.0	360 252.5	342 716.1
畜产品	41 887.3	49 061.7	60 307.3	99 228.9	121 533.4
猪产品	3 619.2	2 740.0	2 862.8	4 029.4	5 082.8
牛产品	270.0	264.0	268.9	288.2	524.1
羊产品	532.6	1 270.9	3.5	9.7	41.6
禽产品	12 807.2	19 411.3	24 612.4	44 106.0	59 908.3
蛋产品	11 892.6	12 661.8	15 620.3	28 405.6	35 054.4
乳品	11 466.9	11 871.4	14 147.0	19 477.1	18 903.6
动物生皮	965.8	530.8	472.8	352.4	287.2
动物生毛皮	9.8	3.5	23.0	1.4	5.4
羊毛	2 637.2	1 229.7	2 126.0	3 133.7	3 045.0
水产品	45 623.7	35 720.3	37 017.7	44 860.9	46 654.1
饮品	60 307.2	56 697.3	67 879.6	79 227.6	87 695.4
酒	10 066.4	9 640.7	12 499.5	12 509.1	13 736.2
茶	1 137.7	786.7	998.6	1 117.9	1 276.5
咖啡	674.9	668.0	821.0	1 246.6	2 768.5
烟草	70 455.0	75 707.2	69 702.7	67 066.0	84 243.2

4-13-2 土耳其主要农产品进口额（一）

单位：万美元

项　目	2002年	2003年	2004年	2005年	2006年	2007年
农产品	305 263.1	416 354.3	464 745.8	483 787.1	517 858.1	723 266.2
谷物	37 359.7	69 743.4	52 081.1	19 035.5	16 832.8	97 459.2
小麦产品	14 803.8	27 757.8	22 188.8	2 506.7	5 273.9	57 051.8
玉米产品	13 375.7	27 627.1	19 053.6	4 755.7	1 273.6	26 961.7
稻谷产品	8 638.8	12 279.0	6 205.1	9 720.3	8 912.6	11 280.7
棉花	49 651.8	67 549.5	84 411.3	91 112.6	97 494.1	128 279.9
食用油籽	22 707.0	42 743.6	47 284.4	63 336.0	53 529.2	91 219.7
大豆	13 962.9	22 655.0	22 686.6	32 854.2	26 483.8	40 968.1
花生	19.0	49.2	397.6	2 533.5	268.3	2 081.3
油菜籽	8.3	5.6	157.8	1 819.7	5 836.4	10 384.9
食用植物油	30 169.4	36 526.1	35 510.7	54 802.9	71 368.7	54 316.8
豆油	7 173.8	7 267.0	4 759.0	10 548.4	12 414.6	3 737.2
菜籽油	725.9	582.4	199.0	601.1	249.0	41.6
棕榈油	10 305.1	15 766.4	18 227.6	20 501.4	25 535.0	26 303.9
食糖	91.9	74.6	78.9	276.2	543.6	399.6
蔬菜	5 844.4	6 468.3	7 786.9	9 608.8	11 474.3	15 607.7
水果	14 290.8	17 053.3	23 896.8	32 697.0	38 036.5	46 474.2
畜产品	61 679.0	64 954.8	62 215.2	52 960.7	57 984.3	64 588.7
猪产品	2 219.1	2 647.8	2 365.2	1 874.3	1 541.1	1 295.9
牛产品	0.6	327.9	7.4	385.4	116.6	668.7
羊产品	0.3					
禽产品	3 075.1	3 336.8	3 115.8	2 685.1	2 423.2	2 161.1
蛋产品	1 304.7	1 089.2	1 364.2	1 502.4	793.7	1 091.4
乳品	2 331.2	3 974.0	5 428.7	6 005.4	6 977.1	9 946.8
动物生皮	45 107.1	44 048.1	39 646.7	29 308.0	33 648.5	32 723.2
动物生毛皮	15.7	6.5	23.8	16.0	28.5	9.7
羊毛	3 744.5	4 936.7	5 836.8	4 811.9	5 184.5	5 814.2
水产品	3 630.5	5 546.2	10 494.6	12 071.5	16 696.3	19 911.2
饮品	15 532.5	26 639.0	33 311.1	31 709.1	36 121.6	44 955.8
酒	791.9	1 257.4	3 075.4	3 965.5	5 204.7	6 083.2
茶	378.3	506.1	663.3	760.2	900.7	990.1
咖啡	3 793.5	4 371.2	5 907.1	7 421.6	9 170.5	11 098.8
烟草	20 791.6	23 487.8	23 927.8	27 550.4	25 626.3	30 212.5

土耳其主要农产品进口额（二）

单位：万美元

项　目	2008年	2009年	2010年	2011年	2012年
农产品	1 024 414.8	768 968.7	989 650.5	1 353 386.5	1 270 940.2
谷物	214 031.7	121 301.6	107 783.4	195 883.2	155 226.6
小麦产品	148 402.3	90 359.5	65 559.4	162 321.4	112 617.1
玉米产品	38 201.8	13 571.2	12 511.4	13 687.5	24 629.5
稻谷产品	17 283.8	13 527.2	26 462.0	15 260.6	11 147.8
棉花	100 591.2	100 829.0	172 641.9	186 439.1	127 952.9
食用油籽	132 481.7	88 108.0	141 008.0	154 628.4	147 612.2
大豆	64 797.6	42 944.8	74 254.8	68 755.6	68 490.9
花生	2 252.4	514.6	1 200.4	2 089.0	2 283.2
油菜籽	14 813.2	6 621.5	15 037.9	7 222.2	9 943.9
食用植物油	129 729.5	82 208.3	65 995.8	114 951.1	147 331.2
豆油	2 573.8	1 048.4	733.9	334.9	109.7
菜籽油	1 537.7	42.3	75.7	327.0	36.9
棕榈油	46 233.7	26 440.8	31 841.2	45 371.8	43 948.0
食糖	440.8	477.0	491.9	552.4	607.5
蔬菜	20 214.2	17 879.9	19 849.1	24 914.0	24 721.5
水果	47 684.9	40 567.1	46 499.1	60 201.1	58 171.9
畜产品	61 043.2	41 282.4	111 777.8	227 058.0	168 583.3
猪产品	1 108.0	1 232.8	1 851.3	3 013.9	2 228.2
牛产品	1 641.8	1 330.7	52 348.4	136 095.7	87 241.9
羊产品		12.3	2 692.0	14 801.6	4 260.5
禽产品	2 765.2	2 784.2	3 611.3	5 765.3	5 470.1
蛋产品	995.6	896.0	1 243.5	1 447.9	1 411.1
乳品	11 281.4	10 756.4	11 541.0	9 025.8	10 223.0
动物生皮	23 545.5	12 219.4	22 523.0	40 594.9	40 243.7
动物生毛皮	74.3	41.4	64.0	309.4	446.0
羊毛	4 531.0	2 290.7	3 163.7	3 550.0	3 291.5
水产品	22 594.5	20 590.1	26 100.3	29 987.6	34 417.4
饮品	54 169.2	55 700.9	69 608.7	90 245.8	87 649.9
酒	7 318.1	9 692.8	10 491.7	16 159.3	16 458.8
茶	1 382.5	1 522.2	2 404.0	2 055.3	1 653.1
咖啡	13 191.5	10 741.7	12 629.7	17 939.0	18 106.8
烟草	39 169.4	39 981.6	36 827.4	40 050.0	48 742.7

4-13-3 土耳其主要农产品出口量（一）

单位：吨

项目	2002年	2003年	2004年	2005年	2006年	2007年
农产品						
谷物	958 412.9	1 055 954.6	865 947.3	2 835 415.9	2 652 514.3	1 616 873.8
小麦产品	343 259.0	637 526.8	840 674.2	2 395 992.2	2 013 833.0	1 353 315.7
玉米产品	9 044.1	11 366.0	17 892.4	140 619.5	213 497.1	36 713.4
稻谷产品	2 594.8	4 845.9	1 626.1	2 730.0	6 796.1	2 072.3
棉花	122 613.0	200 129.2	137 594.6	140 253.9	165 381.0	185 399.4
食用油籽	96 675.0	118 515.1	114 430.3	108 429.9	127 228.5	121 619.1
大豆	880.8	283.3	1 813.6	97.9	90.3	141.3
花生	438.5	900.0	615.5	651.9	828.2	638.0
油菜籽	1.0		0.2	0.2	10.0	158.0
食用植物油	58 432.9	145 544.6	89 083.7	147 055.7	180 392.9	98 951.9
豆油	5 390.9	15 005.9	3 645.6	2 828.9	2 833.9	9 959.1
菜籽油					146.6	2 547.5
棕榈油	22.6	361.5	550.8	100.5		6.0
食糖	119 953.4	188 115.6	133 426.1	8 101.4	125 924.8	38 529.4
蔬菜	1 016 451.9	1 238 361.3	1 243 873.1	1 160 007.2	1 228 822.8	1 569 095.7
水果						
畜产品						
猪产品						
牛产品						
羊产品						
禽产品						
蛋产品						
乳品	13 282.4	16 974.4	19 796.0	32 923.6	45 688.8	49 449.5
动物生皮	15 632.5	14 621.0	11 312.9	9 679.1	8 295.5	6 635.0
动物生毛皮			1.1	0.2	950.0	316.8
羊毛	15 026.7	11 533.3	17 593.1	13 616.4	13 478.2	17 037.9
水产品						
饮品						
酒						
茶	5 114.6	6 743.6	5 938.7	5 786.6	2 688.5	3 384.3
咖啡	179.1	217.4	294.6	367.8	675.1	835.1
烟草						

土耳其主要农产品出口量（二）

单位：吨

项　目	2008年	2009年	2010年	2011年	2012年
农产品					
谷物	1 386 380.4	2 968 739.4	3 932 735.1	2 554 870.0	2 735 451.6
小麦产品	1 318 128.9	2 254 448.7	3 235 166.7	2 190 405.1	2 290 633.8
玉米产品	47 248.6	354 216.6	90 548.6	143 646.5	166 759.7
稻谷产品	10 468.6	27 108.0	62 512.8	103 095.1	99 587.8
棉花	139 124.6	107 675.6	103 972.0	137 619.7	168 673.7
食用油籽	107 704.3	126 262.8	144 918.9	172 226.6	192 291.5
大豆	192.4	209.9	138.2	44.9	13 226.9
花生	502.5	983.1	1 284.6	1 083.0	1 248.1
油菜籽	0.2			22.4	2 953.8
食用植物油	132 907.0	153 534.8	121 137.0	256 376.2	330 272.4
豆油	5 545.7	3 042.9	3 447.5	5 216.2	3 347.0
菜籽油	2 141.4	1 270.8	1 532.1	2 427.5	955.7
棕榈油	54.9		80.7	1 340.1	1 648.8
食糖	5 355.3	5 119.6	77 310.6	74 190.6	33 448.0
蔬菜	1 521 586.6	1 596 901.5	1 608 990.7	1 581 223.7	1 590 019.2
水果					
畜产品					
猪产品					
牛产品					
羊产品					
禽产品					
蛋产品					
乳品	47 930.7	47 369.6	55 947.3	83 349.1	82 920.5
动物生皮	5 053.9	4 204.0	3 749.8	1 829.8	1 637.9
动物生毛皮	333.5	84.0	338.9	33.8	99.1
羊毛	14 573.2	8 886.9	13 763.8	13 013.7	12 300.8
水产品					
饮品					
酒					
茶	3 206.9	2 158.9	2 351.3	2 426.4	3 480.9
咖啡	1 004.0	947.6	1 032.4	2 110.7	5 806.6
烟草					

4-13-4 土耳其主要农产品进口量（一）

单位：吨

项　目	2002年	2003年	2004年	2005年	2006年	2007年
农产品						
谷物	2 748 592.5	4 274 273.0	2 564 604.3	789 903.8	611 972.9	3 554 667.2
小麦产品	1 097 839.7	1 846 390.4	1 065 478.0	135 716.4	240 130.1	2 147 310.7
玉米产品	1 177 662.4	1 818 516.6	1 050 007.8	218 710.0	30 623.6	1 128 977.1
稻谷产品	427 666.1	472 913.1	165 889.0	302 819.5	272 618.3	195 794.1
棉花	548 956.1	572 601.7	596 524.2	781 131.8	761 454.6	955 741.9
食用油籽	869 139.9	1 444 634.2	1 338 746.4	1 956 507.8	1 751 452.8	2 229 502.5
大豆	612 535.0	831 510.1	682 036.4	1 154 517.2	1 016 936.3	1 230 935.6
花生	148.3	436.9	4 179.7	31 054.8	1 924.4	14 773.7
油菜籽	341.4	16.9	5 714.3	55 126.1	184 894.9	245 261.7
食用植物油	665 665.6	691 277.5	603 072.6	984 241.7	1 294 672.6	701 946.0
豆油	174 891.7	134 634.5	75 398.7	191 006.2	218 630.7	50 800.0
菜籽油	15 131.6	9 605.4	3 000.9	8 863.2	3 548.3	458.6
棕榈油	259 674.5	351 930.7	349 423.3	458 868.2	533 800.2	365 629.1
食糖	1 230.2	700.5	660.5	3 938.6	7 445.9	4 188.1
蔬菜	31 932.4	30 314.2	31 966.5	51 413.0	54 918.1	62 921.3
水果						
畜产品						
猪产品						
牛产品						
羊产品						
禽产品						
蛋产品						
乳品	14 163.6	21 546.5	22 616.9	21 970.6	28 347.1	25 137.3
动物生皮	214 292.3	205 916.0	187 392.3	168 438.9	169 255.0	160 349.8
动物生毛皮	53.5	6.0	43.6	45.7	64.9	68.7
羊毛	24 264.7	28 869.8	29 661.3	27 283.8	29 460.2	34 201.2
水产品						
饮品						
酒						
茶	1 662.1	2 643.9	3 022.5	3 492.5	4 045.4	3 728.5
咖啡	18 010.5	18 685.0	24 262.3	30 102.9	34 675.8	36 696.1
烟草						

土耳其主要农产品进口量（二）

单位：吨

项　目	2008 年	2009 年	2010 年	2011 年	2012 年
农产品					
谷物	5 379 867.1	4 236 403.3	3 653 268.7	5 589 541.9	4 942 866.2
小麦产品	3 709 490.0	3 395 744.9	2 554 954.0	4 754 844.0	3 719 387.0
玉米产品	1 151 467.6	489 122.2	457 649.2	384 615.4	808 977.8
稻谷产品	240 021.7	226 658.1	535 142.4	349 596.0	263 640.5
棉花	618 964.5	760 168.0	895 507.6	611 940.5	618 293.2
食用油籽	2 030 837.0	1 702 411.2	2 839 676.7	2 463 496.6	2 331 289.5
大豆	1 239 130.8	973 695.5	1 756 188.5	1 297 833.3	1 195 035.0
花生	15 573.1	3 506.0	8 279.1	11 194.2	11 036.0
油菜籽	216 326.7	157 508.1	307 076.9	107 264.3	149 562.2
食用植物油	969 505.6	814 258.3	706 200.1	946 208.9	1 211 838.6
豆油	20 094.8	10 178.4	9 696.8	2 456.4	271.4
菜籽油	10 359.8	364.3	650.1	2 209.2	179.9
棕榈油	439 568.5	386 088.8	409 732.8	429 247.8	436 938.1
食糖	4 342.5	4 343.6	4 213.6	4 677.1	5 513.3
蔬菜	66 198.4	56 018.8	79 237.4	115 425.2	87 608.8
水果					
畜产品					
猪产品					
牛产品					
羊产品					
禽产品					
蛋产品					
乳品	28 608.9	38 595.7	30 134.1	19 746.1	23 612.7
动物生皮	126 244.9	96 337.4	117 064.5	126 725.7	121 060.0
动物生毛皮	11.4	65.3	24.0	141.2	85.9
羊毛	27 498.3	20 316.8	23 471.2	25 015.3	20 150.7
水产品					
饮品					
酒					
茶	4 544.5	5 577.5	8 957.9	8 380.1	5 590.7
咖啡	30 903.6	24 105.8	27 563.0	27 582.2	31 011.1
烟草					

欧　洲

4-14　欧盟主要农产品贸易情况

4-14-1　欧盟农产品贸易综述

一、10 年来欧盟农产品贸易总体情况

2002—2012 年，欧盟农产品贸易额总体呈增长态势，贸易逆差不断扩大。贸易额由 2002 年的 1 238.7 亿美元增至 2012 年的 2 780.1 亿美元，年均增长 8.4%，其中进口额由 689.0 亿美元增至 1 553.0 亿美元，年均增长 8.5%，出口额由 549.7 亿美元增至 1 227.1 亿美元，年均增长 8.4%。贸易逆差由 139.3 亿美元增至 325.9 亿美元，年均增长 8.9%（图 1）。

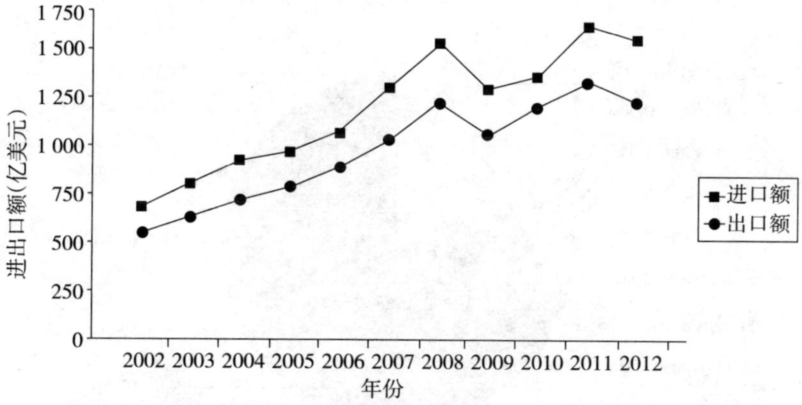

图 1　2002—2012 年欧盟农产品进出口额变化

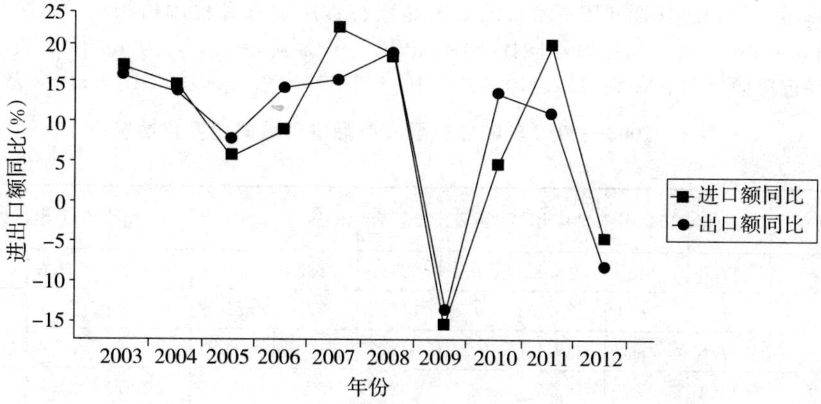

图 2　2003—2012 年欧盟农产品进出口额同比变化

2003—2012 年，欧盟农产品进口额有 8 年保持同比增长，增长率在 4.7%～21.9%，其中增长较快的年份为 2007 年和 2011 年，增幅为 20%左右。除 2009 年和 2012 年下降外，其余 8 年出口额大多保持增长（图 2）。

二、2012 年欧盟农产品贸易情况

2012 年，欧盟农产品贸易额为 2 780.1 亿美元，同比下降 6.1%，其中进口额为 1 553.0亿美元，同比下降 4.5%；出口额为 1 227.1 亿美元，同比下降 8.0%。

（一）进出口产品结构

2012 年，欧盟进口农产品以饮品、水产品和水果为主，进口额分别为 263.9 亿美元、261.0 亿美元和 193.5 亿美元，同比分别下降 10.1%、6.2%和 5.8%，占其农产品进口额的比重分别为 17.0%、16.8%和 12.5%。此外，欧盟还进口畜产品、食用油籽、食用植物油和蔬菜等，进口额分别为 120.7 亿美元、120.3 亿美元、86.1 亿美元和 69.6 亿美元，分别占其农产品进口额的 7.8%、7.7%、5.5%和 4.5%（图 3）。

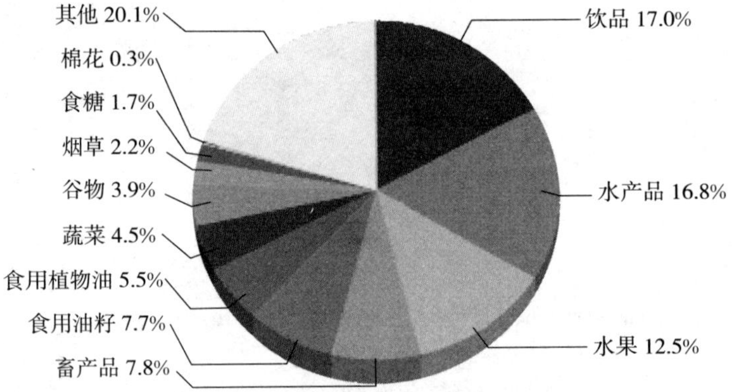

图 3　2012 年欧盟农产品进口结构

2012 年，欧盟进口额同比正增长的农产品仅有食用油籽和食用植物油，增幅分别为 6.8%和 5.4%，其余产品进口额同比下降。棉花进口额降幅最大，为 45.9%；食糖、蔬菜、饮品进口额分别下降 18.1%、10.1%和 10.1%；其他产品降幅在 10%以内（表 1）。

表 1　2003—2012 年欧盟主要农产品进口额同比变化情况

单位：%

	2003 年	2004 年	2005 年	2006 年	2007 年	2008 年	2009 年	2010 年	2011 年	2012 年
农产品	17.0	14.7	5.8	9.1	21.9	18.0	−15.3	4.7	19.6	−4.5
谷物	1.7	18.1	−23.5	7.8	144.5	32.4	−53.5	−9.2	73.7	−2.0
棉花	−7.6	3.9	−28.3	−10.4	3.2	−10.8	−38.0	36.8	77.6	−45.9
食用油籽	16.4	7.1	−5.7	−2.5	32.2	52.5	−22.1	1.0	21.9	6.8
食用植物油	25.0	35.9	13.0	43.7	19.8	44.7	−30.7	11.6	25.1	5.4

（续）

	2003年	2004年	2005年	2006年	2007年	2008年	2009年	2010年	2011年	2012年
食糖	15.8	16.7	6.5	8.6	0.0	12.0	−15.6	−4.7	94.2	−18.1
蔬菜	17.9	19.1	7.4	10.5	39.3	1.4	−8.8	5.8	9.7	−10.1
水果	24.8	14.0	6.4	7.9	19.8	11.3	−11.6	1.4	11.2	−5.8
畜产品	14.5	11.9	7.2	6.7	10.9	7.2	−15.9	3.1	18.6	−7.8
水产品	18.1	9.3	12.8	16.4	12.0	6.8	−10.4	6.9	12.8	−6.2
饮品	24.1	11.3	12.7	11.0	22.7	17.0	−5.3	7.5	25.7	−10.1
烟草	7.8	−0.9	−0.8	1.4	11.8	−3.0	10.5	3.0	11.6	−2.9

2012年，欧盟出口农产品以饮品和畜产品为主，出口额分别为386.7亿美元和306.3亿美元，同比分别增长10.8%和6.9%，占其农产品出口额的比重分别为31.5%和25.0%。此外，欧盟还出口水果、蔬菜、烟草和水产品等，出口额分别为73.8亿美元、66.8亿美元、54.1亿美元和49.0亿美元，分别占其农产品出口额的6.0%、5.4%、4.4%和4.0%（图4）。

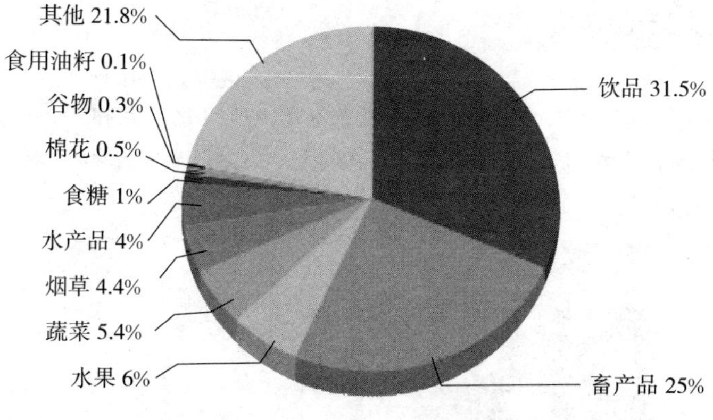

图4　2012年欧盟农产品出口结构

2012年，欧盟出口额同比降幅较大的农产品有食用植物油、谷物和食用油籽等，同比分别下降99.7%、95.2%和80.7%。同比增长较快的农产品主要是棉花、食糖和烟草，增幅分别为64.5%、33.3%和17.4%（表2）。

表2　2003—2012年欧盟主要农产品出口额同比变化情况

单位：%

	2003年	2004年	2005年	2006年	2007年	2008年	2009年	2010年	2011年	2012年
农产品	16.0	14.2	7.9	14.2	15.2	18.6	−13.7	13.5	11.0	−8.0
谷物	22.9	−20.8	15.6	11.2	33.0	94.3	−32.8	21.9	12.8	−95.2

（续）

	2003年	2004年	2005年	2006年	2007年	2008年	2009年	2010年	2011年	2012年
棉花	78.6	14.7	−28.0	53.2	−39.6	45.6	16.3	30.3	−28.0	64.5
食用油籽	−11.2	11.3	29.2	9.1	44.5	24.8	−32.7	14.3	35.2	−80.7
食用植物油	11.8	14.7	4.0	3.9	11.4	28.0	−19.4	14.7	19.3	−99.7
食糖	1.9	−3.1	77.2	43.4	−71.3	−7.0	20.6	68.2	−29.1	33.3
蔬菜	17.3	13.4	3.2	15.5	22.9	14.4	−7.7	11.9	4.2	−12.8
水果	18.6	19.1	10.4	19.8	22.0	11.8	−6.4	6.7	9.5	−29.4
畜产品	11.9	25.5	0.0	4.8	17.8	23.8	−15.6	26.9	17.4	6.9
水产品	15.8	13.8	6.7	7.8	16.8	15.7	−12.2	13.5	6.8	−5.1
饮品	19.7	10.8	7.6	17.8	16.5	6.5	−11.0	13.9	11.6	10.8
烟草	7.4	9.6	14.4	2.1	10.0	23.5	1.2	4.5	10.0	17.4

（二）进出口产品市场

2012年，欧盟前五大农产品出口市场分别为美国、俄罗斯、中国、瑞士和日本，出口额分别为172.9亿美元、115.5亿美元、77.3亿美元、72.3亿美元和61.7亿美元（图5），占其农产品出口额比重分别为14.1%、9.4%、6.3%、5.9%和5.0%。

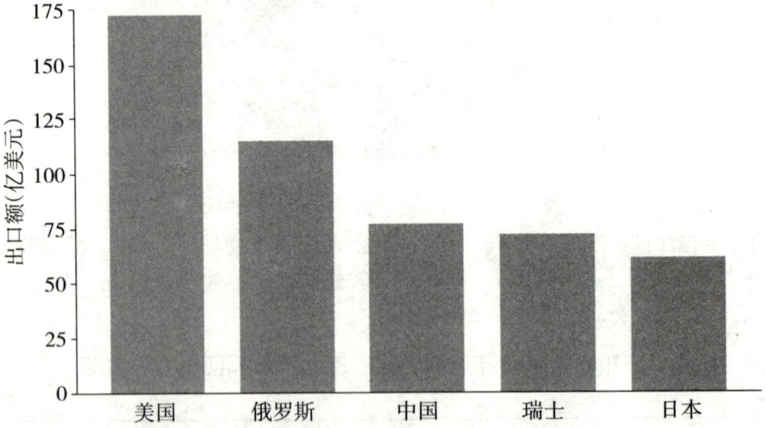

图5　2012年欧盟前五大农产品出口市场

2012年，欧盟前五大农产品进口来源地分别为巴西、美国、阿根廷、中国和挪威，进口额分别为183.0亿美元、119.3亿美元、84.8亿美元、79.6亿美元和58.1亿美元（图6），占其农产品进口额比重分别为11.8%、7.7%、5.5%、5.1%和3.7%。

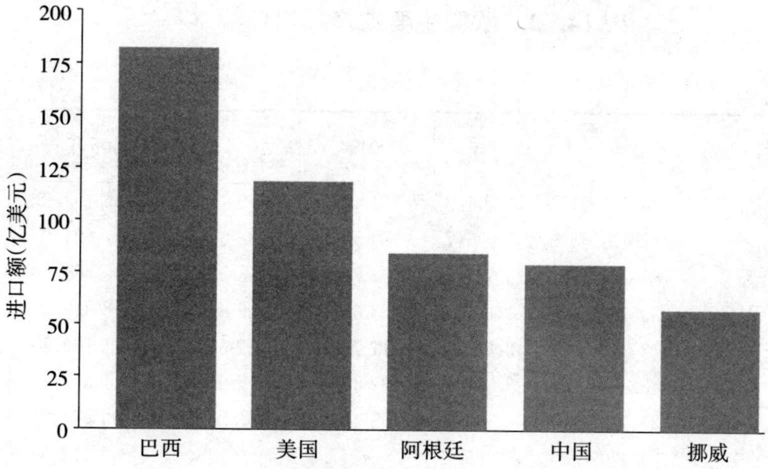

图 6　2012 年欧盟前五大农产品进口来源地

4-14-2 欧盟主要农产品出口额（一）

单位：万美元

项 目	2002 年	2003 年	2004 年	2005 年	2006 年	2007 年
农产品	5 496 845.2	6 374 594.9	7 277 467.6	7 849 060.8	8 965 192.8	10 328 690.6
谷物	277 883.4	341 406.7	270 528.8	312 665.5	347 694.9	462 410.8
小麦产品	181 005.8	213 684.5	204 746.0	198 524.4	265 364.6	269 806.8
玉米产品	20 679.2	21 417.4	23 601.4	19 865.5	18 817.5	35 844.6
稻谷产品	12 097.3	12 132.4	11 769.3	12 572.6	11 169.7	12 852.3
棉花	18 282.2	32 646.7	37 450.0	26 958.1	41 311.8	24 936.3
食用油籽	35 519.0	31 552.7	35 119.5	45 360.4	49 471.5	71 475.0
大豆	1 720.8	1 859.5	1 247.1	2 043.2	2 412.4	1 932.0
花生	2 767.5	2 734.7	3 581.1	3 954.0	4 130.1	4 526.0
油菜籽	18 566.6	7 723.9	6 648.1	7 935.7	5 209.0	18 372.7
食用植物油	166 277.6	185 887.3	213 127.6	221 621.5	230 307.8	256 597.4
豆油	41 781.0	42 176.6	38 854.3	28 991.3	15 127.3	20 575.1
菜籽油	17 848.3	8 540.2	11 217.1	7 749.7	5 627.8	9 123.4
棕榈油	2 871.3	3 621.9	4 790.3	7 177.3	8 844.2	17 171.7
食糖	98 556.0	100 390.8	97 271.3	172 349.2	247 212.0	70 914.4
蔬菜	319 593.6	374 787.0	424 966.4	438 641.1	506 477.3	622 288.7
水果	375 087.7	445 011.4	529 905.3	585 227.0	700 858.2	854 716.9
畜产品	1 061 401.6	1 188 232.5	1 490 703.3	1 491 255.9	1 562 655.9	1 841 273.1
猪产品	211 649.4	237 052.0	336 679.2	335 474.8	384 748.0	428 871.5
牛产品	71 245.0	62 822.1	80 393.0	73 929.9	75 082.9	72 087.8
羊产品	3 913.5	4 807.4	4 807.3	4 554.9	4 837.9	4 568.4
禽产品	124 087.0	127 917.8	152 145.1	154 416.6	141 555.6	178 826.8
蛋产品	17 847.9	15 696.5	19 964.0	21 789.9	22 935.6	26 685.7
乳品	435 899.2	521 690.7	615 760.4	614 689.3	601 266.6	816 794.2
动物生皮	41 272.7	49 419.4	60 136.6	47 038.0	55 888.0	55 522.5
动物生毛皮	55 987.0	61 494.1	80 524.7	88 807.9	123 780.6	89 236.0
羊毛	8 179.9	9 663.9	11 535.7	9 753.8	10 758.4	14 691.6
水产品	236 761.6	274 064.2	311 829.9	332 848.4	358 894.6	419 209.8
饮品	1 481 106.9	1 772 375.0	1 963 672.2	2 113 621.6	2 489 009.9	2 898 831.1
酒	1 133 162.8	1 327 632.3	1 433 081.8	1 522 298.3	1 774 755.0	2 043 492.8
茶	19 736.6	26 388.7	31 628.8	32 805.4	38 982.5	44 673.2
咖啡	58 302.4	73 021.5	86 743.3	117 235.5	127 929.4	155 655.1
烟草	211 779.2	227 481.1	249 422.4	285 440.4	291 499.8	320 733.0

欧盟主要农产品出口额（二）

单位：万美元

项　目	2008年	2009年	2010年	2011年	2012年
农产品	12 253 420.4	10 574 515.6	12 006 488.5	13 331 365.7	12 271 011.6
谷物	898 568.3	603 638.1	735 676.3	829 970.8	39 623.1
小麦产品	685 651.4	508 195.2	545 694.5	585 569.4	39 590.4
玉米产品	59 362.6	44 422.3	62 574.9	95 029.5	
稻谷产品	20 206.0	18 079.5	24 032.5	22 583.6	
棉花	36 295.2	42 222.0	55 009.2	39 582.2	65 108.9
食用油籽	89 235.3	60 093.4	68 687.3	92 871.3	17 957.8
大豆	3 200.1	2 541.1	1 997.5	3 417.8	
花生	5 756.0	4 441.1	5 958.2	5 976.6	4 756.4
油菜籽	14 581.7	9 003.0	14 679.3	9 231.5	
食用植物油	328 485.0	264 672.9	303 610.6	362 211.9	1 175.3
豆油	45 144.5	36 789.3	39 977.0	58 983.9	
菜籽油	21 998.2	14 421.7	17 334.0	35 497.0	
棕榈油	19 495.8	13 902.8	16 629.2	25 213.7	
食糖	65 945.8	79 552.7	133 797.3	94 890.2	126 459.0
蔬菜	711 785.6	657 160.0	735 526.5	766 213.2	668 385.1
水果	955 948.0	894 759.8	954 305.5	1 044 600.0	737 560.0
畜产品	2 278 727.8	1 923 745.8	2 440 389.7	2 865 958.3	3 063 410.9
猪产品	598 961.3	514 055.8	562 254.3	714 095.0	831 271.8
牛产品	93 756.4	84 798.7	165 229.3	244 974.8	209 658.6
羊产品	4 804.1	5 591.8	11 609.2	20 801.0	28 488.0
禽产品	240 600.7	230 002.2	264 643.5	293 992.0	313 972.3
蛋产品	33 292.7	34 037.7	37 399.9	38 098.4	44 739.0
乳品	922 793.5	725 164.6	945 678.0	1 025 363.3	1 125 268.2
动物生皮	61 407.3	56 615.6	83 302.7	101 972.0	107 307.7
动物生毛皮	121 767.2	104 374.5	188 838.7	209 327.6	270 482.5
羊毛	13 343.8	11 937.5	13 918.4	17 655.1	17 127.6
水产品	484 888.8	425 753.4	483 401.0	516 117.6	489 998.2
饮品	3 086 727.1	2 747 436.9	3 128 834.1	3 491 372.0	3 866 929.9
酒	2 171 676.4	1 890 233.6	2 147 045.8	2 413 168.0	2 825 075.1
茶	48 877.4	44 037.3	52 753.5	51 442.2	24 122.7
咖啡	165 874.0	162 212.6	158 621.5	211 021.6	81 837.1
烟草	396 034.7	400 906.5	418 900.3	460 926.8	541 225.7

4-14-3 欧盟主要农产品进口额（一）

单位：万美元

项 目	2002年	2003年	2004年	2005年	2006年	2007年
农产品	6 889 594.0	8 063 877.1	9 245 762.2	9 783 185.3	10 669 116.9	13 001 115.4
谷物	263 042.3	267 624.0	316 095.4	241 881.6	260 761.8	637 491.4
小麦产品	152 426.2	119 209.3	139 907.5	129 650.6	113 654.5	205 861.7
玉米产品	41 836.2	69 051.2	91 906.2	47 140.3	71 163.0	266 138.8
稻谷产品	40 995.4	49 991.4	56 594.9	53 114.4	59 326.0	77 794.1
棉花	109 253.2	100 937.1	104 907.9	75 181.6	67 398.8	69 534.9
食用油籽	508 558.3	592 058.7	634 037.5	597 856.2	582 860.6	770 405.9
大豆	381 170.8	445 697.9	436 045.6	379 398.7	365 161.4	525 004.8
花生	40 511.2	44 278.8	53 395.5	56 886.9	53 407.4	64 526.1
油菜籽	2 677.5	1 384.3	6 456.0	2 749.3	20 159.0	23 598.1
食用植物油	176 711.8	220 839.7	300 053.3	339 070.0	487 310.8	583 619.2
豆油	1 782.0	1 758.0	6 652.8	14 275.6	53 101.8	77 674.9
菜籽油	420.4	1 232.4	2 371.2	4 114.9	46 230.8	40 356.8
棕榈油	110 624.6	136 220.7	170 864.0	178 628.9	202 406.2	290 077.9
食糖	120 672.9	139 709.0	163 043.8	173 629.1	188 634.9	188 607.6
蔬菜	310 338.4	365 957.7	435 928.4	468 350.7	517 500.3	720 739.3
水果	947 075.6	1 181 550.5	1 346 680.9	1 433 375.8	1 546 731.0	1 853 619.0
畜产品	729 876.7	835 784.2	935 160.9	1 002 775.7	1 070 362.9	1 187 527.8
猪产品	47 282.2	56 907.2	81 802.9	94 020.4	95 662.1	88 016.5
牛产品	104 641.9	121 604.1	169 951.4	190 785.6	227 143.5	258 191.2
羊产品	87 114.8	101 671.0	115 209.1	130 762.8	125 290.8	133 033.5
禽产品	113 467.4	162 732.0	212 658.8	248 923.7	239 068.7	273 485.3
蛋产品	3 662.2	5 357.9	7 840.4	7 971.5	6 776.1	8 481.9
乳品	67 581.9	79 236.9	83 563.8	73 615.9	79 688.1	89 968.6
动物生皮	77 933.1	70 867.3	60 298.0	57 906.1	60 470.3	66 387.7
动物生毛皮	11 756.2	11 794.5	13 668.5	13 333.0	20 910.9	19 365.6
羊毛	91 207.4	106 921.3	97 137.0	80 569.9	80 203.3	82 932.3
水产品	1 270 502.7	1 500 261.8	1 639 892.6	1 849 592.5	2 153 019.1	2 411 116.0
饮品	924 678.8	1 147 907.2	1 277 205.6	1 439 274.1	1 597 165.1	1 959 616.5
酒	311 741.9	365 880.2	448 456.7	460 482.4	486 345.9	605 713.8
茶	51 110.6	54 856.4	63 227.2	63 452.4	74 064.1	78 228.2
咖啡	279 139.1	320 034.3	371 006.0	491 812.7	580 880.3	708 927.3
烟草	236 042.9	254 447.8	252 269.6	250 254.3	253 733.7	283 700.0

欧盟主要农产品进口额（二）

单位：万美元

项　目	2008年	2009年	2010年	2011年	2012年
农产品	15 343 581.7	12 990 239.5	13 599 334.0	16 268 425.1	15 530 306.3
谷物	843 957.3	392 565.0	356 359.5	619 059.3	606 592.2
小麦产品	266 426.8	175 382.5	126 889.6	215 862.9	212 090.2
玉米产品	299 901.4	88 322.0	104 570.2	231 234.3	252 209.7
稻谷产品	142 950.9	114 418.2	102 976.7	125 255.5	108 268.9
棉花	62 041.5	38 493.3	52 672.9	93 532.0	50 611.9
食用油籽	1 174 714.1	914 753.2	924 019.4	1 126 765.8	1 202 881.8
大豆	753 651.7	567 626.8	595 477.9	659 445.4	689 883.2
花生	94 154.8	71 036.3	73 493.0	97 213.5	112 755.6
油菜籽	133 612.9	117 397.4	88 861.7	177 353.5	217 489.8
食用植物油	844 266.1	584 833.5	652 592.0	816 347.3	860 767.6
豆油	129 892.9	47 296.3	65 517.3	94 668.2	43 897.7
菜籽油	53 688.6	42 417.8	39 014.0	79 675.1	39 304.4
棕榈油	438 948.4	371 620.3	420 583.5	503 428.9	593 968.9
食糖	211 178.5	178 298.3	169 876.5	329 942.0	270 309.1
蔬菜	731 055.8	666 665.3	705 055.3	773 588.2	695 758.3
水果	2 062 659.2	1 822 452.7	1 847 716.0	2 054 503.1	1 935 030.4
畜产品	1 272 970.4	1 070 946.2	1 104 159.5	1 309 276.0	1 206 879.5
猪产品	130 065.1	113 999.5	105 325.4	134 533.3	133 263.5
牛产品	242 784.4	213 406.1	214 514.7	244 461.4	223 090.1
羊产品	145 780.9	137 946.2	132 226.3	166 100.0	128 613.3
禽产品	365 199.7	328 489.5	320 366.8	381 944.3	363 191.5
蛋产品	6 809.7	8 691.9	8 786.0	7 621.9	9 138.5
乳品	97 560.1	76 199.1	76 341.4	85 965.3	83 601.7
动物生皮	58 082.1	38 510.5	56 162.6	72 697.5	67 015.8
动物生毛皮	20 149.4	10 756.9	14 057.6	20 324.7	26 382.6
羊毛	73 615.3	31 151.6	48 144.2	80 664.7	63 579.1
水产品	2 575 614.8	2 306 604.1	2 466 519.5	2 781 520.6	2 609 530.9
饮品	2 293 703.5	2 171 208.5	2 334 659.7	2 935 367.8	2 638 716.2
酒	641 625.4	561 355.4	527 352.8	567 482.1	567 642.8
茶	91 385.7	82 125.7	88 476.5	99 634.3	96 317.7
咖啡	873 370.4	779 664.7	914 029.1	1 359 902.6	1 225 094.1
烟草	275 300.4	304 244.1	313 455.3	349 857.4	339 563.1

4-14-4 欧盟主要农产品出口量（一）

单位：吨

项 目	2002年	2003年	2004年	2005年	2006年	2007年
农产品						
谷物	20 143 754.6	21 685 137.9	13 534 289.3	19 169 120.7	19 618 460.3	16 009 054.7
小麦产品	12 918 411.7	13 572 981.2	10 500 048.1	12 290 499.2	15 633 383.2	9 745 063.0
玉米产品	1 407 962.6	936 765.9	897 333.8	927 863.3	540 519.3	886 452.7
稻谷产品	285 724.4	262 652.8	204 753.5	210 498.4	153 138.3	149 446.7
棉花	185 611.7	241 607.2	284 136.0	229 972.8	335 345.2	180 410.8
食用油籽	1 038 919.3	687 873.9	682 516.5	965 682.9	926 723.2	1 077 347.4
大豆	54 556.0	47 198.7	25 896.3	55 554.6	63 315.8	34 411.9
花生	19 491.4	15 578.6	17 136.1	19 550.8	21 681.1	20 559.7
油菜籽	763 538.9	234 977.3	211 257.2	254 561.5	98 002.4	372 458.6
食用植物油	1 780 928.9	1 495 104.6	1 406 366.2	1 292 776.4	933 595.1	1 092 065.3
豆油	817 044.7	670 618.8	568 686.0	487 719.0	244 494.0	246 647.8
菜籽油	358 620.1	105 378.4	144 902.0	92 308.0	57 845.0	70 417.3
棕榈油	46 499.4	55 494.2	71 791.4	109 840.0	101 417.7	166 631.6
食糖	4 231 515.5	4 337 324.1	3 838 456.3	6 078 449.2	6 106 321.7	1 501 733.3
蔬菜	3 879 322.3	4 044 660.2	4 090 904.2	4 477 752.3	4 592 994.6	4 693 604.1
水果						
畜产品						
猪产品						
牛产品						
羊产品						
禽产品						
蛋产品						
乳品	2 302 100.8	2 445 904.1	2 574 646.1	2 382 084.1	2 209 882.9	2 342 015.3
动物生皮	188 719.2	229 616.1	297 341.1	290 239.5	302 566.5	288 849.6
动物生毛皮	4 341.9		14 683.4	19 217.0	17 709.0	16 098.3
羊毛	57 853.7	60 807.0	64 206.9	54 961.2	59 776.9	79 458.0
水产品						
饮品						
酒						
茶	30 016.1	34 418.1	35 884.9	35 580.8	40 686.0	37 160.1
咖啡	169 837.3	177 326.5	201 498.1	216 232.4	231 886.4	234 093.8
烟草						

欧盟主要农产品出口量（二）

单位：吨

项　目	2008年	2009年	2010年	2011年	2012年
农产品					
谷物	25 341 152.7	24 595 195.0	29 862 278.7	25 495 592.9	841 547.2
小麦产品	19 429 544.4	21 753 976.9	23 351 686.2	18 514 949.2	841 128.9
玉米产品	1 408 967.4	1 417 892.1	1 915 524.3	2 359 536.3	
稻谷产品	167 845.6	165 760.8	320 630.3	267 725.2	
棉花	230 356.7	313 513.5	258 217.1	177 737.7	355 494.4
食用油籽	770 211.1	921 929.1	794 855.8	983 239.5	32 825.5
大豆	45 391.8	42 936.5	32 656.2	58 063.2	
花生	22 050.8	17 829.6	24 944.3	22 949.9	13 129.3
油菜籽	112 587.0	134 473.8	248 679.1	81 807.8	
食用植物油	1 217 437.5	1 260 697.9	1 450 612.5	1 729 499.2	7 251.8
豆油	330 920.7	410 163.8	423 931.4	466 279.5	
菜籽油	160 763.2	122 019.2	152 895.8	263 646.7	
棕榈油	138 375.6	132 006.1	151 496.4	207 248.2	
食糖	1 373 460.2	1 487 253.8	2 166 455.0	1 360 569.1	1 911 790.9
蔬菜	5 181 744.6	5 141 072.2	6 042 949.9	6 436 727.5	6 044 655.3
水果					
畜产品					
猪产品					
牛产品					
羊产品					
禽产品					
蛋产品					
乳品	2 302 211.9	2 434 304.4	2 770 003.1	3 006 709.4	3 321 426.0
动物生皮	343 267.2	428 896.1	405 149.2	395 412.8	396 572.7
动物生毛皮	19 222.7	17 670.1	21 596.6	22 449.9	24 036.1
羊毛	63 599.1	77 163.3	84 163.9	79 200.9	80 733.4
水产品					
饮品					
酒					
茶	40 993.9	37 962.2	40 321.4	40 045.7	9 268.3
咖啡	233 859.9	236 723.0	236 386.9	263 745.9	64 794.0
烟草					

4-14-5 欧盟主要农产品进口量（一）

单位：吨

项 目	2002年	2003年	2004年	2005年	2006年	2007年
农产品						
谷物	18 064 084.7	14 228 468.2	14 096 556.0	11 526 856.8	11 413 837.7	22 211 631.3
小麦产品	12 197 226.6	6 817 583.6	7 019 064.7	7 114 778.8	5 631 480.2	6 428 329.0
玉米产品	2 405 024.0	4 126 572.3	4 347 930.9	2 631 536.8	3 743 771.2	10 853 796.1
稻谷产品	1 274 574.5	1 300 856.3	1 318 925.2	1 199 180.4	1 327 663.2	1 467 903.6
棉花	1 038 606.7	852 168.9	731 210.4	650 468.8	531 855.0	528 287.9
食用油籽	20 816 783.7	19 966 000.2	16 480 153.4	16 691 726.9	16 894 609.6	18 095 372.1
大豆	18 282 684.9	17 397 158.0	13 838 848.1	14 437 138.0	14 080 837.7	15 226 688.1
花生	536 912.9	534 286.6	563 876.9	615 959.0	600 485.6	596 730.8
油菜籽	108 116.1	45 673.8	189 033.0	99 023.3	656 084.0	522 262.0
食用植物油	4 037 045.7	3 985 666.8	4 490 820.4	5 627 494.3	7 475 095.6	7 438 525.3
豆油	32 481.3	28 193.4	105 394.8	249 179.2	892 123.3	1 002 696.3
菜籽油	7 184.9	23 913.0	34 016.0	61 940.3	637 624.5	491 095.5
棕榈油	2 972 585.9	2 994 345.1	3 407 540.4	4 027 592.2	4 272 187.4	4 408 249.7
食糖	2 876 596.0	2 764 288.9	3 120 570.7	3 174 693.0	3 268 541.5	3 062 059.8
蔬菜	3 168 443.9	3 432 648.6	3 957 845.6	4 054 568.6	4 130 365.8	4 906 040.7
水果						
畜产品						
猪产品						
牛产品						
羊产品						
禽产品						
蛋产品						
乳品	327 168.5	355 872.1	304 296.1	254 973.0	287 106.6	291 411.0
动物生皮	336 191.2	272 937.9	225 134.9	203 895.8	203 039.1	180 739.8
动物生毛皮	1 147.8		1 137.7	1 112.9	1 350.4	1 122.9
羊毛	293 734.3	274 710.4	266 649.3	233 482.6	229 776.6	202 124.0
水产品						
饮品						
酒						
茶	279 817.7	301 622.7	351 920.7	375 858.3	387 918.4	402 697.3
咖啡	2 536 055.8	2 561 190.5	2 690 088.5	2 574 401.4	2 728 154.2	2 804 318.1
烟草						

欧盟主要农产品进口量（二）

单位：吨

项　目	2008年	2009年	2010年	2011年	2012年
农产品					
谷物	22 550 974.5	11 055 762.8	10 144 335.1	15 990 149.6	16 820 247.2
小麦产品	6 873 315.1	6 428 363.2	4 353 640.9	6 020 302.0	6 206 325.4
玉米产品	9 760 053.4	2 829 702.5	3 890 582.8	7 177 981.5	8 352 987.0
稻谷产品	1 647 213.3	1 481 171.8	1 320 381.0	1 603 776.2	1 396 691.6
棉花	398 438.9	276 899.6	303 336.4	322 082.6	258 832.4
食用油籽	18 547 494.3	17 823 712.8	17 288 793.6	16 782 482.8	17 301 197.1
大豆	14 430 906.3	12 908 290.0	13 483 257.9	12 159 237.9	12 007 491.3
花生	624 614.1	557 991.0	583 507.4	601 669.1	558 431.9
油菜籽	2 201 417.6	2 887 548.6	1 944 282.8	2 692 699.3	3 540 211.8
食用植物油	7 340 030.1	7 489 583.1	7 669 034.8	6 905 804.8	7 660 866.5
豆油	1 099 772.6	530 675.7	695 203.3	740 428.0	365 856.9
菜籽油	402 931.4	462 478.9	405 547.6	606 266.6	333 592.5
棕榈油	4 555 436.6	5 351 025.9	5 438 424.9	4 639 200.8	5 647 193.4
食糖	3 305 779.3	3 063 427.1	3 104 659.3	4 413 131.0	3 616 281.5
蔬菜	4 744 029.3	4 556 278.3	4 555 749.3	4 503 414.1	4 091 560.6
水果					
畜产品					
猪产品					
牛产品					
羊产品					
禽产品					
蛋产品					
乳品	260 888.3	258 536.7	217 622.5	206 299.8	224 810.5
动物生皮	142 481.3	143 152.5	177 114.7	161 940.0	139 111.5
动物生毛皮	1 123.4	872.1	790.3	960.1	1 004.8
羊毛	166 631.5	96 717	124 140.5	135 082.5	109 746.1
水产品					
饮品					
酒					
茶	413 606.3	339 044.9	275 613.3	283 311.4	290 943.4
咖啡	2 814 339.4	2 763 071.6	2 835 343.6	2 818 828.4	2 873 436.4
烟草					

4-14-6 欧盟农产品出口额前 15 位国家（地区）
（2012 年）

单位：万美元，%

序号	国家（地区）	出口额	同比增长
1	美　　　国	1 728 763.4	−1.4
2	俄　罗　斯	1 155 286.7	−13.3
3	中　　　国	772 987.8	19.7
4	瑞　　　士	723 361.7	−16.0
5	日　　　本	617 458.9	−0.3
6	中国香港	549 730.8	4.0
7	挪　　　威	397 904.6	−17.6
8	土　耳　其	330 891.1	−15.6
9	加　拿　大	324 248.6	−0.4
10	沙特阿拉伯	298 392.3	−10.9
11	澳大利亚	258 300.1	3.5
12	新　加　坡	253 738.1	14.9
13	阿拉伯联合酋长国	217 325.7	−3.6
14	韩　　　国	200 620.5	−12.3
15	乌　克　兰	198 024.4	−16.1
	总　　　计	8 027 034.7	

4-14-7 欧盟农产品进口额前 15 位国家（地区）
（2012 年）

单位：万美元，%

序号	国家（地区）	进口额	同比增长
1	巴西	1 830 203.7	-5.4
2	美国	1 192 724.5	-5.4
3	阿根廷	847 645.7	-11.2
4	中国	796 196.1	-8.3
5	挪威	580 675.7	-4.7
6	瑞士	547 153.2	-0.5
7	乌克兰	528 366.1	45.1
8	印度尼西亚	517 066.1	-3.9
9	土耳其	500 687.1	-3.9
10	印度	433 585.8	-0.6
11	泰国	383 274.4	-8.3
12	越南	353 440.8	4.6
13	智利	345 625.4	-4.1
14	澳大利亚	312 891.9	11.0
15	新西兰	302 867.3	-10.7
	总计	9 472 403.8	

4-15 英国主要农产品贸易情况

4-15-1 英国主要农产品出口额（一）

单位：万美元

项目	2002年	2003年	2004年	2005年	2006年	2007年
农产品	1 638 487.6	1 937 520.1	2 108 566.5	2 112 540.3	2 202 236.8	2 555 199.3
谷物	43 998.1	79 246.7	67 161.6	66 006.7	62 506.0	82 319.5
小麦产品	21 734.3	51 110.2	41 991.9	40 916.0	39 834.2	53 517.2
玉米产品	857.3	832.3	1 465.1	1 282.1	1 260.0	935.4
稻谷产品	4 838.6	5 549.2	6 166.0	4 909.5	4 725.1	6 401.0
棉花	358.6	460.1	417.4	304.7	953.7	1 167.2
食用油籽	6 643.9	11 285.9	8 859.1	10 469.9	11 805.2	17 030.8
大豆	364.5	470.1	505.6	514.7	1 264.3	1 085.1
花生	1 297.1	1 520.2	2 076.4	2 152.7	2 307.5	2 443.4
油菜籽	3 745.5	7 495.9	3 434.3	3 519.4	5 640.9	10 444.3
食用植物油	16 995.0	25 366.8	15 878.5	19 950.1	27 626.1	40 492.8
豆油	718.7	885.5	1 360.0	1 648.2	1 427.6	1 425.6
菜籽油	9 000.0	18 088.3	6 844.9	11 149.3	18 875.5	30 165.2
棕榈油	2 646.1	2 842.3	3 798.7	2 881.4	2 300.5	2 383.6
食糖	15 448.4	21 033.4	29 578.3	28 226.3	39 354.9	43 789.8
蔬菜	46 732.5	50 551.2	57 908.4	56 984.2	63 599.7	73 431.8
水果	59 948.8	72 273.0	87 923.6	92 349.9	101 708.2	114 643.8
畜产品	259 522.7	326 731.1	378 720.3	373 599.6	378 914.1	450 416.7
猪产品	21 088.9	23 508.9	32 714.7	34 436.8	32 711.9	36 378.1
牛产品	3 992.6	4 283.1	4 809.1	5 839.9	20 041.7	28 319.8
羊产品	21 743.1	31 548.4	34 862.0	38 416.2	42 479.7	36 989.7
禽产品	44 774.9	54 496.1	68 060.4	72 107.7	62 508.5	80 101.9
蛋产品	4 413.8	4 445.8	5 805.3	4 800.4	4 424.1	5 233.4
乳品	79 969.8	111 951.1	127 722.6	117 167.7	118 222.4	146 795.2
动物生皮	21 723.8	23 963.7	25 013.1	19 952.2	21 600.6	22 422.1
动物生毛皮	447.4	595.9	613.3	576.3	697.9	617.9
羊毛	9 081.0	10 185.2	11 969.5	9 546.2	9 760.5	5 898.1
水产品	124 038.1	154 215.9	174 266.0	183 499.3	182 576.3	209 908.2
饮品	598 180.4	682 513.0	736 672.5	763 475.5	818 696.9	979 487.0
酒	492 445.1	555 581.7	599 687.9	616 516.0	656 895.5	795 677.5
茶	21 086.8	26 048.1	26 796.8	24 483.0	29 051.4	31 975.1
咖啡	13 529.2	14 413.5	19 724.7	23 469.7	27 068.9	35 612.9
烟草	147 555.6	151 407.4	140 272.8	112 284.3	94 469.2	60 161.9

英国主要农产品出口额（二）

单位：万美元

项　目	2008年	2009年	2010年	2011年	2012年
农产品	2 737 636.1	2 422 473.4	2 705 445.6	3 198 300.8	3 112 573.4
谷物	120 372.8	92 074.4	118 339.2	123 820.7	96 833.5
小麦产品	84 984.9	58 403.3	81 288.7	81 610.3	58 754.1
玉米产品	1 161.6	1 136.5	1 685.4	1 687.4	2 733.7
稻谷产品	7 440.4	6 510.0	6 100.9	6 406.9	6 262.4
棉花	799.3	352.1	189.1	384.5	175.0
食用油籽	19 051.7	8 820.8	19 207.3	49 314.5	73 299.6
大豆	682.1	825.7	824.1	250.3	1 543.4
花生	2 285.7	2 018.7	2 314.6	2 791.9	3 186.1
油菜籽	12 646.2	2 109.7	11 450.7	40 208.3	62 936.8
食用植物油	38 312.9	34 797.4	36 944.4	31 926.4	32 703.5
豆油	1 984.2	1 646.3	1 730.3	2 217.5	1 968.8
菜籽油	24 883.1	24 140.6	29 721.5	22 165.7	23 741.4
棕榈油	3 123.4	2 196.1	2 008.8	2 925.5	2 896.1
食糖	48 888.0	40 765.2	38 066.7	26 341.2	22 914.9
蔬菜	77 984.6	71 415.5	75 592.6	85 122.1	77 736.4
水果	116 546.6	109 100.4	121 081.2	132 108.5	120 150.3
畜产品	491 183.8	422 113.1	484 833.2	605 897.1	557 790.1
猪产品	50 758.6	39 464.0	42 540.4	53 955.9	55 177.9
牛产品	43 743.9	46 258.5	59 997.2	81 098.3	70 593.0
羊产品	48 659.8	50 070.4	50 414.7	61 338.9	56 496.7
禽产品	82 633.3	72 630.4	80 471.8	95 681.3	91 864.9
蛋产品	6 780.5	6 960.3	7 163.9	7 697.1	8 978.3
乳品	145 905.1	113 146.0	143 015.4	178 063.4	161 040.8
动物生皮	20 916.7	14 121.7	24 392.9	37 267.6	31 008.1
动物生毛皮	183.9	188.1	180.8	52.1	207.4
羊毛	5 440.0	4 269.4	5 013.6	6 155.4	5 112.9
水产品	203 386.9	193 080.7	224 480.9	257 122.3	229 120.2
饮品	1 011 339.5	912 081.9	1 029 622.5	1 274 122.1	1 264 619.7
酒	806 347.9	727 518.2	822 353.7	1 037 793.0	1 032 244.5
茶	33 377.2	28 909.0	33 701.5	27 237.3	20 868.3
咖啡	44 138.0	37 163.7	47 427.3	63 288.7	63 359.9
烟草	82 349.2	62 814.9	53 248.4	47 034.1	44 534.6

4-15-2 英国主要农产品进口额（一）

单位：万美元

项 目	2002 年	2003 年	2004 年	2005 年	2006 年	2007 年
农产品	3 242 739.0	3 824 787.3	4 473 367.1	4 742 356.6	5 067 080.1	5 900 686.1
谷物	74 363.2	81 810.4	85 725.0	95 941.4	93 144.9	140 119.7
小麦产品	24 919.8	22 224.6	20 499.5	28 809.0	28 539.4	47 643.9
玉米产品	22 791.1	27 385.4	29 256.1	30 077.9	26 451.3	42 180.6
稻谷产品	23 462.6	28 759.4	30 906.4	31 571.1	31 914.3	39 605.8
棉花	4 680.2	5 328.4	6 694.5	5 245.2	4 338.5	3 490.3
食用油籽	45 750.5	47 523.6	52 243.2	54 375.1	52 345.2	65 075.3
大豆	22 028.2	26 720.4	24 304.5	23 773.8	22 536.1	31 633.9
花生	7 453.5	9 354.8	10 432.2	14 912.4	11 821.1	16 146.5
油菜籽	8 407.1	4 359.1	6 262.1	1 981.4	4 742.4	2 703.8
食用植物油	54 983.1	70 704.1	78 937.7	82 949.1	103 701.3	123 490.3
豆油	2 788.2	7 450.5	9 095.0	10 346.0	16 903.9	21 913.3
菜籽油	6 453.4	7 363.1	8 313.3	6 131.9	8 151.4	7 745.8
棕榈油	24 672.1	31 986.2	34 260.4	30 938.9	33 512.2	35 978.2
食糖	68 788.7	78 154.5	93 414.2	100 399.6	97 119.8	98 748.2
蔬菜	332 168.1	396 975.1	458 996.0	495 840.3	521 168.0	626 639.2
水果	400 648.3	478 239.3	552 177.8	588 898.4	640 433.6	776 544.9
畜产品	713 263.1	883 809.3	1 049 712.2	1 108 251.4	1 176 929.8	1 308 924.1
猪产品	157 713.2	202 816.4	225 672.5	242 403.6	265 476.6	297 232.9
牛产品	93 564.8	119 218.8	148 336.1	145 228.6	152 958.5	166 855.5
羊产品	34 361.0	41 159.4	51 868.5	53 311.6	53 312.2	56 750.2
禽产品	125 179.5	160 712.6	195 098.9	209 354.9	211 249.8	255 815.6
蛋产品	7 959.7	11 372.4	13 517.7	12 083.5	13 501.1	17 874.2
乳品	169 931.7	215 980.9	260 891.8	280 363.4	297 142.1	325 802.3
动物生皮	8 056.3	8 917.8	9 279.7	8 122.6	7 999.1	8 476.2
动物生毛皮	1 017.4	935.4	793.8	648.6	868.1	610.9
羊毛	10 212.0	11 566.8	12 943.4	11 879.8	10 756.9	2 347.4
水产品	244 425.7	267 338.6	300 954.8	341 545.0	390 550.8	439 301.3
饮品	638 843.8	733 047.5	877 388.7	929 714.1	985 221.5	1 140 567.3
酒	420 839.7	480 246.9	577 293.9	593 426.7	621 271.0	712 845.1
茶	29 092.3	28 053.1	30 574.2	28 547.1	34 323.8	32 146.8
咖啡	31 064.0	35 746.5	46 581.4	53 574.1	62 567.4	73 415.3
烟草	67 574.6	64 263.2	61 923.6	62 696.2	67 499.3	69 076.1

英国主要农产品进口额（二）

单位：万美元

项　目	2008年	2009年	2010年	2011年	2012年
农产品	6 333 975.5	5 517 786.7	5 783 278.0	6 508 102.4	6 408 650.7
谷物	178 888.5	134 203.6	123 198.5	147 978.1	181 030.2
小麦产品	65 154.0	44 254.0	35 656.2	41 386.3	67 426.9
玉米产品	36 652.4	25 764.1	27 236.9	37 563.6	43 699.7
稻谷产品	64 497.7	56 520.6	53 554.6	58 210.9	54 691.7
棉花	3 843.3	2 830.1	3 346.5	10 566.1	4 191.6
食用油籽	91 240.1	90 772.0	85 172.7	93 785.0	99 193.5
大豆	44 442.7	43 332.0	42 506.1	44 575.1	48 840.2
花生	18 834.1	15 367.4	18 503.7	24 359.7	26 565.2
油菜籽	7 235.7	16 136.6	6 496.2	3 444.3	1 817.6
食用植物油	172 136.7	113 564.8	112 490.2	145 527.9	147 828.6
豆油	24 449.9	10 198.4	11 242.9	17 961.3	20 033.1
菜籽油	18 375.2	10 401.7	10 479.3	14 748.3	9 650.2
棕榈油	49 175.4	32 197.4	35 721.0	47 135.4	48 606.5
食糖	110 374.2	91 425.5	81 759.3	94 077.4	87 265.2
蔬菜	637 378.1	548 261.7	592 171.9	625 857.5	589 939.9
水果	816 914.0	695 855.4	711 960.9	806 022.8	805 669.7
畜产品	1 384 768.8	1 219 092.5	1 255 732.5	1 418 972.6	1 384 034.9
猪产品	311 786.8	274 795.2	269 080.8	302 243.4	307 401.0
牛产品	185 607.7	158 595.4	158 606.5	180 544.0	185 531.3
羊产品	58 638.0	60 391.6	59 927.7	66 499.7	58 244.6
禽产品	263 882.8	238 133.9	261 183.2	309 971.3	282 113.4
蛋产品	20 484.0	19 652.6	18 146.2	17 198.8	24 027.0
乳品	370 158.8	312 973.0	331 064.2	360 067.2	353 683.5
动物生皮	5 031.9	2 075.9	4 347.3	4 940.1	5 197.9
动物生毛皮	958.5	542.0	842.8	345.1	489.0
羊毛	2 318.4	1 498.2	3 174.2	4 080.9	3 016.4
水产品	446 018.4	377 654.5	393 344.2	453 400.1	444 087.5
饮品	1 165 065.3	1 053 785.1	1 118 330.6	1 244 214.4	1 239 750.7
酒	709 102.0	596 999.8	642 615.7	702 250.9	728 492.1
茶	38 369.0	37 799.4	43 295.6	47 367.3	45 129.5
咖啡	91 026.4	89 111.9	102 837.3	139 055.9	126 598.9
烟草	70 206.7	70 751.1	147 549.2	155 732.7	129 058.6

4-15-3 英国主要农产品出口量（一）

单位：吨

项　目	2002年	2003年	2004年	2005年	2006年	2007年
农产品						
谷物	3 059 910.5	5 278 024.3	3 573 860.7	3 648 184.2	3 035 475.9	2 728 439.3
小麦产品	1 770 645.0	3 768 061.1	2 631 786.8	2 611 671.6	2 245 664.4	2 048 335.6
玉米产品	15 629.9	22 969.0	29 178.0	20 840.9	31 556.2	23 215.1
稻谷产品	62 363.9	71 553.5	63 443.6	52 380.3	51 854.9	58 875.6
棉花	1 720.6	2 662.9	2 604.6	1 878.6	6 041.8	6 969.1
食用油籽	186 848.9	328 783.3	160 742.8	261 140.8	253 709.2	316 043.7
大豆	9 855.2	15 136.6	9 297.7	10 787.3	24 636.0	19 365.2
花生	4 238.2	13 894.8	7 581.2	8 850.5	6 418.7	5 944.6
油菜籽	161 234.7	271 455.6	103 811.6	172 812.8	193 570.0	264 226.5
食用植物油	272 632.8	348 088.3	167 992.0	218 981.4	294 847.4	434 214.3
豆油	12 606.2	12 282.1	19 534.9	22 917.4	18 788.4	13 772.4
菜籽油	162 723.5	268 229.6	79 103.7	130 915.0	218 816.9	353 328.6
棕榈油	49 571.9	43 867.3	47 188.2	35 309.6	25 927.5	21 719.0
食糖	456 586.8	698 242.2	789 443.7	786 933.1	865 382.3	566 566.4
蔬菜	555 348.1	601 066.3	541 710.8	548 696.5	554 890.7	538 305.1
水果						
畜产品						
猪产品						
牛产品						
羊产品						
禽产品						
蛋产品						
乳品	526 171.5	704 783.7	763 032.4	956 660.3	1 104 246.1	860 462.5
动物生皮	106 622.0	113 503.3	119 100.2	127 256.2	115 094.9	107 581.2
动物生毛皮	140.0	38.3	87.0	72.4	54.0	48.8
羊毛	47 132.7	45 500.4	47 190.9	37 542.7	37 789.3	22 165.3
水产品						
饮品						
酒						
茶	39 127.6	44 483.4	29 736.2	27 619.2	28 424.9	27 027.3
咖啡	25 962.2	23 149.1	25 822.7	31 497.0	35 961.3	35 376.0
烟草						

英国主要农产品出口量（二）

单位：吨

项　目	2008 年	2009 年	2010 年	2011 年	2012 年
农产品					
谷物	3 736 699.6	3 889 883.8	4 863 271.5	3 607 379.6	2 628 277.8
小麦产品	2 901 573.0	2 736 714.3	3 534 562.9	2 542 285.8	1 805 266.1
玉米产品	20 466.1	17 537.4	37 895.4	39 358.2	63 068.8
稻谷产品	51 581.9	51 826.0	52 369.1	52 125.7	48 629.0
棉花	4 541.4	1 163.3	424.0	1 010.2	1 142.2
食用油籽	250 108.6	111 660.9	335 796.5	724 120.5	1 131 217.7
大豆	6 746.2	10 321.3	13 031.9	2 386.0	23 495.7
花生	5 546.9	5 314.0	6 690.3	7 378.7	7 849.0
油菜籽	218 347.5	53 588.6	263 900.1	659 172.0	1 042 762.6
食用植物油	334 280.5	308 019.6	402 487.1	243 504.6	267 499.2
豆油	14 046.4	16 066.5	14 955.8	14 577.0	13 597.7
菜籽油	262 462.2	231 096.2	359 430.9	192 599.4	223 956.1
棕榈油	20 886.9	18 751.7	15 557.6	20 242.6	16 873.6
食糖	608 814.1	545 869.4	515 805.3	312 402.4	255 732.0
蔬菜	568 016.0	582 379.6	646 771.7	688 034.8	544 723.3
水果					
畜产品					
猪产品					
牛产品					
羊产品					
禽产品					
蛋产品					
乳品	852 436.0	829 291.1	883 557.7	1 000 587.8	956 694.3
动物生皮	113 861.5	116 087.7	119 699.0	118 411.2	122 348.2
动物生毛皮	60.9	26.2	7.0	2.8	4.4
羊毛	22 346.6	20 685.7	19 495.7	16 451.2	13 517.2
水产品					
饮品					
酒					
茶	28 519.8	31 523.4	33 448.5	27 521.5	21 877.8
咖啡	39 828.2	41 874.1	50 592.8	56 089.7	54 787.3
烟草					

4-15-4 英国主要农产品进口量（一）

单位：吨

项目	2002年	2003年	2004年	2005年	2006年	2007年
农产品						
谷物	3 681 929.6	3 233 679.2	2 875 720.2	3 435 855.0	3 021 080.9	3 620 280.0
小麦产品	1 459 140.0	1 047 774.4	858 156.5	1 311 997.8	1 107 790.1	1 346 064.8
玉米产品	1 538 635.9	1 463 937.7	1 304 456.4	1 371 194.5	1 160 709.3	1 428 287.7
稻谷产品	489 314.1	562 205.4	544 276.0	542 632.3	531 519.0	552 941.7
棉花	45 172.1	46 673.4	44 274.7	42 582.1	32 477.4	24 970.0
食用油籽	1 590 315.2	1 341 001.1	1 197 411.9	1 118 713.8	1 089 719.9	1 158 397.8
大豆	992 128.4	995 854.4	739 082.0	798 509.0	734 927.9	827 785.3
花生	94 991.1	112 260.0	111 300.2	134 801.8	112 646.3	119 672.2
油菜籽	320 911.5	132 423.2	197 282.5	47 361.7	129 536.9	65 574.3
食用植物油	1 011 029.4	1 212 253.5	1 096 985.7	1 082 922.4	1 300 074.8	1 226 182.0
豆油	56 336.8	144 221.9	132 609.3	144 914.8	245 052.0	258 696.0
菜籽油	134 439.8	101 240.9	101 633.7	77 783.4	92 551.1	92 597.3
棕榈油	623 641.4	783 792.3	695 248.3	652 109.9	684 559.0	490 619.2
食糖	1 320 758.9	1 213 529.0	1 374 221.7	1 423 078.0	1 419 840.7	1 413 951.8
蔬菜	3 647 658.0	3 869 629.2	4 884 100.4	4 497 390.8	4 411 237.6	4 535 839.3
水果						
畜产品						
猪产品						
牛产品						
羊产品						
禽产品						
蛋产品						
乳品	699 702.1	824 403.5	910 700.9	959 800.9	1 036 631.5	1 051 362.9
动物生皮	38 687.4	40 680.7	50 001.9	45 424.7	44 871.0	39 256.9
动物生毛皮	169.5	56.5	30.9	33.9	45.0	71.5
羊毛	64 833.7	82 735.8	55 025.3	54 454.4	48 160.8	15 515.1
水产品						
饮品						
酒						
茶	166 351.0	159 350.3	159 462.4	156 274.3	167 345.2	165 263.1
咖啡	152 259.6	154 363.3	171 064.4	166 306.0	189 699.4	179 140.2
烟草						

英国主要农产品进口量（二）

单位：吨

项　目	2008年	2009年	2010年	2011年	2012年
农产品					
谷物	3 382 275.5	3 261 589.7	3 058 168.7	2 943 327.5	4 142 206.2
小麦产品	1 346 946.9	1 480 832.5	1 211 503.6	988 090.5	1 821 637.9
玉米产品	1 081 189.7	922 100.8	984 525.2	1 040 498.1	1 275 650.1
稻谷产品	635 235.3	609 825.2	646 567.9	654 025.0	664 199.0
棉花	22 693.5	20 009.4	20 432.9	36 529.7	20 608.9
食用油籽	1 278 570.6	1 617 648.2	1 354 383.2	1 115 017.7	1 035 146.8
大豆	821 514.8	922 416.8	883 556.6	782 506.9	810 823.2
花生	110 726.5	110 546.7	116 541.0	125 163.6	113 717.0
油菜籽	149 174.2	421 438.1	167 234.1	64 489.2	18 528.0
食用植物油	1 142 883.0	1 031 871.2	984 581.9	978 962.9	1 068 232.7
豆油	185 501.4	104 948.9	105 694.6	133 877.6	155 969.4
菜籽油	124 593.8	95 393.4	98 445.5	97 302.1	77 569.2
棕榈油	456 333.2	448 786.1	416 798.0	395 515.8	425 079.5
食糖	1 518 934.8	1 441 535.8	1 422 765.1	1 313 866.6	1 118 233.5
蔬菜	4 680 759.8	4 161 714.0	4 338 762.7	4 536 079.8	4 556 904.3
水果					
畜产品					
猪产品					
牛产品					
羊产品					
禽产品					
蛋产品					
乳品	1 131 814.3	1 109 596.4	1 179 009.0	1 176 281.0	1 178 966.2
动物生皮	32 110.7	14 875.1	20 882.8	17 478.4	20 585.8
动物生毛皮	27.0	24.3	33.7	11.2	155.7
羊毛	16 016.1	13 245.6	22 560.4	17 846.1	11 527.5
水产品					
饮品					
酒					
茶	164 899.5	150 706.1	152 588.4	156 866.4	146 989.9
咖啡	196 465.1	203 124.0	215 062.0	210 471.9	205 069.6
烟草					

4-16 法国主要农产品贸易情况

4-16-1 法国主要农产品出口额（一）

单位：万美元

项目	2002年	2003年	2004年	2005年	2006年	2007年
农产品	3 729 125.0	4 521 826.9	4 971 024.4	5 064 003.3	5 449 653.6	6 413 946.6
谷物	382 272.6	486 886.2	526 046.7	513 322.7	514 601.4	680 890.4
小麦产品	185 379.4	254 451.6	278 134.8	261 242.5	292 521.8	383 764.5
玉米产品	131 435.3	139 361.3	149 807.9	155 492.5	138 246.0	159 634.1
稻谷产品	5 899.0	5 862.1	7 971.8	6 470.2	6 497.6	6 789.5
棉花	2 217.8	3 032.3	3 733.7	2 718.7	2 762.6	2 987.3
食用油籽	55 221.5	66 640.4	75 733.2	65 266.1	79 396.5	97 865.0
大豆	622.7	1 303.9	902.4	1 170.8	1 399.7	1 181.6
花生	671.1	565.7	837.9	761.2	800.3	1 273.1
油菜籽	39 321.8	51 253.8	53 141.7	39 072.6	56 013.9	69 754.8
食用植物油	36 438.0	40 684.1	47 279.6	60 149.9	71 088.9	79 758.1
豆油	4 844.2	4 208.6	1 908.2	2 463.8	2 639.5	2 757.8
菜籽油	13 302.7	13 864.5	20 971.6	28 800.5	33 871.1	32 297.6
棕榈油	172.4	175.9	289.3	165.1	260.2	858.6
食糖	119 038.2	123 743.0	127 629.4	138 804.8	159 044.1	150 876.7
蔬菜	195 778.1	241 283.7	265 509.8	279 223.4	310 760.3	375 478.1
水果	237 653.9	280 573.9	295 317.9	303 436.6	326 825.9	378 781.7
畜产品	890 892.2	1 078 184.6	1 176 652.6	1 210 187.6	1 250 347.3	1 449 413.2
猪产品	95 947.3	111 261.7	135 397.1	142 969.4	151 646.9	159 763.5
牛产品	187 851.6	246 190.7	253 345.8	267 403.8	290 845.1	296 345.3
羊产品	6 963.5	10 519.4	11 070.0	13 800.6	12 797.1	13 882.3
禽产品	140 376.6	161 100.4	163 422.7	161 275.7	140 897.7	177 626.4
蛋产品	13 700.3	18 028.6	19 273.5	17 670.7	19 576.8	24 098.1
乳品	358 099.3	432 384.3	482 985.8	497 638.7	516 679.6	640 749.8
动物生皮	34 789.5	35 520.0	34 508.8	34 700.9	38 995.8	41 485.6
动物生毛皮	319.9	535.4	615.6	818.3	870.2	924.3
羊毛	4 148.4	5 052.5	5 012.3	3 666.4	3 095.7	2 610.7
水产品	115 253.0	139 652.3	158 031.8	167 005.4	176 789.4	206 883.4
饮品	1 000 860.2	1 222 744.9	1 318 115.5	1 321 969.6	1 505 998.3	1 752 338.1
酒	776 846.9	939 306.9	1 002 269.7	1 025 336.4	1 162 727.7	1 368 840.3
茶	3 712.6	4 560.2	4 609.8	4 216.0	4 515.5	5 000.6
咖啡	19 050.9	23 502.1	22 931.1	24 350.4	25 698.7	30 056.8
烟草	49 690.5	57 763.2	71 161.3	69 410.8	67 437.6	67 558.7

法国主要农产品出口额（二）

单位：万美元

项　目	2008年	2009年	2010年	2011年	2012年
农产品	7 455 653.5	6 267 786.8	6 684 992.3	8 063 187.9	7 652 403.0
谷物	1 027 389.4	726 328.2	807 296.4	1 136 238.9	941 168.1
小麦产品	608 042.9	408 348.1	493 515.4	711 839.4	539 132.7
玉米产品	241 509.4	193 289.4	191 169.6	264 048.1	248 475.3
稻谷产品	9 716.6	8 124.6	8 242.1	8 087.0	6 382.4
棉花	2 961.4	2 386.9	2 071.1	3 403.1	2 000.9
食用油籽	163 980.6	92 536.7	106 482.4	156 307.0	143 333.8
大豆	907.3	1 124.9	1 913.8	3 228.8	2 874.4
花生	1 771.2	2 075.0	1 155.5	1 098.4	912.1
油菜籽	128 715.3	64 933.3	70 914.6	108 201.4	93 624.5
食用植物油	112 854.5	90 050.9	87 757.2	174 383.5	122 449.2
豆油	4 659.0	2 040.9	2 450.0	11 207.4	10 031.3
菜籽油	47 768.5	33 687.9	30 867.5	83 757.7	37 937.0
棕榈油	376.9	318.7	320.3	398.1	268.7
食糖	156 014.5	155 767.1	146 110.9	177 957.0	178 757.4
蔬菜	381 673.1	355 051.7	384 252.9	428 286.8	388 736.8
水果	416 567.1	370 649.8	394 848.5	423 549.6	414 971.5
畜产品	1 640 745.8	1 441 747.5	1 516 028.8	1 774 289.2	1 667 905.7
猪产品	195 341.1	171 107.7	166 088.4	188 051.3	197 233.6
牛产品	319 835.1	308 693.9	307 056.7	369 787.3	333 515.4
羊产品	13 868.5	13 552.9	13 621.6	16 030.5	12 313.5
禽产品	204 389.5	185 039.8	182 664.0	218 426.1	214 710.4
蛋产品	28 589.2	27 123.5	27 435.1	23 367.5	25 973.3
乳品	737 910.7	622 264.4	677 776.3	788 982.8	747 700.0
动物生皮	31 857.3	22 675.0	37 512.8	49 080.9	44 004.3
动物生毛皮	951.3	1 079.5	3 405.5	5 427.8	4 293.0
羊毛	1 874.0	1 490.7	2 053.4	2 424.5	1 701.2
水产品	219 609.0	174 564.4	176 981.6	192 720.8	193 761.0
饮品	1 923 034.1	1 602 833.4	1 766 515.3	2 072 584.3	2 085 263.1
酒	1 492 065.8	1 199 710.5	1 350 739.2	1 589 643.9	1 627 324.7
茶	5 780.8	5 554.4	5 466.1	5 509.3	5 932.6
咖啡	41 593.0	47 316.9	53 252.8	69 663.6	67 026.6
烟草	84 601.9	77 738.8	76 747.7	83 030.3	80 706.2

4-16-2 法国主要农产品进口额（一）

单位：万美元

项 目	2002年	2003年	2004年	2005年	2006年	2007年
农产品	2 893 196.2	3 487 252.1	3 908 989.8	4 070 936.9	4 319 002.6	5 132 331.0
谷物	51 786.4	57 658.7	69 189.3	59 351.2	60 161.7	106 939.6
小麦产品	13 602.2	10 977.3	12 170.2	11 237.4	11 316.1	20 441.7
玉米产品	13 203.3	14 734.3	20 211.3	15 346.5	15 055.4	35 398.9
稻谷产品	22 001.4	28 084.5	31 954.3	28 375.5	29 269.0	38 337.8
棉花	11 011.0	11 034.9	11 508.3	8 788.7	7 349.0	8 436.5
食用油籽	45 202.7	53 523.2	48 148.4	46 771.6	47 885.1	65 685.2
大豆	22 923.0	23 481.1	16 302.4	15 242.0	11 027.0	19 436.6
花生	7 350.5	7 697.6	9 153.5	7 829.0	8 350.0	10 138.6
油菜籽	329.3	421.1	1 171.3	1 039.7	2 556.8	13 030.2
食用植物油	63 716.0	72 092.7	79 097.6	96 657.4	127 926.8	147 167.1
豆油	2 223.0	3 050.6	3 876.0	6 091.8	10 764.4	19 920.4
菜籽油	9 147.6	6 310.5	9 948.7	11 515.2	15 957.3	20 689.3
棕榈油	12 240.7	15 560.9	16 615.3	16 613.8	20 079.0	25 430.1
食糖	24 489.0	22 439.5	29 630.5	29 346.6	30 525.3	41 013.2
蔬菜	263 971.3	327 136.2	375 648.4	386 468.1	413 081.6	512 393.9
水果	333 039.5	438 974.0	495 697.6	499 325.3	519 075.8	620 036.2
畜产品	536 274.4	638 427.0	744 837.4	766 159.0	824 279.4	978 027.3
猪产品	93 792.4	112 170.8	134 075.0	137 776.4	151 489.9	164 777.1
牛产品	85 696.8	101 841.1	136 392.4	156 174.8	178 556.3	197 036.2
羊产品	52 867.1	60 637.0	68 393.2	70 865.0	71 666.8	73 229.4
禽产品	53 289.8	66 469.6	83 757.3	92 645.7	88 448.2	123 916.8
蛋产品	8 890.5	12 120.7	10 463.6	10 204.4	11 984.1	15 315.7
乳品	175 364.2	208 228.4	238 573.0	228 277.2	249 671.3	323 822.6
动物生皮	9 689.6	9 812.6	9 589.8	9 344.5	10 724.3	11 109.1
动物生毛皮	1 901.1	1 699.6	1 828.3	2 587.0	3 255.4	3 183.8
羊毛	15 518.3	19 254.4	12 283.9	6 715.1	2 358.8	1 576.5
水产品	337 630.6	395 079.7	438 947.4	480 787.2	532 406.5	567 199.7
饮品	396 972.9	488 238.7	548 484.0	557 615.2	605 325.2	737 828.8
酒	137 869.2	162 717.0	196 339.4	202 032.7	214 336.3	252 881.7
茶	9 743.2	12 172.9	12 839.1	13 471.6	14 749.5	16 465.2
咖啡	58 235.6	68 577.5	76 534.5	92 910.7	111 030.0	134 075.4
烟草	194 888.8	220 855.4	214 909.1	226 208.5	229 540.4	251 032.1

法国主要农产品进口额（二）

单位：万美元

项　目	2008 年	2009 年	2010 年	2011 年	2012 年
农产品	6 032 645.7	5 474 015.1	5 590 261.8	6 301 184.3	6 023 465.7
谷物	136 932.2	117 666.7	109 516.3	129 069.9	113 125.7
小麦产品	30 834.8	24 142.1	29 451.7	32 573.1	25 293.0
玉米产品	28 402.7	34 441.6	26 629.5	28 789.2	28 649.0
稻谷产品	55 977.0	51 916.2	44 718.8	52 249.8	48 476.7
棉花	8 094.5	7 075.5	7 623.6	13 099.7	7 639.4
食用油籽	108 016.4	110 726.2	116 253.7	148 676.9	129 108.5
大豆	25 985.4	29 040.1	25 366.0	37 688.7	41 277.5
花生	13 089.3	11 848.7	11 672.9	14 896.3	18 191.5
油菜籽	36 004.3	31 720.4	43 640.8	40 721.3	30 092.9
食用植物油	268 772.8	180 670.3	149 482.1	204 677.2	180 198.7
豆油	65 125.3	25 981.9	30 918.1	51 439.6	26 613.9
菜籽油	56 320.3	48 096.7	23 191.3	49 154.3	27 483.1
棕榈油	43 151.9	31 725.5	28 873.1	33 449.6	48 382.5
食糖	41 621.5	34 704.1	31 499.0	39 951.2	32 794.7
蔬菜	563 635.6	526 877.7	543 990.9	573 465.9	556 119.7
水果	724 324.0	643 101.2	646 754.2	699 220.6	702 823.1
畜产品	1 094 379.4	1 007 379.7	1 028 466.9	1 169 625.5	1 137 536.2
猪产品	195 851.1	187 519.1	184 522.8	201 904.1	213 034.8
牛产品	217 194.4	198 777.6	193 566.9	212 421.8	216 209.9
羊产品	84 393.3	80 666.1	75 684.6	81 355.1	72 122.8
禽产品	150 177.2	149 916.3	156 228.2	190 503.3	188 764.7
蛋产品	16 406.7	17 949.3	15 750.6	15 399.0	26 778.3
乳品	335 235.8	299 465.1	325 548.4	386 042.8	344 114.4
动物生皮	11 666.9	7 604.9	10 023.8	14 259.9	15 438.1
动物生毛皮	2 486.7	908.6	1 365.6	1 060.8	1 213.6
羊毛	1 743.7	1 262.6	1 257.2	1 366.4	1 020.3
水产品	617 208.0	583 884.3	622 080.0	692 155.5	640 981.3
饮品	857 967.5	816 287.7	847 094.7	1 037 807.0	967 632.5
酒	283 892.8	266 408.5	265 790.1	326 312.1	299 440.5
茶	17 782.1	16 686.3	18 768.7	21 190.4	21 209.5
咖啡	162 681.6	164 608.8	189 642.3	265 909.5	261 670.3
烟草	239 602.5	230 312.0	223 248.3	252 174.3	254 672.7

4-16-3 法国主要农产品出口量（一）

单位：吨

项目	2002年	2003年	2004年	2005年	2006年	2007年
农产品						
谷物	28 027 723.1	30 529 836.1	27 229 070.9	30 466 037.1	28 502 266.3	25 597 488.8
小麦产品	14 565 283.3	17 240 037.0	15 596 805.1	16 871 609.1	17 433 092.5	15 148 838.7
玉米产品	8 608 692.4	7 273 468.8	6 221 319.6	7 633 870.0	6 219 296.9	4 922 876.0
稻谷产品	108 760.3	90 383.0	131 958.7	113 977.4	110 905.7	87 697.0
棉花	25 027.9	31 346.5	30 639.7	23 946.6	24 697.4	23 385.8
食用油籽	2 121 427.3	2 064 912.0	2 121 783.2	2 068 219.8	2 279 275.2	2 199 311.8
大豆	24 154.7	33 597.1	18 928.6	32 510.1	36 015.2	20 195.7
花生	3 945.9	2 403.7	3 245.6	3 274.1	2 637.3	3 155.0
油菜籽	1 676 356.0	1 705 248.9	1 618 420.0	1 382 255.1	1 730 136.0	1 719 461.3
食用植物油	627 297.0	558 673.4	590 197.1	769 872.9	854 052.3	761 915.6
豆油	104 616.7	69 754.4	26 494.2	42 025.2	39 671.4	33 303.8
菜籽油	278 282.0	223 046.5	301 685.2	424 341.0	443 690.6	337 750.5
棕榈油	2 497.2	2 240.9	4 594.1	1 479.8	2 813.0	11 461.7
食糖	2 705 037.6	2 546 794.7	2 160 222.3	2 391 958.1	2 441 292.5	1 963 446.2
蔬菜	2 833 457.0	3 305 506.3	3 176 843.3	3 364 387.1	3 733 911.1	3 907 858.7
水果						
畜产品						
猪产品						
牛产品						
羊产品						
禽产品						
蛋产品						
乳品	2 425 055.5	2 466 917.5	2 535 365.0	2 595 205.7	2 591 566.2	2 811 857.1
动物生皮	162 624.5	159 828.8	160 658.5	159 804.5	217 216.7	233 038.6
动物生毛皮	458.2	2 222.3		4 201.9		
羊毛	19 935.0	20 120.4	18 290.7	12 982.4	12 928.3	12 357.4
水产品						
饮品						
酒						
茶	4 396.4	6 116.4	4 816.8	4 199.4	3 606.8	3 856.5
咖啡	56 440.4	54 923.2	43 523.2	42 604.3	36 592.4	33 007.7
烟草						

法国主要农产品出口量（二）

单位：吨

项　目	2008年	2009年	2010年	2011年	2012年
农产品					
谷物	28 927 690.9	29 783 213.1	34 778 097.9	32 866 798.1	28 701 364.5
小麦产品	17 121 469.4	17 691 494.0	21 798 198.7	21 042 545.5	17 194 209.0
玉米产品	6 331 251.0	6 926 200.9	6 766 420.9	6 395 874.8	6 457 358.0
稻谷产品	97 899.5	82 063.7	100 954.3	96 810.8	75 725.5
棉花	19 567.3	16 511.5	19 699.9	20 575.8	16 972.6
食用油籽	2 425 070.1	1 858 195.4	2 023 604.8	2 120 165.3	2 021 265.8
大豆	6 786.2	19 977.2	25 682.6	35 415.1	39 052.7
花生	5 131.8	5 473.4	3 545.8	3 018.9	2 715.8
油菜籽	2 104 951.6	1 460 680.6	1 527 357.2	1 664 700.3	1 503 745.7
食用植物油	727 071.7	802 729.2	765 447.5	1 187 264.9	851 778.7
豆油	40 297.9	21 015.0	21 039.0	86 579.3	82 753.3
菜籽油	361 866.0	371 602.4	306 572.0	610 300.9	292 352.2
棕榈油	2 339.3	2 423.4	2 595.0	1 873.9	1 185.4
食糖	1 983 565.9	2 249 800.4	2 339 178.1	2 334 384.7	2 181 741.2
蔬菜	3 880 436.6	3 935 771.4	4 301 375.2	4 164 676.4	4 088 998.6
水果					
畜产品					
猪产品					
牛产品					
羊产品					
禽产品					
蛋产品					
乳品	2 895 858.0	2 833 371.5	2 982 254.9	3 294 978.7	3 275 208.3
动物生皮	146 739.7	124 231.8	279 312.3	245 340.3	7 775.5
动物生毛皮	6 971.1	6 296.9	6 385.2		
羊毛	8 256.1	8 677.0	10 723.5	9 658.4	7 684.9
水产品					
饮品					
酒					
茶	4 788.6	4 970.4	5 376.8	4 625.4	4 993.0
咖啡	37 054.4	38 564.4	40 350.8	41 772.1	42 716.2
烟草					

4-16-4 法国主要农产品进口量（一）

单位：吨

项 目	2002年	2003年	2004年	2005年	2006年	2007年
农产品						
谷物	1 543 575.3	1 268 356.1	1 439 451.6	1 309 320.3	1 259 293.4	2 417 878.6
小麦产品	743 590.3	446 827.5	452 296.1	415 770.4	396 815.1	505 900.0
玉米产品	250 062.7	237 140.3	336 441.6	269 844.6	260 847.9	1 022 503.8
稻谷产品	460 617.0	479 463.5	501 815.3	491 885.3	490 330.9	542 065.6
棉花	123 060.4	98 844.3	85 733.6	82 478.6	67 121.9	68 484.3
食用油籽	1 293 941.7	1 321 879.8	777 327.9	748 582.6	817 603.0	1 036 486.5
大豆	1 049 138.9	862 640.0	491 941.9	529 846.3	384 427.2	531 308.7
花生	61 919.6	54 795.0	58 448.6	56 325.6	59 468.9	63 758.9
油菜籽	11 218.1	11 404.3	34 777.7	32 744.5	80 127.0	297 821.7
食用植物油	876 770.5	752 894.2	737 988.8	972 850.6	1 259 606.3	1 232 652.8
豆油	47 608.5	48 128.8	56 652.7	99 312.1	175 427.6	244 795.1
菜籽油	166 905.7	86 065.5	125 750.4	143 457.8	175 734.5	196 342.7
棕榈油	268 099.5	271 215.3	267 998.2	306 335.6	339 039.4	313 449.2
食糖	399 723.6	264 977.8	333 657.7	330 110.1	365 706.4	461 450.1
蔬菜	3 272 297.6	3 380 746.7	3 739 376.4	3 627 457.2	3 828 891.9	4 468 204.9
水果						
畜产品						
猪产品						
牛产品						
羊产品						
禽产品						
蛋产品						
乳品	1 465 048.3	1 413 833.8	1 391 266.5	1 275 428.8	1 390 924.8	1 522 590.3
动物生皮	35 120.5	32 385.1	29 158.3	26 128.5	31 608.5	36 901.5
动物生毛皮	238.9	131.5	139.1			816.5
羊毛	56 563.4	49 060.5	33 370.4	22 010.4	9 085.2	6 656.1
水产品						
饮品						
酒						
茶	20 107.8	45 272.9	22 720.5	21 791.5	27 993.9	33 786.1
咖啡	384 226.8	369 324.6	325 441.4	314 000.0	336 624.3	355 181.4
烟草						

法国主要农产品进口量（二）

单位：吨

项　目	2008年	2009年	2010年	2011年	2012年
农产品					
谷物	2 139 351.1	1 645 860.6	1 981 257.9	2 108 305.4	1 764 947.1
小麦产品	614 048.9	634 355.6	943 885.0	765 881.7	588 983.3
玉米产品	429 834.1	373 017.1	369 833.0	476 090.5	451 925.6
稻谷产品	529 605.3	526 218.0	485 671.8	542 763.9	539 454.5
棉花	52 354.8	48 989.2	45 359.5	48 350.0	42 346.8
食用油籽	1 308 279.9	1 939 897.3	1 817 234.3	1 908 011.1	1 458 714.7
大豆	474 509.9	660 899.9	562 685.4	692 997.7	671 432.4
花生	64 934.1	61 192.8	67 775.2	70 617.2	70 144.0
油菜籽	593 139.7	795 677.0	939 964.5	610 706.0	474 363.0
食用植物油	1 789 205.2	1 434 135.1	1 246 502.1	1 305 203.9	1 241 063.7
豆油	539 906.3	268 970.3	348 568.9	404 048.2	222 034.5
菜籽油	398 380.1	423 369.3	231 069.2	349 877.9	210 769.7
棕榈油	378 345.4	337 901.0	318 871.8	269 695.5	421 818.2
食糖	432 556.5	414 375.7	429 164.4	458 190.1	339 630.4
蔬菜	4 335 977.9	4 222 921.3	4 359 609.3	4 426 931.4	4 558 568.7
水果					
畜产品					
猪产品					
牛产品					
羊产品					
禽产品					
蛋产品					
乳品	1 402 522.3	1 488 385.5	1 521 045.2	1 538 029.0	1 533 559.3
动物生皮	33 781.8	28 406.7	45 159.1	45 094.7	7 248.1
动物生毛皮	594.7	231.4		71.3	
羊毛	6 656.8	7 255.3	7 510.2	4 607.8	3 752.2
水产品					
饮品					
酒					
茶	29 382.6	24 574.2	22 476.2	21 738.1	21 969.4
咖啡	340 729.4	361 894.9	380 404.4	379 796.1	374 079.8
烟草					

4-17 德国主要农产品贸易情况

4-17-1 德国主要农产品出口额（一）

单位：万美元

项目	2002年	2003年	2004年	2005年	2006年	2007年
农产品	3 086 640.1	3 525 099.6	4 113 257.8	4 806 870.1	5 312 879.5	6 186 563.4
谷物	159 021.9	163 364.1	158 356.1	185 510.6	206 723.6	256 440.7
小麦产品	99 682.7	83 893.0	89 878.3	92 632.1	122 094.4	138 820.1
玉米产品	12 998.0	17 859.8	24 021.9	19 483.4	21 093.3	23 496.0
稻谷产品	4 613.9	5 058.5	5 171.7	5 923.9	5 657.6	5 865.3
棉花	5 785.8	6 138.4	7 916.7	7 217.3	5 433.6	4 274.4
食用油籽	37 701.3	30 397.9	39 785.5	36 768.0	42 402.5	54 243.7
大豆	1 209.4	998.6	1 316.7	1 108.0	993.5	1 262.4
花生	3 686.8	4 375.3	5 459.5	6 102.0	6 528.7	8 234.1
油菜籽	22 143.8	12 924.7	17 729.7	8 955.0	14 120.7	20 722.4
食用植物油	82 265.5	77 041.2	90 382.7	84 586.4	80 527.6	79 543.7
豆油	23 329.3	23 838.0	28 660.6	25 021.7	20 584.3	17 523.4
菜籽油	45 889.1	34 751.6	38 927.3	35 164.0	38 118.7	30 758.2
棕榈油	5 708.8	8 173.9	11 406.7	14 177.2	11 737.8	15 121.7
食糖	43 097.1	47 009.9	51 355.0	75 011.2	71 312.2	50 589.7
蔬菜	116 701.9	133 451.0	148 437.8	177 812.0	210 490.0	232 639.0
水果	230 068.9	260 109.6	307 524.4	360 241.6	416 215.5	475 872.4
畜产品	884 359.4	1 041 628.4	1 267 380.6	1 487 713.9	1 629 997.0	1 916 479.7
猪产品	156 253.0	172 946.0	230 448.9	324 175.3	377 268.8	439 222.5
牛产品	147 786.5	150 064.1	185 649.2	201 964.7	242 318.9	222 954.3
羊产品	4 685.8	4 592.5	3 850.9	6 595.3	6 686.3	6 241.3
禽产品	91 202.7	106 384.3	125 288.9	159 354.2	167 419.2	197 091.6
蛋产品	12 141.5	12 468.2	12 690.1	20 248.2	21 046.3	21 507.7
乳品	385 387.0	506 178.7	601 306.4	646 053.9	669 498.5	870 181.3
动物生皮	27 898.6	23 059.7	21 827.5	25 743.1	29 920.5	27 052.4
动物生毛皮	3 790.9	4 344.8	3 466.4	3 137.9	4 149.1	4 014.4
羊毛	3 454.0	3 768.4	8 296.6	12 404.7	14 470.3	17 381.0
水产品	119 205.3	129 254.8	141 929.1	178 049.2	208 754.5	228 001.8
饮品	466 539.2	567 212.2	655 075.6	764 255.0	893 601.7	1 068 032.0
酒	169 093.4	203 131.5	224 111.3	264 923.1	295 480.4	355 196.7
茶	10 390.0	12 587.2	15 978.2	17 591.6	20 686.0	24 580.1
咖啡	86 794.2	99 892.9	118 432.3	165 952.6	191 760.4	233 712.6
烟草	208 983.9	215 706.6	245 609.0	347 376.2	363 098.6	412 745.1

德国主要农产品出口额（二）

单位：万美元

项　目	2008年	2009年	2010年	2011年	2012年
农产品	7 542 488.9	7 173 225.6	7 449 623.2	8 813 057.5	8 591 914.3
谷物	395 760.0	317 033.3	302 005.6	360 650.2	366 499.6
小麦产品	283 906.3	244 315.0	220 003.8	227 505.3	251 045.1
玉米产品	27 732.6	21 547.9	21 201.1	31 153.8	39 607.8
稻谷产品	10 087.4	9 800.9	8 600.2	13 186.1	11 693.7
棉花	5 603.6	4 543.7	6 007.6	11 801.6	7 935.5
食用油籽	76 645.2	59 378.3	61 146.3	71 314.6	65 488.6
大豆	2 416.7	1 875.5	1 813.0	2 478.4	1 960.5
花生	10 016.8	10 041.0	8 780.4	10 027.0	11 027.6
油菜籽	32 805.1	16 646.2	19 680.3	24 376.3	18 357.9
食用植物油	157 967.3	106 149.7	115 331.0	170 938.9	211 702.3
豆油	39 612.0	28 894.4	25 923.4	45 053.3	51 286.2
菜籽油	72 605.9	43 894.8	50 677.9	67 262.6	101 234.6
棕榈油	24 116.3	18 120.6	22 359.8	30 243.4	29 717.3
食糖	60 452.3	75 127.9	72 094.6	82 783.7	84 450.6
蔬菜	272 421.5	246 325.9	251 345.7	287 889.1	264 628.3
水果	565 762.6	494 304.8	487 721.8	567 944.5	546 094.1
畜产品	2 295 473.2	2 076 785.7	2 229 954.9	2 685 766.1	2 573 272.3
猪产品	605 694.9	607 943.1	602 550.0	738 949.3	794 382.8
牛产品	272 110.1	254 504.7	256 045.0	301 335.4	256 584.0
羊产品	8 067.2	7 259.3	7 475.7	8 368.7	6 421.3
禽产品	238 432.6	241 911.0	264 786.3	327 135.2	332 031.6
蛋产品	28 075.0	28 795.0	28 721.9	31 120.2	34 586.4
乳品	947 829.0	754 608.5	864 198.6	1 035 756.6	953 901.5
动物生皮	25 845.0	16 343.2	32 492.5	40 736.6	36 612.0
动物生毛皮	2 848.6	1 766.1	2 082.8	2 756.5	3 567.8
羊毛	16 074.5	8 062.3	16 827.2	24 685.9	18 515.2
水产品	249 585.8	259 394.0	262 461.9	305 816.6	282 504.9
饮品	1 225 916.1	1 168 911.2	1 274 868.7	1 559 517.2	1 476 162.6
酒	391 167.7	367 265.5	405 866.5	461 322.3	446 309.4
茶	29 020.9	25 115.9	24 740.6	28 628.5	27 962.1
咖啡	262 738.7	249 700.7	275 240.0	392 084.0	366 699.8
烟草	479 554.6	455 683.4	457 827.6	602 975.0	532 472.5

4-17-2 德国主要农产品进口额（一）

单位：万美元

项 目	2002年	2003年	2004年	2005年	2006年	2007年
农产品	4 301 463.8	4 896 160.2	5 409 641.4	6 057 762.2	6 697 610.8	7 588 729.2
谷物	81 159.8	90 578.9	97 906.9	112 010.5	134 493.5	213 444.3
小麦产品	25 314.2	27 772.7	22 752.1	29 578.3	40 380.0	66 283.1
玉米产品	24 820.2	27 628.9	39 072.8	44 496.7	46 541.4	70 738.5
稻谷产品	15 140.6	16 775.3	19 037.8	19 358.7	21 370.6	26 251.2
棉花	18 026.0	17 730.6	19 376.9	14 733.2	12 875.7	13 462.6
食用油籽	167 198.3	209 433.1	237 043.0	240 497.8	243 278.3	300 071.8
大豆	91 649.6	117 657.7	113 296.7	104 630.7	95 422.6	123 946.2
花生	10 361.6	10 486.7	11 209.2	12 652.4	13 203.1	16 079.9
油菜籽	29 070.3	36 109.8	45 888.5	40 474.8	56 922.4	85 461.0
食用植物油	66 988.8	79 005.8	104 918.0	133 006.3	239 768.9	275 295.6
豆油	3 961.2	4 850.5	5 723.4	6 549.0	21 630.7	32 134.8
菜籽油	6 121.2	9 447.6	15 209.9	35 072.2	106 578.3	99 261.5
棕榈油	26 239.5	31 575.6	42 146.2	42 629.6	49 878.6	76 680.0
食糖	20 665.6	30 644.1	37 631.1	46 446.2	45 915.7	46 995.1
蔬菜	491 645.4	550 303.0	571 822.9	637 280.4	708 664.5	776 493.6
水果	619 882.6	751 591.6	791 306.6	846 912.1	931 089.7	1 026 864.2
畜产品	915 172.0	1 039 248.9	1 170 938.1	1 324 084.3	1 467 362.9	1 652 303.3
猪产品	234 247.7	245 233.1	307 946.3	364 359.9	397 169.6	390 900.4
牛产品	58 329.4	67 895.0	90 361.4	117 529.8	144 521.8	161 637.1
羊产品	20 170.9	20 845.6	23 175.0	31 069.1	29 941.3	30 754.2
禽产品	153 759.3	173 918.0	195 725.9	239 971.1	224 668.3	261 550.0
蛋产品	32 082.4	38 667.0	42 453.3	53 037.1	57 409.9	60 802.2
乳品	323 123.4	392 525.8	434 489.1	437 123.2	510 935.0	623 932.5
动物生皮	18 352.5	16 538.9	13 324.1	14 988.9	18 122.1	19 063.1
动物生毛皮	2 570.3	2 521.9	2 063.5	2 185.3	2 781.1	2 462.0
羊毛	18 511.8	20 719.7	19 060.4	17 441.1	21 025.7	22 965.7
水产品	265 959.1	283 672.5	298 176.5	362 624.5	421 138.6	458 950.0
饮品	663 988.3	725 108.7	785 266.7	928 704.9	1 033 070.8	1 194 346.9
酒	303 416.7	330 057.9	352 686.2	405 338.4	445 604.2	491 777.3
茶	11 788.8	15 412.3	15 880.7	16 374.7	20 416.2	22 560.0
咖啡	115 468.3	126 707.2	157 784.0	219 419.6	262 294.8	309 713.1
烟草	149 253.2	168 356.7	175 959.5	168 010.7	181 540.3	194 100.3

德国主要农产品进口额（二）

单位：万美元

项 目	2008年	2009年	2010年	2011年	2012年
农产品	8 892 921.7	8 849 536.8	9 088 881.1	10 630 383.9	10 201 290.9
谷物	285 239.2	246 595.9	232 144.7	341 535.8	306 199.8
小麦产品	99 969.7	92 962.5	95 051.6	145 260.1	115 228.3
玉米产品	79 225.7	65 290.9	62 339.9	90 055.6	88 754.2
稻谷产品	38 858.1	37 807.5	30 517.4	39 464.7	36 097.0
棉花	15 060.4	9 904.3	14 280.9	27 639.8	16 205.1
食用油籽	473 163.6	387 751.6	357 816.6	504 719.1	573 573.6
大豆	186 597.4	145 608.8	149 536.0	172 861.2	188 692.8
花生	20 143.9	20 698.1	18 354.2	24 281.4	27 523.9
油菜籽	158 149.2	135 529.8	97 887.2	201 106.2	251 194.7
食用植物油	298 577.6	202 414.0	224 942.9	305 778.1	237 995.7
豆油	28 424.8	7 048.7	6 877.0	9 294.5	8 606.5
菜籽油	68 522.3	27 799.3	39 178.5	73 165.6	28 481.2
棕榈油	113 326.1	99 385.6	116 959.2	135 751.8	132 813.9
食糖	63 541.1	44 471.1	37 811.7	53 308.5	62 789.9
蔬菜	854 875.3	799 875.5	841 012.7	899 374.0	841 804.7
水果	1 166 386.6	1 040 710.2	1 006 923.3	1 132 483.3	1 054 698.3
畜产品	1 919 113.7	1 766 193.7	1 832 761.2	2 166 149.4	2 036 011.9
猪产品	487 525.9	458 889.9	443 128.6	507 579.3	521 254.3
牛产品	195 395.7	191 526.8	198 025.4	267 708.1	235 159.9
羊产品	35 002.7	29 515.1	29 509.8	46 922.9	33 450.5
禽产品	322 574.9	286 447.8	291 236.1	371 112.6	351 263.3
蛋产品	76 490.5	96 423.7	99 851.4	85 748.8	89 623.7
乳品	678 074.2	539 967.7	591 978.0	721 290.7	641 603.8
动物生皮	16 906.8	9 412.7	18 202.9	23 802.9	18 137.3
动物生毛皮	1 720.3	828.6	2 124.8	2 880.2	3 875.9
羊毛	21 293.0	7 677.2	17 700.3	25 208.1	21 687.0
水产品	485 150.9	523 880.0	533 372.3	611 290.4	579 567.8
饮品	1 399 749.2	1 328 126.3	1 483 170.3	1 881 878.3	1 717 443.6
酒	575 558.4	550 961.0	571 016.6	700 056.9	670 172.5
茶	25 714.8	19 745.0	18 949.7	24 541.9	24 990.3
咖啡	374 251.3	326 076.5	396 539.9	570 278.4	508 897.7
烟草	201 239.4	234 594.0	205 838.7	288 932.0	234 960.3

4-17-3 德国主要农产品出口量（一）

单位：吨

项　目	2002年	2003年	2004年	2005年	2006年	2007年
农产品						
谷物	11 954 370.7	10 455 448.9	8 110 734.6	11 701 385.3	11 924 923.8	9 621 260.5
小麦产品	7 227 696.0	5 060 543.1	4 497 802.8	5 549 361.9	6 962 643.8	5 212 527.7
玉米产品	789 514.2	914 266.5	1 004 401.7	1 016 696.3	964 363.7	756 772.6
稻谷产品	70 646.6	65 010.1	63 030.2	75 476.5	67 661.2	60 840.0
棉花	59 281.0	55 381.7	55 602.9	54 998.2	43 574.1	36 341.9
食用油籽	1 066 145.2	502 840.4	686 683.4	433 169.4	500 904.8	551 731.4
大豆	48 082.6	30 584.8	31 984.2	41 451.7	35 099.4	34 628.7
花生	19 983.2	19 472.5	23 519.4	29 760.7	31 674.0	36 746.2
油菜籽	921 952.7	389 141.1	537 780.7	266 976.4	361 571.3	405 074.7
食用植物油	1 669 952.4	1 205 953.7	1 284 692.4	1 277 958.3	1 060 257.8	829 505.1
豆油	498 916.5	403 382.5	436 217.7	434 118.9	323 229.6	198 358.2
菜籽油	959 720.1	553 383.1	551 554.6	506 521.7	462 270.2	318 562.5
棕榈油	105 750.0	128 142.4	172 117.2	245 149.2	186 477.3	185 087.9
食糖	1 085 395.4	1 126 238.8	1 057 467.7	1 811 563.6	1 312 380.6	617 946.6
蔬菜	2 498 156.6	2 347 900.1	2 318 674.1	2 784 442.4	3 072 382.9	2 870 150.5
水果						
畜产品						
猪产品						
牛产品						
羊产品						
禽产品						
蛋产品						
乳品	4 237 434.2	4 416 154.5	5 000 612.8	5 216 528.0	5 109 802.0	4 922 460.8
动物生皮	170 618.7	138 360.5	137 299.3	151 156.0	157 076.6	131 596.3
动物生毛皮	400.2		313.5	304.4	271.3	310.6
羊毛	17 612.0	15 617.6	26 787.0	38 177.5	46 431.7	45 947.1
水产品						
饮品						
酒						
茶	21 191.1	22 811.8	29 692.9	33 119.9	46 897.5	53 175.0
咖啡	338 089.3	339 677.1	373 430.3	471 034.8	492 732.8	523 571.0
烟草						

德国主要农产品出口量（二）

单位：吨

项 目	2008年	2009年	2010年	2011年	2012年
农产品					
谷物	10 701 098.1	13 012 036.4	12 725 881.6	10 500 500.6	10 717 150.5
小麦产品	7 605 984.6	10 283 503.5	9 576 556.6	6 785 708.1	7 594 316.3
玉米产品	720 289.6	725 433.9	697 870.8	798 188.2	1 083 161.8
稻谷产品	80 703.1	77 602.2	81 034.3	129 644.9	126 081.6
棉花	38 341.0	32 274.8	38 896.1	45 579.9	43 604.2
食用油籽	610 583.3	391 832.6	503 670.9	442 377.4	328 415.5
大豆	47 161.3	35 624.1	39 936.0	49 852.6	38 721.1
花生	37 626.6	35 479.4	38 389.4	37 372.9	36 572.1
油菜籽	430 292.9	237 116.8	278 747.7	227 860.2	148 254.9
食用植物油	1 134 579.9	1 033 365.8	1 133 284.5	1 212 689.7	1 650 620.4
豆油	299 189.4	328 432.2	270 917.2	339 219.7	428 915.1
菜籽油	522 995.6	426 305.2	518 095.2	476 204.7	792 458.1
棕榈油	203 411.3	188 108.8	232 225.4	235 923.7	243 159.5
食糖	785 444.2	1 059 831.4	1 103 454.5	1 003 653.6	978 630.8
蔬菜	2 829 666.9	3 085 581.6	3 077 607.6	3 055 980.4	3 262 162.2
水果					
畜产品					
猪产品					
牛产品					
羊产品					
禽产品					
蛋产品					
乳品	5 123 802.7	5 203 320.6	5 480 291.8	5 605 262.0	5 525 480.7
动物生皮	138 781.2	134 855.2	178 045.8	175 801.6	166 928.9
动物生毛皮	211.5	156.1	192.3	185.9	221.6
羊毛	40 102.5	29 069.5	40 106.2	41 020.8	32 366.1
水产品					
饮品					
酒					
茶	56 627.4	40 898.9	35 923.8	39 091.2	37 048.1
咖啡	513 777.0	537 617.4	575 264.6	605 475.7	625 195.6
烟草					

4-17-4 德国主要农产品进口量（一）

单位：吨

项 目	2002年	2003年	2004年	2005年	2006年	2007年
农产品						
谷物	4 178 688.8	4 082 184.6	3 630 262.9	5 173 182.8	6 049 866.5	6 864 430.2
小麦产品	1 791 002.5	1 642 400.5	1 066 852.2	1 824 139.3	2 297 590.5	2 181 018.9
玉米产品	1 059 074.9	1 123 839.6	1 397 887.8	1 894 916.5	1 962 665.9	2 528 101.7
稻谷产品	309 430.0	286 383.6	293 138.3	327 101.1	350 939.7	366 418.8
棉花	239 893.2	197 743.8	168 581.3	163 337.5	108 292.7	108 941.9
食用油籽	6 271 311.6	6 438 790.1	5 774 312.1	5 985 890.6	6 001 982.9	6 584 560.2
大豆	4 396 954.1	4 532 846.9	3 734 454.7	3 935 323.7	3 558 767.8	3 707 394.8
花生	107 974.9	96 895.6	90 423.5	107 211.3	113 400.2	121 951.1
油菜籽	1 229 788.2	1 210 584.6	1 410 271.3	1 528 908.9	1 830 966.9	2 199 127.4
食用植物油	1 216 443.5	1 153 807.1	1 394 604.4	1 866 795.9	3 142 317.6	3 031 247.7
豆油	83 821.6	78 339.7	85 202.0	108 942.8	344 468.3	413 748.8
菜籽油	115 201.4	135 220.4	187 377.6	484 133.3	1 373 682.3	1 086 488.6
棕榈油	682 013.8	636 565.0	773 991.5	897 805.1	970 573.4	1 076 391.5
食糖	303 242.1	384 206.6	440 810.4	550 180.8	550 365.1	524 779.6
蔬菜	5 918 243.0	5 491 567.9	5 448 448.9	5 810 521.1	6 257 176.2	5 695 247.4
水果						
畜产品						
猪产品						
牛产品						
羊产品						
禽产品						
蛋产品						
乳品	2 180 602.7	2 617 106.2	2 526 691.2	2 632 995.3	3 046 640.0	3 191 016.6
动物生皮	123 540.8	94 361.9	77 586.9	91 693.6	98 348.8	98 501.5
动物生毛皮				264.0	290.5	189.3
羊毛	49 766.3	46 078.7	54 168.8	54 686.6	64 370.7	58 558.3
水产品						
饮品						
酒						
茶	64 727.4	91 305.3	100 910.0	97 394.3	130 238.2	139 505.0
咖啡	919 368.5	927 312.9	1 026 445.7	990 079.2	1 082 464.8	1 118 458.8
烟草						

德国主要农产品进口量（二）

单位：吨

项　目	2008 年	2009 年	2010 年	2011 年	2012 年
农产品					
谷物	7 062 565.0	8 674 566.6	8 529 616.9	9 048 305.3	8 376 154.9
小麦产品	2 727 861.2	4 227 115.7	4 113 906.7	4 486 946.8	3 681 976.1
玉米产品	1 970 352.8	2 043 526.8	1 953 938.1	1 982 147.9	2 155 269.8
稻谷产品	385 224.4	387 845.5	363 466.0	430 892.1	412 880.3
棉花	104 745.1	77 064.3	89 056.3	104 968.3	86 853.0
食用油籽	7 093 855.2	7 318 976.5	6 595 044.8	7 151 601.0	8 262 387.0
大豆	3 497 885.5	3 173 754.5	3 394 230.6	3 198 773.8	3 278 714.8
花生	119 286.1	123 199.2	129 726.7	132 776.7	126 087.3
油菜籽	2 746 808.4	3 293 730.3	2 313 568.6	3 147 450.9	4 048 082.6
食用植物油	2 267 181.3	2 075 867.1	2 278 863.3	2 170 879.9	1 849 502.0
豆油	229 101.6	66 979.1	69 220.7	67 852.7	66 099.9
菜籽油	488 691.8	271 303.5	376 401.3	523 799.0	207 424.0
棕榈油	1 127 536.8	1 339 329.6	1 434 091.3	1 134 335.2	1 223 609.6
食糖	678 412.6	515 779.0	513 913.9	587 861.5	656 697.9
蔬菜	5 786 962.8	5 916 546.1	6 008 011.5	6 306 121.7	6 132 743.8
水果					
畜产品					
猪产品					
牛产品					
羊产品					
禽产品					
蛋产品					
乳品	3 461 962.9	3 382 526.2	3 501 270.9	3 823 598.9	3 774 774.3
动物生皮	92 721.5	87 379.8	104 561.7	114 667.8	87 293.8
动物生毛皮	164.0		152.4	157.6	212.0
羊毛	50 899.5	24 865.7	40 821.8	40 809.8	35 750.1
水产品					
饮品					
酒					
茶	144 717.2	97 350.3	57 394.1	63 584.7	86 377.0
咖啡	1 147 911.2	1 131 987.7	1 195 940.5	1 254 564.6	1 279 533.2
烟草					

4-18 荷兰主要农产品贸易情况

4-18-1 荷兰主要农产品出口额（一）

单位：万美元

项目	2002年	2003年	2004年	2005年	2006年	2007年
农产品	3 688 687.5	4 573 630.4	5 199 549.3	5 364 514.6	5 913 755.2	7 201 459.6
谷物	31 315.9	33 314.6	33 102.7	39 190.2	38 562.0	58 773.9
小麦产品	11 398.5	10 814.1	10 267.4	10 629.9	12 396.4	17 127.6
玉米产品	6 191.2	7 808.9	8 892.7	7 823.5	8 569.3	11 108.8
稻谷产品	7 797.8	7 328.2	4 855.8	8 603.2	9 044.4	12 194.3
棉花	138.8	377.4	405.2	313.7	201.6	225.3
食用油籽	46 634.3	61 111.3	74 102.4	67 949.9	73 850.3	106 165.8
大豆	27 263.2	29 701.5	40 385.6	31 902.4	35 114.7	51 234.4
花生	10 848.1	18 458.6	20 653.9	21 370.8	22 623.3	29 684.6
油菜籽	239.1	1 339.6	1 376.3	562.4	574.0	3 119.9
食用植物油	87 319.9	103 090.7	108 374.7	118 880.9	163 303.9	232 791.2
豆油	24 513.6	26 835.1	28 418.6	26 519.7	35 789.3	42 115.9
菜籽油	13 011.2	13 295.7	14 653.9	22 892.6	29 854.6	45 881.9
棕榈油	22 245.6	32 820.7	38 055.4	38 153.1	64 211.7	102 018.2
食糖	11 169.8	13 727.9	15 938.7	22 906.5	28 129.2	24 865.4
蔬菜	510 996.5	660 742.6	703 276.3	689 193.1	795 626.2	1 003 792.5
水果	245 367.3	326 986.2	386 951.9	415 754.5	470 784.5	603 744.3
畜产品	884 444.6	1 082 958.1	1 242 857.9	1 284 228.3	1 390 839.5	1 700 865.4
猪产品	184 370.4	230 480.8	288 586.6	294 316.4	323 399.3	365 047.4
牛产品	125 530.0	167 532.2	200 177.5	222 113.9	241 899.5	288 842.4
羊产品	5 407.1	5 324.2	6 929.3	8 259.9	9 683.8	11 904.7
禽产品	154 326.8	150 976.0	177 307.4	192 396.1	212 408.9	287 554.1
蛋产品	38 142.9	42 314.5	47 028.6	48 096.2	54 960.9	74 472.9
乳品	327 914.2	429 216.6	463 893.7	457 507.1	478 391.4	583 988.5
动物生皮	17 973.1	17 531.9	17 758.6	17 379.3	19 807.9	20 219.5
动物生毛皮	5 090.9	6 178.6	5 531.9	8 367.3	8 757.0	8 211.7
羊毛	101.8	311.6	277.4	288.8	297.6	496.6
水产品	156 337.4	195 412.2	226 717.8	237 979.1	257 116.6	299 366.2
饮品	403 510.4	494 139.5	527 992.2	567 645.8	632 256.4	768 139.9
酒	178 779.8	196 332.7	197 041.7	209 371.1	241 955.2	269 121.9
茶	4 057.1	4 625.5	6 358.5	7 231.8	9 314.3	9 693.4
咖啡	12 259.6	17 577.9	13 055.2	26 306.3	29 413.8	34 703.1
烟草	341 677.9	361 262.1	389 087.3	393 076.2	401 859.2	447 386.4

荷兰主要农产品出口额（二）

单位：万美元

项　目	2008年	2009年	2010年	2011年	2012年
农产品	8 434 814.8	7 594 149.8	7 907 062.4	9 908 676.8	9 579 376.3
谷物	90 923.3	61 885.0	49 799.4	79 841.2	73 569.6
小麦产品	31 804.9	22 634.1	16 730.3	26 289.2	21 931.9
玉米产品	17 302.8	9 778.8	6 361.4	15 960.5	18 975.3
稻谷产品	21 077.5	17 154.9	14 112.9	19 618.2	19 693.6
棉花	440.6	416.2	173.3	595.2	323.7
食用油籽	147 293.5	131 247.9	136 122.0	143 462.6	238 175.7
大豆	82 077.2	66 443.2	70 225.4	63 882.6	123 113.1
花生	32 484.6	28 772.0	31 268.5	42 213.2	49 143.4
油菜籽	7 350.5	14 868.5	12 553.2	11 520.7	39 837.7
食用植物油	427 388.0	284 161.3	265 877.8	370 724.6	317 158.4
豆油	78 970.0	44 176.9	41 483.1	47 269.1	49 124.4
菜籽油	86 898.3	69 705.2	61 289.8	80 219.7	54 602.8
棕榈油	166 789.2	115 619.9	116 011.1	173 220.3	151 038.6
食糖	23 808.2	21 720.8	18 632.6	24 513.6	25 374.9
蔬菜	1 080 740.2	1 021 662.1	1 094 801.4	1 244 053.0	1 168 848.4
水果	726 673.6	667 169.8	687 754.7	906 817.4	864 921.4
畜产品	2 006 118.2	1 769 794.3	1 869 461.0	2 407 271.8	2 337 471.8
猪产品	467 457.0	418 183.5	400 684.3	488 688.0	513 294.4
牛产品	314 354.2	301 453.7	283 756.1	372 073.1	357 934.9
羊产品	11 991.7	10 723.2	13 268.7	21 007.1	17 401.8
禽产品	334 532.9	308 965.8	323 442.8	442 096.0	442 983.3
蛋产品	90 898.5	102 786.1	106 438.0	113 090.0	127 750.5
乳品	690 773.9	541 668.0	649 451.8	825 390.4	741 706.8
动物生皮	20 347.0	17 285.7	22 960.6	34 134.5	36 942.2
动物生毛皮	8 103.7	9 392.3	6 115.5	13 465.4	15 120.8
羊毛	340.1	250.0	417.3	585.6	738.4
水产品	324 901.2	300 515.9	308 910.6	393 532.6	374 440.1
饮品	919 919.4	870 407.9	956 022.0	1 129 059.4	1 062 198.1
酒	348 738.6	303 601.0	316 367.5	379 135.6	372 192.2
茶	19 723.6	23 973.0	27 710.3	24 546.9	26 136.2
咖啡	31 493.5	28 872.0	30 821.4	69 032.6	60 897.0
烟草	429 883.1	412 959.5	412 861.5	527 900.4	469 410.4

4-18-2 荷兰主要农产品进口额（一）

单位：万美元

项 目	2002 年	2003 年	2004 年	2005 年	2006 年	2007 年
农产品	2 067 893.8	2 600 897.3	2 890 630.0	2 985 247.7	3 307 413.4	4 209 870.6
谷物	115 928.0	118 719.5	160 668.6	133 768.9	170 619.5	279 555.0
小麦产品	55 851.6	50 396.1	74 084.5	58 400.8	77 480.2	123 171.6
玉米产品	32 109.3	38 341.8	48 209.5	41 597.6	48 221.3	89 292.9
稻谷产品	9 006.6	9 100.4	10 730.8	9 957.4	11 540.9	14 889.3
棉花	1 176.8	1 109.8	1 241.4	898.6	1 345.1	1 780.3
食用油籽	146 356.2	175 235.5	195 550.0	165 113.7	155 444.1	233 839.7
大豆	102 393.3	123 189.6	134 058.7	106 450.4	104 327.2	135 344.2
花生	17 987.3	19 231.8	23 817.5	25 691.1	22 639.1	27 890.3
油菜籽	3 989.7	4 105.7	3 216.5	1 899.8	3 867.8	39 980.1
食用植物油	85 346.8	106 727.0	121 312.3	143 361.4	162 659.7	212 980.9
豆油	2 706.6	3 775.9	4 508.5	4 638.6	9 996.1	20 127.9
菜籽油	14 914.6	21 809.6	23 174.0	29 480.3	40 760.5	28 604.9
棕榈油	37 927.6	47 700.3	57 822.3	67 150.3	75 969.9	122 013.6
食糖	5 098.9	6 529.2	8 813.3	14 156.2	13 355.5	13 688.2
蔬菜	165 188.4	207 143.4	220 054.3	225 970.3	257 120.2	311 408.3
水果	246 253.7	325 826.7	332 640.8	378 487.1	448 316.7	521 589.9
畜产品	393 618.7	511 433.9	573 743.8	604 225.6	669 268.2	845 670.7
猪产品	36 629.4	56 795.4	67 882.7	76 770.3	88 836.0	99 023.4
牛产品	62 961.5	89 555.8	104 960.7	113 395.6	140 547.0	162 190.7
羊产品	5 512.8	5 853.7	6 441.2	7 852.1	8 530.4	8 790.5
禽产品	70 304.3	88 604.9	94 734.9	106 774.7	113 188.7	158 709.2
蛋产品	8 286.6	15 591.6	11 262.5	11 903.2	12 722.8	15 925.0
乳品	173 254.8	215 123.4	242 689.8	247 998.5	259 476.6	329 439.5
动物生皮	10 730.0	9 366.1	9 598.2	8 837.4	10 643.0	10 942.0
动物生毛皮	890.6	756.0	410.6	17.3	15.2	
羊毛	116.0	158.5	164.5	65.1	96.6	92.5
水产品	110 099.6	133 408.0	139 121.7	151 012.7	188 016.2	220 518.0
饮品	281 032.7	384 176.9	399 205.7	425 128.5	461 050.2	603 589.9
酒	95 037.1	114 450.6	136 547.2	144 845.8	162 362.5	227 193.8
茶	7 551.6	6 893.9	7 895.4	7 545.7	7 591.1	9 056.6
咖啡	27 964.0	37 364.9	40 745.0	46 134.4	54 513.3	67 506.4
烟草	85 994.6	94 951.7	117 447.4	111 651.6	113 734.6	100 912.7

荷兰主要农产品进口额（二）

单位：万美元

项　目	2008年	2009年	2010年	2011年	2012年
农产品	5 338 117.6	4 582 301.7	4 776 738.0	6 464 270.9	6 354 525.2
谷物	389 681.5	250 749.4	259 395.4	370 079.9	364 478.0
小麦产品	175 142.0	111 157.7	122 377.2	157 297.2	152 530.9
玉米产品	120 541.4	72 120.5	67 513.7	117 291.8	121 113.2
稻谷产品	28 571.8	21 305.3	18 514.6	24 346.3	23 742.7
棉花	2 458.2	2 027.9	2 293.2	5 429.3	3 746.6
食用油籽	420 612.5	281 278.0	296 636.8	424 934.2	364 007.5
大豆	194 629.3	124 596.5	153 063.5	163 125.9	144 660.6
花生	46 858.8	34 739.5	33 909.3	44 491.0	57 483.2
油菜籽	134 015.4	67 408.4	66 501.0	153 009.2	111 428.3
食用植物油	342 207.1	208 448.2	224 308.6	331 561.4	450 290.9
豆油	24 785.8	4 632.1	4 667.4	9 665.1	15 078.7
菜籽油	48 525.5	35 080.2	33 271.5	73 099.7	75 904.1
棕榈油	191 369.5	131 248.2	144 895.9	183 638.8	274 962.3
食糖	18 684.4	12 849.7	10 894.0	22 753.9	20 966.0
蔬菜	331 712.7	336 207.0	360 629.4	455 950.0	432 099.4
水果	668 957.2	601 143.5	618 021.5	767 700.2	755 308.6
畜产品	939 833.6	830 550.7	884 948.0	1 239 174.3	1 221 306.5
猪产品	125 614.2	122 856.1	116 664.7	157 771.4	163 698.2
牛产品	191 505.7	180 172.9	176 856.5	242 987.8	248 382.5
羊产品	9 478.1	8 437.7	10 918.4	20 904.7	17 389.8
禽产品	200 702.5	193 359.4	202 002.5	293 333.9	284 527.8
蛋产品	22 186.9	22 417.0	26 207.8	34 732.7	43 579.0
乳品	318 948.0	248 222.9	283 476.6	386 848.8	373 453.7
动物生皮	10 018.1	7 616.4	12 660.2	20 979.0	14 664.4
动物生毛皮	166.1	209.1	34.1	754.1	633.3
羊毛	53.3	28.9	48.0	63.8	609.9
水产品	261 823.7	249 819.2	265 141.3	351 757.5	320 722.8
饮品	707 693.9	714 019.6	710 320.1	945 620.2	849 829.9
酒	272 834.0	245 302.3	233 048.4	322 254.6	315 577.1
茶	12 716.9	11 941.6	14 117.7	17 679.6	18 870.1
咖啡	55 261.6	59 809.5	69 318.5	101 808.6	97 707.1
烟草	137 865.6	140 897.7	143 198.8	202 479.4	187 027.0

4-18-3 荷兰主要农产品出口量（一）

单位：吨

项　目	2002年	2003年	2004年	2005年	2006年	2007年
农产品						
谷物	1 147 296.0	1 066 656.7	1 055 943.7	1 431 342.9	1 172 779.6	1 700 036.0
小麦产品	627 191.7	503 525.1	448 560.0	510 252.3	501 784.8	569 063.6
玉米产品	127 079.5	140 302.8	157 955.7	126 779.2	180 295.1	368 666.5
稻谷产品	114 236.7	109 471.8	62 866.1	123 818.3	133 895.4	155 773.1
棉花	1 673.8	3 427.0	1 764.6	1 663.6	1 625.9	2 469.1
食用油籽	1 451 908.9	1 444 417.4	1 635 335.1	1 488 610.5	1 596 152.5	1 909 440.0
大豆	1 241 964.2	1 136 138.4	1 314 150.3	1 179 693.5	1 294 051.6	1 527 849.4
花生	97 474.9	148 227.4	152 587.7	185 176.6	178 801.1	196 940.7
油菜籽	6 334.3	43 554.8	35 978.7	13 842.0	13 125.5	65 302.1
食用植物油	1 660 577.4	1 601 187.4	1 573 676.8	1 807 816.2	2 426 148.6	2 664 196.9
豆油	499 152.0	436 330.3	431 471.0	444 152.4	559 597.2	501 002.4
菜籽油	265 148.4	209 143.0	203 668.5	318 191.3	371 642.0	458 177.0
棕榈油	476 037.7	553 850.2	599 500.1	657 666.8	1 047 243.3	1 267 430.5
食糖	239 422.2	226 757.6	248 482.1	404 784.8	459 187.5	291 303.3
蔬菜	7 044 416.9	7 641 361.6	7 554 823.8	7 265 693.5	7 525 157.4	7 847 250.9
水果						
畜产品						
猪产品						
牛产品						
羊产品						
禽产品						
蛋产品						
乳品	1 687 232.4	2 138 534.0	2 056 332.8	2 001 619.1	2 009 408.6	2 020 796.7
动物生皮	107 959.2	100 854.8	102 339.3	104 473.8	119 609.4	116 879.3
动物生毛皮	296.7	338.8	244.6	387.8		288.1
羊毛	1 006.3	1 769.0	1 705.6	2 023.6	2 390.9	3 591.7
水产品						
饮品						
酒						
茶	12 484.8	11 608.5	13 745.9	16 525.7	19 199.1	17 048.0
咖啡	20 503.0	27 330.4	23 712.0	37 283.8	47 482.1	52 474.0
烟草						

荷兰主要农产品出口量（二）

单位：吨

项　目	2008年	2009年	2010年	2011年	2012年
农产品					
谷物	2 153 158.8	1 363 487.6	1 385 285.9	1 775 868.8	1 658 580.0
小麦产品	967 628.0	650 049.4	640 890.1	748 795.4	653 946.7
玉米产品	417 325.9	211 817.9	154 152.6	349 049.9	468 682.0
稻谷产品	165 075.3	221 246.9	145 099.2	177 927.3	190 249.8
棉花	2 956.0	3 014.3	414.6	655.0	323.5
食用油籽	2 054 644.4	1 677 948.8	2 221 274.0	1 732 712.4	2 833 043.1
大豆	1 620 639.1	1 154 111.6	1 609 385.4	1 239 871.9	1 931 571.8
花生	176 528.5	146 843.0	181 107.8	197 603.9	199 147.8
油菜籽	142 377.2	262 865.9	272 197.1	165 475.7	567 149.6
食用植物油	3 407 887.1	2 026 526.6	2 627 275.1	2 673 123.3	2 482 965.4
豆油	632 486.1	308 504.2	432 562.3	346 709.1	394 289.7
菜籽油	668 251.8	463 298.4	592 944.1	573 411.9	415 455.2
棕榈油	1 542 769.0	911 726.3	1 167 837.1	1 295 141.6	1 233 095.5
食糖	279 084.4	545 579.6	231 951.2	258 007.7	256 564.1
蔬菜	8 169 065.1		9 312 057.4	10 720 027.6	10 068 604.9
水果					
畜产品					
猪产品					
牛产品					
羊产品					
禽产品					
蛋产品					
乳品	2 081 679.2	1 564 554.6	2 257 508.9	2 586 986.8	2 485 220.2
动物生皮	93 480.7	86 026.4	174 697.1	158 787.6	143 254.2
动物生毛皮	322.6	351.1	288.9	420.3	409.7
羊毛	2 348.5	1 034.1	2 899.2	2 638.7	3 391.1
水产品					
饮品					
酒					
茶	16 228.4	35 699.2	24 440.5	19 839.7	20 645.7
咖啡	49 781.3	41 087.2	53 333.8	82 895.4	74 517.6
烟草					

4-18-4 荷兰主要农产品进口量（一）

单位：吨

项 目	2002年	2003年	2004年	2005年	2006年	2007年
农产品						
谷物	8 642 745.2	6 967 944.9	8 282 854.4	7 904 652.5	9 425 536.0	11 271 273.3
小麦产品	4 486 965.4	3 206 332.1	4 092 637.5	3 732 100.3	4 520 551.0	5 216 821.6
玉米产品	2 309 466.8	2 138 547.6	2 277 884.5	2 318 581.2	2 559 059.5	3 538 314.9
稻谷产品	242 994.0	203 669.8	225 448.0	235 407.7	266 937.8	298 347.7
棉花	11 778.5	11 369.5	8 863.1	7 880.8	10 845.7	13 251.2
食用油籽	5 922 820.6	5 867 829.3	5 401 676.5	5 296 697.3	5 057 048.6	5 803 153.3
大豆	4 929 571.4	4 840 140.4	4 293 221.0	4 318 555.2	4 221 776.1	4 114 748.3
花生	239 091.3	227 036.3	241 984.8	301 808.6	259 982.8	271 821.2
油菜籽	175 150.0	151 726.7	108 848.0	65 642.3	125 953.3	929 317.8
食用植物油	1 937 716.5	1 966 678.2	2 035 948.0	2 549 452.9	2 724 025.8	2 916 908.9
豆油	56 466.7	64 895.3	72 354.2	82 683.3	161 867.0	240 690.9
菜籽油	333 051.8	382 530.9	358 284.6	416 715.2	501 517.8	311 156.2
棕榈油	1 055 407.9	1 079 395.8	1 181 552.0	1 547 750.3	1 643 587.8	1 940 913.6
食糖	72 088.8	80 887.7	99 203.9	171 108.8	161 367.7	148 521.2
蔬菜	3 367 686.3	3 498 271.4	3 287 863.2	3 245 858.4	3 277 934.7	3 301 031.8
水果						
畜产品						
猪产品						
牛产品						
羊产品						
禽产品						
蛋产品						
乳品	1 691 382.5	1 798 926.7	1 881 739.5	1 872 971.8	1 886 129.2	1 845 258.4
动物生皮	62 018.3	52 534.3	56 017.4	52 396.5	62 379.6	59 506.7
动物生毛皮	45.7	40.0	15.7	0.8	1.0	
羊毛	650.6	847.6	973.7	382.4	488.9	404.0
水产品						
饮品						
酒						
茶	30 365.4	27 374.4	29 971.9	37 413.1	29 503.9	30 434.3
咖啡	153 142.7	174 234.8	176 446.1	168 154.7	185 697.5	196 952.8
烟草						

荷兰主要农产品进口量（二）

单位：吨

项　目	2008年	2009年	2010年	2011年	2012年
农产品					
谷物	11 762 739.5	5 873 617.3	11 629 386.1	11 595 039.0	11 555 541.9
小麦产品	5 328 720.2	2 588 507.7	5 741 620.4	5 065 840.0	4 911 979.5
玉米产品	3 814 518.2	1 997 084.7	2 929 279.6	3 697 062.9	4 053 148.6
稻谷产品	331 543.4	231 788.1	273 493.2	321 815.5	339 264.0
棉花	15 385.1	15 380.1	12 489.9	15 990.5	16 444.0
食用油籽	6 885 799.4	2 621 056.7	5 923 770.6	6 467 602.8	5 242 193.0
大豆	3 971 328.1	2 064 238.8	3 469 031.5	3 048 269.1	2 563 528.8
花生	344 627.0	229 300.8	318 960.9	299 184.7	283 960.1
油菜籽	2 108 369.1	6 050.2	1 468 071.0	2 326 828.4	1 812 823.0
食用植物油	3 262 658.5	629 442.1	2 714 184.4	2 844 331.1	3 892 368.8
豆油	220 449.3	34 007.5	47 931.5	76 458.8	117 649.6
菜籽油	360 676.5	232 599.0	325 007.6	579 631.8	597 199.5
棕榈油	2 152 003.2	169 286.7	1 974 933.2	1 753 921.2	2 591 828.4
食糖	197 451.0	171 347.6	126 020.9	246 752.2	193 851.2
蔬菜	3 338 407.3		3 511 272.0	4 807 862.9	5 013 842.7
水果					
畜产品					
猪产品					
牛产品					
羊产品					
禽产品					
蛋产品					
乳品	1 976 892.2	1 017 319.2	1 885 470.6	2 457 011.0	2 571 230.8
动物生皮	45 913.5	38 034.9	96 482.9	81 297.3	60 592.9
动物生毛皮	6.0	6.7	1.5	23.2	37.0
羊毛	98.5	134.3	156.4	144.4	2 694.0
水产品					
饮品					
酒					
茶	34 895.2	22 642.1	34 505.7	35 924.2	31 918.0
咖啡	124 969.4	117 224.4	141 099.6	146 955.6	148 859.4
烟草					

4-19 西班牙主要农产品贸易情况

4-19-1 西班牙主要农产品出口额（一）

单位：万美元

项目	2002年	2003年	2004年	2005年	2006年	2007年
农产品	1 973 774.0	2 446 536.8	2 764 491.8	2 840 366.4	3 039 002.0	3 572 793.5
谷物	48 465.0	56 336.6	51 684.1	36 693.9	43 116.6	82 029.7
小麦产品	26 047.0	30 161.8	23 343.1	12 287.2	20 047.3	30 259.7
玉米产品	5 436.7	4 913.4	7 301.2	8 873.2	5 628.2	6 845.2
稻谷产品	14 592.4	16 928.9	17 011.1	12 162.9	14 467.3	15 941.0
棉花	2 783.1	4 548.5	10 280.0	6 990.4	9 791.6	5 595.3
食用油籽	5 310.1	7 730.6	7 074.9	8 527.0	8 199.4	13 564.8
大豆	620.6	1 864.4	609.1	1 600.9	413.3	1 050.1
花生	428.3	424.2	355.6	428.0	415.9	472.1
油菜籽	14.9	38.6	54.2	374.2	88.2	509.4
食用植物油	150 182.7	166 632.2	229 843.5	224 690.1	244 132.2	290 660.9
豆油	9 126.7	13 253.6	14 833.6	11 356.5	5 018.0	16 879.8
菜籽油	432.6	620.7	586.4	225.2	2 058.4	1 296.7
棕榈油	1 250.7	2 241.8	2 717.0	3 541.2	3 343.4	4 454.4
食糖	1 566.8	3 633.0	1 831.6	3 227.3	11 626.2	10 076.3
蔬菜	405 421.8	507 712.0	557 963.3	572 601.2	597 925.2	689 890.0
水果	450 033.2	574 636.8	599 637.2	596 276.4	649 034.5	754 508.8
畜产品	256 901.6	329 245.3	400 460.2	445 114.1	474 707.9	552 410.6
猪产品	98 797.4	127 224.3	175 231.7	202 989.5	226 134.0	258 701.4
牛产品	32 080.9	44 319.5	51 507.1	60 138.4	54 015.1	53 930.7
羊产品	10 748.8	10 905.8	10 738.9	10 726.3	14 452.7	14 335.1
禽产品	15 027.5	18 889.7	22 337.2	24 369.0	22 506.3	32 825.6
蛋产品	6 108.5	13 313.6	11 482.6	11 691.2	14 438.3	21 138.0
乳品	51 519.4	63 012.5	73 351.4	76 157.2	73 287.9	98 899.0
动物生皮	17 673.4	20 000.5	19 830.1	20 259.0	24 352.7	23 977.5
动物生毛皮	229.8	420.7	712.7	845.0	1 072.5	821.4
羊毛	1 913.5	2 099.0	1 963.2	1 978.8	1 995.1	2 378.2
水产品	198 726.6	232 372.4	263 277.8	264 358.7	289 373.1	336 584.3
饮品	221 108.9	278 407.4	313 351.2	329 493.0	349 658.9	429 440.2
酒	166 263.3	209 476.4	241 369.7	248 936.7	265 093.6	330 642.1
茶	343.0	541.3	922.4	1 632.8	2 181.7	3 581.9
咖啡	12 841.5	17 515.8	19 480.3	22 943.6	27 265.2	34 589.9
烟草	14 923.0	17 902.0	21 722.8	23 762.8	21 794.0	24 846.5

西班牙主要农产品出口额（二）

单位：万美元

项　目	2008年	2009年	2010年	2011年	2012年
农产品	4 129 171.0	3 719 305.6	3 874 818.9	4 431 411.1	4 568 595.2
谷物	90 249.0	50 479.8	58 793.3	72 005.5	60 598.6
小麦产品	47 880.7	25 334.8	16 450.2	34 451.4	21 830.7
玉米产品	9 338.9	7 547.2	8 974.0	8 453.9	9 664.0
稻谷产品	16 918.3	13 468.3	19 297.9	19 883.3	22 697.7
棉花	5 207.2	2 742.5	7 062.2	12 100.5	12 386.3
食用油籽	22 332.1	15 678.6	18 313.2	20 438.2	20 361.8
大豆	1 979.1	1 238.1	1 125.0	787.7	1 199.6
花生	1 100.9	805.4	663.2	764.7	1 033.9
油菜籽	294.7	357.6	343.9	375.3	885.4
食用植物油	355 808.3	260 640.2	300 464.7	344 307.0	367 315.1
豆油	42 039.9	17 391.3	24 764.6	48 979.5	72 724.3
菜籽油	2 554.3	1 322.3	1 858.1	2 599.7	2 693.7
棕榈油	5 784.0	4 743.2	3 604.2	4 820.5	8 979.9
食糖	8 995.1	6 468.5	11 899.9	16 458.5	13 173.0
蔬菜	765 936.9	751 940.2	728 250.0	759 978.9	765 371.6
水果	866 117.0	803 307.0	820 674.9	903 274.2	934 540.2
畜产品	686 480.6	614 234.4	655 126.9	793 157.0	828 596.4
猪产品	347 385.4	325 079.6	324 237.1	401 402.3	422 908.1
牛产品	76 535.0	56 771.9	60 405.6	71 215.5	86 909.1
羊产品	13 277.7	11 703.4	17 467.8	21 031.2	22 390.8
禽产品	41 721.2	38 417.1	43 000.4	51 720.1	53 715.9
蛋产品	23 176.9	24 091.9	19 490.2	19 992.1	19 457.2
乳品	98 340.9	81 645.9	94 310.3	100 276.9	101 647.6
动物生皮	20 665.4	17 077.0	26 501.9	36 271.6	34 175.5
动物生毛皮	688.2	652.1	2 246.6	4 089.1	4 045.2
羊毛	1 977.7	2 426.3	3 109.9	3 749.8	3 780.7
水产品	358 039.2	320 181.3	335 504.8	403 622.8	390 127.9
饮品	491 249.5	460 629.2	475 998.5	566 396.8	592 315.6
酒	369 963.2	347 991.4	337 749.1	409 233.4	435 934.0
茶	4 793.2	4 429.4	7 828.2	4 411.3	6 589.5
咖啡	39 622.2	34 265.7	40 633.0	55 093.3	56 652.6
烟草	35 417.5	29 800.8	32 316.4	38 455.9	41 008.2

4-19-2 西班牙主要农产品进口额（一）

单位：万美元

项目	2002年	2003年	2004年	2005年	2006年	2007年
农产品	1 812 993.3	2 197 607.4	2 602 161.6	2 810 518.1	2 918 318.1	3 580 674.1
谷物	155 367.3	149 108.7	172 754.8	244 950.3	216 772.2	326 979.9
小麦产品	75 643.2	61 337.0	76 862.0	120 278.0	93 050.0	106 613.2
玉米产品	48 957.1	60 661.0	55 238.6	73 597.3	77 206.3	163 857.8
稻谷产品	4 090.3	4 506.4	6 487.5	4 456.7	5 630.4	10 260.2
棉花	6 097.2	5 772.1	6 536.7	4 834.4	4 347.0	5 087.3
食用油籽	95 546.7	104 361.1	114 518.6	108 255.7	93 106.8	132 323.7
大豆	72 213.8	82 073.0	81 016.2	70 474.4	56 763.5	96 649.6
花生	3 290.7	3 907.6	4 942.3	4 692.1	4 868.3	6 046.7
油菜籽	274.4	435.9	886.6	730.0	1 977.9	2 481.3
食用植物油	18 424.0	29 108.8	44 680.8	65 917.6	81 256.5	76 198.2
豆油	1 181.2	874.9	1 807.9	3 228.9	2 830.5	3 388.2
菜籽油	957.4	1 323.8	1 498.6	2 768.2	1 358.2	2 054.6
棕榈油	8 129.2	11 106.5	12 758.8	13 303.5	15 306.1	21 936.8
食糖	30 328.9	33 120.0	37 125.7	39 164.9	40 779.2	48 587.8
蔬菜	88 151.0	105 211.4	131 034.8	137 605.8	156 992.1	231 861.2
水果	130 159.5	173 050.7	201 623.2	216 961.8	234 063.8	288 668.5
畜产品	261 744.4	316 982.5	369 352.8	392 755.3	427 663.8	541 862.0
猪产品	29 955.5	34 337.1	35 796.8	37 088.2	46 158.9	52 375.4
牛产品	61 742.1	77 322.6	88 221.7	94 651.1	111 579.2	132 091.8
羊产品	5 024.0	6 244.5	6 959.6	10 236.2	9 967.0	9 496.1
禽产品	25 544.2	32 227.5	39 679.2	49 022.4	44 310.0	58 994.9
蛋产品	2 832.2	3 845.6	4 372.4	3 822.0	4 279.0	5 427.4
乳品	105 061.5	128 574.8	163 894.4	168 361.0	174 200.4	237 187.1
动物生皮	15 117.1	14 250.3	10 138.4	8 284.9	9 398.2	10 524.9
动物生毛皮	731.5	830.7	788.0	835.7	1 205.1	720.2
羊毛	3 435.6	3 232.4	2 806.0	2 240.9	1 801.7	1 713.2
水产品	413 203.4	509 417.5	547 049.5	587 000.9	661 782.3	733 572.8
饮品	190 539.0	246 217.0	291 557.0	296 784.8	328 451.6	404 940.3
酒	115 742.0	149 402.7	176 930.8	167 935.1	187 194.9	215 694.8
茶	1 485.9	1 690.2	2 056.8	2 601.4	3 316.1	4 223.4
咖啡	24 248.7	30 222.8	34 769.0	46 171.9	54 492.9	70 989.5
烟草	114 752.4	150 396.6	194 211.9	213 033.0	154 614.2	187 063.5

西班牙主要农产品进口额（二）

单位：万美元

项　目	2008年	2009年	2010年	2011年	2012年
农产品	4 058 068.0	3 393 877.9	3 465 187.2	3 993 104.8	3 777 489.7
谷物	399 885.3	296 256.6	251 447.0	353 122.0	396 038.2
小麦产品	155 329.3	142 240.7	108 046.8	135 780.8	173 834.4
玉米产品	168 637.3	99 195.9	101 958.9	162 407.2	186 272.7
稻谷产品	11 234.3	11 526.9	9 534.6	12 326.4	12 258.8
棉花	5 581.0	4 223.0	5 390.7	9 529.0	4 554.4
食用油籽	223 361.8	170 053.9	174 679.5	226 810.7	249 331.6
大豆	182 145.1	129 846.2	140 839.1	176 998.1	192 905.6
花生	8 825.7	6 562.4	6 474.3	10 311.7	11 223.3
油菜籽	3 315.7	3 440.4	2 150.2	1 316.8	1 660.4
食用植物油	123 229.1	104 435.4	114 761.7	133 276.3	134 373.0
豆油	11 368.0	12 188.8	14 831.1	12 103.9	2 334.3
菜籽油	2 005.6	958.2	3 499.7	4 717.8	3 645.9
棕榈油	40 056.6	46 810.8	56 407.8	69 907.6	61 570.1
食糖	57 530.0	58 442.4	53 281.5	117 108.9	85 215.7
蔬菜	220 873.1	197 980.1	191 931.5	214 293.5	198 501.9
水果	339 261.2	286 336.3	285 857.2	303 980.3	273 242.7
畜产品	552 895.7	474 060.9	504 174.6	544 923.0	498 363.4
猪产品	51 743.8	39 035.9	39 495.9	46 912.5	48 059.8
牛产品	113 814.0	105 487.3	105 145.3	112 218.8	103 261.2
羊产品	10 091.7	9 812.2	9 829.8	12 189.6	8 328.8
禽产品	66 717.5	59 802.3	62 566.2	72 703.4	69 676.5
蛋产品	6 734.3	7 502.4	6 946.8	8 215.9	9 666.3
乳品	262 741.6	214 295.2	210 928.2	237 159.8	215 839.7
动物生皮	8 531.3	7 816.9	6 509.1	10 839.5	11 178.0
动物生毛皮	359.1	99.0	35.2	36.0	105.4
羊毛	735.9	225.6	500.9	897.5	735.6
水产品	744 394.1	611 103.0	663 974.8	738 231.7	644 448.6
饮品	460 908.6	397 344.4	436 457.6	509 903.6	458 520.2
酒	229 646.8	183 507.7	190 007.9	208 698.2	186 971.9
茶	5 119.1	4 006.8	4 106.0	4 650.0	4 924.5
咖啡	93 681.4	84 164.4	99 169.8	135 300.9	124 553.7
烟草	215 138.8	198 285.7	192 176.1	176 745.9	168 168.9

4-19-3 西班牙主要农产品出口量（一）

单位：吨

项　目	2002年	2003年	2004年	2005年	2006年	2007年
农产品						
谷物	2 134 079.3	2 108 732.5	1 663 648.8	1 162 059.0	1 480 640.4	2 202 850.6
小麦产品	1 440 249.9	1 312 537.3	900 988.6	490 773.4	883 248.2	838 555.3
玉米产品	193 946.1	168 184.2	227 840.1	214 083.5	147 265.8	166 857.6
稻谷产品	362 617.3	395 456.8	352 312.7	308 196.4	326 007.5	270 329.9
棉花	30 312.4	39 135.1	75 925.1	63 867.1	82 356.3	38 933.8
食用油籽	76 320.9	77 196.7	62 906.2	111 190.2	58 319.3	142 474.4
大豆	32 392.7	32 369.2	22 376.7	50 071.0	13 381.6	29 799.2
花生	3 922.0	2 554.4	2 106.6	2 524.1	2 100.5	2 524.6
油菜籽	427.7	667.0	884.7	14 213.4	2 288.3	11 466.3
食用植物油	1 016 980.2	939 195.9	1 042 212.5	901 401.2	751 865.4	1 025 311.9
豆油	211 478.1	238 560.1	242 199.0	212 846.7	85 358.0	206 555.6
菜籽油	12 271.3	14 471.0	11 683.8	3 985.8	27 665.3	11 242.8
棕榈油	25 541.7	36 811.3	43 450.4	61 207.5	53 364.1	49 949.1
食糖	62 378.6	147 211.1	57 684.4	64 442.5	186 103.5	103 695.8
蔬菜	5 001 311.2	4 980 569.9	5 152 609.1	5 012 726.1	5 379 574.7	5 240 985.7
水果						
畜产品						
猪产品						
牛产品						
羊产品						
禽产品						
蛋产品						
乳品	448 635.0	456 252.8	440 652.8	430 648.4	424 095.0	485 392.3
动物生皮	62 295.7	74 018.5	74 227.7	79 183.8	56 275.4	
动物生毛皮	323.4	1 170.5	1 853.7	3 260.1		2 129.7
羊毛	18 446.9	13 544.1	13 335.4	13 823.2	13 156.5	13 701.2
水产品						
饮品						
酒						
茶	350.9	612.4	8 471.6	10 241.6	37 917.5	63 022.3
咖啡	39 636.6	46 784.8	49 501.6	53 103.6	49 160.8	51 717.6
烟草						

西班牙主要农产品出口量（二）

单位：吨

项　目	2008 年	2009 年	2010 年	2011 年	2012 年
农产品					
谷物	1 555 010.7	1 163 008.9	1 338 574.0	1 446 652.8	1 141 154.6
小麦产品	767 074.6	709 720.9	548 262.9	793 664.7	495 625.9
玉米产品	173 860.3	165 678.4	209 574.7	134 822.5	183 614.5
稻谷产品	188 725.5	165 718.0	314 130.9	279 265.1	317 625.6
棉花	31 791.5	18 432.9	35 911.8	47 556.7	62 723.5
食用油籽	165 140.0	124 671.4	148 487.6	128 561.6	98 574.7
大豆	39 697.8	28 883.5	24 497.7	12 596.2	21 700.1
花生	5 524.3	4 464.8	3 134.5	2 998.9	3 071.3
油菜籽	4 784.5	8 024.8	4 777.0	4 472.1	9 164.7
食用植物油	1 201 401.9	1 065 454.6	1 309 626.1	1 414 655.9	1 766 801.1
豆油	323 248.5	198 606.6	255 203.8	348 263.9	588 247.5
菜籽油	14 769.7	7 069.8	15 307.4	16 323.6	18 879.3
棕榈油	46 647.0	52 215.7	37 126.5	32 552.0	67 006.1
食糖	75 008.0	61 931.6	156 747.5	176 426.8	143 970.5
蔬菜	5 545 027.9	5 546 798.4	5 818 764.7	6 015 898.2	6 035 923.1
水果					
畜产品					
猪产品					
牛产品					
羊产品					
禽产品					
蛋产品					
乳品	449 538.6	394 359.8	415 203.3	419 315.7	511 406.1
动物生皮	79 696.3	72 496.7	79 021.0	80 077.5	110 153.0
动物生毛皮	3 470.6	2 360.6	3 654.3	4 383.5	5 853.9
羊毛	11 931.0	16 648.6	18 120.0	14 999.3	16 117.4
水产品					
饮品					
酒					
茶	90 028.5	90 288.6	173 032.7	60 631.0	115 554.7
咖啡	50 330.7	53 893.7	64 614.9	57 473.6	58 753.9
烟草					

4-19-4 西班牙主要农产品进口量（一）

单位：吨

项 目	2002年	2003年	2004年	2005年	2006年	2007年
农产品						
谷物	12 628 420.0	9 668 239.6	9 448 953.8	15 387 274.2	12 889 654.3	12 915 903.6
小麦产品	6 532 451.5	3 917 060.6	4 464 227.4	7 780 985.9	5 718 297.6	3 818 217.0
玉米产品	3 622 752.3	3 994 099.6	2 844 665.1	4 512 463.1	4 467 779.1	6 875 094.0
稻谷产品	151 629.7	135 909.4	171 357.7	107 885.4	136 101.7	220 130.0
棉花	79 597.3	70 714.4	66 191.1	62 158.8	59 665.5	60 748.8
食用油籽	4 149 645.5	3 806 607.0	3 333 322.9	3 531 595.9	3 023 945.9	3 390 563.9
大豆	3 474 474.2	3 220 989.6	2 559 765.8	2 618 173.4	2 199 361.1	2 776 382.1
花生	42 424.6	41 933.0	45 872.7	47 884.8	48 056.9	49 805.4
油菜籽	15 263.2	27 307.8	43 931.3	33 473.8	66 345.4	61 515.2
食用植物油	387 851.1	449 017.7	535 136.9	744 460.8	806 538.0	757 707.4
豆油	30 334.4	13 226.3	30 004.1	57 501.1	43 585.5	41 864.8
菜籽油	19 056.5	20 677.5	20 457.9	40 129.0	16 407.3	21 603.2
棕榈油	222 579.1	250 414.4	265 854.8	299 558.4	314 403.0	318 399.8
食糖	468 256.2	434 810.2	457 484.1	520 698.5	574 537.3	633 140.1
蔬菜	1 374 866.6	1 557 552.4	1 775 173.3	1 875 160.7	1 856 482.1	2 064 308.4
水果						
畜产品						
猪产品						
牛产品						
羊产品						
禽产品						
蛋产品						
乳品	945 490.1	895 793.1	1 061 452.5	1 148 615.3	1 196 817.3	1 456 665.0
动物生皮	71 913.0	59 940.3	40 567.1	40 591.8	52 875.3	
动物生毛皮	316.9	579.0	342.7	221.6		58.5
羊毛	13 308.2	11 816.4	10 059.0	7 938.7	6 816.3	6 120.5
水产品						
饮品						
酒						
茶	5 002.4	5 927.6	6 352.5	10 064.9	17 708.3	19 627.2
咖啡	236 864.2	242 764.9	244 563.1	258 287.7	262 788.6	280 489.2
烟草						

西班牙主要农产品进口量（二）

单位：吨

项 目	2008 年	2009 年	2010 年	2011 年	2012 年
农产品					
谷物	12 785 202.8	13 519 912.6	10 492 254.4	11 003 686.7	12 651 414.3
小麦产品	4 875 728.4	6 832 807.5	4 675 906.9	4 383 004.0	5 580 706.9
玉米产品	5 606 666.3	4 249 015.1	4 106 973.0	4 895 776.2	6 211 434.7
稻谷产品	147 318.5	169 238.6	161 508.1	191 986.2	172 366.2
棉花	52 546.8	40 655.8	43 032.2	49 322.0	38 320.9
食用油籽	3 790 266.6	3 643 092.8	3 637 083.7	3 681 723.0	3 986 277.1
大豆	3 339 078.1	2 962 915.2	3 176 300.7	3 199 683.6	3 348 655.0
花生	51 390.2	49 689.8	43 496.4	49 911.6	50 733.6
油菜籽	79 322.6	117 618.7	91 298.0	38 175.0	44 178.3
食用植物油	862 683.1	1 183 970.1	1 217 656.4	1 024 921.7	1 121 675.9
豆油	91 545.1	140 873.1	155 714.3	95 663.3	18 467.8
菜籽油	14 123.0	9 629.6	41 702.0	35 558.3	32 272.5
棕榈油	388 449.5	643 087.0	678 690.6	588 959.1	579 731.9
食糖	689 445.8	791 600.9	926 479.0	1 370 782.8	1 085 320.5
蔬菜	2 185 162.9	2 104 206.4	2 103 699.8	1 990 712.4	2 004 642.2
水果					
畜产品					
猪产品					
牛产品					
羊产品					
禽产品					
蛋产品					
乳品	1 434 440.3	1 352 185.8	1 199 301.1	1 188 107.2	1 180 825.4
动物生皮	29 174.7	61 383.6	275 599.8	41 239.7	45 979.9
动物生毛皮	39.3	27.0	11.1	11.2	10.3
羊毛	3 016.3	1 323.6	2 160.6	3 382.5	3 214.1
水产品					
饮品					
酒					
茶	25 375.6	9 294.8	9 294.4	9 524.2	13 678.8
咖啡	282 186.4	280 205.0	303 927.3	281 469.7	299 112.0
烟草					

4-20 俄罗斯主要农产品贸易情况

4-20-1 俄罗斯农产品贸易综述

一、10 年来俄罗斯农产品贸易总体情况

2002—2012 年，俄罗斯农产品贸易额快速增长，由 2002 年的 125.1 亿美元增至 2012 年的 580.5 亿美元，年均增长 16.6%。其中进口额由 101.9 亿美元增至 411.7 亿美元，年均增长 15.0%；出口额由 23.2 亿美元增至 168.8 亿美元，年均增长 22.0%。贸易逆差由 78.7 亿美元增至 242.9，年均增长 11.9%（图 1）。

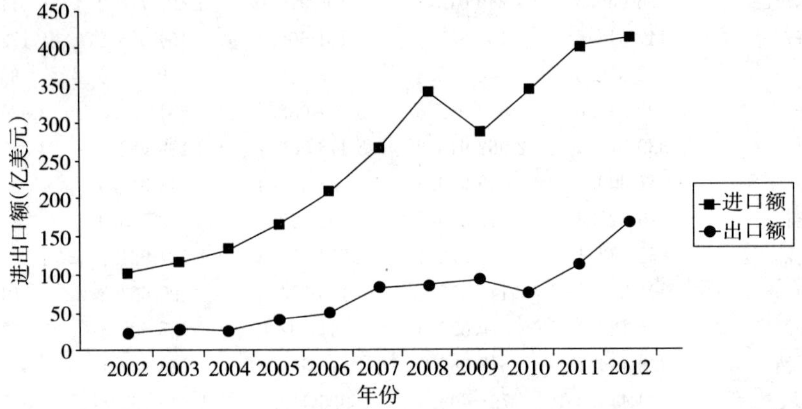

图 1 2002—2012 年俄罗斯农产品进出口额变化

2003—2012 年，俄罗斯农产品进口除 2009 年下降 15.0%外均保持了增长势头，增长率在 3.1%～27.7%，其中增长较快的年份为 2005—2008 年。出口年度间变化幅度较大，除 2004 年和 2010 年同比下降外，其余 8 年同比增长，其中出口增幅最大的是 2007 年，达 67.6%（图 2）。

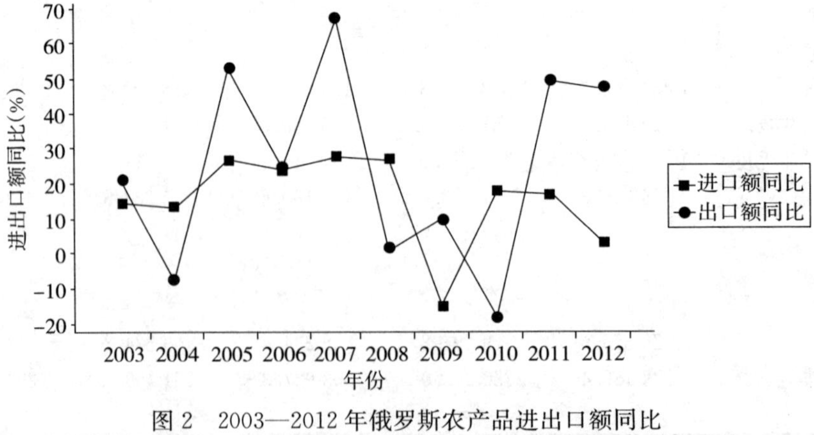

图 2 2003—2012 年俄罗斯农产品进出口额同比

二、2012 年俄罗斯农产品贸易情况

2012 年，俄罗斯农产品贸易额为 580.5 亿美元，同比增长 13.0%，其中进口额为 411.7 亿美元，同比增长 3.1%；出口额为 168.8 亿美元，同比增长 47.4%。

(一) 进出口产品结构

俄罗斯进口农产品以畜产品、水果和饮品为主。2012 年，进口额分别为 118.9 亿美元、74.9 亿美元和 61.2 亿美元，同比分别增长 26.7%、2.1%和 4.3%，占其农产品进口额的比重分别为 28.9%、18.2%和 14.9%。此外，俄罗斯还进口蔬菜、水产品、烟草等(图 3)。

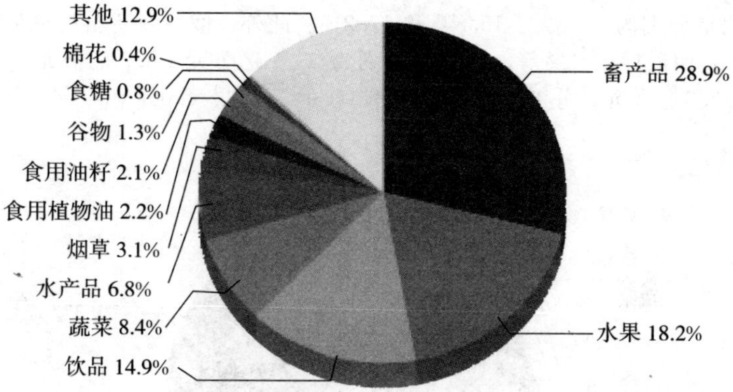

图 3 2012 年俄罗斯农产品进口结构

2012 年，俄罗斯进口额同比增长较快的农产品主要是谷物和畜产品，增幅均在 15%以上。水产品、饮品和水果的增幅在 10%以内。食糖、棉花、食用植物油、蔬菜等进口额为负增长，其中降幅最大的是食糖，为 80.5%（表 1）。

表 1 2003—2012 年俄罗斯主要农产品进口额同比变化情况

单位：%

	2003 年	2004 年	2005 年	2006 年	2007 年	2008 年	2009 年	2010 年	2011 年	2012 年
农产品	14.7	13.5	26.4	24.4	27.7	27.4	−15.0	18.4	16.9	3.1
谷物	26.4	109.7	−46.6	48.6	−17.3	52.7	−50.8	0.7	80.0	15.7
棉花	−2.1	19.3	0.5	0.0	−5.8	4.8	−33.3	−22.5	60.0	−34.2
食用油籽	−2.0	41.4	38.9	31.0	45.4	142.9	13.0	14.2	11.8	−2.6
食用植物油	−6.3	−8.6	23.5	−12.9	57.8	73.3	−49.1	51.8	16.3	−15.5
食糖	1.2	−32.5	30.6	40.4	3.9	−16.2	−42.5	120.2	42.9	−80.5
蔬菜	37.9	12.9	45.4	28.6	37.6	27.0	−8.0	26.6	28.9	−14.4

（续）

	2003年	2004年	2005年	2006年	2007年	2008年	2009年	2010年	2011年	2012年
水果	41.5	29.6	31.2	34.9	24.7	18.7	−6.5	24.5	12.8	2.1
畜产品	3.6	6.7	33.0	38.2	17.9	37.2	−12.5	3.5	9.1	26.7
水产品	26.6	38.8	48.7	20.6	40.7	20.2	−17.4	18.8	14.0	6.5
饮品	26.2	19.7	25.0	2.5	42.8	19.6	−19.2	27.5	19.8	4.3
烟草	−1.3	1.4	17.6	1.1	15.6	15.2	1.3	−0.7	7.7	−0.4

2012年，俄罗斯出口农产品以谷物、水产品和食用植物油为主，出口额分别为63.8亿美元、26.6亿美元和20.5亿美元，同比分别增长34.8%、6.4%和118.0%，占其农产品出口额的比重分别为37.8%、15.8%和12.2%。此外，俄罗斯还出口少量的饮品、烟草、畜产品、食用油籽和水果等，出口额分别为13.1亿美元、6.7亿美元、6.6亿美元、4.4亿美元和3.3亿美元，分别占其农产品出口额的7.8%、4.0%、3.9%、2.6%、2.0%（图4）。

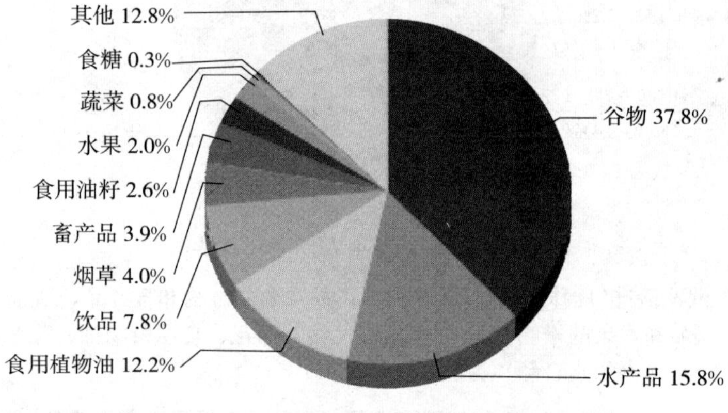

图4 2012年俄罗斯农产品出口结构

2012年，俄罗斯出口额同比增长较快的农产品主要是畜产品、食用植物油和食用油籽，增幅分别为124.5%、118.0%和100.2%，而棉花和食糖出口下降，同比分别下降71.7%和18.5%（表2）。

表2 2003—2012年俄罗斯主要农产品出口额同比变化情况

单位：%

	2003年	2004年	2005年	2006年	2007年	2008年	2009年	2010年	2011年	2012年
农产品	21.1	−7.4	53.8	24.7	67.6	1.6	10.0	−18.2	49.7	47.4
谷物	14.9	−41.3	104.3	15.0	160.7	−16.9	2.8	−31.7	92.6	34.8
棉花	107.3	−11.5	120.5	−60.3	−84.5	−68.0	928.0	816.0	230.9	−71.7

（续）

	2003年	2004年	2005年	2006年	2007年	2008年	2009年	2010年	2011年	2012年
食用油籽	241.6	−36.0	64.8	6.0	−10.6	22.8	32.3	−25.8	121.6	100.2
食用植物油	14.5	98.3	97.4	114.0	17.8	61.9	−3.5	−25.0	62.5	118.0
食糖	−66.0	97.8	6.3	110.5	66.2	−79.5	123.9	−81.5	468.2	−18.5
蔬菜	100.8	27.5	40.4	24.4	14.9	10.1	−27.1	−51.6	58.4	82.3
水果	103.6	34.0	22.3	25.3	10.9	10.7	−18.3	−41.1	34.0	61.5
畜产品	10.9	12.9	26.4	30.1	13.6	24.4	−23.3	−40.0	19.8	124.5
水产品	3.0	−16.2	42.1	13.6	0.6	−4.6	217.3	25.6	9.9	6.4
饮品	32.2	23.9	38.7	31.5	32.3	20.5	−20.2	−13.6	23.4	64.0
烟草	61.3	9.8	83.8	9.7	25.7	40.4	8.6	−28.9	25.9	60.3

（二）进出口产品市场

2012年，俄罗斯前五大农产品出口市场分别为土耳其、埃及、哈萨克斯坦、韩国和中国，出口额分别为19.4亿美元、18.0亿美元、13.3亿美元、10.7亿美元和10.4亿美元，占俄罗斯农产品出口额的比重分别为11.5%、10.7%、7.9%、6.3%和6.2%（图5）。

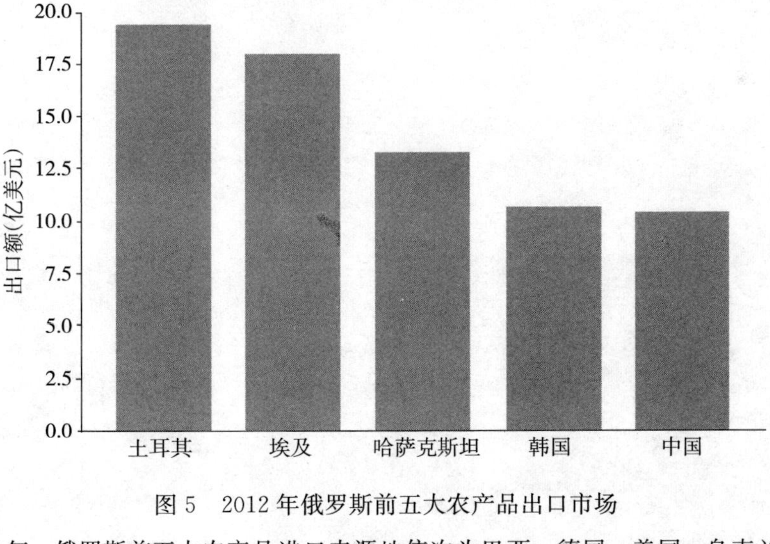

图5　2012年俄罗斯前五大农产品出口市场

2012年，俄罗斯前五大农产品进口来源地依次为巴西、德国、美国、乌克兰和荷兰，进口额分别为28.2亿美元、22.3亿美元、21.3亿美元、21.0亿美元和18.0亿美元，占同期俄罗斯农产品进口额的比重分别为6.8%、5.4%、5.2%、5.1%和4.4%（图6）。

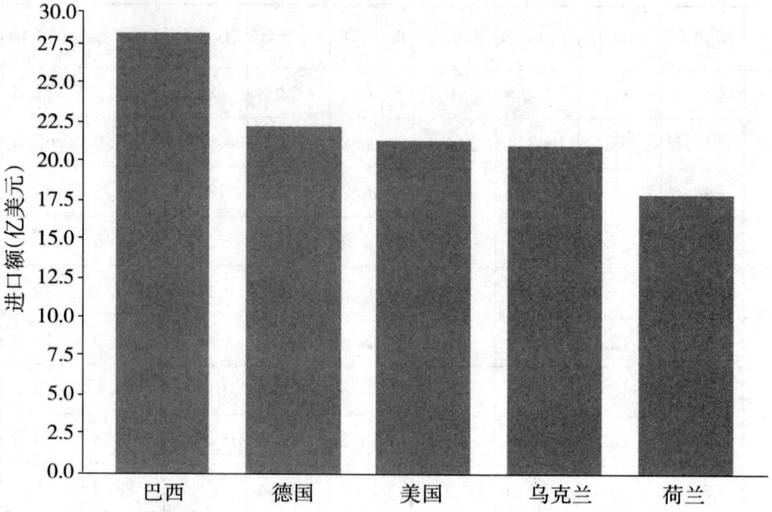

图 6　2012 年俄罗斯前五大农产品进口来源地

4-20-2 俄罗斯主要农产品出口额（一）

单位：万美元

项 目	2002年	2003年	2004年	2005年	2006年	2007年
农产品	232 281.8	281 180.5	260 279.4	400 239.9	499 186.8	836 536.0
谷物	101 855.1	117 022.0	68 689.6	140 338.2	161 321.2	420 624.8
小麦产品	79 295.9	82 926.4	57 080.7	117 773.9	141 321.0	370 305.7
玉米产品	34.9	137.5	253.2	693.1	930.1	1 176.8
稻谷产品	522.5	602.5	394.5	816.8	1 389.5	1 631.0
棉花	24.8	51.3	45.4	100.1	39.8	6.1
食用油籽	2 422.6	8 276.6	5 301.1	8 735.7	9 259.6	8 281.0
大豆	10.2	30.2	147.6	219.1	122.3	519.5
花生	26.5	52.7	83.2	104.3	101.9	70.7
油菜籽	346.8	605.6	1 382.0	1 474.8	1 776.8	2 734.9
食用植物油	4 381.9	5 019.3	9 951.9	19 647.7	42 044.6	49 518.5
豆油	205.2	73.5	50.9	2.5	98.3	416.5
菜籽油	19.9	2.8	510.6	333.1	3 268.4	2 274.5
棕榈油	138.8	42.7	34.4	26.7	71.0	82.4
食糖	4 927.8	1 675.7	3 314.4	3 524.0	7 419.0	12 327.6
蔬菜	2 345.6	4 709.8	6 004.2	8 429.3	10 488.3	12 046.4
水果	6 250.9	12 728.5	17 056.5	20 860.3	26 143.7	28 999.7
畜产品	18 195.3	20 182.0	22 788.7	28 808.2	37 491.0	42 591.5
猪产品	39.9	64.8	113.2	167.2	310.3	345.1
牛产品	878.4	1 232.1	1 051.7	1 034.5	851.5	1 075.1
羊产品	55.2	229.8	294.9	133.9	76.2	28.2
禽产品	354.2	272.3	310.0	992.1	583.4	864.8
蛋产品	516.1	605.6	729.9	626.7	1 336.6	1 571.9
乳品	5 601.3	6 795.0	9 149.0	12 477.2	16 314.3	22 828.7
动物生皮	4 486.7	2 732.9	2 032.5	607.4	289.0	94.5
动物生毛皮	3 616.9	4 567.6	5 617.2	7 358.7	10 489.7	6 141.1
羊毛	866.1	1 327.8	654.7	645.2	1 005.8	2 026.2
水产品	42 692.7	43 973.8	36 847.3	52 358.0	59 468.6	59 848.8
饮品	19 741.6	26 090.1	32 315.8	44 806.9	58 941.9	77 953.2
酒	9 306.3	11 646.9	11 042.7	16 003.7	22 382.4	29 827.7
茶	498.1	877.4	2 302.6	3 467.3	4 541.6	6 058.8
咖啡	640.9	1 010.1	1 353.9	1 805.4	2 541.6	4 031.6
烟草	6 831.3	11 019.0	12 097.3	22 231.1	24 381.4	30 646.7

俄罗斯主要农产品出口额（二）

单位：万美元

项　目	2008 年	2009 年	2010 年	2011 年	2012 年
农产品	850 315.4	935 355.6	765 042.1	1 145 224.8	1 688 295.5
谷物	349 745.1	359 684.6	245 697.6	473 147.7	637 898.8
小麦产品	306 554.8	287 779.1	210 686.3	388 825.2	458 922.6
玉米产品	3 122.4	18 884.6	4 401.1	16 031.4	57 405.9
稻谷产品	3 710.1	7 287.6	9 005.7	9 223.4	18 278.3
棉花	2.0	20.2	185.2	612.6	173.1
食用油籽	10 166.9	13 450.9	9 976.9	22 105.8	44 266.4
大豆	168.5	79.9	34.9	126.3	3 637.5
花生	41.3	12.7	28.4	49.0	229.9
油菜籽	2 443.5	4 384.8	2 550.8	1 999.8	2 168.7
食用植物油	80 178.1	77 342.0	57 977.1	94 212.2	205 335.8
豆油	3 673.2	12 342.7	14 465.3	15 897.4	17 350.9
菜籽油	8 215.1	7 188.4	9 026.6	17 214.1	22 133.9
棕榈油	149.1	20.5	15.1	58.8	246.0
食糖	2 532.7	5 671.0	1 048.0	5 954.8	4 855.0
蔬菜	13 266.6	9 668.6	4 681.1	7 414.8	13 515.4
水果	32 093.8	26 228.6	15 460.0	20 717.6	33 464.3
畜产品	52 976.5	40 628.5	24 373.0	29 208.0	65 563.5
猪产品	362.2	328.0	108.2	290.5	911.4
牛产品	1 663.9	1 307.4	943.1	1 364.2	1 782.3
羊产品	38.7	211.4	22.1	43.9	72.1
禽产品	1 614.6	1 411.0	1 952.8	2 052.5	4 266.1
蛋产品	1 511.4	1 738.3	985.6	1 429.8	2 359.3
乳品	27 910.9	20 738.4	9 641.8	10 503.9	26 315.7
动物生皮	88.9	28.0	28.8	1.0	83.2
动物生毛皮	7 682.1	5 073.2	5 378.9	7 906.0	14 531.6
羊毛	1 462.0	669.5	1 302.5	1 292.0	1 232.2
水产品	57 125.5	181 253.2	227 620.9	250 059.3	266 091.4
饮品	93 931.1	74 911.2	64 711.3	79 847.7	130 990.0
酒	36 577.7	26 207.0	23 539.4	29 130.0	42 254.3
茶	7 759.4	6 315.0	4 930.3	5 086.7	8 319.0
咖啡	5 560.6	5 375.2	5 433.4	7 360.8	13 695.1
烟草	43 037.0	46 751.2	33 221.2	41 820.2	67 039.3

4-20-3 俄罗斯主要农产品进口额（一）

单位：万美元

项 目	2002年	2003年	2004年	2005年	2006年	2007年
农产品	1 019 156.2	1 169 351.6	1 326 888.6	1 676 866.5	2 086 090.9	2 664 772.8
谷物	19 002.7	24 026.4	50 383.4	26 921.8	39 997.2	33 097.0
小麦产品	3 755.3	7 892.4	23 464.9	7 569.0	16 438.6	8 248.3
玉米产品	5 181.1	3 485.7	8 166.9	4 342.1	7 640.0	7 603.1
稻谷产品	7 026.0	6 603.8	9 063.8	9 526.3	11 400.4	9 188.8
棉花	23 649.6	23 158.9	27 626.4	27 765.1	27 775.2	26 161.1
食用油籽	7 070.3	6 931.3	9 801.1	13 614.2	17 831.7	25 927.1
大豆	1 944.9	674.6	453.1	1 372.7	387.4	5 507.4
花生	2 863.6	3 150.4	5 343.3	5 945.6	7 343.9	8 606.1
油菜籽	36.0	44.5	88.0	165.7	384.0	725.2
食用植物油	46 848.6	43 882.7	40 121.0	49 530.8	43 148.2	68 093.2
豆油	20 286.3	8 777.7	3 833.0	5 334.1	1 496.8	2 782.6
菜籽油	632.8	413.9	96.3	74.8	26.0	235.1
棕榈油	12 910.6	18 062.2	20 981.0	30 038.6	29 067.9	45 540.1
食糖	89 311.0	90 413.1	60 998.9	79 656.7	111 869.8	116 199.1
蔬菜	52 696.3	72 687.2	82 047.0	119 293.4	153 390.5	211 120.6
水果	116 386.0	164 642.1	213 352.6	279 837.2	377 514.5	470 649.7
畜产品	288 470.4	298 975.9	319 118.4	424 552.3	586 852.9	692 180.0
猪产品	75 797.3	74 665.7	77 016.3	104 129.0	173 129.6	201 327.5
牛产品	66 517.7	69 434.1	72 818.5	102 544.5	181 884.9	210 013.6
羊产品	465.3	448.6	532.3	953.8	2 783.9	2 575.9
禽产品	84 600.5	74 257.1	71 932.3	91 937.3	101 681.2	117 881.1
蛋产品	1 020.4	1 309.0	1 884.6	3 470.6	4 589.0	6 683.5
乳品	41 584.1	61 018.8	73 791.0	95 327.9	87 227.0	116 911.5
动物生皮	636.3	647.3	935.0	1 223.7	1 817.9	1 289.2
动物生毛皮	300.5	73.1	54.6	216.6	83.0	211.2
羊毛	797.3	826.6	880.3	783.2	806.0	924.3
水产品	44 167.8	55 924.0	77 598.5	115 410.3	139 239.2	195 852.5
饮品	143 686.3	181 271.6	216 996.5	271 256.8	277 980.8	397 042.6
酒	53 664.1	77 805.4	100 708.2	134 219.7	125 537.4	189 712.7
茶	22 973.3	24 750.5	29 781.2	32 587.7	37 954.1	46 689.0
咖啡	22 759.9	28 247.6	29 570.6	37 580.6	42 715.8	60 371.5
烟草	75 635.8	74 639.5	75 720.4	89 039.1	90 003.4	104 085.3

俄罗斯主要农产品进口额（二）

单位：万美元

项　目	2008年	2009年	2010年	2011年	2012年
农产品	3 393 818.1	2 885 096.9	3 416 131.4	3 991 935.2	4 116 896.2
谷物	50 534.5	24 870.5	25 035.2	45 075.7	52 130.4
小麦产品	7 169.6	2 458.6	424.3	740.0	7 565.1
玉米产品	19 751.0	6 921.2	7 154.4	11 779.4	10 952.2
稻谷产品	16 959.6	14 255.9	12 722.4	11 954.6	13 212.4
棉花	27 423.2	18 289.2	14 170.2	22 676.7	14 910.5
食用油籽	62 986.8	71 146.0	81 280.2	90 852.1	88 457.9
大豆	33 055.5	44 526.6	48 905.1	49 690.4	44 208.7
花生	11 914.4	12 868.6	13 233.2	17 135.0	17 057.1
油菜籽	1 216.4	457.2	569.7	1 071.8	1 428.1
食用植物油	118 002.4	60 010.0	91 076.3	105 902.5	89 519.1
豆油	12 771.1	1 769.0	2 225.1	2 346.8	776.5
菜籽油	477.2	48.9	111.4	225.5	162.3
棕榈油	79 387.6	48 179.0	66 599.0	80 652.5	75 611.8
食糖	97 404.0	56 039.2	123 372.8	176 314.5	34 428.1
蔬菜	268 222.6	246 811.8	312 514.9	402 840.8	345 032.2
水果	558 733.1	522 295.7	650 207.3	733 515.8	749 252.1
畜产品	949 835.7	831 138.3	860 000.3	938 644.6	1 188 800.4
猪产品	273 513.3	252 622.8	243 886.9	272 846.7	348 181.2
牛产品	303 411.1	268 402.4	248 793.9	296 935.5	372 028.1
羊产品	5 543.2	4 210.1	4 314.5	4 711.9	5 198.0
禽产品	149 720.0	128 752.6	107 316.8	82 225.3	104 759.5
蛋产品	7 442.5	7 407.1	10 619.9	13 528.0	19 195.6
乳品	148 572.3	117 925.3	195 033.7	202 117.7	306 740.6
动物生皮	1 435.6	674.0	958.5	1 157.5	973.1
动物生毛皮	735.2	437.8	2 028.8	2 551.1	1 890.8
羊毛	767.6	495.1	611.4	729.9	1 280.1
水产品	235 453.5	194 507.6	231 085.3	263 335.7	280 539.9
饮品	474 936.0	383 919.1	489 555.3	586 520.3	611 927.9
酒	219 496.1	158 364.5	209 089.9	253 969.6	287 484.2
茶	56 156.5	53 339.5	60 710.7	66 431.9	67 487.6
咖啡	68 617.1	59 789.0	77 072.0	102 611.7	95 868.9
烟草	119 933.4	121 517.1	120 720.7	130 029.7	129 520.2

4-20-4 俄罗斯主要农产品出口量（一）

单位：吨

项 目	2002年	2003年	2004年	2005年	2006年	2007年
农产品						
谷物	13 530 839.5	11 465 100.0	5 814 992.5	12 447 213.0	11 316 322.7	16 887 281.6
小麦产品	10 403 266.0	7 879 192.7	4 807 555.6	10 553 020.0	9 896 010.5	14 721 686.6
玉米产品	1 984.3	13 132.5	20 300.5	70 622.9	56 522.9	54 202.7
稻谷产品	25 409.6	22 101.0	12 085.9	24 464.4	34 495.7	30 881.9
棉花	467.2	713.5	533.9	1 099.0	318.4	18.1
食用油籽	121 049.0	371 600.6	225 203.3	388 862.5	397 104.9	250 267.4
大豆	243.2	1 193.5	4 461.0	6 846.1	4 382.2	17 443.5
花生	159.6	388.9	476.6	696.7	612.8	580.5
油菜籽	19 665.4	25 960.8	60 401.0	64 130.6	63 235.3	75 522.5
食用植物油	80 464.9	85 604.4	155 937.3	320 253.2	737 741.6	648 411.4
豆油	3 336.9	798.4	507.4	25.7	1 192.2	5 215.3
菜籽油	304.2	28.0	9 264.6	5 692.6	50 305.1	28 111.2
棕榈油	2 501.2	604.2	462.3	430.9	900.6	749.9
食糖	213 982.4	62 650.7	121 254.8	135 444.3	167 536.9	301 332.5
蔬菜	39 345.7	68 672.6	80 065.1	101 704.0	134 766.4	178 292.6
水果						
畜产品						
猪产品						
牛产品						
羊产品						
禽产品						
蛋产品						
乳品	73 399.8	77 604.5	87 173.7	108 334.0	123 876.0	145 738.3
动物生皮	19 935.7	11 384.9	12 192.7	2 752.0	1 488.6	713.2
动物生毛皮	159.9	235.0	200.9	234.0	234.5	127.4
羊毛	4 542.2	6 924.0	2 971.5	2 942.6	4 879.9	8 478.2
水产品						
饮品						
酒						
茶	1 855.7	3 010.7	5 872.6	9 637.5	9 581.7	10 827.9
咖啡	3 265.7	4 604.5	6 738.9	8 396.0	10 169.5	11 568.2
烟草						

俄罗斯主要农产品出口量（二）

单位：吨

项 目	2008年	2009年	2010年	2011年	2012年
农产品					
谷物	14 013 491.1	22 232 966.1	14 016 461.7	19 113 547.0	22 665 998.4
小麦产品	12 173 641.8	17 213 768.4	11 994 362.0	15 790 744.0	16 202 671.3
玉米产品	199 135.4	1 358 882.2	232 512.8	723 992.0	2 197 417.1
稻谷产品	51 370.9	122 845.3	199 638.3	160 055.2	386 613.2
棉花	20.0	195.0	916.2	1 897.8	488.6
食用油籽	203 236.9	344 254.1	175 953.3	447 585.3	887 043.1
大豆	5 165.3	2 056.3	885.3	4 640.4	121 047.9
花生	145.0	47.1	197.0	237.1	708.1
油菜籽	48 056.7	130 906.9	64 284.9	39 672.3	49 247.6
食用植物油	603 103.5	984 208.0	633 556.2	764 284.4	1 804 331.9
豆油	40 422.9	161 932.3	173 467.3	129 407.9	150 388.8
菜籽油	70 406.9	96 755.4	98 926.5	140 924.4	190 539.9
棕榈油	1 122.0	184.5	35.0	383.0	1 530.1
食糖	53 546.3	133 724.4	15 473.1	77 965.1	67 862.4
蔬菜	126 045.9	166 328.2	68 953.9	80 276.6	94 944.9
水果					
畜产品					
猪产品					
牛产品					
羊产品					
禽产品					
蛋产品					
乳品	147 302.1	133 602.1	53 485.5	53 085.1	140 754.1
动物生皮	499.1	820.4	204.6	47.6	504.2
动物生毛皮	129.0	165.9	121.2	84.0	138.4
羊毛	4 914.6	3 610.3	5 813.9	3 746.9	3 593.4
水产品					
饮品					
酒					
茶	11 792.9	9 742.9	7 731.6	7 344.8	12 585.6
咖啡	11 706.5	11 000.9	9 890.2	11 579.1	17 587.3
烟草					

4-20-5 俄罗斯主要农产品进口量（一）

单位：吨

项 目	2002年	2003年	2004年	2005年	2006年	2007年
农产品						
谷物	1 454 216.1	1 787 611.4	3 070 059.1	1 526 043.2	2 396 298.4	1 149 762.6
小麦产品	315 018.0	677 633.8	1 458 452.8	609 196.0	1 430 350.5	492 675.1
玉米产品	473 099.1	227 807.4	471 130.1	227 167.9	327 760.7	126 125.0
稻谷产品	469 166.6	472 235.6	471 020.8	370 072.6	357 925.6	234 393.7
棉花	319 852.6	303 754.0	328 149.3	325 728.8	312 745.4	274 049.6
食用油籽	209 676.8	152 267.1	149 940.2	194 116.7	156 900.4	285 056.1
大豆	83 823.0	21 181.4	9 760.6	46 295.7	8 174.5	128 788.4
花生	98 779.6	90 582.1	99 265.1	104 872.0	104 692.4	107 074.2
油菜籽	98.1	114.5	977.2	590.5	585.3	4 770.4
食用植物油	998 059.9	792 929.1	703 732.2	843 241.4	684 800.9	767 718.2
豆油	473 382.8	166 151.8	71 672.6	93 574.5	24 580.5	36 555.8
菜籽油	12 055.2	5 872.4	1 322.3	1 034.5	274.9	1 590.7
棕榈油	318 497.0	388 887.2	435 110.7	599 853.2	543 030.6	575 604.8
食糖	4 604 427.9	4 263 546.1	2 783 167.2	3 038 219.6	2 743 434.2	3 529 586.2
蔬菜	1 758 619.6	2 503 847.8	2 328 905.4	2 863 942.7	3 096 660.4	3 296 045.0
水果						
畜产品						
猪产品						
牛产品						
羊产品						
禽产品						
蛋产品						
乳品	301 855.0	400 647.9	433 632.1	472 031.5	409 948.6	415 446.3
动物生皮	10 969.6	10 481.1	14 087.7	20 507.5	27 745.2	18 808.6
动物生毛皮	173.3	75.8	123.7	336.2	73.8	21.3
羊毛	17 130.1	13 546.7	7 657.4	13 917.3	14 741.5	7 850.4
水产品						
饮品						
酒						
茶	166 479.7	170 902.2	175 227.3	183 985.4	177 912.9	186 150.8
咖啡	128 272.6	145 034.1	138 513.8	140 833.0	135 651.3	146 998.9
烟草						

俄罗斯主要农产品进口量（二）

单位：吨

项　目	2008年	2009年	2010年	2011年	2012年
农产品					
谷物	1 026 386.2	469 407.6	418 120.4	786 713.8	1 125 114.9
小麦产品	193 860.8	100 592.7	7 761.1	9 977.1	297 788.0
玉米产品	396 845.6	66 856.5	66 556.9	136 637.9	65 139.9
稻谷产品	272 703.5	259 073.5	220 191.7	184 561.4	230 444.4
棉花	239 507.2	158 782.4	88 678.3	92 517.2	97 691.9
食用油籽	717 525.6	1 083 820.4	1 225 361.9	1 067 461.5	845 368.1
大豆	567 763.5	962 871.1	1 068 352.4	892 418.6	695 037.3
花生	101 074.4	88 261.0	100 472.8	111 411.1	91 311.1
油菜籽	7 183.4	468.6	575.3	1 062.9	1 419.9
食用植物油	938 137.1	607 928.4	823 542.6	776 441.9	720 096.4
豆油	108 187.4	18 280.4	19 966.3	18 321.0	6 639.3
菜籽油	2 897.9	356.1	748.8	1 252.1	911.7
棕榈油	692 221.7	525 491.8	655 881.9	630 920.5	659 159.1
食糖	2 484 997.3	1 352 007.2	2 184 770.3	2 387 897.1	583 786.0
蔬菜	3 764 945.9	3 265 191.0	3 909 065.6	4 920 402.2	3 542 539.4
水果					
畜产品					
猪产品					
牛产品					
羊产品					
禽产品					
蛋产品					
乳品	444 395.9	386 998.2	543 749.5	476 831.4	1 035 528.7
动物生皮	20 959.3	10 746.8	14 973.4	19 742.9	15 827.0
动物生毛皮	69.2	38.4	158.3	187.4	170.7
羊毛	12 225.7	7 132.3	8 222.8	9 423.1	12 730.5
水产品					
饮品					
酒					
茶	186 886.0	185 317.5	185 232.9	191 468.0	183 321.3
咖啡	149 164.4	141 474.5	167 355.0	177 030.1	182 108.0
烟草					

4-20-6 俄罗斯农产品出口额前15位国家（地区）

（2012年）

单位：万美元，%

序号	国家（地区）	出口额	同比增长
1	土耳其	193 812.5	93.3
2	埃及	180 475.8	33.1
3	哈萨克斯坦	133 225.3	
4	韩国	106 753.4	10.1
5	中国	104 053.3	6.5
6	乌克兰	72 847.1	2.6
7	白俄罗斯	60 159.3	
8	阿塞拜疆	58 815.0	5.2
9	沙特阿拉伯	56 470.8	47.2
10	伊朗	53 589.4	631.9
11	意大利	39 318.0	13.8
12	拉脱维亚	31 509.4	87.4
13	格鲁吉亚	30 726.4	104.3
14	西班牙	29 026.8	118.8
15	以色列	27 954.7	15.9
	总计	1178737.2	

4-20-7 俄罗斯农产品进口额前15位国家（地区）
（2012年）

单位：万美元，%

序号	国家（地区）	进口额	同比增长
1	巴西	281 602.1	－29.9
2	德国	222 901.7	－7.2
3	美国	213 426.9	26.3
4	乌克兰	210 370.2	－0.8
5	荷兰	179 634.3	－8.6
6	白俄罗斯	178 662.3	
7	中国	170 765.3	－5.9
8	法国	158 529.9	3.1
9	土耳其	152 691.1	－4.1
10	西班牙	149 295.3	8.0
11	波兰	133 798.4	29.4
12	意大利	130 351.4	0.2
13	厄瓜多尔	118 734.6	－1.6
14	挪威	113 716.7	14.1
15	阿根廷	95 611.6	12.1
	总计	2 510 091.8	

4-21 白俄罗斯主要农产品贸易情况

4-21-1 白俄罗斯主要农产品出口额（一）

单位：万美元

项目	2002年	2003年	2004年	2005年	2006年	2007年
农产品	71 320.2	90 631.9	125 971.2	143 090.9	157 113.0	192 780.3
谷物	680.5	2 027.3	953.8	292.7	406.6	1 077.2
小麦产品	34.8	105.1	48.4	10.3	9.3	41.8
玉米产品	3.6	3.6	0.3	2.6		0.1
稻谷产品	34.2	46.6	10.3	4.8	1.3	16.4
棉花	16.7	16.1	21.6	16.9	9.8	6.0
食用油籽	62.9	35.5	131.1	699.6	77.6	79.9
大豆	2.3		0.7	0.6	10.2	
花生	8.5	4.9	4.9	2.0	2.9	2.6
油菜籽	11.3		46.9	533.8	7.3	14.1
食用植物油	354.9	568.4	994.6	1 153.6	2 071.8	1 897.1
豆油	9.8	3.9	0.4			
菜籽油	248.9	422.3	806.5	1 071.8	2 015.8	1 890.2
棕榈油			0.1			
食糖	12 300.1	13 235.6	18 992.3	21 633.1	12 672.5	12 700.8
蔬菜	2 505.2	3 657.8	4 107.1	2 715.8	3 096.9	5 139.7
水果	1 806.7	2 234.8	2 338.0	2 096.9	4 677.3	5 486.2
畜产品	30 617.8	42 879.4	63 706.4	82 447.6	103 137.6	130 803.9
猪产品	2 856.6	2 580.1	4 091.4	6 814.3	10 638.0	4 916.8
牛产品	5 013.6	6 331.8	11 069.6	13 182.3	19 462.5	18 186.8
羊产品						
禽产品	1 079.0	2 483.0	2 325.8	2 471.4	1 507.6	1 833.9
蛋产品	2 189.1	2 321.5	2 751.9	1 838.3	2 141.5	2 626.1
乳品	13 363.9	22 860.4	36 650.4	48 218.0	60 415.9	90 708.2
动物生皮	3 461.3	1 795.4	723.7	667.3	468.7	290.5
动物生毛皮	719.1	1 472.5	1 175.8	1 557.2	2 004.9	1 914.4
羊毛	439.9	421.6	92.9	76.7	95.5	196.7
水产品	2 087.4	4 038.9	5 226.5	6 100.4	8 419.3	10 800.1
饮品	7 779.8	7 893.9	10 429.7	9 123.4	6 639.2	6 002.7
酒	4 789.2	4 767.2	5 928.3	4 906.0	4 270.2	3 465.8
茶	81.2	78.2	49.1	27.6	35.6	30.2
咖啡	37.0	162.0	59.0	19.8	40.0	35.8
烟草	1 747.2	1 766.8	2 208.5	2 754.1	3 311.0	2 442.0

白俄罗斯主要农产品出口额（二）

单位：万美元

项　目	2008年	2009年	2010年	2011年	2012年
农产品	234 898.3	239 971.1	338 784.6	412 352.4	508 380.8
谷物	2 034.2	588.9	2 520.0	3 212.6	2 534.4
小麦产品	412.6	42.8	399.2	622.6	493.7
玉米产品	31.5	63.0	12.3	10.3	
稻谷产品	78.1	7.8	196.4	134.6	1 424.7
棉花	2.1	10.5	9.1	45.7	38.6
食用油籽	43.4	5 564.9	1 058.1	247.8	330.8
大豆			22.2	3.7	12.4
花生	0.1	0.8	14.4	60.4	50.3
油菜籽	6.2	5 390.7	806.3	25.5	20.6
食用植物油	1 876.2	5 309.4	4 183.1	1 080.1	10 299.7
豆油	2.7	6.7		5.1	
菜籽油	1 868.0	5 299.0	4 174.0	928.0	9 840.5
棕榈油					
食糖	16 379.0	23 677.0	35 815.1	31 871.5	29 193.0
蔬菜	7 779.2	7 168.3	10 037.0	13 136.4	14 219.4
水果	3 809.9	3 987.4	4 097.8	12 083.8	14 202.0
畜产品	166 107.7	164 377.9	242 992.2	286 777.8	339 497.1
猪产品	15 219.5	7 977.0	16 991.5	27 626.0	34 531.5
牛产品	25 730.1	38 890.2	48 615.3	52 969.0	55 840.9
羊产品		1.1			
禽产品	1 567.1	4 461.0	7 948.2	16 111.1	24 980.4
蛋产品	3 542.4	2 896.7	3 312.1	3 894.1	4 255.4
乳品	109 011.2	100 635.2	147 621.3	162 000.0	178 923.4
动物生皮	27.3	802.5	1 753.7	1 122.9	442.6
动物生毛皮	2 220.6	1 896.7	2 639.7	3 379.6	4 602.2
羊毛	95.6	271.7	459.3	879.3	977.9
水产品	13 974.3	9 853.8	11 438.5	15 158.2	18 974.9
饮品	3 947.5	4 947.4	8 395.8	12 079.4	16 174.2
酒	896.6	1 805.1	4 402.7	6 854.0	8 985.6
茶	7.0	2.7	11.8	47.2	205.8
咖啡	23.8	12.3	16.3	100.2	265.5
烟草	37.9	134.2	209.8	556.6	1 234.9

4-21-2 白俄罗斯主要农产品进口额（一）

单位：万美元

项　目	2002年	2003年	2004年	2005年	2006年	2007年
农产品	130 623.2	147 736.6	181 511.3	184 029.5	214 736.4	233 609.3
谷物	11 044.7	9 759.5	19 593.9	10 344.5	12 976.9	17 012.8
小麦产品	5 475.0	4 446.6	9 241.1	4 653.3	5 666.1	6 589.0
玉米产品	2 497.0	1 799.6	4 070.0	3 710.0	3 835.5	5 567.4
稻谷产品	955.0	1 115.9	1 342.8	1 308.9	1 707.4	1 996.4
棉花	1 193.8	1 821.4	2 003.4	1 548.8	1 698.6	1 851.9
食用油籽	651.2	1 159.6	1 388.9	1 182.9	1 988.3	2 719.3
大豆	45.5	117.4	112.4	138.9	241.3	442.6
花生	189.0	235.2	298.4	376.8	587.7	647.5
油菜籽	0.8	26.3	144.5	6.4	280.0	93.9
食用植物油	4 979.8	5 601.4	6 851.1	7 233.0	9 079.7	12 715.4
豆油	1 496.5	643.2	558.9	702.4	612.6	1 063.3
菜籽油	23.3	14.1	12.3	37.3	1.0	8.6
棕榈油	110.5	129.1	257.7	287.9	263.5	128.3
食糖	12 112.0	10 350.2	10 906.6	11 337.1	9 182.1	62.5
蔬菜	4 445.1	6 018.5	6 325.9	7 472.1	10 257.9	11 885.3
水果	7 871.5	13 684.9	17 157.5	18 857.5	23 696.3	29 289.9
畜产品	13 032.7	17 018.5	20 396.3	20 128.3	23 706.3	13 675.9
猪产品	1 508.0	4 197.4	6 257.9	6 912.3	8 852.7	2 827.9
牛产品	413.3	342.7	1 123.5	2 397.5	4 403.1	882.3
羊产品	1.1	1.8	2.3	5.3	17.3	5.7
禽产品	1 800.5	3 111.0	3 820.9	4 084.2	3 337.8	3 085.0
蛋产品	134.2	239.8	171.7	57.5	40.8	22.5
乳品	1 690.9	1 746.0	2 261.3	1 760.7	2 946.6	3 710.9
动物生皮	3 825.3	2 804.3	1 842.4	1 508.9	1 186.3	628.5
动物生毛皮	546.1	802.4	247.1	186.8	129.2	445.9
羊毛	1 656.5	1 922.2	1 974.5	1 184.8	1 321.7	1 591.2
水产品	14 744.6	14 528.2	19 562.9	25 931.2	30 741.7	34 536.0
饮品	13 573.8	15 218.1	19 011.1	24 016.0	30 834.2	37 026.0
酒	6 655.6	6 313.2	8 055.3	10 114.4	12 496.9	13 891.6
茶	440.7	596.7	892.5	1 693.0	2 563.6	3 607.2
咖啡	484.4	909.8	1 590.4	2 846.9	3 977.9	5 679.0
烟草	10 087.9	12 272.2	11 610.9	9 889.7	9 421.2	10 913.4

白俄罗斯主要农产品进口额（二）

单位：万美元

项　目	2008 年	2009 年	2010 年	2011 年	2012 年
农产品	310 725.8	238 981.2	291 936.2	331 843.1	369 422.0
谷物	21 868.0	9 803.9	8 431.9	11 374.0	16 707.1
小麦产品	7 181.9	2 511.7	1 279.8	944.8	4 932.1
玉米产品	7 407.6	4 107.6	3 893.4	5 405.4	5 621.5
稻谷产品	3 571.9	2 282.1	2 401.4	3 071.3	2 236.2
棉花	2 232.8	2 032.5	2 695.9	5 176.1	2 884.4
食用油籽	3 968.9	2 714.5	4 293.5	5 569.2	5 580.3
大豆	414.1	246.0	472.3	677.2	563.4
花生	1 055.8	663.9	860.9	1 030.1	1 151.5
油菜籽	241.3	114.0	180.3	251.2	656.6
食用植物油	16 364.8	10 387.1	13 796.9	15 363.4	14 560.7
豆油	3 784.3	1 339.1	1 624.7	2 048.6	764.3
菜籽油	50.3	10.1	38.0	194.3	204.3
棕榈油	385.2	266.2	438.4	446.1	368.2
食糖	8 566.4	7 649.2	22 200.9	34 070.3	15 980.4
蔬菜	16 553.8	12 955.1	16 947.1	18 397.8	18 477.3
水果	39 688.0	32 741.6	38 035.0	40 616.8	47 580.4
畜产品	29 501.3	17 300.1	27 624.1	40 679.9	54 952.1
猪产品	15 360.2	7 447.7	15 866.5	26 498.5	39 179.4
牛产品	1 323.6	496.3	650.6	1 520.5	2 042.6
羊产品	6.8	0.2	0.2	8.9	17.6
禽产品	4 114.0	3 273.1	2 714.4	3 574.5	5 214.3
蛋产品	183.0	431.1	450.2	491.5	604.9
乳品	4 380.7	3 652.4	4 539.0	3 091.4	4 046.5
动物生皮	803.7	113.1	98.5	240.9	201.1
动物生毛皮	303.2	380.3	381.1	530.1	439.1
羊毛	1 687.8	1 194.0	1 634.5	3 090.9	2 839.8
水产品	34 388.6	30 076.1	28 049.1	29 976.4	36 544.3
饮品	44 668.0	41 658.6	44 404.9	39 253.7	47 289.6
酒	15 069.3	16 095.7	15 634.4	14 624.8	17 307.7
茶	4 717.0	4 195.9	4 569.2	4 003.4	4 429.7
咖啡	7 535.9	7 277.2	7 316.4	6 353.5	7 291.0
烟草	11 438.2	10 667.4	12 633.7	14 660.5	15 294.4

4-21-3 白俄罗斯主要农产品出口量（一）

单位：吨

项　目	2002年	2003年	2004年	2005年	2006年	2007年
农产品						
谷物	92 241.9	253 531.5	54 991.7	19 035.2	30 242.5	53 348.1
小麦产品	3 028.1	7 723.1	1 154.2	382.3	318.4	1 326.3
玉米产品	57.4	150.0	3.5	249.2		1.2
稻谷产品	1 236.9	2 223.9	261.2	134.2	42.6	382.8
棉花	421.2	398.1	707.8	434.6	302.9	200.7
食用油籽	2 130.6	811.9	4 955.9	28 643.6	1 770.5	1 254.9
大豆	61.4		12.4	12.2	185.5	
花生	53.6	41.9	31.1	12.4	22.5	56.3
油菜籽	808.6		2 008.0	23 038.3	100.0	153.6
食用植物油	8 663.6	10 575.9	18 386.5	20 663.0	35 273.8	27 932.1
豆油	182.0	37.4	3.6		0.1	
菜籽油	6 693.2	8 484.5	16 003.7	19 689.7	34 534.3	27 838.7
棕榈油			1.2			
食糖	332 116.9	311 817.8	436 872.4	481 574.9	250 533.3	272 065.2
蔬菜	57 333.9	95 395.5	96 712.1	44 307.1	37 936.3	70 770.2
水果						
畜产品						
猪产品						
牛产品						
羊产品						
禽产品						
蛋产品						
乳品	135 195.8	220 661.3	318 424.1	400 298.3	449 913.0	434 182.7
动物生皮	38 091.4	1 355.7	6 234.2	5 780.0	3 082.4	1 645.9
动物生毛皮	53.3	669.1	66.4	76.3	86.2	78.1
羊毛	2 249.3	2 210.7	740.3	488.8	581.7	982.9
水产品						
饮品						
酒						
茶	321.0	164.5	111.8	89.6	60.6	39.8
咖啡	97.7	216.3	98.2	67.9	245.7	189.5
烟草						

白俄罗斯主要农产品出口量（二）

单位：吨

项　目	2008 年	2009 年	2010 年	2011 年	2012 年
农产品					
谷物	67 733.1	37 648.6	124 701.2	122 404.4	96 427.9
小麦产品	10 755.3	1 727.9	15 832.3	22 554.0	16 202.7
玉米产品	206.8		188.9	29.5	44.1
稻谷产品	1 574.3	221.2	3 881.6	3 249.5	59 978.0
棉花	67.2	213.7	186.4	475.9	490.1
食用油籽	240.9	177 529.7	27 071.0	1 583.4	2 734.9
大豆			177.2	40.0	61.3
花生	0.3	1.6	73.9	407.3	339.1
油菜籽	19.4	173 719.6	23 310.1	103.2	109.2
食用植物油	21 722.9	81 463.6	53 652.2	9 692.9	96 770.0
豆油	21.9	85.3		44.4	
菜籽油	21 664.2	81 346.9	53 589.9	8 561.9	92 284.7
棕榈油					
食糖	323 466.2	439 762.5	493 403.6	396 218.1	451 240.9
蔬菜	101 339.6	106 304.4	131 792.5	151 847.7	186 754.4
水果					
畜产品					
猪产品					
牛产品					
羊产品					
禽产品					
蛋产品					
乳品	423 888.1	525 332.6	591 677.6	628 967.0	845 253.0
动物生皮	170.9	10 132.4	11 201.5	5 523.7	2 154.5
动物生毛皮	92.7	99.3	95.1	97.5	105.4
羊毛	494.6	1 212.0	1 549.5	1 872.2	1 935.3
水产品					
饮品					
酒					
茶	59.6	0.9	19.0	176.8	368.6
咖啡	101.5	60.9	34.8	171.7	353.7
烟草					

4-21-4 白俄罗斯主要农产品进口量（一）

单位：吨

项目	2002年	2003年	2004年	2005年	2006年	2007年
农产品						
谷物	886 333.1	602 994.7	929 582.0	625 710.8	668 907.8	663 062.5
小麦产品	532 237.6	354 168.6	401 882.4	285 043.4	313 875.7	316 334.8
玉米产品	139 832.1	71 104.7	215 597.8	283 674.3	235 539.0	208 533.4
稻谷产品	39 018.5	33 480.3	39 771.2	35 142.0	39 762.4	42 482.9
棉花	11 813.5	12 747.5	13 320.0	11 952.7	12 746.4	13 333.3
食用油籽	10 218.3	25 631.1	20 341.7	13 750.3	27 528.8	25 430.3
大豆	1 143.5	2 664.3	1 670.5	2 129.5	3 932.5	6 723.5
花生	2 097.1	2 224.9	2 337.7	3 232.4	5 339.6	5 111.7
油菜籽	1.3	1 227.0	5 174.3	9.4	9 205.8	2 208.3
食用植物油	69 359.4	71 564.0	81 069.4	92 044.2	123 107.7	121 363.2
豆油	24 210.2	8 679.8	6 943.4	9 525.0	7 780.7	9 965.3
菜籽油	397.5	182.5	164.8	619.9	6.7	55.0
棕榈油	2 230.8	1 630.9	3 091.3	5 108.2	4 465.6	1 400.5
食糖	592 443.8	450 626.1	503 087.3	444 589.0	220 489.7	911.8
蔬菜	84 503.9	136 885.8	97 099.8	122 000.8	145 279.5	139 051.5
水果						
畜产品						
猪产品						
牛产品						
羊产品						
禽产品						
蛋产品						
乳品	13 798.5	11 712.0	13 212.8	12 806.8	17 649.2	18 737.6
动物生皮	44 515.8	2 784.5	21 791.2	17 684.5	12 960.7	6 677.0
动物生毛皮	106.7	275.3	34.9	9.7	12.8	38.2
羊毛	8 267.9	8 717.9	5 288.0	4 096.2	4 455.6	6 144.1
水产品						
饮品						
酒						
茶	1 554.3	1 729.3	2 175.6	3 419.1	5 037.9	6 386.2
咖啡	1 046.3	1 793.2	3 194.7	5 494.6	7 078.1	8 915.0
烟草						

白俄罗斯主要农产品进口量（二）

单位：吨

项　目	2008 年	2009 年	2010 年	2011 年	2012 年
农产品					
谷物	547 617.4	288 327.3	166 602.0	187 111.6	471 521.2
小麦产品	224 850.1	93 870.4	43 875.5	27 427.4	192 162.8
玉米产品	181 739.1	128 944.2	70 113.9	96 067.6	114 578.4
稻谷产品	46 154.5	41 369.5	38 062.1	36 893.2	37 247.0
棉花	13 233.1	13 721.5	10 345.1	13 766.2	13 831.3
食用油籽	21 826.1	20 094.0	35 541.5	58 512.5	54 279.9
大豆	4 535.9	3 141.4	8 468.8	12 267.7	8 020.1
花生	5 288.0	4 539.8	5 398.6	4 903.3	5 008.4
油菜籽	160.1	410.0	193.6	3 026.9	9 212.6
食用植物油	105 100.8	112 998.8	120 712.8	105 880.6	112 461.9
豆油	25 806.3	15 009.8	15 958.2	15 662.0	6 479.6
菜籽油	276.6	92.5	359.8	1 436.3	1 690.8
棕榈油	3 113.6	2 723.0	3 866.5	2 938.1	2 483.1
食糖	220 977.3	213 186.2	407 035.1	463 228.8	286 600.8
蔬菜	144 682.9	111 871.9	155 830.9	197 385.6	167 277.3
水果					
畜产品					
猪产品					
牛产品					
羊产品					
禽产品					
蛋产品					
乳品	20 483.7	18 470.1	26 295.6	15 086.8	19 069.1
动物生皮	7 932.5	2 069.8	1 014.0	1 551.1	1 599.8
动物生毛皮	25.6	28.0	27.0	49.7	29.5
羊毛	4 182.8	3 823.0	6 098.0	7 422.6	7 412.9
水产品					
饮品					
酒					
茶	5 737.7	4 497.5	5 077.8	4 543.8	4 761.3
咖啡	9 928.9	6 781.8	7 137.9	6 453.0	7 629.1
烟草					

4-22 乌克兰主要农产品贸易情况

4-22-1 乌克兰主要农产品出口额（一）

单位：万美元

项目	2002年	2003年	2004年	2005年	2006年	2007年
农产品	251 775.6	285 694.5	363 809.6	446 827.2	480 225.9	637 721.8
谷物	100 984.8	41 608.1	86 565.8	140 275.4	137 627.4	81 605.1
小麦产品	68 339.6	8 149.6	29 032.9	65 563.5	59 826.3	22 195.0
玉米产品	4 614.7	10 558.5	17 150.2	27 132.0	18 039.2	18 416.8
稻谷产品	416.2	470.2	778.4	573.8	723.4	680.6
棉花	27.5	14.4		12.3	33.7	58.6
食用油籽	2 677.0	24 166.6	14 957.0	11 769.9	28 315.7	63 221.3
大豆	77.3	1 033.4	961.6	3 837.3	6 232.0	9 874.5
花生	1.5	3.6	15.8	17.0	29.6	17.6
油菜籽	369.7	647.4	1 899.3	4 431.1	14 021.5	37 814.7
食用植物油	33 781.2	55 126.6	53 400.4	56 438.5	93 758.4	168 359.4
豆油	32.1	195.5	145.8	451.8	382.7	693.7
菜籽油	213.2	6.2	290.7	1 220.8	627.3	1 611.0
棕榈油	4.2	4.6		26.2	213.4	13 088.4
食糖	3 793.4	10 464.4	3 933.5	1 357.7	883.1	222.0
蔬菜	3 054.2	5 064.5	7 766.2	9 638.3	14 361.3	19 335.0
水果	5 240.1	13 971.6	16 888.9	14 795.0	16 931.5	26 523.6
畜产品	42 690.1	58 386.3	71 996.9	79 119.8	41 708.9	76 166.0
猪产品	305.4	2 002.8	1 392.6	1 277.2	509.5	637.2
牛产品	20 971.2	23 391.9	17 185.0	14 748.3	3 787.7	10 124.6
羊产品	40.2	75.1	26.8	9.7		0.1
禽产品	437.3	597.4	841.6	772.3	301.3	853.7
蛋产品	6.4	35.3	40.4	338.7	284.0	2 339.1
乳品	14 044.2	24 447.4	43 841.8	54 505.7	32 827.9	59 363.4
动物生皮	5 277.3	5 677.9	6 254.0	5 423.9	1 272.8	829.8
动物生毛皮	42.4	98.6	89.9	44.1	506.8	391.6
羊毛	58.3	38.4	55.5	13.4	25.5	11.2
水产品	2 347.9	2 024.5	1 891.5	2 667.6	2 566.0	3 833.9
饮品	20 642.1	32 199.9	47 034.1	66 175.1	68 637.8	90 375.7
酒	8 276.6	15 619.7	25 172.1	38 880.7	37 493.4	45 601.2
茶	24.9	29.6	43.8	85.3	98.6	123.1
咖啡	42.6	79.3	162.9	330.2	867.5	1 296.2
烟草	4 541.1	5 399.5	6 924.2	8 937.3	11 029.2	18 307.4

乌克兰主要农产品出口额（二）

单位：万美元

项　目	2008年	2009年	2010年	2011年	2012年
农产品	1 090 833.4	955 766.4	999 667.4	1 288 194.6	1 789 010.1
谷物	385 595.8	362 523.0	252 425.2	370 594.9	705 540.0
小麦产品	172 971.5	181 898.1	93 060.3	111 378.8	238 289.8
玉米产品	68 490.4	102 120.9	79 664.1	200 102.4	391 076.3
稻谷产品	686.4	664.4	789.5	835.3	1 607.9
棉花	6.4	12.3	6.7	12.7	3.2
食用油籽	139 771.7	100 387.6	105 256.0	141 407.3	173 490.6
大豆	7 298.1	8 332.2	17 424.9	46 873.2	70 201.7
花生	65.9	101.2	146.2	216.4	340.1
油菜籽	125 759.0	67 198.0	63 140.9	63 054.3	79 091.0
食用植物油	187 713.4	173 990.2	252 541.1	326 457.9	406 454.2
豆油	1 210.7	2 722.1	3 962.9	4 430.2	5 916.7
菜籽油	3 931.7	354.3	24.4	1 509.0	650.2
棕榈油	19 888.3	8 378.1	10 783.6	4 153.1	5 059.3
食糖	573.8	1 176.5	21.9	436.4	11 388.9
蔬菜	19 589.9	22 519.9	24 092.6	24 167.4	23 956.1
水果	19 799.0	17 103.0	24 159.9	23 249.0	33 663.6
畜产品	78 985.0	57 752.3	75 973.0	92 986.8	96 790.2
猪产品	224.4	78.1	478.2	6 288.5	10 371.6
牛产品	6 955.7	6 904.6	4 804.5	6 809.8	8 213.2
羊产品	0.8	0.4	5.3	2.4	2.4
禽产品	1 347.3	2 082.3	4 537.9	8 256.8	14 841.2
蛋产品	2 926.4	6 324.6	8 554.4	8 265.9	8 439.3
乳品	65 272.3	39 602.7	54 328.7	59 327.1	49 667.9
动物生皮	95.7	138.0	171.9	109.0	91.1
动物生毛皮	535.9	253.9	316.5	315.5	674.1
羊毛	3.2	15.3	22.6	30.1	2.4
水产品	4 335.0	6 215.8	6 740.1	6 446.7	6 881.0
饮品	108 351.6	92 009.1	105 656.8	108 939.9	107 771.4
酒	46 469.0	39 360.8	37 789.3	31 825.4	31 543.1
茶	181.8	114.5	148.4	218.0	220.6
咖啡	1 911.9	1 497.2	2 224.3	2 845.3	2 817.5
烟草	22 261.5	21 396.6	21 389.7	23 201.2	26 627.8

4-22-2 乌克兰主要农产品进口额（一）

单位：万美元

项 目	2002年	2003年	2004年	2005年	2006年	2007年
农产品	115 755.6	222 187.6	197 644.5	276 934.6	324 179.4	419 497.1
谷物	2 588.6	55 374.3	17 751.7	5 965.8	6 340.6	10 517.6
小麦产品	129.0	49 310.7	11 483.1	243.5	157.6	545.5
玉米产品	610.6	1 216.0	2 399.1	2 693.8	3 178.9	5 402.6
稻谷产品	1 441.0	2 007.9	2 593.5	2 895.4	2 293.8	2 558.6
棉花	1 068.2	1 078.5	2 234.0	1 696.2	1 570.2	2 029.2
食用油籽	1 988.1	2 648.6	3 282.2	5 396.6	7 874.1	12 849.6
大豆	338.6	40.5	19.1	17.0	81.8	55.3
花生	995.1	1 451.5	1 791.4	2 302.6	1 879.0	2 079.2
油菜籽	98.3	143.7	166.2	418.4	1 331.1	2 971.8
食用植物油	4 670.9	4 772.6	7 293.8	10 647.7	9 882.2	24 852.5
豆油	145.1	26.5	1.0	2.6	3.4	11.1
菜籽油						
棕榈油	4 486.0	4 666.3	7 222.6	10 469.0	9 675.2	24 465.7
食糖	8 708.9	31 479.7	9 056.3	6 248.9	1 520.3	715.5
蔬菜	4 176.8	4 598.7	5 722.8	9 882.2	13 850.2	16 106.1
水果	12 373.2	16 023.9	18 864.3	36 309.2	49 071.0	60 934.3
畜产品	9 348.1	12 385.6	23 762.0	33 962.3	34 174.1	37 265.7
猪产品	401.9	787.1	3 210.9	7 322.5	8 587.8	10 882.3
牛产品	475.6	563.8	556.8	2 984.2	2 037.3	2 151.6
羊产品	3.6	0.4	1.2	2.4	3.6	21.3
禽产品	3 664.5	5 436.8	13 712.4	10 075.0	10 541.2	10 840.8
蛋产品	868.9	1 024.7	1 226.4	2 005.4	1 461.0	1 110.9
乳品	1 965.5	2 369.5	2 557.8	4 123.0	6 118.4	8 832.5
动物生皮	375.1	340.0	488.5	1 225.9	992.2	549.8
动物生毛皮	840.4	869.5	536.4	767.0	669.2	543.4
羊毛	222.2	240.0	553.8	777.6	565.6	689.7
水产品	9 435.9	11 424.0	13 929.7	29 726.2	45 935.0	54 841.2
饮品	19 988.4	32 369.4	34 054.5	52 859.7	63 292.7	83 676.5
酒	3 489.3	10 588.9	5 133.1	9 118.8	14 001.6	22 247.8
茶	3 508.5	3 933.8	4 744.3	6 419.8	7 758.8	9 501.2
咖啡	3 403.4	5 786.3	8 393.0	12 770.7	14 358.1	19 409.1
烟草	19 048.2	23 338.8	27 478.3	35 700.3	33 275.6	41 720.0

乌克兰主要农产品进口额（二）

单位：万美元

项　目	2008 年	2009 年	2010 年	2011 年	2012 年
农产品	656 165.4	500 712.3	584 382.1	644 504.4	762 155.1
谷物	16 208.2	10 278.5	15 495.1	23 795.0	26 408.5
小麦产品	379.4	246.1	353.7	646.2	524.6
玉米产品	10 378.2	6 289.9	10 960.7	16 731.4	20 441.4
稻谷产品	3 557.4	3 441.1	3 341.3	3 170.3	2 660.0
棉花	2 255.4	1 603.8	1 326.8	1 664.6	1 310.0
食用油籽	20 708.0	11 946.6	16 624.5	25 580.8	33 327.4
大豆	108.9	98.9	162.0	218.9	156.5
花生	3 719.9	2 335.6	3 817.4	4 711.4	4 729.9
油菜籽	6 375.0	2 172.4	2 306.1	3 228.0	3 168.1
食用植物油	42 729.8	22 764.2	28 395.2	24 803.0	19 932.7
豆油	16.4	10.3	4.7	7.2	53.3
菜籽油	12.7	10.0	25.3	24.9	107.7
棕榈油	41 888.9	21 954.7	27 395.4	23 615.5	18 266.7
食糖	3 312.0	6 154.3	18 315.8	16 148.3	163.2
蔬菜	29 100.9	22 097.9	27 275.8	31 558.6	32 863.4
水果	96 348.5	84 916.9	98 951.5	99 277.5	145 949.6
畜产品	115 850.5	82 270.2	70 240.0	57 473.1	108 251.2
猪产品	48 059.4	31 962.6	25 589.6	21 683.5	52 889.9
牛产品	3 351.7	2 660.5	2 130.1	3 109.0	3 542.5
羊产品	18.8	22.7	17.4	54.5	94.7
禽产品	41 592.0	27 293.2	23 857.0	12 375.0	23 381.3
蛋产品	3 380.0	2 999.7	2 408.0	1 686.3	1 770.6
乳品	10 725.3	11 034.2	11 083.6	13 335.7	17 830.6
动物生皮	372.3	44.4	62.6	78.4	49.8
动物生毛皮	1 023.8	353.5	249.2	464.3	461.5
羊毛	672.2	232.8	141.9	146.0	288.6
水产品	74 942.8	54 650.6	66 131.7	61 805.4	81 808.9
饮品	110 540.0	86 354.5	109 413.2	146 454.0	146 890.1
酒	26 364.0	15 287.9	23 336.1	37 366.8	43 324.3
茶	12 273.7	10 933.8	13 187.3	15 465.5	16 381.2
咖啡	28 808.7	26 282.1	28 443.8	39 719.1	36 287.6
烟草	45 763.6	45 556.7	47 144.5	47 759.8	50 762.4

4-22-3 乌克兰主要农产品出口量（一）

单位：吨

项 目	2002年	2003年	2004年	2005年	2006年	2007年
农产品						
谷物	12 223 143.6	3 898 593.1	7 686 943.1	12 561 517.9	11 084 565.0	4 356 148.2
小麦产品	8 308 992.7	904 791.9	2 559 397.6	6 028 277.3	4 682 487.8	1 150 170.0
玉米产品	499 613.4	945 558.9	1 244 895.9	2 807 745.2	1 697 823.5	985 445.2
稻谷产品	19 166.0	12 726.2	20 344.7	15 021.5	14 946.2	12 406.5
棉花	261.4	83.0	0.1	25.0	169.9	314.3
食用油籽	101 137.9	980 944.6	558 279.0	480 155.3	1 027 435.4	1 642 377.5
大豆	3 461.4	42 620.7	38 522.8	174 643.9	270 781.9	320 040.7
花生	15.3	24.7	109.5	88.2	188.1	79.4
油菜籽	20 594.1	25 523.7	81 099.4	183 374.7	470 698.3	909 960.5
食用植物油	573 891.1	930 105.2	879 438.7	884 552.1	1 652 957.6	2 121 383.0
豆油	658.3	3 986.7	2 626.5	7 528.4	6 609.0	9 324.0
菜籽油	5 688.3	120.3	5 742.7	22 216.4	9 090.1	19 666.7
棕榈油	108.8	41.1		376.2	3 326.4	159 742.9
食糖	170 357.8	416 975.0	157 730.1	41 732.0	22 454.1	5 196.7
蔬菜		76 652.7	124 211.2	143 388.6	187 030.0	275 493.5
水果						
畜产品						
猪产品						
牛产品						
羊产品						
禽产品						
蛋产品						
乳品		155 444.9	249 775.4	253 000.8	165 935.5	177 982.8
动物生皮	30 647.7	26 802.5	21 476.2	13 837.2	3 014.4	1 264.1
动物生毛皮	171.1	280.5	143.6	101.3	300.1	330.8
羊毛	282.5	182.5	224.9	67.4	160.8	67.0
水产品						
饮品						
酒						
茶	101.0	105.8	103.4	165.6	177.5	230.8
咖啡	140.6	124.3	196.6	297.5	703.5	871.0
烟草						

乌克兰主要农产品出口量（二）

单位：吨

项　目	2008 年	2009 年	2010 年	2011 年	2012 年
农产品					
谷物	16 475 468.6	26 002 043.8	14 070 832.3	14 359 349.5	27 245 515.4
小麦产品	7 785 139.2	13 056 729.9	4 949 039.1	4 221 566.7	8 749 347.4
玉米产品	2 849 931.6	7 209 672.8	4 087 698.4	7 860 059.5	15 682 701.9
稻谷产品	9 488.9	13 644.7	10 701.6	8 268.6	36 347.7
棉花	28.3	67.6	57.3	62.0	33.1
食用油籽	2 713 731.8	2 921 343.2	2 452 276.7	2 588 184.0	3 148 141.1
大豆	201 541.0	263 340.3	449 469.2	1 096 302.9	1 481 062.8
花生	258.8	334.0	412.4	664.5	1 155.9
油菜籽	2 387 062.5	1 856 103.0	1 508 837.3	1 010 737.6	1 297 611.5
食用植物油	1 564 969.0	2 475 310.7	2 853 857.9	2 774 422.9	3 697 348.2
豆油	9 645.8	38 024.6	46 362.7	38 045.0	57 756.5
菜籽油	35 262.1	4 747.6	263.5	12 158.4	5 227.2
棕榈油	173 944.0	89 710.4	98 049.0	28 166.5	47 447.8
食糖	11 620.1	25 857.2	324.2	6 247.0	174 456.9
蔬菜	192 781.1	324 675.4	258 157.9	254 394.6	315 301.7
水果					
畜产品					
猪产品					
牛产品					
羊产品					
禽产品					
蛋产品					
乳品	192 766.0	156 574.8	153 655.2	163 061.2	146 861.5
动物生皮	565.9	878.8	1 192.0	793.2	652.0
动物生毛皮	223.2	253.3	243.4	204.7	411.7
羊毛	9.5	64.1	151.6	104.9	7.2
水产品					
饮品					
酒					
茶	361.8	243.2	347.6	398.9	338.6
咖啡	2 533.8	2 085.9	3 319.2	2 730.1	2 446.9
烟草					

4-22-4 乌克兰主要农产品进口量（一）

单位：吨

项 目	2002年	2003年	2004年	2005年	2006年	2007年
农产品						
谷物	112 643.9	3 667 845.1	793 603.1	157 379.7	158 664.3	227 143.7
小麦产品	8 799.5	3 219 785.3	610 510.0	14 367.2	4 066.4	20 211.5
玉米产品	4 755.6	21 760.3	14 520.3	13 664.4	15 955.6	24 202.1
稻谷产品	78 984.7	87 384.1	102 419.0	127 399.0	111 500.7	124 002.6
棉花	12 781.4	9 890.2	17 451.9	15 445.7	13 230.3	14 936.6
食用油籽	42 502.3	35 840.4	39 863.1	50 307.0	46 905.9	52 749.3
大豆	13 106.9	671.7	249.9	280.9	1 767.5	474.7
花生	27 558.6	30 088.8	33 758.4	41 561.8	34 407.9	36 962.6
油菜籽	225.0	315.0	263.0	587.4	1 534.6	2 702.1
食用植物油	115 962.0	95 764.5	131 649.4	205 496.2	186 460.1	343 477.1
豆油	1 750.9	291.5	11.5	29.7	33.8	81.3
菜籽油						
棕榈油	113 860.3	94 140.5	130 278.2	203 827.1	185 460.3	341 634.4
食糖	436 815.8	1 481 288.8	402 005.6	219 992.4	28 286.1	18 162.0
蔬菜		43 811.5	54 042.3	115 253.8	172 411.8	150 908.8
水果						
畜产品						
猪产品						
牛产品						
羊产品						
禽产品						
蛋产品						
乳品		24 252.3	23 602.4	33 113.5	41 396.6	50 581.9
动物生皮	6 838.7	5 412.3	6 424.8	21 268.1	12 547.8	6 681.4
动物生毛皮	72.6	95.5	74.1	95.1	112.4	97.0
羊毛	1 528.8	1 946.7	3 630.4	3 987.9	3 436.0	3 207.0
水产品						
饮品						
酒						
茶	18 364.5	18 313.6	18 346.6	22 609.9	23 758.9	25 111.7
咖啡	18 328.7	23 282.3	26 929.1	42 668.2	47 962.3	51 274.1
烟草						

乌克兰主要农产品进口量（二）

单位：吨

项　目	2008 年	2009 年	2010 年	2011 年	2012 年
农产品					
谷物	144 430.2	101 784.8	123 816.3	177 334.4	155 603.2
小麦产品	5 176.8	3 849.9	5 422.0	9 182.7	6 595.6
玉米产品	33 468.0	18 240.0	30 850.5	46 312.7	49 329.7
稻谷产品	76 163.7	76 951.3	63 798.4	61 404.5	42 242.5
棉花	13 944.4	10 985.0	7 189.5	5 716.3	5 702.6
食用油籽	60 812.1	37 717.8	50 421.3	69 554.2	69 317.6
大豆	645.6	854.0	932.6	2 170.5	987.1
花生	37 771.0	22 459.8	29 869.8	35 896.2	30 572.9
油菜籽	4 594.4	1 834.7	1 957.3	3 130.5	2 830.0
食用植物油	417 430.1	269 050.3	284 727.7	195 248.7	179 206.7
豆油	80.9	99.9	23.5	66.6	547.1
菜籽油	41.3	34.4	123.4	92.9	537.2
棕榈油	413 300.0	265 430.5	279 880.5	189 820.6	171 861.7
食糖	80 039.1	116 924.7	315 878.0	269 254.7	1 049.6
蔬菜	341 315.1	226 703.7	311 228.5	298 201.9	212 946.8
水果					
畜产品					
猪产品					
牛产品					
羊产品					
禽产品					
蛋产品					
乳品	43 793.8	45 628.2	33 007.8	35 685.5	47 864.6
动物生皮	5 593.2	730.7	1 000.1	2 874.9	1 541.5
动物生毛皮	95.3	178.5	75.7	119.3	98.3
羊毛	3 008.2	1 012.8	854.1	1 010.8	1 469.4
水产品					
饮品					
酒					
茶	29 079.0	27 337.7	29 483.1	26 167.3	26 339.9
咖啡	70 476.4	55 011.3	55 895.7	52 827.3	44 970.0
烟草					

北美洲

4-23 美国主要农产品贸易情况

4-23-1 美国农产品贸易综述

一、10年来美国农产品贸易总体情况

2002—2012年，美国农产品贸易额由2002年的1 208.6亿美元增至2012年的2 864.8亿美元，年均增长9.0%，其中出口额由605.4亿美元增至1 551.8亿美元，年均增长9.9%；进口额由603.2亿美元增至1 313.0亿美元，年均增长8.1%。2007年以来美国农产品贸易保持顺差，近年来呈扩大趋势，2012年为238.8亿美元（图1）。

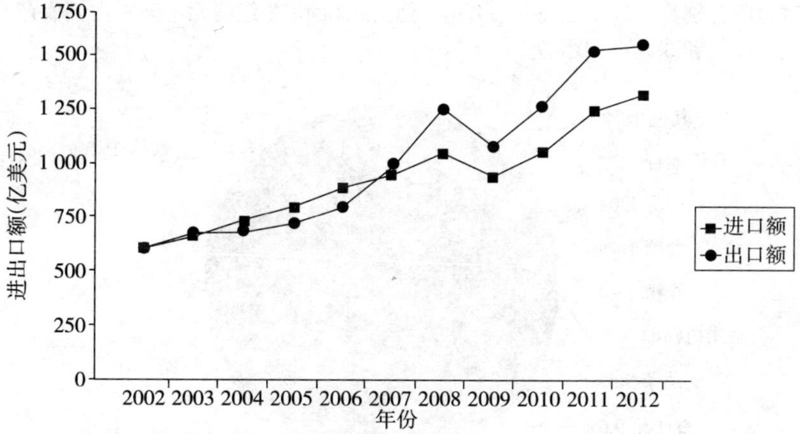

图1 2002—2012年美国农产品进出口额变化

除2009年外，2003—2012年其余年份进口额和出口额年度同比保持正增长。进口额

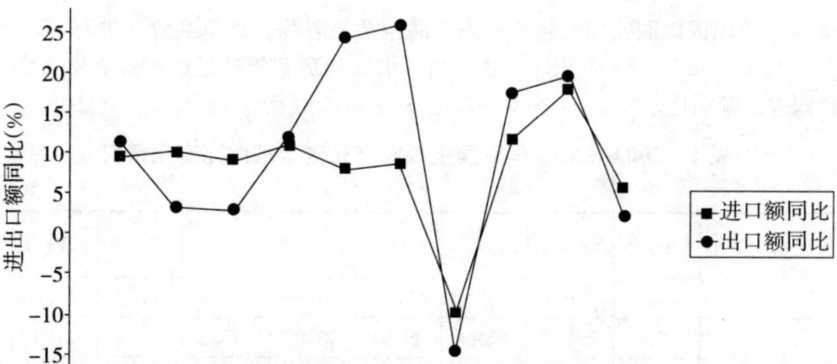

图2 2003—2012年美国农产品进出口额同比变化

同比保持10%左右的增幅，但出口额同比增幅差异较大，其中2007年、2008年、2010年和2011年的增幅保持在二成左右（图2）。

二、2012年美国农产品贸易情况

2012年，美国农产品贸易额为2 864.8亿美元，同比增长3.9%，在全球排名第1位。其中出口额为1 551.8亿美元，同比增长2.5%，全球排名第1位；进口额为1 313.0亿美元，同比增长5.7%，全球排名第1位。

（一）进出口产品结构

2012年，美国进口农产品以饮品、水产品和水果为主，进口额分别为328.3亿美元、191.7亿美元和161.4亿美元，同比分别增长1.4%、1.0%和4.7%，占其农产品进口额的比重分别为25.0%、14.6%和12.3%。此外，美国还进口畜产品、蔬菜和食用植物油等，2012年进口额分别为125.6亿美元、124.8亿美元和43.2亿美元，分别占其农产品进口额的9.6%、9.5%和3.3%（图3）。

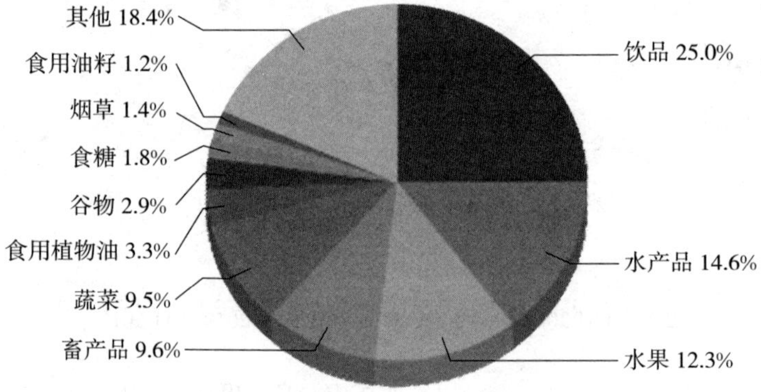

图3 2012年美国农产品进口结构

2012年，美国进口同比增长较快的农产品主要是谷物、烟草和食用油籽等，增幅分别为36.5%、19.3%和17.5%。此外，畜产品、水果和蔬菜等产品的增幅在2.3%～9.8%。棉花和食糖进口额同比下降39.7%和18.3%（表1）。

表1 2003—2012年美国主要农产品进口额同比变化情况

单位：%

	2003年	2004年	2005年	2006年	2007年	2008年	2009年	2010年	2011年	2012年
农产品	9.7	10.1	9.1	11.2	8.2	8.9	−9.6	11.8	18.0	5.7
谷物	−5.5	5.3	−1.7	39.6	39.6	60.2	−25.2	−7.8	17.4	36.5
棉花	8.8	−1.5	−11.0	−20.0	48.1	2.6	−58.5	95.1	65.8	−39.7
食用油籽	3.6	37.9	11.9	7.0	38.4	61.9	−27.2	−0.6	30.1	17.5
食用植物油	20.2	47.3	3.5	26.3	24.1	54.4	−26.3	8.8	50.8	−5.8

（续）

	2003年	2004年	2005年	2006年	2007年	2008年	2009年	2010年	2011年	2012年
食糖	0.9	−2.0	52.4	56.8	−36.8	33.4	4.2	63.5	39.7	−18.3
蔬菜	15.2	14.1	5.8	10.4	10.3	6.9	−4.0	15.6	11.9	2.3
水果	10.7	8.0	14.4	12.3	16.5	5.8	−2.2	10.4	11.4	4.7
畜产品	−2.7	16.9	8.1	0.3	7.6	−4.2	−14.6	10.7	9.8	9.8
水产品	8.7	3.8	6.8	10.0	2.8	4.1	−7.7	12.2	13.0	1.0
饮品	16.1	8.3	13.6	17.8	5.3	5.7	−10.4	11.9	22.0	1.4
烟草	−1.3	−0.9	1.8	0.0	8.6	1.5	7.0	−9.8	7.8	19.3

2012年，美国农产品中出口额主要有食用油籽、畜产品和谷物，出口额分别为276.2亿美元、275.6亿美元和211.1亿美元，占其农产品出口额的比重分别为17.8%、17.8%和13.6%，其中食用油籽同比增长43.0%，谷物下降26.7%。此外，美国还出口水果、饮品、蔬菜、棉花和水产品等，出口额分别为134.0亿美元、102.2亿美元、67.9亿美元、63.5亿美元和61.7亿美元，分别占其农产品出口额的8.6%、6.6%、4.4%、4.1%和4.0%（图4）。

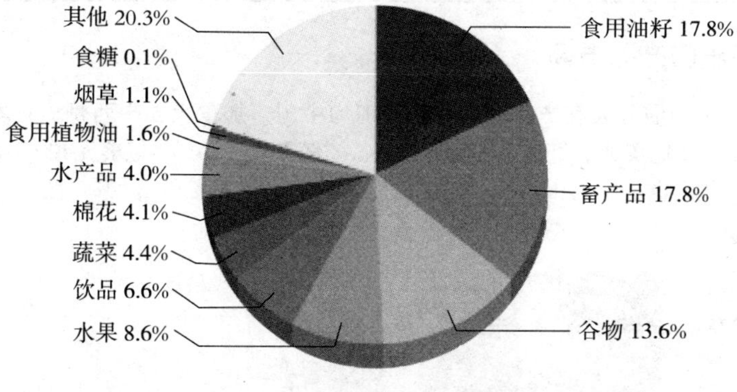

图4　2012年美国农产品出口结构

2012年，美国出口额同比增长较快的农产品主要是食用油籽和水果，增幅分别为43.0%和7.5%，而谷物和棉花出口降幅较大，同比降幅均在26.7%以上（表2）。

表2　2003—2012年美国主要农产品出口额同比变化情况

单位：%

	2003年	2004年	2005年	2006年	2007年	2008年	2009年	2010年	2011年	2012年
农产品	11.1	3.3	3.0	12.0	24.4	25.9	−14.4	17.7	19.7	2.5
谷物	4.3	21.8	−12.8	19.8	55.0	33.4	−39.3	14.6	40.4	−26.7
棉花	63.8	26.2	−7.6	15.6	1.7	4.7	−28.8	69.6	43.4	−26.0

（续）

	2003 年	2004 年	2005 年	2006 年	2007 年	2008 年	2009 年	2010 年	2011 年	2012 年
食用油籽	35.1	−11.5	−3.4	9.5	41.5	51.6	3.8	12.0	−4.5	43.0
食用植物油	5.4	−16.5	−5.8	23.9	47.8	61.8	−20.7	34.1	−4.4	4.0
食糖	−21.2	68.5	31.1	73.6	23.1	−28.0	−24.9	72.7	16.9	−8.2
蔬菜	3.8	6.7	10.0	9.5	10.6	14.0	−0.7	11.0	9.8	0.3
水果	7.5	7.4	10.9	12.4	6.6	14.6	−2.9	12.3	14.6	7.5
畜产品	11.6	−17.8	18.0	10.8	26.6	29.3	−17.9	23.3	24.4	3.6
水产品	3.7	13.1	10.2	4.4	1.7	0.8	−6.1	13.2	23.2	−2.6
饮品	13.1	11.0	3.4	17.0	21.5	13.0	−3.8	26.8	50.5	−6.0
烟草	−3.6	−9.2	−12.5	7.9	−5.5	−11.5	−19.1	−1.6	1.5	−2.4

（二）进出口产品市场

2012 年，美国前五大农产品出口市场分别为中国、加拿大、墨西哥、日本和韩国，出口额分别为 271.8 亿美元、256.5 亿美元、195.3 亿美元、149.3 亿美元和 65.3 亿美元，占其农产品出口额比重分别为 17.5%、16.5%、12.6%、9.6%和 4.2%（图 5）。

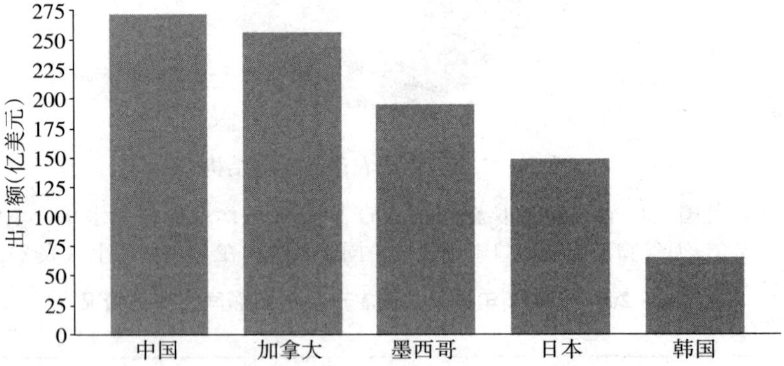

图 5　2012 年美国前五大农产品出口市场

2012 年，美国前五大农产品进口来源地分别为加拿大、墨西哥、中国、印度和巴西，进口额分别为 236.8 亿美元、183.2 亿美元、77.2 亿美元、61.9 亿美元和 53.4 亿美元，占其农产品进口额比重分别为 18.0%、14.0%、5.9%、4.7%和 4.1%（图 6）。

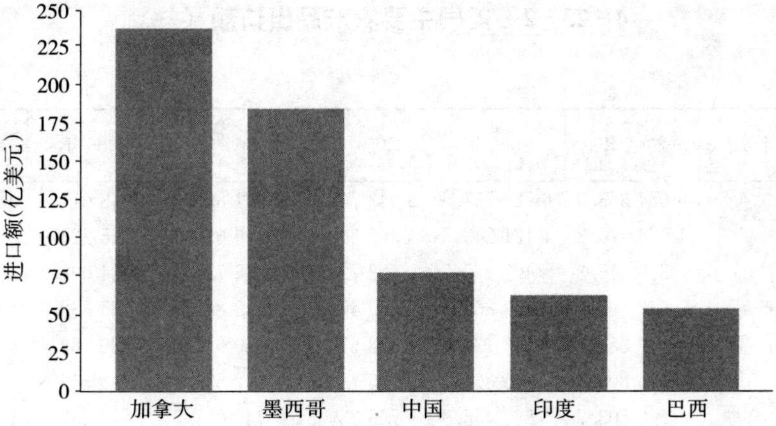

图 6　2012 年美国前五大农产品进口来源地

4-23-2 美国主要农产品出口额（一）

单位：万美元

项 目	2002年	2003年	2004年	2005年	2006年	2007年
农产品	6 054 363.9	6 724 737.6	6 943 745.9	7 151 859.6	8 013 011.5	9 965 109.4
谷物	1 075 470.2	1 121 243.5	1 365 362.4	1 190 038.4	1 425 223.0	2 208 679.4
小麦产品	379 515.3	407 275.7	528 726.7	446 775.2	434 098.3	854 494.6
玉米产品	542 698.6	533 868.6	649 475.2	543 840.9	785 838.1	1 080 471.6
稻谷产品	79 851.9	105 136.5	118 678.4	130 966.0	130 783.4	142 432.6
棉花	210 803.0	345 368.6	435 726.6	402 651.4	465 346.8	473 382.3
食用油籽	640 803.7	865 458.9	766 239.6	740 057.7	810 437.5	1 147 158.1
大豆	573 712.9	802 242.0	691 990.4	667 642.1	728 916.8	1 046 562.2
花生	23 975.8	16 978.9	22 706.7	21 345.8	22 670.5	25 538.0
油菜籽	7 095.1	7 986.8	11 623.0	4 741.0	4 899.5	11 412.7
食用植物油	97 323.5	102 563.8	85 619.7	80 654.8	99 908.2	147 652.6
豆油	47 144.7	54 860.9	29 080.2	29 483.0	36 026.7	72 681.3
菜籽油	3 872.4	4 761.2	10 330.8	8 245.5	19 076.2	19 372.4
棕榈油	426.8	578.1	1 264.1	1 284.6	2 872.4	4 342.5
食糖	5 204.8	4 103.6	6 912.7	9 059.9	15 727.5	19 353.7
蔬菜	332 787.0	345 411.3	368 391.6	405 047.1	443 458.7	490 503.9
水果	566 600.8	608 997.7	654 144.6	725 497.1	815 766.5	869 664.8
畜产品	1 075 025.9	1 200 107.4	986 647.4	1 164 427.6	1 290 618.9	1 633 651.3
猪产品	187 762.0	199 175.2	250 811.3	299 075.1	322 912.4	358 958.5
牛产品	312 055.9	368 323.9	67 540.9	113 837.6	178 554.6	231 480.6
羊产品	2 819.8	1 974.5	1 910.5	3 051.7	3 460.8	2 101.7
禽产品	222 003.3	246 609.4	265 027.6	323 079.3	309 040.2	425 403.8
蛋产品	14 906.6	15 507.6	18 877.0	21 574.9	22 476.4	28 006.9
乳品	52 895.7	59 711.0	98 306.4	110 454.8	129 154.5	221 698.6
动物生皮	159 357.2	166 133.1	159 228.8	161 238.2	183 214.4	192 074.0
动物生毛皮	15 772.9	14 250.0	16 829.7	17 393.7	22 277.3	26 110.5
羊毛	1 254.2	1 830.2	2 014.9	2 403.5	2 924.6	3 349.0
水产品	349 842.2	362 751.5	410 242.4	451 980.1	471 758.1	479 949.8
饮品	284 018.0	321 163.2	356 482.7	368 614.1	431 437.3	524 190.2
酒	141 765.4	160 320.1	183 129.6	179 251.5	212 487.7	274 558.4
茶	5 767.9	7 424.7	7 882.5	8 288.8	11 852.3	15 615.7
咖啡	36 417.1	40 136.6	43 879.8	49 494.2	60 477.4	66 240.2
烟草	303 266.9	292 362.3	265 486.5	232 371.1	250 753.9	236 955.8

美国主要农产品出口额（二）

单位：万美元

项　目	2008年	2009年	2010年	2011年	2012年
农产品	12 550 273.9	10 748 141.1	12 652 377.8	15 142 615.4	15 518 450.7
谷物	2 946 799.5	1 789 435.3	2 051 412.5	2 879 907.4	2 111 471.2
小麦产品	1 152 303.7	556 423.6	692 559.0	1 131 891.4	836 196.9
玉米产品	1 411 279.5	930 145.0	1 028 985.5	1 419 955.4	992 368.9
稻谷产品	224 552.4	221 258.5	238 663.5	211 727.3	210 666.1
棉花	495 743.0	352 866.6	598 519.3	858 343.8	635 387.5
食用油籽	1 739 384.1	1 805 744.4	2 022 062.0	1 931 471.5	2 762 089.4
大豆	1 613 585.2	1 695 921.6	1 899 443.9	1 806 401.3	2 612 692.7
花生	34 011.7	31 981.4	34 176.5	36 191.7	47 680.3
油菜籽	16 500.7	9 560.2	12 182.7	12 448.0	16 471.1
食用植物油	238 862.6	189 405.4	254 045.1	242 757.3	252 519.8
豆油	136 877.3	103 602.5	156 888.2	126 753.2	115 291.8
菜籽油	21 066.6	20 891.3	30 818.2	26 247.6	37 282.3
棕榈油	4 353.3	7 154.1	7 931.0	10 749.1	10 166.7
食糖	13 935.9	10 460.9	18 068.7	21 125.6	19 400.2
蔬菜	559 290.3	555 411.8	616 777.1	677 242.5	679 121.6
水果	996 847.9	968 306.3	1 087 762.8	1 246 960.8	1 340 404.7
畜产品	2 111 701.9	1 734 395.7	2 138 529.8	2 660 043.1	2 756 282.7
猪产品	543 414.5	456 218.4	498 004.5	636 961.5	674 684.6
牛产品	328 790.6	298 296.8	414 083.8	571 508.6	583 890.2
羊产品	3 639.3	3 587.8	3 066.7	2 714.5	2 622.0
禽产品	539 133.9	476 653.8	466 892.3	541 697.1	599 300.0
蛋产品	29 059.5	33 242.0	34 485.2	39 995.8	48 193.2
乳品	299 445.8	160 028.5	285 496.0	368 709.0	374 730.1
动物生皮	179 952.8	129 977.9	204 024.5	230 189.5	224 969.8
动物生毛皮	26 731.7	16 929.5	24 638.7	35 967.6	52 929.9
羊毛	2 316.1	2 034.1	2 312.6	2 307.8	1 686.3
水产品	483 873.5	454 115.4	513 983.5	633 461.1	617 305.6
饮品	592 213.6	569 633.1	722 155.2	1 087 040.4	1 021 816.0
酒	294 866.7	268 639.5	380 417.7	674 613.1	572 313.2
茶	19 268.1	19 415.5	23 486.1	27 646.6	30 272.2
咖啡	75 060.7	74 191.9	88 244.4	120 254.4	127 375.7
烟草	209 755.7	169 712.6	167 000.0	169 464.2	165 401.1

4-23-3 美国主要农产品进口额（一）

单位：万美元

项 目	2002年	2003年	2004年	2005年	2006年	2007年
农产品	6 031 688.9	6 619 673.6	7 288 205.4	7 950 579.9	8 837 519.3	9 565 571.3
谷物	111 363.6	105 243.6	110 872.7	108 978.4	152 089.9	212 293.1
小麦产品	35 634.8	22 127.5	24 824.8	25 789.9	42 216.3	61 884.3
玉米产品	16 006.8	18 762.2	17 526.5	17 263.4	23 704.9	37 641.2
稻谷产品	22 819.5	27 951.0	32 406.3	30 812.0	42 022.0	50 184.8
棉花	3 339.3	3 633.1	3 579.6	3 186.8	2 550.3	3 778.2
食用油籽	36 512.8	37 817.0	52 150.2	58 332.8	62 397.5	86 347.4
大豆	3 292.7	5 400.6	6 867.0	8 889.1	6 915.7	11 182.5
花生	6 893.7	5 020.0	3 873.2	4 480.0	4 837.8	6 520.8
油菜籽	4 652.8	3 409.5	13 103.4	11 747.6	19 779.8	24 598.0
食用植物油	85 510.1	102 819.0	151 418.1	156 771.8	197 954.7	245 753.2
豆油	1 141.3	1 941.1	8 911.0	752.8	854.3	1 591.5
菜籽油	20 037.8	24 823.1	33 025.2	31 180.4	44 478.7	67 623.7
棕榈油	7 622.6	8 922.2	14 213.4	19 035.2	30 924.1	56 061.2
食糖	61 417.4	61 976.1	60 764.0	92 578.9	145 193.3	91 714.3
蔬菜	543 782.3	626 419.9	714 611.5	755 903.9	834 154.9	919 928.7
水果	676 191.9	748 407.5	808 650.2	925 323.2	1 039 067.6	1 210 587.7
畜产品	867 471.9	843 940.9	986 521.3	1 066 766.5	1 069 500.1	1 150 556.1
猪产品	143 413.9	173 016.5	204 695.3	200 968.1	191 108.4	195 873.8
牛产品	441 171.2	368 626.5	438 858.6	494 960.5	501 859.7	544 746.3
羊产品	31 277.4	38 333.7	45 247.9	52 386.1	49 296.5	51 773.9
禽产品	23 252.7	26 081.3	29 653.2	28 910.4	33 445.0	41 212.0
蛋产品	2 542.4	2 105.7	2 003.6	2 051.2	2 955.2	2 887.3
乳品	108 818.1	120 038.8	140 890.1	152 492.5	149 508.3	161 155.3
动物生皮	8 262.3	7 395.9	8 026.7	8 149.1	6 372.5	5 695.6
动物生毛皮	5 868.2	5 904.6	7 537.1	6 701.6	8 752.2	9 641.2
羊毛	3 588.5	3 740.5	4 545.2	4 026.5	3 825.7	3 334.4
水产品	1 143 630.0	1 243 144.6	1 289 934.8	1 378 045.8	1 515 627.0	1 558 378.1
饮品	1 413 542.5	1 641 279.4	1 777 916.2	2 019 294.3	2 379 167.3	2 506 240.0
酒	926 161.6	1 040 520.9	1 110 370.7	1 225 241.9	1 509 758.5	1 563 186.8
茶	26 073.9	28 358.0	31 365.0	35 273.0	40 267.4	42 444.9
咖啡	179 631.3	207 174.9	239 155.1	312 142.7	345 859.8	390 947.3
烟草	137 382.4	135 547.9	134 391.5	136 870.1	136 877.3	148 654.4

美国主要农产品进口额（二）

单位：万美元

项　目	2008年	2009年	2010年	2011年	2012年
农产品	10 420 767.4	9 416 939.4	10 524 240.8	12 417 996.7	13 130 041.2
谷物	340 127.7	254 329.0	234 613.3	275 375.6	375 798.2
小麦产品	126 428.4	84 145.1	70 520.7	80 916.3	99 786.5
玉米产品	47 386.9	36 305.6	38 722.4	47 891.7	108 116.6
稻谷产品	68 768.8	72 273.8	71 352.6	78 844.3	82 306.5
棉花	3 877.8	1 611.1	3 142.5	5 211.4	3 143.1
食用油籽	139 776.4	101 787.7	101 179.7	131 662.9	154 743.6
大豆	20 981.0	22 759.5	24 004.8	23 396.2	36 533.4
花生	9 344.7	6 666.8	6 802.0	10 352.7	26 242.7
油菜籽	50 658.9	22 998.6	24 251.7	38 783.3	26 861.3
食用植物油	379 417.8	279 626.8	304 283.4	458 902.8	432 241.3
豆油	3 557.5	3 619.8	5 079.2	9 269.8	8 046.1
菜籽油	134 413.8	92 363.6	104 710.5	195 046.8	184 076.4
棕榈油	103 236.6	71 440.1	82 716.8	128 184.0	109 702.9
食糖	122 362.4	127 480.5	208 420.2	291 196.8	238 036.2
蔬菜	983 183.7	943 569.3	1 090 826.2	1 220 195.2	1 248 149.6
水果	1 281 294.5	1 253 709.2	1 383 803.1	1 542 152.8	1 613 867.3
畜产品	1 101 825.0	941 306.1	1 042 113.4	1 143 947.6	1 255 849.5
猪产品	174 140.1	147 494.2	173 749.8	185 065.3	186 192.3
牛产品	508 450.2	426 370.8	463 252.1	487 962.4	578 643.1
羊产品	50 380.3	48 913.3	59 130.0	76 268.0	65 045.9
禽产品	47 321.1	48 249.1	50 027.2	51 785.5	59 583.5
蛋产品	3 368.2	2 449.9	3 379.5	3 571.8	3 952.6
乳品	167 954.9	143 166.0	141 654.7	157 925.0	168 514.8
动物生皮	5 349.6	3 055.3	5 528.1	5 382.3	5 134.8
动物生毛皮	10 637.0	8 581.0	11 988.4	13 660.5	17 789.0
羊毛	3 382.4	1 966.3	2 134.3	3 602.1	3 356.0
水产品	1 622 373.1	1 497 811.2	1 680 397.0	1 898 351.3	1 917 068.9
饮品	2 649 414.3	2 373 669.5	2 655 281.3	3 239 430.3	3 283 339.6
酒	1 586 934.1	1 362 156.2	1 444 972.4	1 636 397.9	1 800 612.1
茶	46 437.9	46 310.7	54 677.1	59 996.2	61 595.8
咖啡	455 604.0	420 458.7	509 641.6	830 587.8	726 051.0
烟草	150 907.9	161 408.9	145 556.1	156 853.8	187 204.4

4-23-4 美国主要农产品出口量（一）

单位：吨

项 目	2002 年	2003 年	2004 年	2005 年	2006 年	2007 年
农产品						
谷物	81 563 958.5	82 181 755.9	91 639 814.8	86 012 706.5	94 527 797.6	104 070 750.1
小麦产品	24 912 501.7	25 851 953.0	31 976 724.5	27 500 270.6	23 761 858.2	33 496 435.0
玉米产品	46 623 764.0	45 898 751.5	51 001 025.8	48 409 848.7	61 580 533.5	60 426 918.4
稻谷产品	3 942 699.8	4 559 016.0	3 584 769.8	4 486 507.7	3 898 751.8	3 545 349.5
棉花	102 009.4	2 783 447.2	3 012 186.6	3 482 394.5	3 631 907.2	3 360 849.7
食用油籽	29 083 692.5	32 377 779.7	27 590 561.7	28 000 739.9	30 865 849.6	32 797 341.2
大豆	27 908 383.0	31 335 753.0	26 400 491.6	26 970 932.1	29 644 735.8	31 318 384.4
花生	272 332.5	164 498.3	213 632.4	191 896.5	219 454.7	229 328.5
油菜籽	266 714.7	282 854.5	373 003.0	177 211.6	183 707.2	375 830.2
食用植物油	2 031 638.0	1 622 454.4	1 201 106.0	1 183 491.9	1 500 544.4	1 726 637.7
豆油	1 125 248.1	960 130.9	455 024.8	503 563.5	601 324.8	881 140.0
菜籽油	77 912.3	79 551.1	139 146.6	134 983.3	289 957.7	237 037.2
棕榈油	5 311.3	7 804.5	16 159.2	17 701.5	38 047.1	51 553.4
食糖	121 344.5	101 586.2	166 497.8	182 323.8	263 432.6	330 839.8
蔬菜	4 035 573.1	3 968 072.1	4 030 363.6	4 143 256.7	4 130 401.9	4 221 563.4
水果						
畜产品						
猪产品						
牛产品						
羊产品						
禽产品						
蛋产品						
乳品				689 111.0		957 553.5
动物生皮				869 739.4		
动物生毛皮						
羊毛	7 138.9	9 115.5	8 604.1	9 060.2	12 543.6	11 077.3
水产品						
饮品						
酒						
茶	15 790.1	18 886.8	17 677.5	17 455.8	18 280.8	21 398.3
咖啡	109 998.3	118 847.8	138 192.5	123 162.3	146 045.5	146 110.2
烟草						

美国主要农产品出口量（二）

单位：吨

项　目	2008年	2009年	2010年	2011年	2012年
农产品					
谷物	95 422 579.1	78 383 047.3	88 234 080.3	87 048 715.0	64 008 519.1
小麦产品	30 523 285.4	22 370 346.1	28 048 498.6	33 148 505.9	26 127 654.7
玉米产品	54 735 930.2	48 449 908.9	51 398 906.6	46 449 965.9	31 955 533.5
稻谷产品	3 988 800.5	3 493 994.8	4 541 686.3	3 717 587.1	3 846 073.3
棉花	3 078 618.7	2 674 290.1	3 115 703.2	2 877 856.6	2 834 725.1
食用油籽	36 875 003.7	42 630 922.5	44 465 726.1	36 372 902.7	47 389 678.9
大豆	35 347 874.7	41 637 551.3	43 332 270.1	35 448 568.1	46 461 640.4
花生	303 340.3	257 808.7	246 001.0	237 004.4	269 143.8
油菜籽	466 652.4	208 430.6	263 610.3	187 217.5	196 691.7
食用植物油	1 979 297.8	2 195 531.3	2 624 710.5	1 917 485.3	2 065 695.3
豆油	1 177 152.8	1 253 649.3	1 656 733.7	1 000 168.4	950 973.8
菜籽油	173 525.7	249 242.8	328 426.5	224 753.7	321 683.3
棕榈油	42 761.5	78 086.1	79 694.7	94 906.2	88 865.8
食糖	243 330.3	159 369.4	294 906.8	353 325.3	216 526.7
蔬菜	4 650 774.7	4 369 718.4	4 723 041.3	5 129 989.1	
水果					
畜产品					
猪产品					
牛产品					
羊产品					
禽产品					
蛋产品					
乳品	1 104 988.8	853 834.9	1 260 590.4	1 373 250.3	
动物生皮					
动物生毛皮					
羊毛	7 238.4	8 127.4	7 954.5	6 894.5	5 386.9
水产品					
饮品					
酒					
茶	26 933.4	27 912.4	32 930.4	34 877.0	38 057.8
咖啡	147 297.7	144 408.3	167 561.0	199 422.6	186 302.7
烟草					

4-23-5 美国主要农产品进口量（一）

单位：吨

项　目	2002年	2003年	2004年	2005年	2006年	2007年
农产品						
谷物	27 035 494.7	4 371 735.8	4 623 705.3	4 565 312.4	5 683 797.6	6 526 305.8
小麦产品	2 132 732.8	1 272 265.9	1 338 762.1	1 498 717.6	2 259 179.7	2 546 266.5
玉米产品	350 378.1	410 538.3	436 190.4	382 625.5	283 881.1	434 385.6
稻谷产品	517 186.6	536 500.7	594 179.8	541 637.3	753 219.4	825 328.2
棉花	32 365.9	28 909.9	27 519.2	33 974.4	21 947.6	39 116.2
食用油籽	905 637.1	719 844.5	990 126.0	1 089 121.7	1 305 775.2	1 506 809.2
大豆	114 473.0	187 016.8	144 410.1	218 387.6	157 248.1	287 239.7
花生	67 322.5	45 674.3	30 461.0	34 773.7	35 173.8	44 725.5
油菜籽	157 364.1	113 407.3	453 460.4	443 986.1	733 963.3	636 287.2
食用植物油	980 842.2	972 965.5	1 310 186.1	1 305 324.7	1 712 828.8	1 978 965.9
豆油	20 226.2	30 753.2	150 036.4	11 761.8	13 818.8	20 138.1
菜籽油	412 933.3	390 175.1	477 603.0	500 120.8	682 736.3	746 336.0
棕榈油	219 017.1	211 172.4	273 685.7	415 889.1	629 454.8	787 825.0
食糖	1 407 263.4	1 521 653.9	1 521 218.3	2 088 006.2	2 919 387.5	1 947 577.8
蔬菜	5 984 014.7	6 368 824.7	6 723 799.3	6 980 381.9	7 361 194.5	8 019 376.0
水果						
畜产品						
猪产品						
牛产品						
羊产品						
禽产品						
蛋产品						
乳品	360 431.9	366 846.5	384 979.0	420 263.4	383 863.7	384 397.3
动物生皮	54 459.1	48 494.5	60 548.3	56 985.9	43 244.4	32 191.1
动物生毛皮						
羊毛	13 768.5	12 153.1	13 150.6	11 274.0	10 914.9	8 668.4
水产品						
饮品						
酒						
茶	161 322.8	164 103.5	184 287.0	174 140.8	185 551.7	185 662.3
咖啡	1 238 215.0	1 301 769.6	1 322 949.6	1 307 529.2	1 359 063.3	1 393 256.4
烟草						

美国主要农产品进口量（二）

单位：吨

项　目	2008年	2009年	2010年	2011年	2012年
农产品					
谷物	756 932 492.4	6 478 680.9	6 105 240.4	5 949 572.2	7 997 782.1
小麦产品	2 718 598.0	2 796 570.3	2 699 927.1	2 204 150.4	2 677 358.9
玉米产品	635 950.5	375 235.6	468 225.5	731 214.7	1 916 981.7
稻谷产品	792 480.4	831 171.6	720 042.7	792 638.4	807 827.1
棉花	35 635.4	14 965.3	24 420.7	20 569.4	19 413.5
食用油籽	1 797 050.8	1 447 841.0	1 459 753.5	1 599 214.2	1 605 187.9
大豆	341 212.1	421 149.3	468 958.8	373 573.9	529 611.5
花生	49 060.8	36 298.7	35 732.3	49 373.1	99 865.4
油菜籽	967 026.4	569 926.1	553 174.0	670 291.5	421 965.5
食用植物油	2 485 164.8	2 403 856.3	2 472 961.7	3 103 698.8	2 961 714.9
豆油	32 497.1	44 456.3	53 784.2	71 715.4	64 702.3
菜籽油	1 035 835.7	998 803.2	1 086 406.0	1 514 799.0	1 427 635.6
棕榈油	996 966.5	979 009.0	948 111.6	1 087 625.7	991 281.9
食糖	2 629 271.7	2 511 299.6	2 916 697.4	3 461 408.2	3 034 335.6
蔬菜	8 083 403.4	8 027 131.9	8 885 501.8	9 204 789.2	
水果					
畜产品					
猪产品					
牛产品					
羊产品					
禽产品					
蛋产品					
乳品	319 160.4	302 366.2	258 488.6	115 670.2	288 986.9
动物生皮	23 364.9	32 573.6	29 279.7	25 052.9	22 488.9
动物生毛皮					
羊毛	6 973.5	5 651.1	5 268.4	5 829.8	5 592.4
水产品					
饮品					
酒					
茶	197 495.8	189 384.6	203 187.2	202 273.5	201 547.2
咖啡	1 393 164.5	1 347 802.2	1 389 807.6	1 494 465.3	1 490 949.9
烟草					

4-23-6 美国农产品出口额前15位国家（地区）
（2012年）

单位：万美元，%

序号	国家（地区）	出口额	同比增长
1	中国	2 718 456.3	35.4
2	加拿大	2 565 329.5	6.7
3	墨西哥	1 953 426.3	3.4
4	日本	1 493 267.6	−4.3
5	韩国	652 716.9	−11.7
6	中国香港	368 573.4	3.2
7	德国	251 907.7	28.7
8	印度尼西亚	250 963.7	−11.4
9	菲律宾	232 151.6	10.2
10	荷兰	231 374.5	−15.2
11	土耳其	203 002.7	−19.1
12	英国	198 684.1	−3.4
13	埃及	186 617.1	−26.0
14	越南	172 760.7	−0.1
15	俄罗斯	171 588.2	32.4
	总计	11 650 820.3	

4-23-7 美国农产品进口额前15位国家（地区）
（2012年）

单位：万美元，%

序号	国家（地区）	进口额	同比增长
1	加拿大	2 368 421.0	5.9
2	墨西哥	1 832 206.8	3.6
3	中国	771 808.1	8.5
4	印度	619 437.8	78.7
5	巴西	534 496.1	8.7
6	法国	456 700.2	6.6
7	智利	429 134.9	7.5
8	泰国	406 455.7	−7.3
9	意大利	401 674.9	3.4
10	澳大利亚	289 602.5	12.4
11	印度尼西亚	273 101.3	−0.9
12	荷兰	259 248.5	−0.2
13	越南	253 481.6	7.1
14	新西兰	252 351.5	12.2
15	英国	251 001.2	6.0
	总计	9 399 122.1	

4-24　加拿大主要农产品贸易情况

4-24-1　加拿大农产品贸易综述

一、10 年来加拿大农产品贸易总体情况

2002—2012 年，加拿大农产品贸易额总体呈增长趋势，由 2002 年 342.0 亿美元增至 2012 年的 845.6 亿美元，年均增长 9.5%，其中出口额由 198.3 亿美元增至 485.0 亿美元，年均增长 9.4%；进口额由 143.7 亿美元增至 360.6 亿美元，年均增长 9.6%。贸易保持顺差，由 2002 年的 54.6 亿美元逐步扩大为 2012 年的 124.4 亿美元，年均增长 8.6%（图 1）。

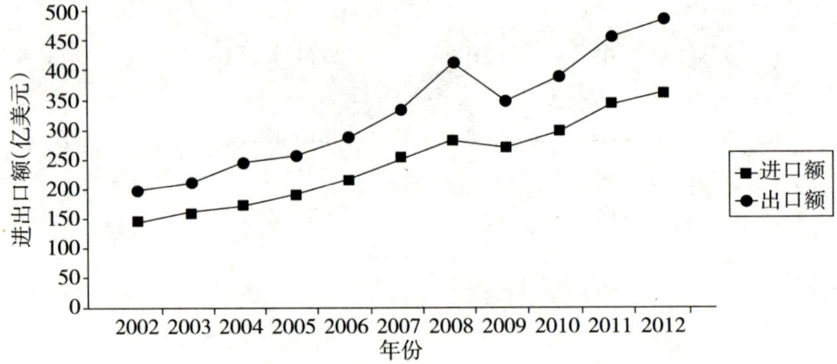

图 1　2002—2012 年加拿大农产品进出口额变化

除 2009 年外，2003—2012 年其余年份加拿大农产品进口额和出口额同比保持增长势头。出口额年度同比增速保持在 4.9%～22.4%，其中增速最大的年份是 2008 年；进口额年度同比增速则保持在 5.0%～17.1%，其中增长较快的年份为 2007 年和 2011 年（图 2）。

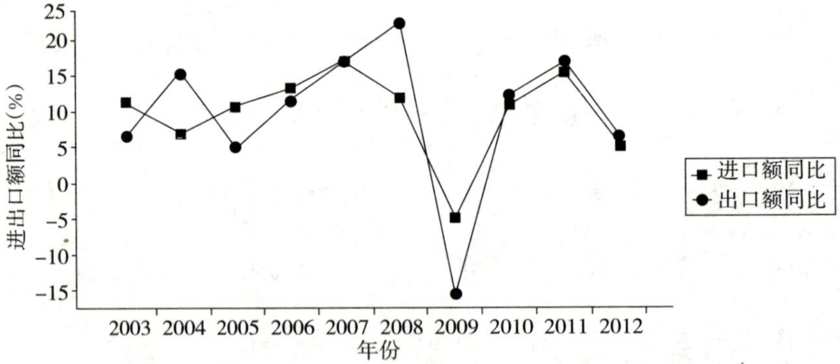

图 2　2003—2012 年加拿大农产品进出口额同比变化

二、2012 年加拿大农产品贸易情况

2012 年，加拿大农产品贸易额为 845.6 亿美元，同比增长 5.9%，居全球第 9 位。其

中出口额为485.0亿美元，同比增长6.5%，全球排名第7位；进口额为360.6亿美元，同比增长5.0%，全球排名第11位。

（一）进出口产品结构

2012年，加拿大进口农产品以饮品、水果和畜产品为主，进口额分别为80.6亿美元、61.9亿美元和43.2亿美元，同比分别增长1.2%、7.5%和12.8%，占其农产品进口额的比重分别为22.3%、17.2%和12.0%。此外，加拿大还进口蔬菜和水产品等，2012年进口额分别为36.7亿美元和29.1亿美元，分别占其农产品进口额的10.2%和8.1%（图3）。

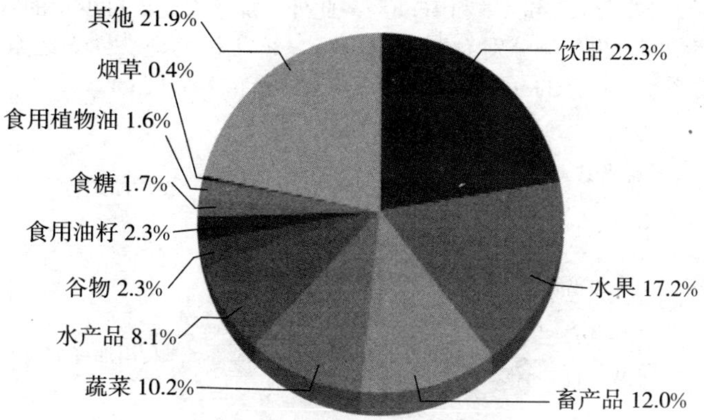

图3 2012年加拿大农产品进口结构

2012年，加拿大进口同比增长较快的农产品主要是食用油籽、食用植物油、畜产品和水果等，增幅分别为19.3%、13.7%、12.8%和7.5%。食糖和棉花进口额同比分别下降23.8%和7.5%（表1）。

表1 2003—2012年加拿大主要农产品进口额同比变化情况

单位：%

	2003年	2004年	2005年	2006年	2007年	2008年	2009年	2010年	2011年	2012年
农产品	11.3	6.9	10.7	13.2	17.1	11.9	−4.7	11.0	15.4	5.0
谷物	−3.8	−19.8	−4.5	7.7	58.2	39.7	−23.8	−5.4	5.4	−0.1
棉花	33.9	−3.7	−41.0	−23.3	−26.6	−62.6	−37.4	27.9	8.1	−7.5
食用油籽	9.4	4.6	−10.3	−3.0	14.2	57.9	−7.6	−5.9	25.8	19.3
食用植物油	20.8	23.5	2.9	26.1	23.8	15.4	2.4	10.9	−14.4	13.7
食糖	28.7	−3.4	21.2	38.8	−18.0	24.6	−0.3	35.5	42.5	−23.8
蔬菜	6.1	7.7	11.2	12.4	13.1	7.4	−0.1	11.5	9.9	−2.2
水果	10.8	10.8	17.1	14.3	13.2	11.2	−3.1	9.4	10.4	7.5
畜产品	4.3	−5.1	14.0	13.5	24.6	5.6	−6.5	12.7	21.1	12.8

（续）

	2003 年	2004 年	2005 年	2006 年	2007 年	2008 年	2009 年	2010 年	2011 年	2012 年
水产品	5.5	9.1	7.6	9.9	9.9	3.4	−1.4	12.0	17.0	0.8
饮品	24.6	13.1	13.7	16.6	19.8	12.8	−5.7	16.3	22.2	1.2
烟草	18.5	0.4	19.3	129.8	60.1	−67.4	−4.3	40.9	−5.9	1.3

2012 年，加拿大出口农产品以畜产品、食用油籽和谷物为主，出口额分别为 82.1 亿美元、79.5 亿美元和 78.9 亿美元，同比分别增长 3.5%、21.4%和 6.4%，占其农产品出口额的比重分别为 16.9%、16.4%和 16.3%。此外，加拿大还出口少量的水产品、食用植物油、饮品和蔬菜等，出口额分别为 43.8 亿美元、35.1 亿美元、26.5 亿美元和 24.6 亿美元，分别占其农产品出口额的 9.0%、7.2%、5.5%和 5.1%（图 4）。

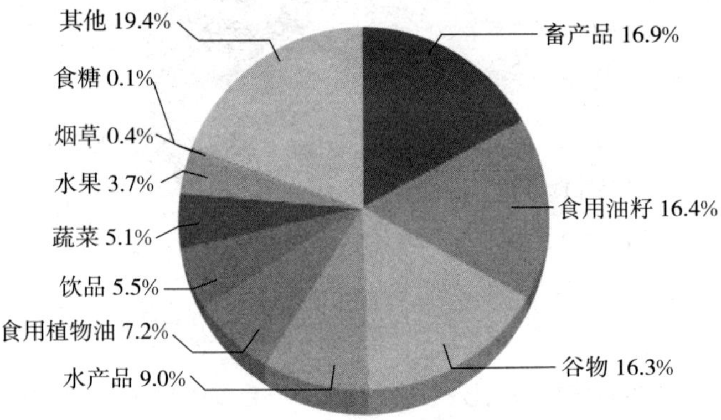

图 4　2012 年加拿大农产品出口结构

2012 年，加拿大出口同比增长较快的农产品主要是食用油籽和烟草，增幅分别为 21.4%和 16.4%，而棉花和食糖出口同比降幅较大，分别 60.0%和 27.1%（表 2）。

表 2　2003—2012 年加拿大主要农产品出口额同比变化情况

单位：%

	2003 年	2004 年	2005 年	2006 年	2007 年	2008 年	2009 年	2010 年	2011 年	2012 年
农产品	6.7	15.4	4.9	11.7	17.0	22.4	−15.5	12.3	17.0	6.5
谷物	3.8	31.4	−11.1	35.4	40.5	49.5	−24.6	−10.0	26.0	6.4
棉花	86.7	1360.9	−79.0	−11.8	426.2	−52.6	−88.0	−10.5	127.0	−60.0
食用油籽	41.0	12.9	3.3	31.7	42.2	62.3	−14.6	15.2	26.0	21.4
食用植物油	66.6	63.6	−22.5	38.7	38.0	69.1	−24.7	54.3	51.0	5.8
食糖	15.3	−26.6	184.4	194.9	−54.1	217.1	−78.3	279.0	10.5	−27.1

（续）

	2003年	2004年	2005年	2006年	2007年	2008年	2009年	2010年	2011年	2012年
蔬菜	19.8	15.6	2.2	9.8	9.5	8.2	−5.2	8.1	5.9	−5.3
水果	23.8	40.1	16.0	14.8	5.2	3.4	−12.8	11.7	21.9	9.4
畜产品	−13.5	13.9	20.0	3.1	9.2	7.6	−20.9	21.0	6.7	3.5
水产品	6.7	5.9	3.9	1.6	1.5	0.9	−11.9	18.0	9.1	0.0
饮品	14.0	4.8	−2.6	3.9	−0.7	1.5	−11.0	25.1	14.4	2.6
烟草	2.9	7.0	1.5	55.6	29.9	−43.2	−13.0	30.5	−5.4	16.4

（二）进出口产品市场

2012年，加拿大前五大农产品出口市场分别为美国、中国、日本、墨西哥和中国香港，出口额分别为240.9亿美元、54.6亿美元、42.4亿美元、17.9亿美元和7.6亿美元，占其农产品出口额的比重分别为49.7%、11.3%、8.7%、3.7%和1.6%（图5）。

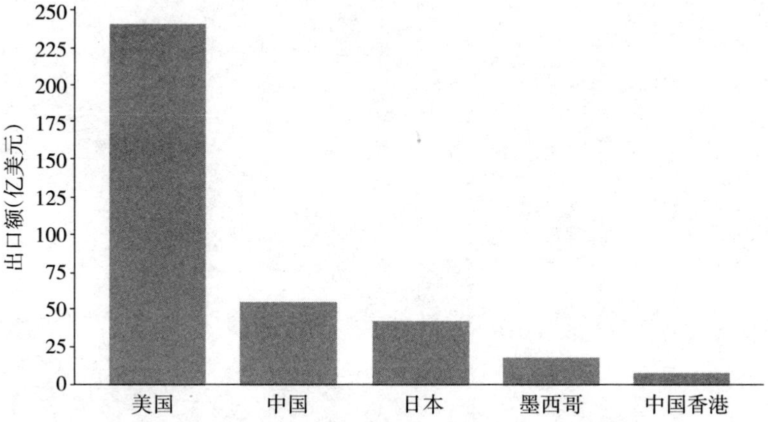

图5　2012年加拿大前五大农产品出口市场

2012年，加拿大前五大农产品进口来源地分别为美国、墨西哥、中国、巴西和意大利，进口额分别为214.1亿美元、13.3亿美元、11.5亿美元、9.1亿美元和8.9亿美元，占其农产品进口额的比重分别为59.4%、3.7%、3.2%、2.5%和2.5%（图6）。

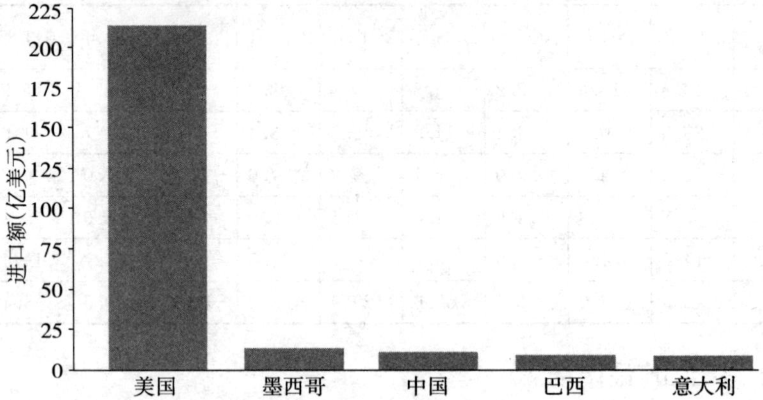

图 6　2012 年加拿大前五大农产品进口来源地

4-24-2 加拿大主要农产品出口额（一）

单位：万美元

项目	2002年	2003年	2004年	2005年	2006年	2007年
农产品	1 983 062.8	2 115 956.2	2 442 144.1	2 562 549.4	2 862 737.7	3 349 791.1
谷物	251 674.6	261 145.0	343 106.1	304 925.2	412 748.2	579 881.4
小麦产品	203 926.9	209 992.8	277 578.9	232 436.5	331 690.7	448 888.8
玉米产品	4 727.6	5 203.5	6 781.6	5 575.6	5 335.5	13 864.2
稻谷产品	3 967.8	3 762.7	3 773.6	4 675.6	5 138.2	6 694.4
棉花	20.3	37.9	553.7	116.3	102.6	539.9
食用油籽	105 746.1	149 115.0	168 342.9	173 815.1	228 922.4	325 604.1
大豆	16 770.7	23 781.4	29 577.2	34 334.6	41 787.8	64 010.2
花生	2 387.5	2 233.7	2 289.7	2 429.5	2 825.5	3 046.6
油菜籽	58 813.7	92 827.6	109 047.4	107 488.1	154 898.0	213 143.5
食用植物油	27 661.8	46 090.5	75 413.7	58 482.1	81 121.9	111 968.1
豆油	928.1	1 245.2	1 019.2	1 101.5	1 326.8	2 676.8
菜籽油	24 447.1	42 551.7	71 003.2	52 934.7	75 564.8	105 001.8
棕榈油	15.1	20.3	34.2	58.4	57.3	59.5
食糖	732.4	844.2	619.5	1 762.0	5 195.7	2 382.9
蔬菜	130 138.5	155 930.6	180 238.9	184 124.2	202 242.0	221 388.7
水果	54 435.3	67 396.7	94 398.4	109 481.2	125 666.9	132 160.9
畜产品	541 831.7	468 422.4	533 766.1	640 377.9	659 916.2	720 413.5
猪产品	167 868.0	203 185.0	252 117.4	288 768.3	275 344.6	283 880.7
牛产品	258 764.6	147 378.7	149 200.9	206 250.2	223 542.2	261 079.4
羊产品	1 403.6	877.0	47.6	138.9	125.8	166.8
禽产品	17 474.7	17 890.7	21 915.6	25 033.5	26 321.2	35 847.6
蛋产品	3 855.8	3 987.5	3 992.2	4 038.4	4 478.9	4 170.8
乳品	21 292.0	21 033.4	18 896.3	16 874.6	19 689.7	21 574.8
动物生皮	19 064.6	20 647.6	24 866.7	30 240.0	28 195.7	29 505.5
动物生毛皮	12 588.5	15 101.0	17 910.2	21 180.2	30 993.7	28 920.8
羊毛	168.7	221.7	305.9	210.4	206.1	219.2
水产品	315 830.9	337 053.7	357 017.0	371 041.7	376 949.8	382 559.9
饮品	166 557.5	189 954.4	199 064.5	193 915.0	201 478.5	200 033.3
酒	60 789.7	65 106.1	71 243.0	66 322.5	75 198.9	77 028.0
茶	5 889.6	6 118.6	7 044.2	7 558.6	8 145.9	7 754.9
咖啡	14 721.3	14 871.8	15 378.6	17 708.1	18 384.3	17 598.4
烟草	12 294.8	12 645.7	13 524.8	13 733.1	21 370.7	27 767.8

加拿大主要农产品出口额（二）

单位：万美元

项　目	2008年	2009年	2010年	2011年	2012年
农产品	4 099 287.7	3 463 741.9	3 890 461.8	4 551 743.7	4 849 755.4
谷物	867 050.4	653 735.7	588 167.8	741 287.9	789 007.0
小麦产品	675 388.2	540 392.5	464 860.0	586 223.7	626 430.9
玉米产品	27 484.3	10 419.2	25 504.6	36 591.7	30 647.7
稻谷产品	10 208.5	9 379.0	8 227.7	10 309.0	10 154.2
棉花	255.7	30.6	27.4	62.2	24.9
食用油籽	528 338.3	451 309.2	519 779.0	654 692.7	795 102.6
大豆	86 625.1	97 240.7	138 252.5	145 954.4	222 246.4
花生	4 337.7	3 477.1	3 056.6	3 467.1	6 576.6
油菜籽	366 531.9	305 560.1	330 204.0	463 922.4	521 565.5
食用植物油	189 335.5	142 575.3	219 997.6	332 196.4	351 332.9
豆油	6 237.9	3 691.0	5 014.5	8 893.6	8 826.5
菜籽油	176 558.8	135 615.4	212 547.8	319 038.5	338 632.1
棕榈油	62.6	20.7	32.1	137.2	85.5
食糖	7 556.9	1 636.5	6 201.6	6 850.5	4 996.4
蔬菜	239 468.0	227 105.0	245 564.4	260 011.4	246 296.1
水果	136 659.6	119 101.2	132 976.7	162 126.1	177 381.4
畜产品	775 387.3	613 554.8	742 705.5	792 726.6	820 590.8
猪产品	299 298.9	252 154.9	300 452.4	352 272.2	353 910.9
牛产品	284 107.2	210 305.8	248 805.0	224 977.0	232 709.2
羊产品	150.6	189.5	208.3	211.7	126.4
禽产品	40 267.1	38 218.6	41 141.1	42 554.1	46 730.6
蛋产品	4 156.6	3 974.6	5 466.6	5 223.8	5 260.1
乳品	19 716.2	15 056.0	16 593.2	19 372.8	19 831.2
动物生皮	26 815.6	15 975.0	28 390.8	31 737.7	29 504.4
动物生毛皮	35 168.0	25 739.8	39 947.2	48 645.9	66 883.7
羊毛	156.5	182.0	226.2	348.6	326.1
水产品	385 843.6	339 989.9	401 283.1	437 996.3	438 032.0
饮品	202 940.1	180 558.5	225 827.8	258 370.8	265 216.3
酒	74 763.0	63 864.2	71 837.9	76 601.1	76 532.0
茶	8 247.7	9 868.7	10 980.7	11 290.8	11 117.7
咖啡	19 218.7	22 332.0	33 078.5	50 445.8	49 460.3
烟草	15 758.4	13 708.6	17 883.8	16 920.2	19 688.5

4-24-3 加拿大主要农产品进口额（一）

单位：万美元

项　目	2002年	2003年	2004年	2005年	2006年	2007年
农产品	1 437 205.1	1 599 642.3	1 710 451.9	1 893 621.0	2 144 462.0	2 512 168.6
谷物	62 697.1	60 338.5	48 403.7	46 234.5	49 810.9	78 794.6
小麦产品	2 621.5	1 628.8	1 671.3	2 257.6	2 747.5	5 446.2
玉米产品	45 693.6	41 454.5	28 166.5	26 203.1	26 750.2	49 005.7
稻谷产品	10 652.4	13 001.4	16 192.8	15 352.2	17 864.7	21 142.5
棉花	8 472.3	11 342.1	10 923.2	6 447.6	4 942.7	3 625.6
食用油籽	35 356.2	38 669.4	40 447.9	36 296.0	35 193.7	40 185.8
大豆	15 010.1	16 115.1	15 666.0	9 765.4	8 267.5	7 801.2
花生	7 733.2	7 850.1	9 922.0	10 061.7	9 626.5	10 995.4
油菜籽	5 518.9	6 866.8	5 107.3	2 992.8	4 451.9	7 588.7
食用植物油	18 413.6	22 237.7	27 468.5	28 256.5	35 637.5	44 130.1
豆油	4 858.6	6 984.9	6 072.9	4 466.4	4 830.4	6 042.8
菜籽油	1 714.0	1 833.5	3 468.8	3 209.2	5 105.4	9 305.1
棕榈油	311.6	442.3	964.1	1 019.7	2 518.6	2 797.5
食糖	19 828.6	25 518.6	24 656.6	29 877.8	41 462.7	34 014.5
蔬菜	176 984.9	187 765.3	202 216.3	224 859.1	252 765.0	285 941.4
水果	237 718.4	263 390.6	291 906.0	341 944.0	390 759.9	442 194.1
畜产品	178 419.6	186 081.9	176 578.7	201 292.9	228 417.3	284 520.2
猪产品	18 777.5	23 827.7	31 577.0	43 209.9	46 518.2	50 882.4
牛产品	64 120.2	62 449.5	28 255.7	39 256.6	58 131.8	80 650.2
羊产品	5 211.9	7 033.3	7 664.6	9 578.8	10 435.8	11 475.0
禽产品	29 660.7	31 192.9	41 518.6	38 553.9	41 037.5	52 175.1
蛋产品	4 152.5	3 923.5	6 507.1	4 863.5	4 255.5	5 353.2
乳品	25 603.6	28 140.9	34 009.6	37 515.4	34 447.8	43 337.3
动物生皮	4 167.3	3 375.6	2 457.6	1 256.8	484.0	545.8
动物生毛皮	6 175.6	6 665.6	6 871.5	7 519.8	10 863.6	14 432.2
羊毛	590.1	547.6	630.1	437.3	670.2	483.4
水产品	144 783.9	152 772.8	166 612.1	179 254.3	197 080.8	216 560.8
饮品	235 377.9	293 287.2	331 687.5	376 994.0	439 515.0	526 332.6
酒	113 030.6	148 957.9	169 507.6	197 239.9	231 676.6	296 102.4
茶	8 487.7	10 960.0	11 877.4	13 227.6	14 835.2	17 215.9
咖啡	38 042.9	40 042.9	44 651.9	59 993.2	71 141.4	77 665.8
烟草	7 051.4	8 358.7	8 393.5	10 017.1	23 022.0	36 853.5

加拿大主要农产品进口额（二）

单位：万美元

项　目	2008 年	2009 年	2010 年	2011 年	2012 年
农产品	2 811 843.8	2 679 301.8	2 974 832.2	3 432 852.3	3 605 746.9
谷物	110 091.1	83 913.9	79 380.6	83 667.7	83 622.5
小麦产品	9 182.5	5 929.2	5 216.9	7 704.0	9 631.4
玉米产品	65 052.3	42 561.8	37 132.3	38 036.8	36 421.2
稻谷产品	31 668.9	32 167.0	33 551.8	32 731.9	32 552.1
棉花	1 357.6	849.7	1 086.8	1 175.2	1 086.6
食用油籽	63 459.2	58 628.4	55 169.3	69 382.5	82 767.9
大豆	18 862.6	17 499.4	11 474.1	15 959.7	17 339.3
花生	15 883.8	12 729.8	13 180.3	17 461.7	22 158.3
油菜籽	9 811.5	10 921.5	10 823.9	10 933.7	14 109.7
食用植物油	50 911.0	52 114.7	57 796.5	49 451.0	56 235.1
豆油	9 011.7	4 567.1	4 454.6	4 476.9	3 811.4
菜籽油	6 876.7	12 979.7	21 770.2	10 055.1	18 053.6
棕榈油	4 262.7	6 458.3	7 834.9	9 597.8	9 653.6
食糖	42 369.4	42 232.9	57 246.3	81 562.1	62 132.3
蔬菜	307 009.7	306 615.9	341 753.0	375 645.4	367 196.7
水果	491 767.3	476 497.7	521 498.9	575 808.5	618 832.2
畜产品	300 457.4	280 894.4	316 446.7	383 203.4	432 126.8
猪产品	58 983.4	54 491.8	63 793.1	76 971.7	90 584.0
牛产品	84 485.5	80 800.4	89 453.0	122 387.4	140 306.4
羊产品	11 655.5	12 377.7	12 391.1	16 848.0	14 151.7
禽产品	54 775.5	54 490.5	59 402.8	59 043.3	73 448.7
蛋产品	6 489.1	6 437.6	6 788.0	7 086.2	7 738.0
乳品	43 935.6	33 590.7	38 736.2	43 580.7	41 876.6
动物生皮	677.9	1 036.0	978.2	1 168.8	809.5
动物生毛皮	10 696.3	8 947.3	8 844.2	14 124.4	18 709.4
羊毛	549.1	282.6	443.7	495.7	450.5
水产品	223 933.3	220 691.7	247 194.5	289 169.1	291 438.7
饮品	593 904.6	560 046.8	651 311.8	795 980.6	805 854.3
酒	311 808.9	276 325.5	330 799.2	395 413.6	412 851.4
茶	18 951.3	19 182.3	20 859.1	22 409.0	23 329.6
咖啡	90 795.5	90 968.1	111 123.2	161 466.1	157 301.5
烟草	12 003.7	11 483.9	16 177.3	15 220.0	15 413.4

4-24-4 加拿大主要农产品出口量（一）

单位：吨

项　目	2002年	2003年	2004年	2005年	2006年	2007年
农产品						
谷物	17 810 894.5	14 635 251.8	19 249 047.4	18 481 600.8	23 095 751.6	23 137 196.6
小麦产品	15 075 489.3	11 931 901.6	15 364 908.1	14 146 583.5	18 746 022.8	17 808 122.2
玉米产品	293 617.7	318 338.0	393 028.8	313 106.4	249 819.5	523 690.8
稻谷产品	115 288.8	106 012.6	116 481.1	132 911.5	136 681.4	151 099.5
棉花	611.8	659.3	2 565.7	1 958.2	1 240.9	2 725.8
食用油籽	3 930 231.1	5 055 380.2	5 327 387.4	5 933 261.3	7 930 277.1	8 390 836.7
大豆	681 583.2	876 108.6	986 453.3	1 185 652.2	1 475 277.4	1 889 123.4
花生	16 093.0	15 493.6	15 290.3	14 995.8	16 605.7	15 865.3
油菜籽	2 277 302.6	3 243 461.3	3 587 372.1	4 001 211.5	5 551 807.3	5 401 629.2
食用植物油	556 195.7	749 356.4	1 157 979.1	928 002.4	1 234 686.8	1 305 220.6
豆油	19 927.1	20 165.1	13 643.1	15 103.7	17 774.8	29 480.2
菜籽油	503 200.3	700 986.5	1 108 437.3	872 475.0	1 179 633.4	1 231 376.8
棕榈油	336.6	320.4	442.6	676.8	505.9	881.5
食糖	16.8	16 633.1	12 558.6	31 050.0	74 716.2	35 654.1
蔬菜	1 464 318.5	2 193 632.7	2 406 290.8	2 263 441.1	2 311 864.6	2 532 694.8
水果						
畜产品						
猪产品						
牛产品						
羊产品						
禽产品						
蛋产品						
乳品	164 890.6	166 398.0	102 272.5	102 152.3	109 839.0	94 726.5
动物生皮						
动物生毛皮						
羊毛	1 507.6	1 300.3	1 585.1	1 138.5	1 072.5	1 022.1
水产品						
饮品						
酒						
茶	52 783.5	50 912.0	51 901.4	45 354.0	52 883.6	47 505.6
咖啡	37 201.8	41 149.8	38 053.5	39 408.5	37 281.0	34 194.2
烟草						

加拿大主要农产品出口量（二）

单位：吨

项　目	2008 年	2009 年	2010 年	2011 年	2012 年
农产品					
谷物	34 232 737.0	23 612 824.8	23 134 118.3	21 145 570.3	22 690 290.0
小麦产品	27 651 565.0	19 457 520.0	18 591 886.0	16 521 668.3	18 034 382.5
玉米产品	1 048 496.5	265 544.2	883 156.1	1 090 670.8	734 205.6
稻谷产品	165 966.2	186 683.3	188 348.0	205 817.3	194 614.8
棉花	2 155.2	309.8	340.4	461.8	698.7
食用油籽	4 116 303.5	10 736 051.3	11 185 178.2	11 147 361.6	12 639 602.8
大豆	2 857 475.9	2 300 180.0	2 815 446.8	2 693 695.5	3 706 821.3
花生	31 675.5	13 307.1	12 037.4	12 683.6	16 694.7
油菜籽	8 727.4	7 679 124.7	7 470 640.3	7 890 773.7	8 339 352.7
食用植物油	1 784 618.1	1 606 336.8	2 303 514.5	2 623 804.4	2 789 419.4
豆油	68 322.8	44 756.7	53 094.4	69 436.9	72 930.9
菜籽油	1 658 234.6	1 533 182.0	2 232 582.3	2 527 575.4	2 692 327.2
棕榈油	745.4	203.1	179.2	768.9	637.6
食糖	168 421.6	22 260.1	86 380.3	72 200.0	57 309.7
蔬菜		2 313 007.6	2 340 802.2	2 482 811.0	
水果					
畜产品					
猪产品					
牛产品					
羊产品					
禽产品					
蛋产品					
乳品	64 641.5	67 877.9	69 880.4	72 723.3	69 821.0
动物生皮					
动物生毛皮					
羊毛		795.6	749.5	803.8	777.7
水产品					
饮品					
酒					
茶	9 965.9	59 083.4	60 926.3	59 469.9	56 636.8
咖啡	34 261.6	31 671.2	39 930.3	50 049.5	48 776.6
烟草					

4-24-5 加拿大主要农产品进口量（一）

单位：吨

项 目	2002年	2003年	2004年	2005年	2006年	2007年
农产品						
谷物	266 335.0	4 445 889.8	2 743 916.2	2 790 183.0	2 532 004.0	3 272 542.5
小麦产品	1 538.9	82 259.5	59 735.5	73 979.6	91 977.2	143 313.2
玉米产品	72 463.7	3 858 233.1	2 217 559.9	2 245 241.6	1 978 771.4	2 654 477.9
稻谷产品	11 822.6	285 823.7	356 287.8	351 537.1	366 856.0	375 627.6
棉花	71 799.1	79 127.6	77 798.8	53 986.5	38 427.4	28 297.3
食用油籽	1 186 364.9	1 086 261.3	898 446.0	737 886.3	688 692.5	629 265.2
大豆	790 234.7	666 382.0	523 829.5	410 434.5	346 686.0	257 859.8
花生	94 552.2	87 669.1	101 523.7	103 970.7	105 935.2	106 024.6
油菜籽	226 663.0	251 032.6	174 644.2	102 341.9	162 798.7	202 050.6
食用植物油	267 933.3	259 826.7	267 219.2	258 429.2	311 754.7	354 322.5
豆油	109 983.8	120 961.7	86 628.1	74 539.3	80 509.8	77 594.8
菜籽油	31 504.0	28 101.3	48 885.5	49 091.2	75 234.0	112 003.3
棕榈油	6 924.4	7 539.1	14 344.9	14 494.5	35 043.1	28 898.4
食糖	1 178.0	1 443 269.7	1 313 450.5	1 222 946.5	1 216 853.1	1 276 550.8
蔬菜	2 169 791.2	2 119 173.3	2 262 405.2	2 254 507.9	2 421 661.9	2 458 410.7
水果						
畜产品						
猪产品						
牛产品						
羊产品						
禽产品						
蛋产品						
乳品	130 066.3		161 594.9		172 009.7	192 121.5
动物生皮	1 683.9					
动物生毛皮						
羊毛	3 182.9	2 647.3	2 511.8	1 622.0	2 492.4	1 614.7
水产品						
饮品						
酒						
茶	22 997.7	27 077.5	23 735.9	26 660.0	21 710.5	26 081.9
咖啡	166 499.9	173 673.1	200 798.4	262 183.7	213 344.3	219 076.6
烟草						

加拿大主要农产品进口量（二）

单位：吨

项　目	2008年	2009年	2010年	2011年	2012年
农产品					
谷物	3 454 641.9	2 723 214.1	2 287 358.8	1 824 035.2	1 397 168.1
小麦产品	149 060.4	206 780.5	143 028.4	168 121.1	221 580.4
玉米产品	2 804 105.3	2 026 408.8	1 660 562.8	1 153 699.7	728 532.1
稻谷产品	397 699.2	401 631.2	389 736.1	390 823.0	379 246.0
棉花	11 161.3	8 816.6	10 325.3	11 224.5	10 886.5
食用油籽	732 462.8	760 727.9	636 000.3	658 250.0	635 534.5
大豆	413 931.6	439 522.2	263 015.3	312 875.2	303 311.5
花生	108 968.3	102 918.4	106 926.0	107 214.0	98 821.1
油菜籽	138 825.9	141 746.0	186 339.9	146 339.3	127 147.8
食用植物油	273 717.4	378 271.3	466 673.3	283 489.9	343 529.1
豆油	70 869.1	41 325.3	40 388.6	30 275.5	26 051.8
菜籽油	41 286.6	148 828.4	248 596.2	78 032.9	141 586.9
棕榈油	33 617.7	65 462.7	72 858.1	71 260.3	77 046.3
食糖	1 319 323.2	1 057 136.5	1 149 447.2	1 177 215.0	1 144 866.1
蔬菜	2 457 401.5	2 483 790.6	2 630 474.1	2 791 308.9	
水果					
畜产品					
猪产品					
牛产品					
羊产品					
禽产品					
蛋产品					
乳品	198 999.3	284 347.6	246 657.1	116 182.7	111 968.6
动物生皮					
动物生毛皮					
羊毛	1 924.9	917.7	1 325.2	1 095.4	958.3
水产品					
饮品					
酒					
茶	25 582.8	23 641.2	28 832.0	27 925.2	25 827.0
咖啡	211 997.6	216 205.0	243 790.3	253 548.3	251 609.2
烟草					

4-24-6 加拿大农产品出口额前 15 位国家（地区）
（2012 年）

单位：万美元，%

序号	国家（地区）	出口额	同比增长
1	美国	2 409 452.5	5.8
2	中国	545 634.9	74.4
3	日本	423 627.2	6.1
4	墨西哥	178 774.2	2.5
5	中国香港	76 314.9	22.9
6	俄罗斯	67 400.5	18.7
7	荷兰	58 287.9	−2.6
8	韩国	57 710.6	−47.4
9	印度	53 402.6	−17.8
10	阿拉伯联合酋长国	52 231.2	−26.8
11	意大利	39 968.0	−18.1
12	英国	39 352.8	6.6
13	印度尼西亚	39 127.7	5.4
14	委内瑞拉	39 086.0	5.4
15	阿尔及利亚	37 210.2	138.8
	总计	4 117 581.2	

4-24-7 加拿大农产品进口额前15位国家（地区）
（2012年）

单位：万美元，%

序号	国家（地区）	进口额	同比增长
1	美国	2 140 715.4	8.4
2	墨西哥	133 359.2	3.3
3	中国	115 418.0	3.6
4	巴西	90 840.2	−14.2
5	意大利	89 129.8	1.5
6	法国	86 022.7	−0.8
7	泰国	69 823.3	1.9
8	智利	69 384.9	1.0
9	英国	46 883.3	4.7
10	澳大利亚	43 663.6	4.3
11	印度	40 027.1	25.3
12	新西兰	38 647.9	−6.4
13	德国	38 554.4	6.2
14	危地马拉	36 686.0	0.8
15	哥伦比亚	34 937.8	−13.0
	总计	3 074 093.6	

4-25 墨西哥主要农产品贸易情况

4-25-1 墨西哥主要农产品出口额（一）

单位：万美元

项目	2002年	2003年	2004年	2005年	2006年	2007年
农产品	831 618.5	928 035.7	1 045 527.0	1 180 802.3	1 384 497.2	1 488 670.9
谷物	10 661.8	12 605.1	8 787.6	12 095.7	15 797.7	28 681.8
小麦产品	7 621.2	11 393.7	6 348.8	8 287.4	9 931.4	18 136.7
玉米产品	2 955.3	1 120.6	2 272.6	3 620.6	5 618.9	9 942.8
稻谷产品	63.4	52.3	146.1	161.2	186.3	542.7
棉花	2 672.7	2 793.9	5 786.0	6 500.6	6 299.6	7 560.3
食用油籽	3 145.7	3 645.7	3 225.2	3 255.0	3 249.8	3 982.0
大豆	31.2	99.7	170.1	112.4	20.0	32.0
花生	883.8	953.6	596.6	1 087.9	1 242.7	1 886.8
油菜籽				2.3		
食用植物油	2 260.1	4 606.6	4 788.6	5 137.5	5 298.9	7 557.4
豆油	182.0	602.3	156.5	112.8	25.9	55.8
菜籽油	6.1	0.2		1.5	1.6	32.8
棕榈油	2.4	5.9	27.2	14.0	51.1	65.8
食糖	11 297.5	976.1	1 333.0	12 966.2	38 992.1	9 412.7
蔬菜	238 615.7	281 403.3	328 037.8	344 913.2	377 082.7	386 227.9
水果	98 399.2	124 848.8	147 688.3	189 336.0	208 696.3	261 819.8
畜产品	70 201.6	80 513.5	94 166.5	100 831.5	121 013.3	113 835.8
猪产品	18 240.6	14 379.7	17 356.9	19 498.2	21 035.1	24 923.4
牛产品	38 120.1	51 555.7	61 824.3	64 770.5	81 304.6	65 305.1
羊产品	1.1	2.1	15.8	36.8	49.2	14.9
禽产品	1 118.8	357.2	679.9	519.8	673.6	1 261.0
蛋产品	214.4	160.8	263.4	129.5	53.0	37.1
乳品	4 212.7	4 687.8	4 907.5	7 415.2	6 840.9	7 353.0
动物生皮	284.9	596.5	628.2	266.9	322.8	471.5
动物生毛皮	8.5	11.9	4.5	1.3		8.0
羊毛	44.3	49.2	20.6	140.4	62.1	24.3
水产品	61 699.4	65 408.9	66 301.3	66 152.2	74 229.3	82 766.3
饮品	223 450.1	232 646.6	251 008.0	291 077.2	340 525.7	358 488.7
酒	170 683.7	181 116.3	192 744.2	219 763.5	256 983.7	261 066.2
茶	971.0	1 711.4	3 762.6	3 904.9	1 422.7	1 937.4
咖啡	22 885.3	23 442.6	24 841.8	30 095.1	38 332.5	46 122.7
烟草	5 832.1	5 116.0	4 191.0	2 481.8	17 649.0	33 182.1

墨西哥主要农产品出口额（二）

单位：万美元

项　目	2008 年	2009 年	2010 年	2011 年	2012 年
农产品	1 647 533.8	1 616 884.1	1 819 286.5	2 225 005.9	2 285 127.3
谷物	71 585.6	44 949.8	32 646.3	44 356.7	48 792.2
小麦产品	65 004.6	32 262.8	13 542.2	36 393.9	21 269.2
玉米产品	5 902.3	12 226.0	18 670.5	7 684.5	27 151.3
稻谷产品	671.9	442.8	389.1	229.4	214.1
棉花	9 151.4	5 896.8	7 133.2	14 934.0	18 126.0
食用油籽	6 370.0	5 895.7	6 262.4	7 388.1	8 829.8
大豆	18.2	15.8	20.9	32.1	37.3
花生	2 963.8	2 636.4	2 695.6	3 427.5	4 817.4
油菜籽	37.2	3.1			
食用植物油	8 885.0	5 673.7	6 788.2	8 872.9	9 995.4
豆油	323.1	269.3	548.8	470.9	708.5
菜籽油	225.0	333.6	290.3	317.8	352.1
棕榈油	36.1	172.2		53.4	265.9
食糖	40 318.0	50 786.6	68 253.9	121 176.2	73 652.6
蔬菜	414 408.8	399 197.1	468 569.1	539 227.8	502 476.9
水果	272 804.1	276 597.9	301 320.1	353 456.1	362 363.1
畜产品	112 434.1	110 477.6	144 692.8	209 828.0	224 687.1
猪产品	34 384.7	24 501.9	28 690.3	34 131.4	39 971.4
牛产品	48 965.9	59 439.5	85 653.3	139 789.0	147 951.7
羊产品	42.2	72.5	84.3	93.2	75.3
禽产品	2 272.7	2 386.1	3 311.8	4 040.0	3 073.9
蛋产品	170.3	193.3	347.5	1 067.9	540.8
乳品	9 102.1	7 976.7	10 038.5	11 937.6	11 210.3
动物生皮	335.6	368.5	529.3	963.8	721.3
动物生毛皮	4.5		12.8	45.7	43.9
羊毛	24.8	36.4	43.6	177.3	128.2
水产品	88 796.5	85 922.6	86 061.8	122 222.6	117 243.8
饮品	364 316.0	369 145.9	408 435.9	478 803.1	500 804.8
酒	260 625.7	251 207.0	275 831.9	300 625.9	315 483.3
茶	522.7	767.0	546.1	539.2	621.3
咖啡	46 627.2	47 822.3	50 738.9	85 660.3	94 898.4
烟草	32 679.6	27 071.6	29 139.4	30 004.9	30 853.0

4-25-2 墨西哥主要农产品进口额（一）

单位：万美元

项　目	2002年	2003年	2004年	2005年	2006年	2007年
农产品	1 169 613.9	1 271 913.0	1 405 268.1	1 498 559.5	1 675 145.3	2 008 943.3
谷物	204 366.3	224 483.5	236 784.8	224 050.6	290 093.2	369 168.7
小麦产品	47 861.9	57 873.0	63 263.2	62 816.4	70 946.1	88 149.1
玉米产品	90 379.7	107 485.6	107 271.8	105 512.7	157 004.9	211 042.9
稻谷产品	8 789.2	13 693.8	18 655.3	16 643.4	20 591.9	25 102.8
棉花	45 093.2	54 358.5	57 798.5	46 729.6	49 738.3	46 953.9
食用油籽	127 553.9	154 579.2	177 787.8	155 306.6	165 114.7	211 716.9
大豆	89 812.9	108 264.7	112 308.7	100 639.3	103 015.2	131 694.4
花生	6 597.0	6 555.7	8 745.2	8 378.0	8 329.3	11 632.2
油菜籽	18 798.3	21 932.2	36 248.6	28 906.3	34 514.1	47 987.8
食用植物油	27 472.4	30 708.8	38 979.6	39 825.1	38 174.9	52 532.2
豆油	9 628.2	7 143.7	5 498.4	8 894.2	6 116.4	13 338.7
菜籽油	2 722.0	4 909.3	7 688.3	4 395.9	3 820.5	3 011.1
棕榈油	7 425.1	9 309.0	12 654.3	12 991.6	16 837.9	22 105.8
食糖	1 836.1	5 446.6	11 289.1	5 157.8	22 750.4	13 326.4
蔬菜	46 978.6	51 578.0	58 006.8	65 473.6	74 570.2	81 235.5
水果	76 162.7	83 438.9	85 221.1	104 416.0	128 092.1	141 637.2
畜产品	329 096.8	330 632.0	365 043.0	431 257.2	443 590.1	547 311.5
猪产品	53 732.5	60 378.5	87 244.5	85 125.6	88 169.7	88 850.8
牛产品	126 988.0	102 758.4	83 630.8	110 982.4	121 997.5	137 502.8
羊产品	9 484.4	8 352.1	7 244.4	8 003.1	7 327.1	8 292.4
禽产品	36 225.1	44 859.9	50 687.8	67 879.3	77 161.6	86 361.8
蛋产品	2 765.1	2 959.3	2 103.0	2 737.4	3 969.6	3 496.0
乳品	62 633.8	70 188.3	87 622.4	112 015.2	99 037.7	163 414.4
动物生皮	14 046.5	14 844.5	13 609.0	15 538.9	15 957.5	15 308.7
动物生毛皮	3.4	2.7	1.3	2.1	2.3	2.0
羊毛	888.3	673.0	929.2	1 191.7	1 091.6	916.6
水产品	20 296.3	25 255.9	34 213.9	40 689.9	48 432.6	58 878.3
饮品	58 728.0	64 957.3	70 380.8	77 604.0	87 367.8	101 246.4
酒	29 616.9	32 249.1	35 104.1	40 328.4	45 133.8	50 914.8
茶	798.9	1 019.8	1 460.9	1 479.9	1 307.4	1 666.4
咖啡	2 576.7	3 253.6	3 576.1	3 462.5	3 590.4	4 332.0
烟草	5 842.8	6 953.4	7 918.3	6 809.3	14 944.3	21 343.8

墨西哥主要农产品进口额（二）

单位：万美元

项　目	2008 年	2009 年	2010 年	2011 年	2012 年
农产品	2 390 792.9	1 893 448.6	2 159 037.6	2 702 535.4	2 774 432.8
谷物	466 600.2	315 122.5	336 888.4	565 899.6	474 239.6
小麦产品	128 254.4	75 667.6	87 938.7	137 067.4	78 987.5
玉米产品	246 028.2	150 227.6	165 717.5	309 198.0	309 606.5
稻谷产品	37 416.4	34 823.8	32 321.1	38 096.9	37 426.0
棉花	54 576.7	41 813.3	64 149.4	84 763.2	46 025.6
食用油籽	326 390.1	236 349.3	273 083.4	323 239.0	221 621.0
大豆	199 979.2	159 400.6	177 333.5	189 775.7	102 836.9
花生	15 403.1	12 386.4	14 063.1	19 468.4	10 230.5
油菜籽	88 856.6	49 349.3	66 711.9	97 345.0	93 418.6
食用植物油	82 438.7	54 643.4	60 701.9	84 779.3	90 668.1
豆油	27 944.3	16 637.4	18 004.4	19 545.4	21 659.8
菜籽油	6 681.4	1 990.8	1 611.7	7 606.3	7 377.4
棕榈油	34 851.2	26 597.7	31 430.3	43 586.8	47 625.3
食糖	9 207.3	32 453.4	32 727.3	28 320.8	27 114.7
蔬菜	91 163.2	79 839.0	88 017.6	92 500.6	85 867.0
水果	150 154.5	113 952.5	124 820.6	140 403.1	148 931.1
畜产品	587 814.1	468 814.1	556 607.1	630 644.7	618 504.1
猪产品	110 172.8	110 050.1	143 281.8	139 644.1	159 368.8
牛产品	152 677.5	103 050.0	110 530.3	117 534.5	104 987.5
羊产品	7 626.7	5 122.0	4 955.4	4 590.5	3 008.5
禽产品	98 325.4	89 927.0	104 082.5	120 418.5	134 619.5
蛋产品	2 966.6	3 289.1	3 547.3	5 395.7	7 500.3
乳品	146 984.2	103 232.9	123 396.8	161 344.6	154 325.2
动物生皮	14 087.2	10 623.3	15 169.7	13 616.0	16 871.7
动物生毛皮	0.7	0.7	2.2	0.5	
羊毛	1 087.1	747.6	942.4	1 018.7	977.7
水产品	64 120.9	42 829.1	57 947.3	69 807.2	70 316.0
饮品	121 244.0	111 667.9	135 873.6	158 807.7	166 217.0
酒	60 003.1	56 987.7	64 995.9	73 307.3	79 046.0
茶	3 407.9	3 963.8	5 065.5	3 817.3	7 183.5
咖啡	4 363.4	4 097.7	7 969.1	10 487.2	9 315.4
烟草	17 971.3	16 463.7	18 135.5	17 058.3	13 451.2

4-25-3 墨西哥主要农产品出口量（一）

单位：吨

项 目	2002年	2003年	2004年	2005年	2006年	2007年
农产品						
谷物	647 871.5	622 488.5	461 481.3	698 090.8	824 211.0	984 520.5
小麦产品	473 370.9	601 051.8	395 441.1	445 160.9	586 121.0	645 074.1
玉米产品	173 266.2	20 448.5	58 689.1	249 909.4	234 088.9	324 299.8
稻谷产品	1 008.0	721.7	6 491.3	2 870.5	3 698.5	14 659.4
棉花	43 571.2	35 523.3	90 675.4	72 493.1	63 261.7	68 238.0
食用油籽	28 227.0	34 586.0	60 674.4	700 588.7	24 292.9	27 541.4
大豆	334.0	2 091.3	3 786.9	1 069.4	229.1	383.4
花生	7 030.9	7 636.6	9 502.4	7 669.9	8 187.4	10 922.2
油菜籽				11.2	0.2	
食用植物油	26 147.2	58 483.9	61 376.6	48 472.5	44 880.4	59 246.4
豆油	3 536.0	12 334.1	1 984.9	1 432.0	343.7	463.9
菜籽油	114.6	1.7		6.8	1.9	309.9
棕榈油	32.0	75.1	269.1	178.8	667.1	636.0
食糖	390 801.2	26 620.8	146 132.0	291 685.2	833 934.4	195 447.7
蔬菜	3 341 469.0	3 383 663.3	68 025 912.4	3 709 956.6	3 903 813.5	4 027 681.4
水果						
畜产品						
猪产品						
牛产品						
羊产品						
禽产品						
蛋产品						
乳品	17 692.8	22 167.8	34 669.1	32 111.9	31 237.4	32 198.8
动物生皮	1 538.5	3 424.8	4 857.0	1 301.0	1 036.8	1 585.1
动物生毛皮	4.1	1.8	0.2	0.1		26.1
羊毛	364.8	590.4	525.9	591.5	567.5	474.3
水产品						
饮品						
酒						
茶	12 720.8	20 676.7	71 708.7	31 393.0	17 350.8	22 007.2
咖啡	156 629.9	138 425.9	160 752.0	104 695.2	137 408.5	150 803.6
烟草						

墨西哥主要农产品出口量（二）

单位：吨

项　目	2008年	2009年	2010年	2011年	2012年
农产品					
谷物	1 637 748.6	1 583 880.1	1 157 261.3	1 055 232.9	1 404 513.2
小麦产品	1 499 599.0	1 224 210.6	536 099.9	951 209.7	565 734.9
玉米产品	126 877.4	351 592.5	614 753.0	101 297.5	834 827.8
稻谷产品	11 145.9	7 793.7	5 948.9	2 435.8	2 137.8
棉花	66 347.4	47 863.4	46 430.0	67 543.9	97 712.1
食用油籽	28 253.0	26 832.9	26 807.8	31 088.8	29 571.7
大豆	216.4	208.2	156.9	153.5	260.7
花生	13 624.5	10 767.8	11 819.3	14 790.2	15 034.3
油菜籽	560.4	11.0	0.3		
食用植物油	49 008.1	36 004.2	42 459.5	44 815.5	53 802.0
豆油	2 036.6	1 836.4	4 426.0	3 039.6	4 487.6
菜籽油	2 599.6	3 660.7	1 575.9	1 706.8	1 871.0
棕榈油	342.7	1 906.7		358.5	1 773.6
食糖	983 605.8	992 615.5	875 690.1	1 409 988.2	889 571.2
蔬菜	4 659 073.3	4 524 396.5	5 159 620.8	5 228 697.5	
水果					
畜产品					
猪产品					
牛产品					
羊产品					
禽产品					
蛋产品					
乳品	34 686.4	38 657.9	64 124.6	52 654.7	44 357.3
动物生皮	978.0	3 020.6	3 634.8	4 052.5	
动物生毛皮	15.5		50.1	60.3	42.7
羊毛	373.9	417.3	512.4	1 398.9	1 101.5
水产品					
饮品					
酒					
茶	4 273.4	4 481.5	3 143.3	3 489.2	4 207.4
咖啡	125 589.9	146 212.8	119 923.0	130 664.3	164 657.7
烟草					

4-25-4 墨西哥主要农产品进口量（一）

单位：吨

项　目	2002年	2003年	2004年	2005年	2006年	2007年
农产品						
谷物	16 442 385.1	16 362 868.3	15 992 441.3	16 281 255.2	18 098 662.6	17 144 138.8
小麦产品	3 179 064.6	3 544 000.0	3 687 336.1	3 767 532.8	3 502 288.2	3 313 562.9
玉米产品	7 605 679.1	8 490 512.9	8 149 095.9	8 543 054.2	10 863 842.3	10 822 330.1
稻谷产品	703 277.7	753 892.4	685 547.2	727 886.4	807 140.6	828 378.7
棉花	490 215.4	459 334.7	448 630.6	404 661.3	401 864.1	357 809.9
食用油籽	5 565 669.8	5 513 299.4	5 525 579.5	5 557 440.8	6 024 019.0	5 768 321.3
大豆	4 411 469.0	4 236 594.1	3 588 220.8	3 963 985.0	4 235 841.0	4 109 773.5
花生	94 186.4	78 645.1	146 030.4	103 406.5	105 349.2	116 284.3
油菜籽	727 973.6	780 199.0	1 105 563.5	1 059 322.8	1 207 040.7	1 128 545.0
食用植物油	590 080.2	533 998.7	669 137.5	667 627.0	597 158.1	615 997.4
豆油	217 151.2	127 845.1	102 855.1	161 304.5	108 331.9	159 221.7
菜籽油	62 355.3	85 213.5	127 215.0	77 589.7	61 413.2	37 077.6
棕榈油	186 575.5	200 785.6	252 794.9	280 702.5	335 663.1	302 411.4
食糖	51 433.6	178 504.5	750 258.5	127 964.5	467 221.7	266 913.3
蔬菜	522 206.5	532 984.1	1 946 739.4	635 019.8	710 072.3	659 792.1
水果						
畜产品						
猪产品						
牛产品						
羊产品						
禽产品						
蛋产品						
乳品	440 881.7	465 345.9	1 109 656.1	549 025.6	469 540.1	574 343.5
动物生皮	94 653.9	104 071.0	104 476.2	106 258.5	113 597.9	102 289.7
动物生毛皮	12.2	10.2	10.6	6.9	1.4	0.6
羊毛	2 874.4	2 112.9	2 949.7	2 914.0	2 862.6	2 450.1
水产品						
饮品						
酒						
茶	2 096.7	2 324.5	52 248.5	2 950.7	2 357.3	2 888.7
咖啡	13 405.8	18 391.1	48 172.4	7 083.0	5 780.9	7 669.6
烟草						

墨西哥主要农产品进口量（二）

单位：吨

项　目	2008 年	2009 年	2010 年	2011 年	2012 年
农产品					
谷物	15 410 866.2	13 853 899.8	14 980 730.7	17 456 016.4	14 345 459.3
小麦产品	3 276 756.6	2 832 745.7	3 571 756.8	4 140 909.2	2 197 793.1
玉米产品	9 359 102.0	7 458 863.4	8 091 735.1	9 711 526.8	9 713 713.4
稻谷产品	802 953.6	826 254.5	847 416.9	952 193.2	854 179.0
棉花	353 992.7	308 621.1	335 106.2	277 022.5	230 150.3
食用油籽	5 766 377.5	5 304 873.8	6 046 929.1	5 546 006.7	3 322 149.4
大豆	4 015 130.1	3 852 038.1	4 257 001.0	3 668 616.4	1 671 911.9
花生	107 696.3	112 218.8	117 925.8	133 806.0	54 412.1
油菜籽	1 337 182.3	1 155 936.2	1 442 636.3	1 591 575.8	1 460 074.1
食用植物油	645 603.6	610 244.9	633 953.5	838 669.9	749 590.7
豆油	214 042.5	174 723.0	195 849.0	330 279.9	173 068.1
菜籽油	47 304.1	17 846.2	14 344.9	57 371.3	56 629.2
棕榈油	326 571.5	359 556.6	370 312.1	373 442.6	440 246.5
食糖	181 279.8	580 691.9	9 729 297.6	335 600.1	343 386.4
蔬菜	682 795.7	585 303.1	616 664.6	610 805.3	
水果					
畜产品					
猪产品					
牛产品					
羊产品					
禽产品					
蛋产品					
乳品	467 529.5	480 102.5	439 126.2	480 669.8	469 432.2
动物生皮	95 104.1	112 739.4	109 947.4	100 978.5	
动物生毛皮	0.2	0.3	3.5	0.1	
羊毛	2 579.5	2 023.0	2 098.7	1 876.4	1 776.5
水产品					
饮品					
酒					
茶	3 478.4	2 610.8	2 690.2	8 425.1	5 094.8
咖啡	4 806.8	4 414.4	14 741.1	18 067.0	10 566.4
烟草					

南美洲

4-26 巴西主要农产品贸易情况

4-26-1 巴西农产品贸易综述

一、10年来巴西农产品贸易总体情况

2002—2012年，巴西农产品贸易额总体呈不断增长态势，由2002年209.7亿美元增至2012年的953.3亿美元，年均增长16.4%。其中出口额由174.5亿美元增至834.8亿美元，年均增长16.9%；进口额由35.2亿美元增至118.4亿美元，年均增长12.9%。巴西农产品贸易保持顺差，且呈不断扩大趋势，由2002年的139.3亿美元增加到2012年的716.4亿美元，年均增长17.8%（图1）。

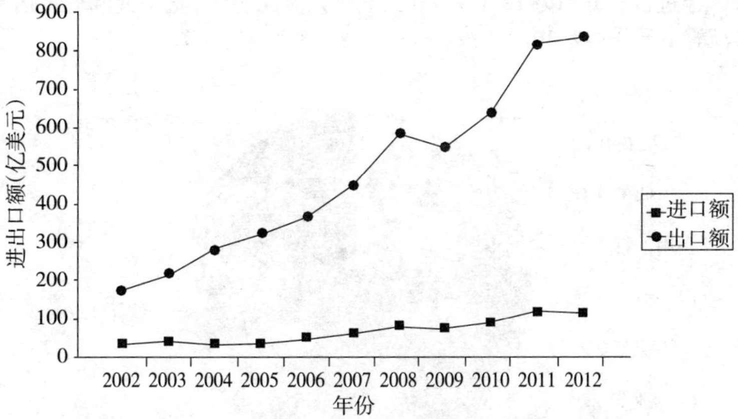

图1 2002—2012年巴西农产品进出口额变化

2003—2012年，巴西农产品出口额和进口额年度增幅波动较大。除2009年同比下降

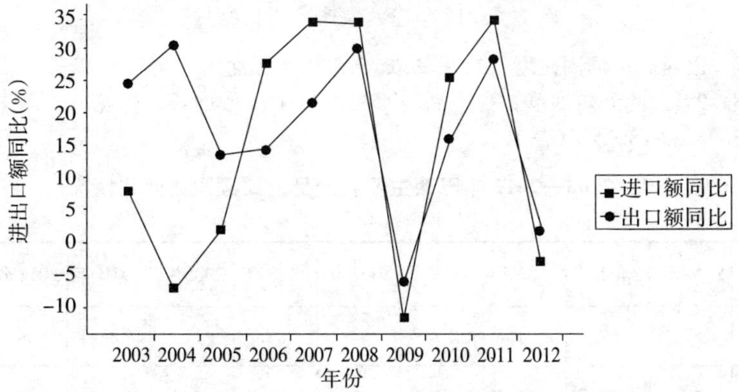

图2 2003—2012年巴西农产品进出口额同比变化

和 2012 年同比增幅较低外，其余年份出口额同比增幅保持在 13.6%～30.6%。进口额同比下降的年份有 2004 年、2009 年和 2012 年，其中 2009 年降幅最大，为 11.7%；其余年份进口额同比增加，其中 2006—2008 年及 2010—2011 年同比增幅均在 25%以上（图 2）。

二、2012 年巴西农产品贸易情况

2012 年，巴西农产品贸易额为 953.3 亿美元，同比增长 1.3%，居世界第 6 位。其中出口额为 834.8 亿美元，同比增长 2.0%，居世界第 4 位；进口额为 118.4 亿美元，同比下降 3.1%，居世界第 27 位。

（一）进出口产品结构

2012 年，巴西农产品中进口靠前的有谷物、饮品和水产品，进口额分别为 26.0 亿美元、14.2 亿美元和 13.4 亿美元，占其农产品进口额的比重分别为 22.0%、12.0%和 11.3%，其中谷物和饮品进口下降。此外，巴西还少量进口畜产品、水果、蔬菜、食用植物油等，2012 年进口额分别为 12.1 亿美元、9.7 亿美元、8.5 亿美元和 6.1 亿美元，占其农产品进口额的比重分别为 10.2%、8.2%、7.2%和 5.2%（图 3）。

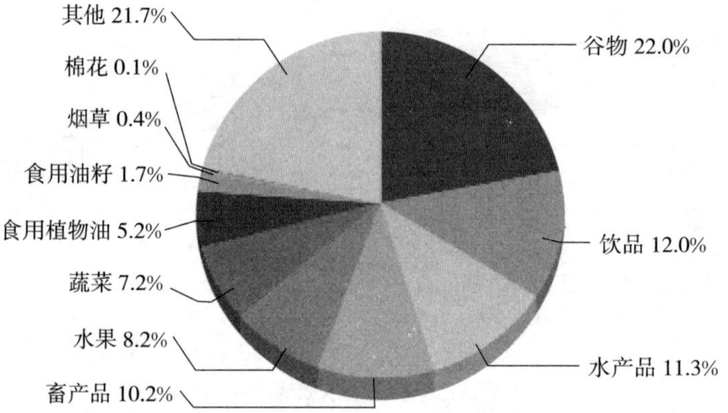

图 3　2012 年巴西农产品进口结构

2012 年，巴西进口额同比增长较快的农产品主要是食用油籽和食糖等，增幅分别为 221.0%和 84.9%。此外，烟草、畜产品和水果保持个位数增长。棉花、饮品进口额同比分别下降 95.9%和 18.1%（表 1）。

表 1　2003—2012 年巴西主要农产品进口额同比变化情况

单位：%

	2003 年	2004 年	2005 年	2006 年	2007 年	2008 年	2009 年	2010 年	2011 年	2012 年
农产品	8.0	−7.1	1.8	27.6	34.1	33.8	−11.7	25.1	34.4	−3.1
谷物	32.8	−26.8	−15.7	48.5	51.9	33.2	−26.2	16.1	17.3	−3.2

（续）

	2003年	2004年	2005年	2006年	2007年	2008年	2009年	2010年	2011年	2012年
棉花	108.4	20.8	−73.9	138.8	25.2	−55.6	−63.9	244.0	464.9	−95.9
食用油籽	32.2	−65.0	0.2	−71.1	100.6	43.6	−3.0	26.3	−26.9	221.0
食用植物油	−15.9	10.3	9.1	47.2	51.7	56.3	−27.0	16.8	45.4	0.0
食糖	−10.3	353.8	−63.6	93.0	66.3	55.1	−5.1	72.4	2.3	84.9
蔬菜	−12.3	27.8	23.1	13.2	29.4	27.9	1.9	68.3	−1.8	−8.2
水果	−16.2	21.2	34.1	35.9	18.9	22.6	8.1	24.4	32.8	3.5
畜产品	−38.4	−1.2	24.9	7.1	21.2	45.7	3.2	17.5	54.7	5.0
水产品	−2.9	20.8	16.9	45.3	25.3	20.2	3.6	39.0	25.6	1.4
饮品	5.8	−9.3	22.4	28.0	36.4	6.2	15.6	23.4	118.4	−18.1
烟草	−1.5	−19.9	12.1	35.6	40.9	16.1	36.4	9.6	−48.0	8.2

2012年，巴西出口农产品以食用油籽、畜产品和食糖为主，出口额分别为173.8亿美元、168.2亿美元和126.5亿美元，占其农产品出口额的比重分别为20.8%、20.2%和15.2%，其中食糖出口下降，降幅超过15%。此外，巴西还少量出口饮品、谷物、水果和烟草等，出口额分别为92.4亿美元、65.8亿美元、34.7亿美元和32.6亿美元，分别占其农产品出口额的11.1%、7.9%、4.2%、3.9%（图4）。

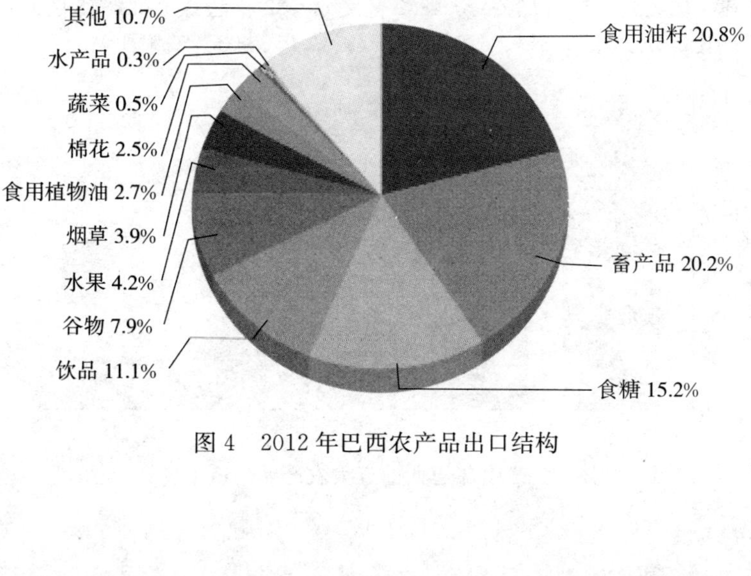

图4　2012年巴西农产品出口结构

2012 年，巴西出口额同比增长较快的农产品主要是谷物、棉花和烟草，增幅分别为 60.8%、32.1%和 11.0%，而食糖和饮品出口同比降幅较大，分别为 15.3%和 14.7%（表 2）。

表 2 2003—2012 年巴西主要农产品出口额同比变化情况

单位：%

	2003 年	2004 年	2005 年	2006 年	2007 年	2008 年	2009 年	2010 年	2011 年	2012 年
农产品	24.6	30.6	13.6	14.7	21.5	30.0	−6.1	16.1	28.5	2.0
谷物	52.2	96.5	−75.0	198.8	231.6	−4.7	−15.0	56.9	55.2	60.8
棉花	99.4	111.7	11.0	−23.2	45.7	38.3	−1.6	19.8	92.5	32.1
食用油籽	41.7	26.4	−0.9	5.7	18.5	63.3	4.3	−3.4	48.0	5.7
食用植物油	56.0	14.1	−6.2	−5.3	38.0	57.3	−52.8	7.8	59.9	−0.4
食糖	2.2	23.4	48.4	57.4	−17.3	7.5	52.8	52.3	17.1	−15.3
蔬菜	−1.4	19.4	−2.0	34.7	35.9	1.8	−7.1	0.5	44.2	−2.7
水果	17.1	−2.6	7.9	23.9	46.3	−3.3	−18.8	9.1	25.1	−2.0
畜产品	31.3	49.7	30.5	6.0	33.6	30.6	−19.5	16.7	13.0	0.8
水产品	21.0	2.4	−3.3	−5.3	−9.5	6.8	−31.6	3.2	6.6	−5.8
饮品	15.1	40.9	41.7	30.2	7.6	31.6	−20.6	20.1	47.3	−14.7
烟草	8.1	30.8	19.7	2.6	29.1	21.6	10.7	−9.3	6.3	11.0

（二）进出口产品市场

2012 年，巴西前五大农产品出口市场分别为中国、荷兰、美国、日本和俄罗斯，出口额分别为 161.1 亿美元、50.3 亿美元、48.0 亿美元、32.6 亿美元和 28.7 亿美元，占其农产品出口额的比重分别为 19.3%、6.0%、5.7%、3.9%和 3.4%（图 5）。

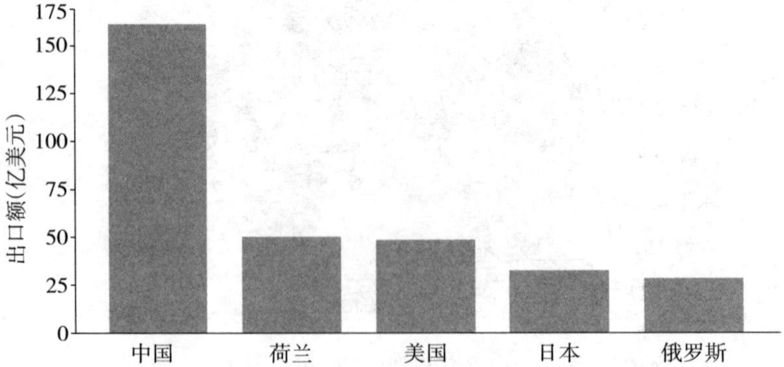

图 5 2012 年巴西前五大农产品出口市场

2012 年，巴西前五大农产品进口来源地分别为阿根廷、乌拉圭、美国、智利和巴拉圭，进口额分别为 37.3 亿美元、10.5 亿美元、8.7 亿美元、8.3 亿美元和 7.5 亿美元，占其农产品进口额的比重分别为 31.5%、8.9%、7.3%、7.0%和 6.3%（图 6）。

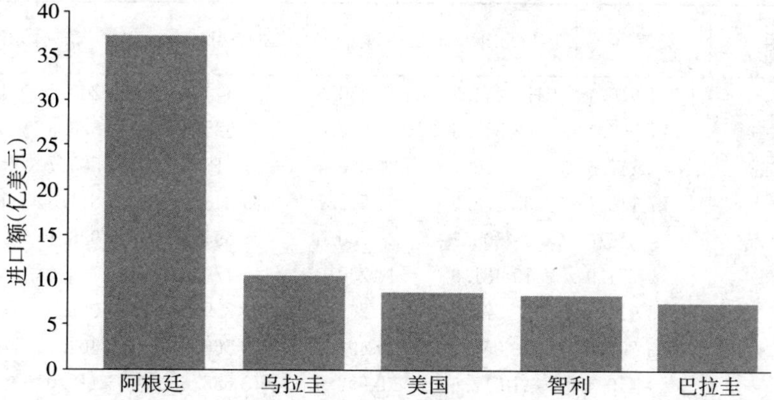

图 6　2012 年巴西前五大农产品进口来源地

4-26-2 巴西主要农产品出口额（一）

单位：万美元

项 目	2002年	2003年	2004年	2005年	2006年	2007年
农产品	1 744 510.4	2 174 244.6	2 839 250.6	3 225 640.3	3 698 209.7	4 494 815.4
谷物	27 959.7	42 557.6	83 642.4	20 928.8	62 526.5	207 367.2
小麦产品	117.6	826.7	20 840.4	1 518.8	6 509.7	3 090.8
玉米产品	27 115.1	38 172.5	60 502.7	13 348.1	49 811.3	194 769.4
稻谷产品	616.4	505.7	780.0	5 694.0	5 998.1	5 364.2
棉花	9 771.9	19 481.9	41 250.0	45 779.3	35 153.6	51 222.0
食用油籽	303 914.5	430 572.7	544 246.4	539 359.9	570 068.0	675 506.2
大豆	303 207.8	429 058.9	539 497.9	534 566.2	566 404.9	671 114.3
花生	410.4	1 017.6	2 892.6	3 685.6	3 110.0	2 955.5
油菜籽			24.0	57.2		0.6
食用植物油	81 521.9	127 196.3	145 122.4	136 193.3	128 914.7	177 897.0
豆油	77 805.8	123 255.0	138 209.4	126 663.8	122 863.8	171 971.0
菜籽油	16.2	70.4	52.9	273.2	41.8	84.9
棕榈油	273.4	52.1	677.8	1 740.6	1 099.3	225.9
食糖	209 364.4	214 002.2	264 022.9	391 885.0	616 701.5	510 053.0
蔬菜	13 538.5	13 354.7	15 939.2	15 625.4	21 046.1	28 604.6
水果	148 360.5	173 723.9	169 167.9	182 556.2	226 148.4	330 781.3
畜产品	331 629.3	435 437.4	651 682.5	850 574.2	901 217.8	1 203 652.7
猪产品	55 230.8	64 120.5	87 950.2	127 699.8	115 596.7	141 903.7
牛产品	110 731.3	154 666.5	249 485.5	304 592.3	396 334.2	461 874.8
羊产品	2.7	5.5	0.3	11.4	3.5	19.8
禽产品	157 126.5	206 035.8	293 667.4	390 394.6	361 821.8	524 625.0
蛋产品	965.5	1 102.4	1 943.3	2 981.0	2 762.7	4 945.4
乳品	4 031.8	4 853.2	9 542.6	13 012.7	13 853.5	27 328.7
动物生皮	493.3	274.7	239.4	526.3	300.2	165.3
动物生毛皮	0.7	0.7	6.2	18.8	34.9	46.6
羊毛	636.8	767.5	646.5	647.1	850.1	1 002.3
水产品	36 153.9	43 745.1	44 799.5	43 321.8	41 028.4	37 133.7
饮品	182 056.4	209 462.5	295 097.3	418 108.0	544 415.0	585 893.4
酒	19 432.1	18 982.8	53 367.6	82 068.4	166 461.7	154 035.2
茶	2 673.4	2 214.6	2 374.7	3 167.0	3 833.2	4 477.1
咖啡	138 482.2	154 645.8	205 800.1	292 868.4	336 415.4	389 153.4
烟草	100 822.8	109 031.8	142 582.7	170 656.4	175 178.4	226 237.4

巴西主要农产品出口额（二）

单位：万美元

项　目	2008年	2009年	2010年	2011年	2012年
农产品	5 841 884.7	5 487 859.9	6 373 418.7	8 187 362.5	8 348 499.7
谷物	197 628.9	167 953.2	263 509.9	408 997.0	657 825.9
小麦产品	20 580.3	6 339.8	22 701.1	69 986.9	59 771.6
玉米产品	144 654.9	134 459.0	224 807.3	277 178.7	543 040.7
稻谷产品	31 294.3	26 826.4	15 800.9	61 300.1	54 623.4
棉花	70 856.1	69 734.3	83 508.2	160 722.8	212 354.9
食用油籽	1 102 764.4	1 150 278.2	1 110 651.1	1 644 138.7	1 738 439.3
大豆	1 095 282.3	1 142 441.9	1 104 303.1	1 632 734.5	1 724 834.5
花生	5 619.7	5 248.7	5 339.9	8 749.2	12 015.4
油菜籽			0.8		3.9
食用植物油	279 791.0	132 116.8	142 437.8	227 720.6	226 888.2
豆油	267 068.9	123 392.5	134 766.3	212 927.0	207 133.7
菜籽油	551.1	247.6	241.6	148.7	126.1
棕榈油	725.7	1 600.4	1 485.0	5 302.7	6 489.2
食糖	548 303.7	837 782.8	1 276 140.5	1 494 166.3	1 265 080.6
蔬菜	29 123.7	27 047.9	27 183.7	39 185.8	38 115.6
水果	319 829.8	259 567.1	283 146.5	354 075.0	346 869.0
畜产品	1 572 335.4	1 265 963.5	1 477 990.5	1 669 929.4	1 682 466.6
猪产品	175 750.3	151 971.6	165 528.5	181 291.3	195 701.3
牛产品	547 124.1	433 325.6	522 257.7	552 179.0	603 172.3
羊产品	112.5	44.1	12.8	153.9	6.5
禽产品	725 330.6	604 042.0	706 415.0	851 344.0	822 923.2
蛋产品	9 164.9	8 209.8	10 992.9	10 532.7	9 934.7
乳品	50 926.8	14 779.4	13 022.6	9 730.9	9 210.0
动物生皮	251.2	172.0	592.8	111.1	435.7
动物生毛皮	96.4	48.3	84.1	73.3	90.2
羊毛	986.8	1 649.1	1 984.0	2 264.0	2 670.9
水产品	39 654.9	27 120.8	27 975.2	29 820.6	28 080.2
饮品	771 199.1	612 027.1	735 177.3	1 083 235.6	923 869.5
酒	246 963.5	142 004.1	109 233.2	159 157.5	230 168.0
茶	5 524.7	5 189.5	6 209.4	7 256.2	7 961.1
咖啡	476 306.9	427 894.0	576 280.1	873 283.7	646 265.7
烟草	275 203.2	304 603.2	276 212.4	293 518.7	325 698.6

4-26-3 巴西主要农产品进口额（一）

单位：万美元

项　目	2002年	2003年	2004年	2005年	2006年	2007年
农产品	352 038.0	380 363.4	353 394.3	359 662.0	458 828.2	615 383.7
谷物	108 640.4	144 328.6	105 618.3	89 048.7	132 203.8	200 838.4
小麦产品	89 778.7	101 931.4	74 208.5	65 981.6	102 373.6	157 413.9
玉米产品	3 476.6	7 061.6	3 448.5	5 878.5	8 090.1	13 338.0
稻谷产品	11 393.0	29 978.5	23 577.9	12 949.9	17 468.8	23 677.6
棉花	6 482.6	13 509.8	16 321.6	4 261.1	10 177.4	12 740.6
食用油籽	18 278.1	24 167.1	8 468.4	8 485.2	2 456.0	4 927.6
大豆	17 483.4	23 134.9	7 307.9	6 881.6	978.2	2 951.3
花生	130.2	94.1	122.3	80.4	205.4	171.8
油菜籽	51.2	75.7	202.5	393.9	557.0	512.7
食用植物油	14 003.5	11 770.1	12 984.6	14 165.9	20 846.7	31 622.2
豆油	5 271.1	1 822.2	1 594.4	215.6	1 165.3	4 314.8
菜籽油	908.7	584.8	707.8	524.0	466.7	980.0
棕榈油	297.0	1 012.6	1 063.7	1 514.9	3 753.9	6 555.9
食糖	2.9	2.6	11.8	4.3	8.3	13.8
蔬菜	21 326.0	18 709.6	23 910.7	29 424.2	33 306.8	43 101.2
水果	19 392.6	16 247.9	19 696.1	26 409.6	35 898.2	42 696.1
畜产品	42 611.5	26 253.1	25 951.0	32 404.1	34 713.5	42 077.1
猪产品	2 546.0	2 592.7	3 578.8	3 821.3	4 678.4	6 592.3
牛产品	8 395.8	6 609.5	7 628.7	8 579.6	6 800.9	10 386.3
羊产品	579.7	618.4	622.9	1 115.0	1 503.7	1 851.6
禽产品	4 181.4	3 205.3	3 865.9	4 190.9	4 598.4	6 512.7
蛋产品	886.2	735.9	1 194.6	1 635.9	1 608.1	2 156.0
乳品	24 755.7	11 229.2	8 392.3	12 119.3	15 468.9	15 083.4
动物生皮	1 360.4	1 183.0	859.8	1 038.8	688.6	737.5
动物生毛皮	1.3	0.4	1.6	1.7		2.0
羊毛	32.2	55.2	85.1	88.7	104.4	122.9
水产品	24 414.6	23 702.0	28 623.6	33 463.5	48 621.2	60 916.8
饮品	25 530.0	27 002.8	24 500.5	29 994.2	38 383.9	52 367.0
酒	11 384.4	11 802.7	14 390.4	16 674.2	22 921.6	27 778.3
茶	403.3	223.5	299.0	410.1	589.6	906.9
咖啡	219.1	130.1	152.1	152.5	188.0	272.4
烟草	2 514.2	2 475.8	1 982.5	2 222.7	3 013.0	4 245.6

巴西主要农产品进口额（二）

单位：万美元

项　目	2008年	2009年	2010年	2011年	2012年
农产品	823 082.5	727 098.6	909 512.7	1 221 997.0	1 184 269.7
谷物	267 480.0	197 279.8	229 043.0	268 668.0	259 949.5
小麦产品	217 849.0	141 125.6	175 457.3	214 477.6	198 081.4
玉米产品	14 996.5	16 282.7	7 630.5	14 154.2	17 147.2
稻谷产品	22 687.2	27 272.8	37 685.9	27 326.5	34 190.8
棉花	5 651.0	2 038.6	7 012.2	39 609.0	1 632.0
食用油籽	7 075.8	6 860.7	8 666.8	6 334.7	20 332.3
大豆	4 010.9	3 809.7	4 355.9	1 627.0	15 271.9
花生	62.2	17.9	31.1	95.3	91.6
油菜籽	857.0	426.1	1 168.2	1 319.6	1 564.3
食用植物油	49 420.3	36 093.0	42 142.3	61 258.7	61 271.7
豆油	2 918.0	2 135.6	1 393.7	26.2	119.0
菜籽油	2 257.7	948.1	762.7	1 404.0	978.8
棕榈油	17 193.9	9 188.3	12 481.6	24 618.0	23 053.1
食糖	21.4	20.3	35.0	35.8	66.2
蔬菜	55 136.7	56 178.7	94 562.3	92 879.9	85 248.1
水果	52 324.1	56 553.5	70 330.3	93 404.6	96 671.2
畜产品	61 288.7	63 224.3	74 309.1	114 939.5	120 679.0
猪产品	11 312.2	11 702.6	10 493.4	12 622.9	11 519.4
牛产品	14 806.7	13 653.8	17 393.6	24 752.9	29 708.3
羊产品	2 412.5	2 249.6	3 501.6	3 402.3	3 630.5
禽产品	11 717.4	12 499.7	10 362.7	12 587.4	11 146.8
蛋产品	1 996.0	1 117.8	2 059.4	1 807.5	1 976.3
乳品	21 159.4	26 194.3	32 697.9	60 490.5	62 789.5
动物生皮	742.9	469.6	554.0	890.9	811.7
动物生毛皮	2.5	0.1	0.9	0.8	0.1
羊毛	105.2	98.1	115.9	209.0	198.3
水产品	73 194.9	75 855.5	105 424.6	132 375.0	134 174.2
饮品	55 599.7	64 279.7	79 342.2	173 301.2	141 981.4
酒	28 692.2	30 430.7	42 859.6	133 029.3	89 887.0
茶	953.7	814.8	1 033.7	972.1	852.0
咖啡	838.0	1 638.3	2 424.2	4 525.1	4 178.9
烟草	4 930.0	6 722.4	7 368.6	3 829.6	4 145.1

4-26-4 巴西主要农产品出口量（一）

单位：吨

项 目	2002 年	2003 年	2004 年	2005 年	2006 年	2007 年
农产品						
谷物	2 811 708.0	3 977 169.9	6 567 119.6	1 587 406.2	4 956 913.6	11 577 227.2
小麦产品	3 805.3	52 314.1	1 324 956.2	157 513.4	652 997.6	105 383.6
玉米产品	2 766 141.3	3 601 143.9	5 069 136.8	1 130 958.9	4 010 704.0	11 040 919.4
稻谷产品	30 368.9	20 000.5	37 003.0	272 665.1	290 607.1	202 213.7
棉花	120 909.0	197 138.5	348 343.7	410 300.8	341 704.7	435 933.8
食用油籽	15 980 400.5	19 910 222.1	19 397 538.9	22 518 983.5	25 013 294.3	23 783 779.2
大豆	15 970 260.9	19 890 855.9	19 247 860.7	22 436 508.0	24 959 300.8	23 736 795.3
花生	6 786.6	14 222.1	41 139.1	61 697.1	52 115.0	34 531.9
油菜籽			26.0	62.5		2.0
食用植物油	2 025 919.4	2 554 085.6	2 630 289.7	2 872 419.3	2 524 375.9	2 411 993.3
豆油	1 934 387.0	2 485 986.8	2 517 243.8	2 697 054.3	2 419 377.9	2 342 541.3
菜籽油	156.8	557.4	418.6	3 868.3	331.2	521.7
棕榈油	7 311.1	639.5	13 669.0	44 869.4	24 741.5	2 402.8
食糖	13 354 331.5	12 914 409.8	15 763 929.3	18 147 063.1	18 870 166.8	19 359 021.2
蔬菜	147 907.3	146 169.3	156 020.9	146 778.3	141 612.0	226 769.2
水果						
畜产品						
猪产品						
牛产品						
羊产品						
禽产品						
蛋产品						
乳品	40 167.5	44 459.3	68 254.6	78 375.7	89 058.2	96 578.5
动物生皮	6 661.6	4 673.3	3 787.0	6 785.3	5 209.6	1 226.9
动物生毛皮	0.1		0.9	0.8	1.0	1.3
羊毛	3 863.9	3 751.0	2 855.8	3 026.7	5 422.6	4 862.4
水产品						
饮品						
酒						
茶	29 548.3	30 036.7	32 211.8	34 878.0	34 905.5	34 496.7
咖啡	1 620 448.1	1 444 832.0	1 493 849.2	1 444 297.2	1 556 778.8	1 574 230.6
烟草						

巴西主要农产品出口量（二）

单位：吨

项　目	2008年	2009年	2010年	2011年	2012年
农产品					
谷物	7 750 270.7	8 901 862.7	12 664 552.0	13 313 462.2	23 395 055.8
小麦产品	645 825.1	385 612.3	1 324 584.8	2 351 876.1	2 324 257.0
玉米产品	6 543 220.1	7 902 095.6	10 911 834.7	9 599 321.5	19 907 984.8
稻谷产品	520 295.7	603 352.6	422 927.3	1 351 217.8	1 152 927.9
棉花	559 420.9	541 631.7	529 944.6	773 497.4	1 076 248.5
食用油籽	24 563 623.1	28 694 448.0	29 132 675.2	33 084 884.6	32 540 315.1
大豆	24 500 302.3	28 562 884.2	29 073 192.5	32 985 622.1	32 468 048.9
花生	46 455.1	54 964.6	53 956.5	58 629.0	65 645.8
油菜籽			14.0		3.5
食用植物油	2 398 627.6	1 695 743.2	1 634 109.8	1 855 718.0	1 898 075.1
豆油	2 315 837.4	1 593 649.0	1 559 776.3	1 746 413.3	1 757 143.9
菜籽油	2 202.5	1 060.5	1 169.4	607.8	534.7
棕榈油	8 951.7	24 595.4	16 523.6	46 534.2	65 227.4
食糖	19 472 520.4	24 294 097.8	27 999 490.7	25 359 149.9	24 017 441.2
蔬菜	155 541.6	147 257.0	129 546.2	149 150.5	
水果					
畜产品					
猪产品					
牛产品					
羊产品					
禽产品					
蛋产品					
乳品	142 347.3	64 419.1	53 015.5	37 551.5	38 303.7
动物生皮	1 932.0	2 408.1	6 519.5	706.3	2 734.4
动物生毛皮	1.4	1.0	1.8	1.3	1.4
羊毛	4 589.9	8 731.0	7 651.7	5 757.9	7 189.2
水产品					
饮品					
酒					
茶	34 798.1	33 509.1	35 780.7	37 553.5	38 104.2
咖啡	1 657 116.5	1 715 209.2	1 877 209.9	1 879 843.9	1 589 703.2
烟草					

4-26-5 巴西主要农产品进口量（一）

单位：吨

项目	2002年	2003年	2004年	2005年	2006年	2007年
农产品						
谷物	7 848 942.9	9 032 745.8	6 373 540.8	6 431 861.1	8 526 663.2	9 377 335.7
小麦产品	6 676 504.7	6 649 106.7	4 895 028.3	5 031 702.0	6 679 166.3	7 278 759.0
玉米产品	345 270.7	797 692.9	330 510.5	596 098.9	956 612.0	1 096 142.1
稻谷产品	639 411.8	1 293 770.2	926 799.3	532 537.1	652 957.9	721 064.2
棉花	68 154.8	121 096.9	108 191.7	41 059.3	83 755.9	100 396.4
食用油籽	1 056 126.3	1 220 408.5	367 637.5	394 637.5	83 719.5	128 133.8
大豆	1 045 292.1	1 189 327.4	348 398.0	367 784.8	48 865.9	97 936.0
花生	2 247.8	1 256.7	1 368.8	875.3	2 395.0	1 609.8
油菜籽	358.0	2 503.6	7 113.2	18 439.1	26 975.1	17 668.3
食用植物油	209 304.7	123 398.2	97 840.0	92 322.4	160 951.3	215 130.8
豆油	133 818.2	36 434.7	26 906.9	3 185.4	25 364.6	44 049.7
菜籽油	18 742.3	9 976.0	10 330.7	9 136.7	7 275.2	11 658.9
棕榈油	9 269.0	24 375.1	21 093.7	39 293.4	86 743.5	98 607.5
食糖	22.2	5.5	255.7	8.0	28.2	63.5
蔬菜	376 155.0	429 166.4	488 989.0	519 516.6	545 313.6	529 110.0
水果						
畜产品						
猪产品						
牛产品						
羊产品						
禽产品						
蛋产品						
乳品	215 332.0	83 556.7	55 886.1	72 821.1	94 043.0	63 621.3
动物生皮	9 430.8	7 347.5	7 335.4	6 898.8	6 919.9	6 569.6
动物生毛皮	1.9	0.1	1.9	1.9		1.7
羊毛	278.4	309.2	497.1	484.6	541.4	576.3
水产品						
饮品						
酒						
茶	12 108.2	8 004.8	3 325.1	2 803.2	4 691.4	6 952.2
咖啡	185.1	157.9	146.7	148.5	163.1	213.8
烟草						

巴西主要农产品进口量（二）

单位：吨

项　目	2008 年	2009 年	2010 年	2011 年	2012 年
农产品					
谷物	8 258 675.2	8 392 198.7	8 553 355.4	8 096 046.1	8 935 531.0
小麦产品	6 728 571.4	6 096 472.3	6 976 550.3	6 460 491.5	7 097 989.1
玉米产品	770 462.2	1 138 297.2	463 144.8	656 644.4	830 766.0
稻谷产品	447 192.9	674 474.4	783 639.2	621 923.0	740 544.1
棉花	34 987.5	15 085.5	40 844.5	147 910.7	8 292.9
食用油籽	128 408.4	130 811.9	172 871.6	85 932.9	319 796.2
大豆	96 286.5	99 416.3	117 840.1	40 981.0	266 463.5
花生	452.5	110.3	219.7	442.2	312.6
油菜籽	18 283.8	12 343.8	31 451.2	28 984.0	34 411.0
食用植物油	267 516.5	234 457.5	271 652.9	333 768.5	354 095.0
豆油	27 421.6	27 409.1	16 255.3	126.5	1 030.2
菜籽油	17 057.3	10 412.7	8 883.4	11 484.5	8 124.2
棕榈油	158 368.7	128 293.1	155 812.8	214 418.7	227 445.2
食糖	94.6	51.4	35.7	38.4	191.0
蔬菜	628 224.6	637 548.4	864 486.6	793 918.3	789 769.3
水果					
畜产品					
猪产品					
牛产品					
羊产品					
禽产品					
蛋产品					
乳品	77 481.5	131 984.6	112 021.1	165 394.8	179 401.9
动物生皮	4 694.3	3 150.0	3 752.9	1 900.2	2 271.2
动物生毛皮	2.1	0.5	2.7		
羊毛	474.5	380.6	363.6	555.4	474.5
水产品					
饮品					
酒					
茶	5 985.9	4 463.8	6 781.8	4 242.2	1 524.9
咖啡	307.1	640.4	807.4	1 187.7	1 670.1
烟草					

4-26-6 巴西农产品出口额前 15 位国家（地区）
（2012 年）

单位：万美元，%

序号	国家（地区）	出口额	同比增长
1	中国	1 611 159.9	10.1
2	荷兰	502 506.8	−3.3
3	美国	479 952.0	3.4
4	日本	325 572.4	0.3
5	俄罗斯	287 318.6	−28.5
6	德国	285 888.3	−10.0
7	沙特阿拉伯	238 676.2	−0.2
8	伊朗	216 318.8	2.0
9	埃及	212 402.5	13.0
10	比利时	207 222.4	−2.6
11	韩国	202 084.8	55.3
12	西班牙	201 619.2	−11.3
13	委内瑞拉	192 850.9	−11.8
14	中国香港	184 319.2	6.2
15	阿拉伯联合酋长国	160 217.7	8.0
	总计	5 308 109.7	

4-26-7 巴西农产品进口额前15位国家（地区）
（2012年）

单位：万美元，%

序号	国家（地区）	进口额	同比增长
1	阿根廷	372 661.9	−9.6
2	乌拉圭	105 160.2	6.2
3	美国	86 726.1	−45.7
4	智利	82 867.6	21.1
5	巴拉圭	74 979.5	65.4
6	中国	72 419.9	9.0
7	葡萄牙	39 493.6	3.3
8	印度尼西亚	39 016.8	−5.5
9	西班牙	24 872.5	14.2
10	法国	24 594.5	1.7
11	荷兰	22 722.1	4.6
12	挪威	20 783.9	−7.1
13	德国	20 503.6	0.7
14	意大利	19 101.1	3.1
15	英国	17 921.8	−5.5
	总计	1 023 825.1	

4-27 阿根廷主要农产品贸易情况

4-27-1 阿根廷农产品贸易综述

一、10 年来阿根廷农产品贸易总体情况

2002—2012 年，阿根廷农产品贸易额由 2002 年 125.2 亿美元增至 2012 年的 451.3 亿美元，年均增长 13.7%，其中出口额由 119.8 亿美元增至 430.5 亿美元，年均增长 13.6%；进口额由 5.4 亿美元增至 20.8 亿美元，年均增长 14.4%。贸易顺差总体呈不断扩大趋势，由 2002 年的 114.4 亿美元增加到 2012 年的 409.7 亿美元，年均增长 13.6%（图 1）。

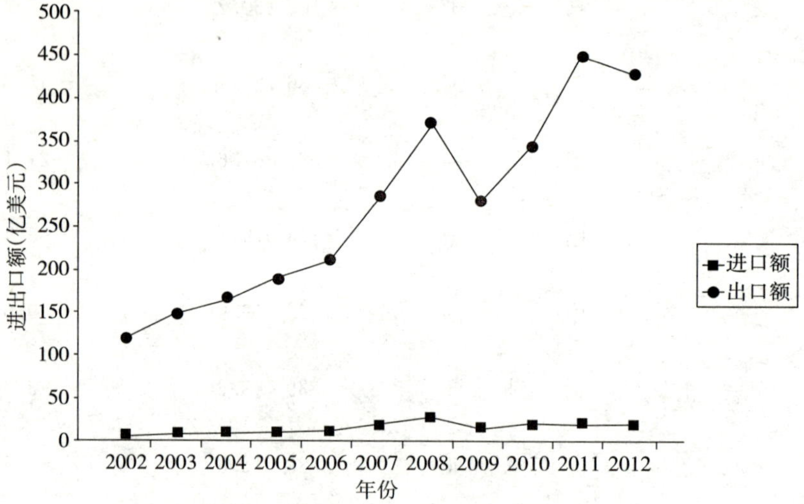

图 1 2002—2012 年阿根廷农产品进出口额变化

2003—2012 年，阿根廷农产品出口额和进口额年度同比变化波动较大，总体看出口额

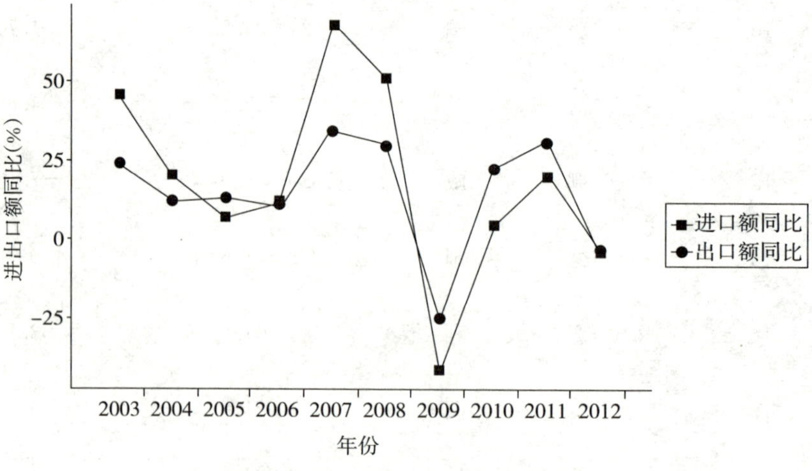

图 2 2003—2012 年阿根廷农产品进出口额同比变化

同比的变化幅度小于进口额。除2009年和2012年同比下降外，其余年份出口额和进口额同比增长。出口额年度增长幅度在25%左右波动，进口额增长幅度在25%以上的年份有2003年、2007年和2008年，其中2007年进口增幅为69.4%（图2）。

二、2012年阿根廷农产品贸易情况

2012年，阿根廷农产品贸易额为451.3亿美元，同比下降4.4%，居世界第19位。其中出口额为430.5亿美元，同比下降4.4%，居世界第12位；进口额为20.8亿美元，同比下降3.2%，居世界第58位。

（一）进出口产品结构

2012年，阿根廷进口农产品以饮品、水果和畜产品为主，进口额分别为4.7亿美元、3.5亿美元和2.3亿美元，占其农产品进口额的比重分别为22.4%、16.7%和10.9%，其中畜产品同比下降28.4%。此外，阿根廷还少量进口水产品、烟草和蔬菜等，2012年分别进口1.8亿美元、1.04亿美元和1.01亿美元，分别占其农产品进口额的8.9%、5.0%和4.9%（图3）。

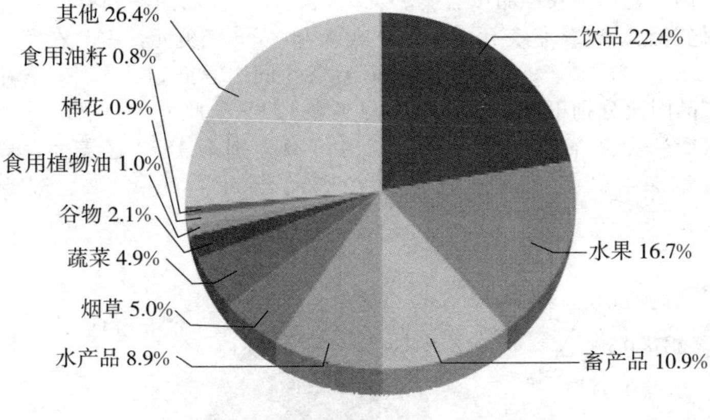

图3　2012年阿根廷农产品进口结构

2012年，阿根廷进口额同比增长较快的农产品主要是食用植物油、谷物、烟草和水产品，增幅分别为143.5%、31.5%、28.6%和10.2%。此外，棉花和水果也保持个位数增长。食糖、食用油籽和畜产品降幅较大，其中食糖进口额同比下降98.7%（表1）。

表1　2003—2012年阿根廷主要农产品进口额同比变化情况

单位:%

	2003年	2004年	2005年	2006年	2007年	2008年	2009年	2010年	2011年	2012年
农产品	45.3	20.2	7.3	12.2	69.4	51.9	−41.7	4.6	20.7	−3.2
谷物	49.4	−4.7	−22.3	7.2	127.2	34.5	−31.1	44.1	0.4	31.5
棉花	206.0	−40.7	−39.9	124.4	−20.5	37.3	−62.4	11.6	−31.2	4.5

（续）

	2003年	2004年	2005年	2006年	2007年	2008年	2009年	2010年	2011年	2012年
食用油籽	54.8	106.2	1.1	2.8	296.1	106.3	−72.6	−92.8	−18.8	−20.7
食用植物油	91.1	214.7	−35.9	−24.2	102.3	11.7	−29.8	46.3	3.8	143.5
食糖	171.1	43.8	−60.2	−91.7	696.3	1884.0	−88.0	1604.3	109.6	−98.7
蔬菜	−3.3	−5.4	0.8	29.8	101.4	12.2	−27.8	27.2	30.2	−12.2
水果	16.5	21.7	6.3	15.2	36.8	26.6	−3.6	18.8	20.9	2.9
畜产品	95.1	−9.8	4.1	2.3	33.2	24.4	−18.3	66.1	15.6	−28.4
水产品	91.3	54.1	31.5	23.6	30.3	1.4	−4.9	26.9	28.0	10.2
饮品	37.8	10.0	25.3	9.2	31.0	27.2	−6.5	34.1	18.3	0.1
烟草	−11.1	32.0	23.4	24.5	−13.2	62.3	−16.2	28.3	42.7	28.6

2012年，阿根廷出口农产品以谷物、食用植物油、食用油籽和畜产品为主，出口额分别为99.5亿美元、54.7亿美元、42.8亿美元和36.6亿美元，占其农产品出口额的比重分别为23.1%、12.7%、9.9%和8.5%；除谷物同比增长11.9%外，食用植物油、食用油籽和畜产品同比分别下降16.9%、33.1%和9.1%。此外，阿根廷还出口少量的水果、饮品、水产品和蔬菜等产品，2012年出口额分别为18.0亿美元、13.9亿美元、13.5亿美元和5.4亿美元，分别占其农产品出口额的4.2%、3.2%、3.1%和1.2%(图4)。

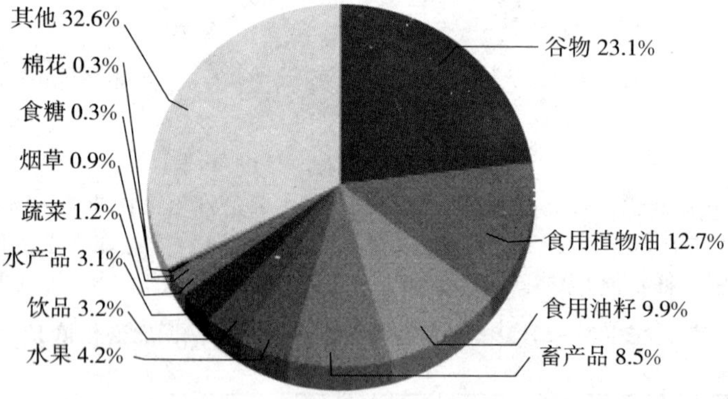

图4　2012年阿根廷农产品出口结构

2012年，阿根廷出口额同比增长较快的农产品主要是食糖和谷物，增幅分别为71.2%和11.9%，而棉花、食用油籽、蔬菜、食用植物油、水果、水产品和畜产品出口下降，同比分别下降52.2%、33.1%、22.3%、16.9%、11.4%、9.6%和9.1%（表2）。

表 2 2003—2012 年阿根廷主要农产品出口额同比变化情况

单位：%

	2003 年	2004 年	2005 年	2006 年	2007 年	2008 年	2009 年	2010 年	2011 年	2012 年
农产品	24.4	12.6	13.1	11.2	35.6	30.6	−24.8	22.4	31.0	−4.4
谷物	7.0	16.6	4.4	6.3	64.2	47.0	−51.0	39.7	79.5	11.9
棉花	−62.6	191.8	98.0	−80.5	125.2	−71.5	428.3	345.3	189.6	−52.2
食用油籽	54.4	−7.1	32.7	−17.1	85.4	32.8	−57.5	154.1	14.1	−33.1
食用植物油	38.8	9.9	4.4	16.9	42.7	27.0	−36.4	15.6	35.6	−16.9
食糖	−35.9	22.3	157.3	94.6	−54.6	22.5	125.1	−47.4	−45.8	71.2
蔬菜	17.4	29.7	13.8	21.8	25.4	14.1	−11.0	42.4	5.5	−22.3
水果	22.8	15.8	24.9	11.3	23.4	31.3	−23.3	8.0	23.8	−11.4
畜产品	17.5	58.0	25.7	6.6	5.3	21.4	−3.1	−5.3	27.3	−9.1
水产品	21.9	−7.7	−0.5	52.9	−11.2	18.4	−13.6	19.0	10.1	−9.6
饮品	14.3	22.4	26.3	22.2	26.6	24.4	1.0	12.6	14.1	8.5
烟草	3.9	17.6	15.3	14.9	8.6	28.6	6.9	−18.5	29.3	0.2

（二）进出口产品市场

2012 年，阿根廷前五大农产品出口市场分别为中国、巴西、智利、美国和荷兰，出口额分别为 41.2 亿美元、37.6 亿美元、19.9 亿美元、16.6 亿美元和 16.5 亿美元，占其农产

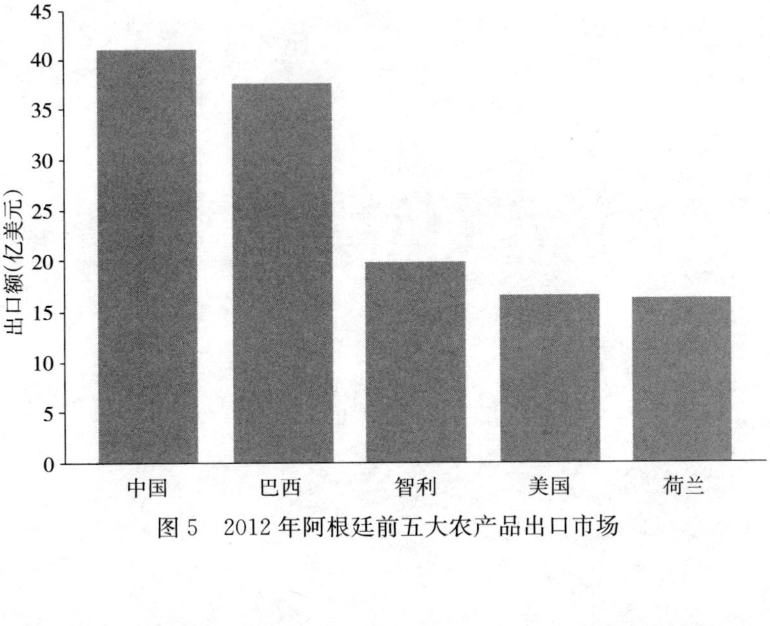

图 5 2012 年阿根廷前五大农产品出口市场

品出口额比重分别为 9.6%、8.7%、4.6%、3.9%和 3.8%（图 5）。

2012 年，阿根廷前五大农产品进口来源地分别为巴西、厄瓜多尔、智利、美国和中国，进口额分别为 6.9 亿美元、2.4 亿美元、2.0 亿美元、1.7 亿美元和 0.7 亿美元，占阿根廷农产品进口额比重分别为 33.2%、11.5%、9.6%、8.2%和 3.4%（图 6）。

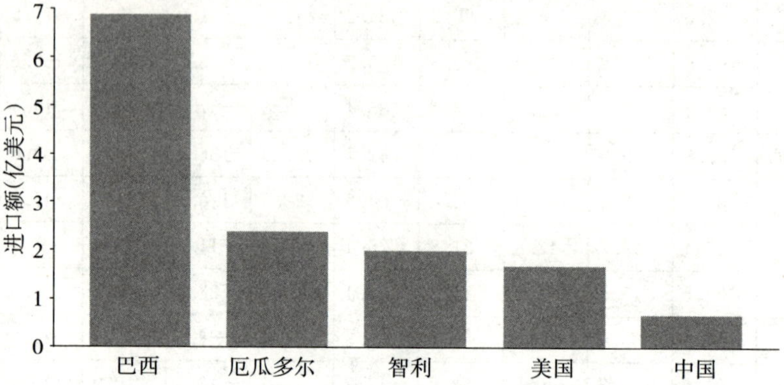

图 6　2012 年阿根廷前五大农产品进口来源地

4-27-2 阿根廷主要农产品出口额（一）

单位：万美元

项 目	2002 年	2003 年	2004 年	2005 年	2006 年	2007 年
农产品	1 197 837.6	1 490 050.7	1 677 153.4	1 896 463.8	2 109 559.1	2 859 672.3
谷物	216 737.0	231 964.4	270 426.6	282 321.2	300 126.0	492 724.8
小麦产品	113 205.6	94 632.1	137 460.2	128 650.8	151 090.1	227 068.1
玉米产品	93 032.6	124 177.7	119 999.4	137 555.1	127 070.8	226 304.9
稻谷产品	4 764.2	5 658.9	7 394.7	9 011.9	13 605.1	14 858.1
棉花	1 308.9	490.1	1 430.1	2 831.7	551.7	1 242.5
食用油籽	133 465.7	206 112.1	191 531.4	254 250.1	210 866.1	390 847.5
大豆	111 877.3	184 034.0	174 014.3	229 569.0	177 917.9	343 530.5
花生	12 089.5	14 919.4	14 419.1	18 396.0	28 578.1	40 732.0
油菜籽	3.4	8.4	3.2	15.0	21.6	352.8
食用植物油	195 660.8	271 601.0	298 433.6	311 632.5	364 200.2	519 563.6
豆油	134 550.5	208 340.0	233 574.9	224 701.0	278 959.8	441 905.0
菜籽油	59.3	111.7	402.1	401.5	252.3	0.9
棕榈油						
食糖	6 173.1	3 957.6	4 839.7	12 451.7	24 236.9	11 012.5
蔬菜	17 136.6	20 125.2	26 107.3	29 701.3	36 175.7	45 379.1
水果	61 792.0	75 895.1	87 895.8	109 795.8	122 155.1	150 724.0
畜产品	108 379.6	127 334.5	201 185.3	252 921.8	269 571.6	283 959.7
猪产品	1 014.5	1 654.4	2 068.3	2 653.9	3 402.0	5 415.8
牛产品	48 453.3	62 084.8	106 008.5	140 314.5	135 812.0	149 215.0
羊产品	401.8	1 115.5	1 965.2	2 760.4	2 333.6	1 779.1
禽产品	3 280.1	5 645.0	8 632.3	14 788.2	16 006.5	25 378.7
蛋产品	195.3	250.1	940.1	949.4	1 059.6	1 470.0
乳品	29 981.5	27 083.5	52 139.5	59 766.7	76 743.0	63 600.6
动物生皮	426.3	413.8	494.4	324.3	311.3	575.6
动物生毛皮	65.6	61.7	67.3	141.6	157.2	241.7
羊毛	5 338.1	5 780.8	6 339.9	5 516.2	5 464.8	9 467.3
水产品	73 221.0	89 287.3	82 390.1	82 017.6	125 375.1	111 338.7
饮品	28 968.2	33 117.9	40 546.0	51 197.1	62 543.5	79 178.6
酒	15 318.2	19 977.6	25 344.9	34 713.2	43 482.8	56 524.8
茶	5 947.2	5 298.2	5 941.0	6 664.9	7 685.3	8 694.8
咖啡	54.4	58.9	107.7	119.8	303.0	201.8
烟草	15 644.1	16 260.6	19 121.1	22 049.4	25 342.1	27 520.2

阿根廷主要农产品出口额（二）

单位：万美元

项　目	2008 年	2009 年	2010 年	2011 年	2012 年
农产品	3 733 596.3	2 809 398.6	3 439 803.8	4 504 424.6	4 304 828.9
谷物	724 156.8	354 871.3	495 646.9	889 502.1	995 414.8
小麦产品	299 174.1	130 364.3	119 269.4	290 660.5	330 679.1
玉米产品	355 079.5	164 140.4	318 657.0	463 071.0	490 497.9
稻谷产品	23 710.5	27 254.9	23 372.1	36 181.4	30 246.8
棉花	354.7	1 873.8	8 343.9	24 163.3	11 558.5
食用油籽	518 974.6	220 441.3	560 051.3	638 922.7	427 569.9
大豆	458 326.6	167 551.1	498 711.6	545 813.5	319 423.8
花生	50 833.3	41 254.3	49 576.8	78 987.2	90 759.1
油菜籽	209.5	680.8	991.4	2 382.1	3 771.3
食用植物油	659 976.6	419 638.9	485 176.5	658 101.2	546 688.2
豆油	489 592.9	326 121.0	413 592.4	519 708.3	431 983.0
菜籽油	841.1	1 478.8	722.5	1 241.0	1 169.5
棕榈油		0.6		0.3	
食糖	13 493.0	30 368.1	15 960.5	8 644.3	14 799.7
蔬菜	51 769.2	46 056.7	65 573.0	69 208.8	53 772.9
水果	197 948.6	151 895.8	164 088.2	203 120.6	179 992.6
畜产品	344 823.3	334 165.0	316 531.0	402 980.9	366 179.5
猪产品	7 081.7	6 806.6	5 986.2	6 154.4	6 057.7
牛产品	173 438.5	188 696.1	135 518.0	150 058.5	128 226.0
羊产品	2 247.0	2 722.6	3 223.3	3 302.6	1 536.5
禽产品	36 588.4	34 104.7	45 419.0	50 700.9	60 172.0
蛋产品	2 064.8	1 222.3	1 365.8	2 125.0	2 091.2
乳品	81 304.1	63 723.1	87 116.8	147 147.1	129 436.3
动物生皮	281.2	1 099.8	1 017.7	893.4	566.4
动物生毛皮	355.0	131.4	229.9	364.0	302.3
羊毛	7 052.7	4 578.5	8 005.7	7 658.8	5 778.5
水产品	131 866.0	113 905.2	135 497.9	149 122.3	134 817.6
饮品	98 501.1	99 459.8	112 016.5	127 829.8	138 717.3
酒	72 294.9	70 958.6	80 136.7	91 196.3	98 621.2
茶	9 899.5	11 159.2	13 826.2	15 510.0	17 729.7
咖啡	225.9	157.0	203.6	308.2	239.8
烟草	35 395.8	37 854.5	30 844.8	39 896.1	39 995.5

4-27-3 阿根廷主要农产品进口额（一）

单位：万美元

项　目	2002年	2003年	2004年	2005年	2006年	2007年
农产品	53 925.2	78 348.4	94 200.6	101 080.3	113 395.8	192 097.0
谷物	925.7	1 383.4	1 317.7	1 023.3	1 096.5	2 491.3
小麦产品	36.8	173.8	69.4	11.4	3.9	36.6
玉米产品	547.1	488.1	459.1	569.9	756.0	1 743.2
稻谷产品	258.7	514.2	347.1	252.1	203.9	440.9
棉花	2 262.8	6 925.0	4 108.2	2 470.1	5 542.3	4 408.5
食用油籽	5 068.4	7 845.0	16 174.0	16 356.9	16 810.5	66 592.4
大豆	4 575.5	7 070.1	14 851.3	15 634.3	15 597.2	64 675.8
花生	12.9	40.0	20.8	15.4	13.7	18.3
油菜籽	0.6	1.9	4.8	2.4	7.0	35.1
食用植物油	116.6	222.8	701.1	449.7	340.7	689.2
豆油	6.1	0.7		8.1	0.2	0.2
菜籽油	22.6	26.7	40.4	50.3	139.3	156.4
棕榈油	11.4	2.0	23.5	74.7	78.6	133.2
食糖	41.8	113.3	162.9	64.9	5.4	43.0
蔬菜	3 566.0	3 447.5	3 262.0	3 286.9	4 267.2	8 593.6
水果	8 123.0	9 460.9	11 512.3	12 235.6	14 096.1	19 288.2
畜产品	6 497.3	12 676.2	11 428.6	11 896.4	12 169.1	16 213.2
猪产品	1 639.7	4 789.8	5 038.9	4 405.5	4 455.4	6 318.0
牛产品	703.7	724.4	357.1	465.2	609.7	623.9
羊产品	43.2	33.7	45.4	114.5	63.0	38.9
禽产品	537.5	1 391.4	1 033.5	1 511.1	1 516.9	2 246.4
蛋产品	29.5	47.6	70.9	14.0	2.4	3.8
乳品	1 190.6	1 930.1	1 429.2	1 825.6	1 130.6	1 756.0
动物生皮	229.1	115.7	350.5	347.2	804.8	413.3
动物生毛皮	20.8	4.0	4.3	58.6	67.1	55.3
羊毛	79.6	152.1	285.2	163.8	333.6	584.4
水产品	1 708.5	3 267.6	5 035.5	6 624.1	8 189.1	10 674.4
饮品	9 066.6	12 497.6	13 743.6	17 214.5	18 790.9	24 616.5
酒	905.9	1 539.0	1 669.4	2 125.5	2 309.2	3 077.7
茶	69.6	100.6	103.1	137.5	154.1	231.1
咖啡	2 614.4	3 723.3	4 798.1	6 165.7	6 949.6	9 499.3
烟草	2 074.4	1 844.9	2 434.8	3 004.8	3 740.7	3 246.2

阿根廷主要农产品进口额（二）

单位：万美元

项　目	2008 年	2009 年	2010 年	2011 年	2012 年
农产品	291 788.1	170 037.9	177 933.1	214 723.1	207 845.0
谷物	3 351.8	2 309.9	3 329.2	3 343.6	4 396.9
小麦产品	31.1	54.1	11.7	53.9	20.7
玉米产品	2 463.6	1 438.8	2 531.3	2 417.5	3 645.5
稻谷产品	591.9	479.7	538.6	590.6	455.0
棉花	6 051.4	2 273.9	2 538.7	1 747.5	1 825.6
食用油籽	137 399.3	37 646.8	2 708.2	2 199.1	1 743.2
大豆	134 344.2	30 675.2	55.4	556.8	306.5
花生	26.0	12.0	47.8	12.2	13.9
油菜籽	49.9	6.9	5.6	6.9	12.7
食用植物油	769.6	540.0	790.2	819.9	1 996.7
豆油	9.7	0.2	0.5	3.9	1 141.2
菜籽油	354.5	220.1	295.8	293.8	371.8
棕榈油	281.8	204.2	421.9	382.1	418.8
食糖	853.1	102.0	1 738.4	3 643.6	47.6
蔬菜	9 640.4	6 960.4	8 856.1	11 527.5	10 119.8
水果	24 418.9	23 536.4	27 960.9	33 815.5	34 780.2
畜产品	20 176.4	16 476.9	27 368.6	31 649.3	22 668.3
猪产品	7 877.7	7 445.8	13 098.8	16 412.4	10 095.9
牛产品	680.2	562.6	564.2	1 020.9	793.8
羊产品	16.0	22.4	9.5	28.0	40.5
禽产品	2 667.7	2 594.1	3 783.2	4 711.6	2 895.6
蛋产品	44.8	27.1	43.3	60.9	92.9
乳品	1 998.9	1 711.7	2 857.4	2 444.4	3 452.7
动物生皮	450.0	326.2	440.4	282.3	494.0
动物生毛皮	62.3	13.2	15.2	28.5	38.9
羊毛	286.1	196.2	188.9	199.6	65.3
水产品	10 827.8	10 298.2	13 064.6	16 727.6	18 435.8
饮品	31 301.9	29 269.3	39 261.8	46 449.7	46 503.4
酒	3 882.2	4 701.6	7 331.4	8 679.8	6 770.1
茶	266.2	136.7	269.9	335.0	326.7
咖啡	10 654.3	9 180.7	11 433.0	15 397.8	16 081.6
烟草	5 269.4	4 417.0	5 666.8	8 089.3	10 406.1

4-27-4 阿根廷主要农产品出口量（一）

单位：吨

项 目	2002年	2003年	2004年	2005年	2006年	2007年
农产品						
谷物	19 585 329.3	19 058 015.4	21 410 600.4	26 163 109.0	21 426 108.6	27 631 375.6
小麦产品	9 239 549.8	6 191 099.7	10 011 276.2	10 451 807.2	9 861 301.4	10 532 815.7
玉米产品	9 512 350.0	11 945 396.4	10 721 846.6	14 682 888.6	10 431 487.8	15 026 034.6
稻谷产品	275 282.1	192 340.7	274 377.3	363 607.4	507 795.2	452 470.0
棉花	20 196.4	6 230.0	12 444.5	32 842.0	6 188.1	12 385.2
食用油籽	6 713 902.3	9 158 183.2	6 761 437.7	10 352 323.1	8 360 922.2	12 397 988.7
大豆	6 163 409.5	8 709 600.0	6 519 849.5	9 962 127.9	7 872 958.8	11 842 805.2
花生	198 120.3	207 815.6	176 315.9	262 999.1	404 937.1	432 625.1
油菜籽	123.6	312.2	56.5	148.4	31.3	11 849.7
食用植物油	4 532 528.0	5 284 811.4	5 347 117.3	6 184 257.8	7 106 950.3	7 356 059.4
豆油	3 399 698.8	4 188 075.5	4 340 966.1	4 850 818.7	5 741 989.2	6 403 549.8
菜籽油	1 412.6	1 562.5	5 304.0	7 191.7	4 442.9	3.7
棕榈油						
食糖	276 165.0	168 744.3	213 841.5	520 564.1	695 408.0	344 871.4
蔬菜	378 681.1	485 214.0	548 832.7	551 377.8	642 243.2	634 338.7
水果						
畜产品						
猪产品						
牛产品						
羊产品						
禽产品						
蛋产品						
乳品	214 290.4	154 741.3	262 432.5	274 037.7	362 040.9	228 657.1
动物生皮	3 898.9	3 345.3	3 918.5	2 591.5	2 228.1	3 584.6
动物生毛皮	134.7	143.0	175.1	556.6	439.6	290.3
羊毛	26 174.6	23 650.0	24 597.3	21 290.2	19 810.9	29 460.6
水产品						
饮品						
酒						
茶	96 186.7	98 331.6	98 204.6	97 073.6	103 290.0	111 404.5
咖啡	171.9	155.4	219.4	285.4	489.0	312.5
烟草						

阿根廷主要农产品出口量（二）

单位：吨

项　目	2008年	2009年	2010年	2011年	2012年
农产品					
谷物	27 806 130.1	17 508 240.8	25 409 932.8	30 489 849.4	37 464 032.0
小麦产品	9 768 024.7	6 079 827.5	4 889 904.0	9 350 146.1	12 415 663.9
玉米产品	15 454 203.5	8 694 437.2	17 786 126.9	16 292 604.2	18 168 631.2
稻谷产品	425 743.2	636 814.1	504 975.0	790 503.4	640 381.0
棉花	3 024.5	17 754.0	52 199.3	96 925.6	84 997.2
食用油籽	12 267 058.3	4 855 240.1	14 245 971.0	11 526 397.2	6 861 537.7
大豆	11 733 589.9	4 292 347.7	13 617 341.9	10 821 539.7	6 161 832.0
花生	407 719.9	449 267.3	504 150.1	545 629.6	507 871.1
油菜籽	3 998.4	20 882.1	20 578.7	37 713.4	67 824.9
食用植物油	6 192 537.1	5 549 397.9	5 600 589.0	5 441 253.9	4 680 375.6
豆油	4 944 193.6	4 439 404.4	4 899 823.2	4 416 831.8	3 777 573.6
菜籽油	6 749.2	17 983.2	7 567.0	9 165.8	9 674.9
棕榈油		1.8		1.0	
食糖	395 099.2	780 065.4	330 967.7	119 783.0	230 671.4
蔬菜	594 753.0	591 303.1	686 168.8	662 269.7	522 980.9
水果					
畜产品					
猪产品					
牛产品					
羊产品					
禽产品					
蛋产品					
乳品	246 830.7	294 764.0	281 690.2	401 738.1	372 016.0
动物生皮	2 308.6	10 879.7	7 934.1	3 692.5	1 763.2
动物生毛皮	310.8	198.6	195.5	188.8	163.7
羊毛	22 913.4	19 288.3	24 786.6	16 962.1	13 380.9
水产品					
饮品					
酒					
茶	115 466.5	108 154.1	125 112.9	123 687.4	112 261.9
咖啡	292.8	221.8	269.8	380.5	247.0
烟草					

4-27-5 阿根廷主要农产品进口量（一）

单位：吨

项　目	2002年	2003年	2004年	2005年	2006年	2007年
农产品						
谷物	14 480.5	31 804.9	26 262.3	12 466.4	9 801.7	20 299.8
小麦产品	953.8	4 456.3	1 740.5	251.1	61.5	1 298.1
玉米产品	1 939.6	3 140.9	2 026.7	2 463.0	1 585.0	5 506.1
稻谷产品	10 259.9	19 271.4	8 755.2	6 545.0	5 730.1	9 930.5
棉花	24 869.4	61 473.7	33 416.1	22 692.9	47 289.0	35 765.6
食用油籽	264 579.8	344 311.6	589 717.7	750 812.2	734 743.5	2 283 225.0
大豆	260 673.8	338 076.8	559 438.0	747 732.5	712 442.3	2 245 408.9
花生	154.3	427.3	177.6	136.9	110.0	141.7
油菜籽	0.4	0.8	1.7	3.2	21.6	106.0
食用植物油	831.1	1 030.8	3 685.0	3 340.6	2 480.8	4 920.3
豆油	82.2	0.3	0.2	99.2	0.2	0.3
菜籽油	206.8	240.2	355.0	405.9	1 198.1	1 152.0
棕榈油	105.6	13.6	240.4	1 103.6	990.4	1 267.1
食糖	949.5	5 326.5	7 385.7	2 642.1	50.8	1 542.5
蔬菜		57 733.1	49 674.9	42 577.3	39 532.9	119 642.6
水果						
畜产品						
猪产品						
牛产品						
羊产品						
禽产品						
蛋产品						
乳品	8 919.2	41 643.5	41 841.0	15 915.0	10 632.1	7 933.0
动物生皮	1 195.0	604.4	1 347.0	1 519.6	3 911.5	1 729.7
动物生毛皮	5.7	2.2	20.7	38.1	13.9	10.9
羊毛	649.5	730.7	1 142.3	406.9	911.7	880.7
水产品						
饮品						
酒						
茶	297.7	303.4	444.4	640.3	612.5	916.8
咖啡	28 118.0	33 133.1	34 617.5	34 707.1	33 553.5	36 902.1
烟草						

阿根廷主要农产品进口量（二）

单位：吨

项　目	2008 年	2009 年	2010 年	2011 年	2012 年
农产品					
谷物	18 638.9	18 088.8	19 422.8	23 392.5	15 723.7
小麦产品	730.1	1 634.9	287.3	1 067.5	468.9
玉米产品	6 134.4	4 166.0	7 112.6	5 286.1	7 637.2
稻谷产品	8 913.2	7 221.9	8 720.3	9 601.1	5 759.6
棉花	39 859.2	16 911.2	14 983.4	6 870.1	7 652.3
食用油籽	2 922 856.0	1 029 971.2	42 021.3	25 464.7	9 168.6
大豆	2 891 772.1	823 924.2	189.5	12 862.7	1 429.8
花生	158.8	114.9	392.8	93.0	84.7
油菜籽	63.5	15.1	20.3	8.0	8.7
食用植物油	3 681.2	3 722.3	6 289.9	4 470.7	15 525.0
豆油	101.1	0.5	1.3	24.8	10 777.1
菜籽油	1 402.1	1 241.3	1 846.6	1 580.1	1 809.8
棕榈油	1 943.8	2 133.9	4 236.8	2 563.3	2 813.9
食糖	28 186.6	2 813.0	29 074.8	43 292.0	444.3
蔬菜		112 581.7	187 825.9	77 287.9	51 585.1
水果					
畜产品					
猪产品					
牛产品					
羊产品					
禽产品					
蛋产品					
乳品	12 275.1	7 000.2	9 663.9	14 254.9	21 722.0
动物生皮	2 021.9	2 616.3	2 309.1	1 219.0	1 769.3
动物生毛皮	18.6	14.1	11.9	6.1	9.6
羊毛	475.4	317.6	239.9	182.2	106.4
水产品					
饮品					
酒					
茶	959.3	374.6	592.7	581.6	536.3
咖啡	33 879.1	33 936.1	37 523.3	35 746.3	38 296.1
烟草					

4-27-6 阿根廷农产品出口额前15位国家（地区）
（2012年）

单位：万美元，%

序号	国家（地区）	出口额	同比增长
1	中国	412 202.7	−24.3
2	巴西	376 033.2	−5.0
3	智利	199 026.3	20.0
4	美国	165 698.7	−1.2
5	荷兰	165 013.2	−26.1
6	印度尼西亚	153 986.7	5.4
7	哥伦比亚	151 979.5	7.6
8	阿尔及利亚	148 551.0	−9.9
9	委内瑞拉	129 796.2	10.9
10	西班牙	126 178.7	−14.5
11	秘鲁	113 492.9	8.5
12	印度	108 459.3	7.9
13	马来西亚	101 321.8	4.3
14	伊朗	98 037.0	−8.1
15	埃及	97 085.3	−42.6
	总计	2 546 862.5	

4-27-7 阿根廷农产品进口额前 15 位国家（地区）

（2012 年）

单位：万美元，%

序号	国家（地区）	进口额	同比增长
1	巴西	69 471.1	−14.2
2	厄瓜多尔	23 516.3	15.6
3	智利	19 827.7	−4.1
4	美国	16 898.2	12.3
5	中国	6 805.3	−5.9
6	乌拉圭	5 510.4	1.9
7	墨西哥	4 482.4	−12.6
8	西班牙	3 926.3	41.3
9	玻利维亚	3 892.3	16.1
10	泰国	3 847.0	−5.8
11	马来西亚	3 783.3	2.3
12	法国	3 652.2	−6.3
13	荷兰	3 255.1	4.9
14	意大利	3 101.3	−1.9
15	巴拉圭	2 715.7	5.5
	总计	174 684.6	

4-28 智利主要农产品贸易情况

4-28-1 智利主要农产品出口额（一）

单位：万美元

项目	2002年	2003年	2004年	2005年	2006年	2007年
农产品	512 195.2	637 997.4	755 037.2	863 280.3	979 711.9	1 114 753.5
谷物	8 244.8	9 489.3	10 244.3	10 593.0	12 750.3	13 450.3
小麦产品	6.8	9.2	6.6	4.3	4.4	7.3
玉米产品	6 542.3	6 875.7	7 594.4	8 074.2	10 259.4	11 750.0
稻谷产品	15.1	41.2	34.1	40.2	97.7	87.1
棉花					0.7	5.3
食用油籽	645.9	1 051.3	1 254.2	1 891.1	2 087.7	2 520.7
大豆	84.5	134.8	59.9	94.1	205.3	247.8
花生	1.0	10.2	11.2	7.4	19.6	29.2
油菜籽	9.0	8.6	62.4	434.7	258.3	168.3
食用植物油	23.3	39.1	78.1	139.1	271.3	484.7
豆油	3.1	3.7	7.1			
菜籽油	2.8	6.6	26.7	23.3	79.3	161.5
棕榈油						0.8
食糖	3.4	0.9	23.1	22.6	10.0	9.5
蔬菜	21 584.2	23 242.5	26 862.6	29 016.4	32 449.5	37 590.4
水果	160 926.0	224 070.9	259 330.9	275 486.1	309 855.3	365 098.8
畜产品	24 984.0	40 182.9	60 238.5	80 169.6	82 221.9	93 864.1
猪产品	11 480.5	16 181.7	25 424.7	32 293.8	34 013.3	39 575.9
牛产品	873.9	3 390.1	5 224.4	10 207.9	7 523.1	8 381.2
羊产品	1 148.2	1 638.7	2 019.4	2 434.7	2 349.3	2 078.9
禽产品	3 826.2	7 904.8	14 617.6	19 549.4	20 976.4	20 541.9
蛋产品	154.4	17.8	39.3	154.7	125.4	239.8
乳品	3 924.0	5 142.9	8 067.2	11 125.6	11 748.4	16 890.6
动物生皮	423.9	608.7	949.7	592.2	850.7	1 432.3
动物生毛皮	0.6	5.0	15.6	12.1	11.6	10.0
羊毛	482.6	536.4	609.8	1 322.6	1 420.1	857.2
水产品	203 897.0	236 187.6	273 622.1	330 141.5	392 004.9	409 620.5
饮品	65 312.5	73 225.3	90 966.3	96 310.5	104 968.6	135 564.4
酒	61 221.8	68 558.8	85 117.1	89 689.7	97 952.5	127 917.1
茶	929.5	1 288.2	1 701.3	1 515.9	1 525.4	2 145.1
咖啡	563.0	525.6	628.3	852.4	873.1	884.5
烟草	1 160.6	3 773.4	2 406.4	2 871.7	3 309.6	3 649.9

智利主要农产品出口额（二）

单位：万美元

项　目	2008 年	2009 年	2010 年	2011 年	2012 年
农产品	1 306 526.1	1 190 187.8	1 275 029.6	1 562 275.4	1 601 207.0
谷物	19 635.9	21 685.1	18 823.1	21 883.3	28 097.4
小麦产品	3.9	42.9	535.4	636.9	4.9
玉米产品	17 817.7	19 644.8	16 666.2	16 774.0	25 699.1
稻谷产品	194.4	220.2	219.3	159.8	216.3
棉花	2.7		0.2	54.1	
食用油籽	3 149.6	7 213.7	5 752.3	6 416.4	6 728.3
大豆	481.7	2 811.6	2 591.6	2 110.7	1 364.8
花生	41.4	41.7	218.5	15.1	11.4
油菜籽	377.4	2 062.9	969.5	1 766.7	2 183.2
食用植物油	911.1	1 708.5	1 758.1	3 009.1	4 499.4
豆油					
菜籽油	354.0	394.8	475.3	560.0	867.7
棕榈油					
食糖	21.0	4.3	7.6	11.9	8.9
蔬菜	43 774.5	40 836.3	44 294.5	51 277.6	48 176.0
水果	457 190.0	399 254.2	465 327.2	548 863.0	557 951.9
畜产品	112 805.0	98 821.5	103 563.0	127 850.1	128 707.6
猪产品	38 526.6	39 280.8	38 133.2	47 235.1	56 340.7
牛产品	9 762.4	6 911.4	8 122.4	8 809.3	6 660.6
羊产品	2 404.8	2 662.1	3 278.4	4 479.9	2 940.9
禽产品	29 768.5	28 835.8	28 217.9	33 117.2	33 455.3
蛋产品	170.4	46.0	24.6	7.7	3.7
乳品	22 038.2	12 398.2	15 264.4	19 391.5	19 053.0
动物生皮	855.8	560.2	1 054.4	1 295.5	793.6
动物生毛皮	3.0			1.1	16.2
羊毛	911.6	855.9	1 166.1	1 605.7	1 413.6
水产品	443 966.2	409 174.6	392 282.3	528 123.9	538 081.3
饮品	149 233.5	147 453.2	166 697.0	181 455.2	191 199.4
酒	139 653.3	140 026.4	157 453.4	171 803.5	182 816.9
茶	2 517.8	1 775.3	2 237.0	2 725.5	2 956.2
咖啡	2 490.4	2 015.9	2 620.5	2 495.0	1 539.5
烟草	4 856.6	3 453.6	5 706.6	7 314.8	8 684.5

4-28-2 智利主要农产品进口额（一）

单位：万美元

项 目	2002年	2003年	2004年	2005年	2006年	2007年
农产品	132 050.8	160 211.3	184 415.7	206 594.7	258 315.1	338 413.3
谷物	22 328.2	27 134.0	24 223.6	24 286.4	48 855.5	75 820.6
小麦产品	5 008.2	8 352.8	4 922.9	4 028.7	18 121.2	29 778.2
玉米产品	13 616.6	12 888.9	14 507.0	15 025.6	25 779.5	37 451.4
稻谷产品	1 875.5	3 418.1	2 652.7	3 344.5	3 482.2	4 240.0
棉花	1 435.4	1 919.5	1 812.0	1 969.8	1 700.8	1 932.5
食用油籽	3 744.9	4 451.8	6 244.5	6 556.6	6 001.5	8 000.9
大豆	3 049.7	3 749.8	5 259.2	5 573.5	4 771.1	6 400.6
花生	466.4	552.7	726.4	683.9	771.4	1 089.8
油菜籽	2.2	0.4	10.0	9.0	26.9	37.6
食用植物油	537.8	2 935.3	1 565.9	2 094.8	3 794.9	2 379.9
豆油	38.1	2 350.8	751.9	904.5	1 222.9	342.9
菜籽油	30.8		3.5	0.5	908.0	11.9
棕榈油	4.2	1.5	33.0	241.7	586.9	488.6
食糖	5 061.9	4 871.2	6 489.3	7 465.7	10 004.5	15 552.9
蔬菜	2 584.2	2 722.2	2 990.8	4 256.4	4 839.0	6 798.1
水果	8 843.8	8 629.9	8 923.5	10 221.3	12 709.0	15 653.8
畜产品	22 219.2	32 896.9	37 149.5	50 935.8	49 402.4	55 023.0
猪产品	351.1	323.0	740.1	875.6	1 242.7	1 663.7
牛产品	17 519.1	23 118.1	27 381.4	36 694.4	33 268.5	38 227.0
羊产品		22.1			5.0	39.9
禽产品	318.3	607.7	1 641.8	2 325.3	3 287.6	4 483.0
蛋产品	148.5	155.9	136.3	142.2	170.4	173.5
乳品	2 234.2	6 766.1	4 566.1	7 751.6	7 591.0	5 795.5
动物生皮	7.0	5.4		5.1	0.2	38.8
动物生毛皮	0.1		0.1			
羊毛	13.1	12.0	21.8	20.6	16.0	11.4
水产品	5 092.5	8 844.3	13 152.7	10 326.1	18 010.2	20 923.1
饮品	12 444.8	14 303.0	15 895.8	18 658.4	20 964.3	26 939.6
酒	3 790.8	5 177.7	6 242.4	7 272.9	7 940.7	10 988.1
茶	2 316.1	2 140.0	2 474.8	2 961.9	3 463.5	3 602.1
咖啡	1 401.9	1 715.6	2 070.5	2 961.9	3 461.9	4 688.1
烟草	842.5	669.9	1 316.4	1 802.0	860.9	1 319.1

智利主要农产品进口额（二）

单位：万美元

项　目	2008年	2009年	2010年	2011年	2012年
农产品	450 126.9	332 643.2	442 203.6	577 473.0	617 883.5
谷物	97 006.1	51 109.8	54 336.2	78 078.2	88 818.4
小麦产品	32 089.9	17 406.9	16 063.7	22 814.4	28 645.4
玉米产品	43 697.1	17 399.9	18 612.7	31 548.0	34 833.2
稻谷产品	9 318.1	6 208.4	6 814.4	6 146.8	7 452.8
棉花	2 144.4	1 697.6	1 169.9	365.3	231.4
食用油籽	8 990.5	2 883.9	5 041.6	11 288.1	7 504.2
大豆	6 622.5	995.1	2 844.1	7 605.1	2 894.3
花生	1 472.7	1 217.2	1 435.5	2 222.5	2 544.9
油菜籽	60.0	31.9	30.3	119.1	156.0
食用植物油	3 938.7	2 207.3	3 001.9	9 796.0	13 607.4
豆油	451.9	211.9	358.1	578.2	2 559.0
菜籽油	1 462.0	6.8	232.0	5 410.8	5 947.5
棕榈油	364.5	97.5	153.5	239.7	186.5
食糖	22 579.2	26 429.2	26 347.6	38 201.8	32 660.8
蔬菜	9 929.3	8 660.6	11 082.4	13 386.8	17 004.2
水果	18 701.5	15 924.1	22 175.2	27 558.7	28 701.7
畜产品	68 821.2	64 604.0	102 830.5	124 278.8	136 303.7
猪产品	1 754.1	2 035.4	4 470.3	5 675.4	7 153.3
牛产品	47 314.4	47 414.8	74 555.6	83 859.7	86 425.9
羊产品	10.0	1.4	18.5	2.6	2.1
禽产品	5 971.0	6 950.4	13 265.2	16 662.3	16 587.6
蛋产品	171.2	193.7	215.6	278.5	281.1
乳品	8 393.3	6 026.3	6 948.7	10 996.2	16 446.9
动物生皮	1.2	1.0	1.6	5.8	19.9
动物生毛皮	0.1	0.4			
羊毛	11.2	28.8	5.8	2.0	1.8
水产品	29 403.1	13 894.9	28 159.7	39 890.9	40 559.3
饮品	33 853.0	29 829.7	44 215.0	51 771.5	56 780.7
酒	12 972.4	12 440.4	18 634.3	22 484.0	26 857.6
茶	4 843.9	4 191.7	5 306.0	6 007.7	6 364.0
咖啡	6 472.4	4 196.7	7 610.1	8 044.9	6 552.1
烟草	1 792.7	1 674.5	2 095.4	2 718.6	3 173.5

4-28-3 智利主要农产品出口量（一）

单位：吨

项目	2002年	2003年	2004年	2005年	2006年	2007年
农产品						
谷物	94 777.5	145 512.1	184 790.5	164 002.9	171 614.1	129 562.5
小麦产品	434.5	119.3	86.8	30.9	32.3	60.2
玉米产品	45 794.3	56 255.4	61 836.1	60 993.8	79 184.0	77 253.5
稻谷产品	288.6	1 091.4	1 031.9	1 253.4	2 701.1	1 915.0
棉花		0.3			0.9	253.9
食用油籽	10 376.3	5 035.4	4 602.2	6 574.7	6 914.8	7 094.1
大豆	3 650.1	994.9	434.7	701.3	1 491.5	1 448.5
花生	5.6	25.6	35.7	13.4	119.9	52.5
油菜籽	362.5	1.7	148.8	2 541.4	785.6	652.9
食用植物油	292.5	268.3	439.0	489.4	1 089.7	1 843.6
豆油	51.5	32.7	69.2	0.3		
菜籽油	43.2	69.4	247.1	214.5	704.3	1 260.8
棕榈油	0.2					3.7
食糖	94.0	8.3	177.0	138.4	251.0	117.2
蔬菜		216 389.7	242 029.8	227 178.0	230 308.7	249 747.0
水果						
畜产品						
猪产品						
牛产品						
羊产品						
禽产品						
蛋产品						
乳品		41 406.5	54 916.5	65 287.3	69 084.5	76 849.6
动物生皮	2 471.1	3 811.5	6 438.0	4 103.9	6 905.4	9 260.2
动物生毛皮	0.1	12.8	66.5	23.2	1.8	1.1
羊毛	2 843.4	2 792.0	3 060.9	6 970.0	7 999.5	4 383.0
水产品						
饮品						
酒						
茶	1 833.7	2 639.7	3 345.4	2 896.9	2 747.0	4 007.9
咖啡	826.9	1 484.6	1 537.4	1 946.0	1 594.8	1 491.4
烟草						

智利主要农产品出口量（二）

单位：吨

项　目	2008年	2009年	2010年	2011年	2012年
农产品					
谷物	108 575.9	122 897.9	134 484.0	215 865.2	157 295.7
小麦产品	27.1	92.9	10 348.4	11 095.5	60.4
玉米产品	75 884.3	77 618.2	57 621.4	49 398.6	81 680.7
稻谷产品	2 429.8	3 815.7	3 648.4	2 764.8	3 434.7
棉花	187.1	0.1	14.8	464.4	
食用油籽	10 005.1	23 915.1	20 567.8	21 715.0	19 545.9
大豆	3 285.9	12 668.1	12 799.8	10 759.5	6 039.5
花生	74.0	66.5	791.2	39.8	20.5
油菜籽	1 943.9	7 170.9	3 386.4	6 392.1	7 405.6
食用植物油	2 956.0	6 781.4	8 507.5	11 041.0	17 045.3
豆油					
菜籽油	2 059.7	4 586.4	5 148.2	4 232.7	6 754.5
棕榈油					
食糖	417.5	45.8	80.4	120.5	94.3
蔬菜	239 217.6	178 071.2	255 307.6	264 128.4	212 120.9
水果					
畜产品					
猪产品					
牛产品					
羊产品					
禽产品					
蛋产品					
乳品	76 553.9	61 453.3	63 098.7	69 315.6	70 233.4
动物生皮	6 398.3	7 359.9	7 925.0	4 932.9	3 660.9
动物生毛皮	0.8			4.6	9.1
羊毛	3 662.3	4 494.0	4 404.5	4 311.9	3 521.4
水产品					
饮品					
酒					
茶	4 076.1	2 726.5	3 671.0	4 554.6	4 969.9
咖啡	4 218.6	4 288.9	4 913.6	4 631.7	2 811.1
烟草					

4-28-4 智利主要农产品进口量（一）

单位：吨

项 目	2002年	2003年	2004年	2005年	2006年	2007年
农产品						
谷物	1 419 723.1	1 935 388.2	1 570 431.3	1 683 303.3	3 124 052.6	3 311 922.9
小麦产品	330 066.2	486 981.0	258 554.7	218 568.9	1 059 099.0	1 125 395.8
玉米产品	929 331.4	1 011 588.3	985 029.6	1 134 907.0	1 752 084.3	1 768 739.2
稻谷产品	51 527.6	273 439.7	191 024.0	202 855.5	217 542.1	213 493.1
棉花	13 936.8	17 299.7	14 282.3	18 745.2	14 641.9	15 016.3
食用油籽	126 141.4	175 119.7	204 000.5	231 578.7	198 974.7	219 992.7
大豆	116 487.2	154 862.5	179 034.0	207 388.5	168 355.4	188 612.0
花生	5 976.7	13 681.1	16 138.1	16 881.4	18 703.0	19 970.2
油菜籽	90.5	0.1	10.6	15.7	35.6	45.2
食用植物油	4 068.3	47 426.5	19 465.6	29 955.3	56 850.3	27 479.6
豆油	695.3	42 405.5	11 791.5	16 754.6	22 307.1	3 391.8
菜籽油	605.9		27.7	3.7	12 738.1	136.9
棕榈油	80.7	21.6	633.6	4 886.1	10 940.8	7 875.7
食糖	160 353.3	331 873.6	436 267.1	452 250.4	456 748.8	800 625.5
蔬菜		70 180.1	63 037.8	116 854.2	122 480.6	134 876.1
水果						
畜产品						
猪产品						
牛产品						
羊产品						
禽产品						
蛋产品						
乳品		73 324.6	47 999.0	71 431.9	70 142.1	38 516.6
动物生皮	14.2	24.6	0.1	24.1		166.8
动物生毛皮						
羊毛	83.7	46.8	73.1	94.8	52.2	44.1
水产品						
饮品						
酒						
茶	12 961.5	28 114.7	32 834.9	30 742.5	31 177.3	31 969.0
咖啡	8 969.6	15 608.4	15 739.7	16 765.3	17 079.2	18 368.3
烟草						

智利主要农产品进口量（二）

单位：吨

项　目	2008年	2009年	2010年	2011年	2012年
农产品					
谷物	2 967 323.8	2 418 103.7	2 387 206.7	2 538 222.9	2 846 607.2
小麦产品	817 950.6	710 718.6	641 611.2	661 693.8	913 262.7
玉米产品	1 488 437.6	836 190.7	793 011.0	973 542.2	1 100 976.0
稻谷产品	259 833.5	249 611.1	261 269.7	227 841.5	123 015.0
棉花	13 030.6	12 636.3	6 487.3	1 480.5	1 029.9
食用油籽	165 992.8	50 227.9	95 236.8	179 580.0	74 971.3
大豆	133 054.1	21 802.7	59 376.7	138 784.3	46 411.0
花生	18 952.8	19 636.8	22 324.9	24 873.5	11 674.6
油菜籽	71.0	119.6	31.5	93.8	178.5
食用植物油	28 866.8	26 193.1	31 165.9	81 197.7	93 345.5
豆油	3 046.0	1 930.7	3 160.1	3 695.7	16 242.1
菜籽油	9 417.5	32.2	2 346.6	41 173.1	44 466.9
棕榈油	5 061.9	2 035.1	2 550.7	3 152.8	1 430.0
食糖	1 110 092.4	1 133 741.5	848 519.1	955 739.8	495 843.5
蔬菜	164 213.0	168 779.8	177 855.2	180 273.5	133 882.8
水果					
畜产品					
猪产品					
牛产品					
羊产品					
禽产品					
蛋产品					
乳品	53 037.5	46 915.4	44 391.7	54 637.1	45 632.4
动物生皮	3.2	0.2	0.3	16.6	33.2
动物生毛皮					
羊毛	33.6	102.5	17.5	5.9	6.4
水产品					
饮品					
酒					
茶	34 452.3	29 921.8	34 591.4	35 550.3	29 306.5
咖啡	17 549.9	15 039.1	21 134.4	16 580.6	13 990.4
烟草					

4-29 秘鲁主要农产品贸易情况

4-29-1 秘鲁主要农产品出口额（一）

单位：万美元

项目	2002年	2003年	2004年	2005年	2006年	2007年
农产品	183 674.1	188 585.8	252 199.0	297 936.3	357 591.2	395 661.9
谷物	802.8	972.5	1 090.8	1 222.9	1 536.6	1 682.2
小麦产品	34.6	259.9	185.7	111.6	336.0	172.2
玉米产品	640.9	492.2	713.5	879.8	851.0	1 025.4
稻谷产品	10.0	7.2	4.2	20.5	22.8	12.4
棉花	239.1	580.0	629.9	329.2	699.8	325.4
食用油籽	58.1	82.7	77.2	120.2	91.3	132.8
大豆	0.4	1.2	0.6	5.6	1.7	6.7
花生	2.6	4.3	7.4	7.9	3.6	14.8
油菜籽						
食用植物油	3.2	4.7	15.6	206.7	58.6	96.9
豆油					0.6	0.5
菜籽油	0.7				0.4	
棕榈油		0.5		15.1	20.9	66.3
食糖	1 629.6	1 921.0	1 489.8	1 311.3	4 346.4	1 940.5
蔬菜	28 708.1	32 754.1	42 897.5	54 929.3	63 083.3	80 943.8
水果	8 416.1	10 581.0	13 100.4	16 163.6	24 686.2	29 301.3
畜产品	3 169.4	4 558.9	6 507.5	6 814.1	7 858.2	9 610.6
猪产品	14.0	24.4	97.5	79.6	74.2	66.7
牛产品		1.6	1.8	7.5	3.2	14.9
羊产品		0.5	0.1	0.1	5.6	2.1
禽产品	307.7	273.1	465.4	591.9	809.1	867.3
蛋产品	169.9	189.6	385.4	543.8	570.3	700.7
乳品	1 099.2	1 849.5	3 525.1	4 067.8	5 159.7	6 550.4
动物生皮	578.4	745.5	634.0	348.6	351.8	376.8
动物生毛皮				10.2		
羊毛	190.2	765.0	574.7	307.8	368.2	535.7
水产品	107 208.2	103 632.5	139 476.0	164 177.1	178 256.1	197 674.8
饮品	21 354.7	21 210.4	33 056.7	34 905.4	56 759.5	49 841.0
酒	392.7	484.0	491.0	408.1	681.3	1 428.2
茶	19.9	2.8	7.5	2.6	10.0	2.3
咖啡	18 823.4	18 119.7	28 994.0	30 616.1	51 504.1	42 695.8
烟草	1 118.4	627.4	472.2	1 019.3	326.3	362.9

秘鲁主要农产品出口额（二）

单位：万美元

项　目	2008 年	2009 年	2010 年	2011 年	2012 年
农产品	505 204.7	471 091.1	574 989.4	769 196.5	759 844.4
谷物	4 519.9	5 451.2	3 666.1	4 398.9	8 003.2
小麦产品	1 047.1	338.7	216.6	194.1	247.1
玉米产品	1 234.4	1 546.7	1 665.9	1 416.7	1 829.1
稻谷产品	1 433.9	2 568.6	141.0	78.7	2 265.7
棉花	231.5	269.6	116.0	882.8	511.1
食用油籽	189.3	119.3	192.8	247.0	469.5
大豆	3.0	3.8	15.0	10.1	12.9
花生	39.0	16.0	29.2	45.1	21.1
油菜籽					
食用植物油	146.3	147.6	150.8	83.9	89.0
豆油	0.2	2.3	14.1	6.0	3.1
菜籽油		0.1			
棕榈油	48.9	4.0	2.2		
食糖	2 542.2	3 788.4	6 572.0	4 859.6	4 094.2
蔬菜	93 310.2	86 159.3	99 262.6	114 663.8	118 939.4
水果	39 879.0	45 110.1	58 242.1	87 372.7	95 966.0
畜产品	13 529.0	10 089.9	13 713.6	17 378.8	18 787.4
猪产品	95.7	162.0	276.5	362.9	330.5
牛产品	21.7	4.8	7.9	18.0	31.5
羊产品	1.6	4.6	2.8	1.0	
禽产品	1 317.3	1 149.5	1 412.8	1 671.4	2 057.7
蛋产品	1 227.0	1 236.2	1 638.7	1 576.9	2 018.1
乳品	9 068.9	6 158.2	8 290.9	10 219.6	11 738.0
动物生皮	190.2	144.7	310.6	660.3	726.8
动物生毛皮					0.2
羊毛	889.2	669.9	1 083.0	2 307.7	1 197.1
水产品	245 033.0	223 098.9	255 870.4	318 031.1	336 872.9
饮品	74 973.4	71 146.1	103 531.0	176 264.7	126 310.7
酒	2 019.6	3 885.6	4 502.8	4 606.1	11 086.1
茶	1.6	12.0	72.8	5.9	6.8
咖啡	64 513.4	58 535.5	88 912.0	158 588.3	102 353.8
烟草	541.9	681.4	868.0	897.3	719.1

4-29-2 秘鲁主要农产品进口额（一）

单位：万美元

项　目	2002年	2003年	2004年	2005年	2006年	2007年
农产品	109 994.0	115 959.3	139 461.5	155 510.6	167 871.8	229 271.2
谷物	33 822.5	36 897.9	47 364.6	50 175.2	53 038.9	81 574.2
小麦产品	20 026.8	21 179.5	25 741.5	25 418.0	26 551.9	41 138.1
玉米产品	10 983.9	12 257.8	15 979.0	17 160.5	22 051.9	33 435.2
稻谷产品	982.1	538.2	3 123.5	4 915.3	1 657.8	3 585.8
棉花	5 044.8	5 840.4	6 135.5	6 498.5	5 113.3	8 858.7
食用油籽	3 322.4	4 241.0	2 576.8	3 164.9	3 797.2	5 191.9
大豆	3 058.4	3 939.1	2 104.3	2 476.4	3 062.7	4 110.6
花生	121.2	139.2	224.8	317.9	269.8	503.3
油菜籽						11.1
食用植物油	12 494.2	14 282.3	16 462.3	16 176.2	18 154.1	25 750.2
豆油	11 003.7	12 518.8	14 618.1	14 242.6	16 705.1	22 899.2
菜籽油	4.4	6.5	29.2	54.7	66.3	55.7
棕榈油	756.3	1 120.0	1 197.2	1 047.7	579.7	1 685.9
食糖	3 462.9	297.0	5 005.7	7 435.4	10 667.9	9 072.1
蔬菜	953.1	967.9	1 327.1	1 384.5	1 696.0	2 155.2
水果	7 232.3	7 975.7	8 921.1	9 910.8	10 719.6	12 879.5
畜产品	9 687.1	9 109.3	11 240.5	12 730.1	13 533.7	18 249.8
猪产品	637.3	676.4	851.7	771.4	875.7	1 155.6
牛产品	1 578.4	1 977.9	1 916.4	2 357.1	2 081.2	2 571.2
羊产品	4.4	4.7	8.1	4.9	8.5	6.7
禽产品	1 386.3	1 457.6	1 645.2	1 790.5	1 883.9	2 558.2
蛋产品	154.7	154.8	79.5	193.9	89.5	141.5
乳品	5 458.9	4 124.3	6 140.8	6 552.7	7 572.9	10 277.3
动物生皮		0.4	0.1	0.4	0.6	4.4
动物生毛皮						
羊毛	12.2	19.9	28.7	111.5	58.2	57.5
水产品	2 447.6	2 594.7	2 803.1	4 852.0	3 152.4	3 753.3
饮品	4 482.0	4 957.1	5 565.3	6 769.8	7 201.4	8 516.7
酒	2 266.1	2 523.8	2 790.5	3 257.9	3 579.7	4 020.1
茶	176.1	143.8	147.1	144.4	177.2	347.7
咖啡	329.5	316.4	330.7	663.2	593.3	838.6
烟草	685.1	437.8	420.2	1 055.1	1 979.9	2 138.1

秘鲁主要农产品进口额（二）

单位：万美元

项　目	2008年	2009年	2010年	2011年	2012年
农产品	320 642.6	257 617.4	336 612.4	421 430.5	459 639.1
谷物	116 004.7	80 804.1	98 632.8	141 552.0	137 216.2
小麦产品	58 887.9	38 871.8	43 493.6	60 070.8	57 403.5
玉米产品	41 020.9	32 412.7	44 965.1	62 782.4	56 910.6
稻谷产品	10 116.2	5 575.1	6 197.0	13 094.7	16 618.9
棉花	9 628.4	6 940.4	13 982.8	21 994.7	14 391.6
食用油籽	10 266.3	9 395.4	9 855.2	9 103.5	10 295.5
大豆	8 526.3	8 128.6	8 359.3	7 180.9	8 194.0
花生	1 116.9	705.6	918.0	1 219.4	1 132.1
油菜籽	0.7	3.1			
食用植物油	40 882.0	26 425.0	36 768.4	47 410.1	47 860.1
豆油	35 446.7	23 033.0	32 570.7	40 447.1	42 536.2
菜籽油	84.9	25.5	40.7	52.9	33.9
棕榈油	4 106.8	2 460.3	2 810.8	4 772.8	2 958.6
食糖	7 963.5	6 270.1	13 030.5	14 398.0	19 966.8
蔬菜	2 736.7	2 542.7	3 450.6	3 918.9	4 671.8
水果	17 226.3	17 062.0	22 021.5	23 854.5	28 316.4
畜产品	23 534.7	16 365.2	27 262.7	30 635.5	41 390.9
猪产品	1 671.6	1 422.9	2 430.6	2 118.6	3 146.9
牛产品	3 848.3	2 826.6	4 000.9	4 974.6	5 378.5
羊产品	8.9	8.7	13.1	22.2	5.3
禽产品	3 169.4	3 421.0	5 330.1	4 759.8	6 654.4
蛋产品	196.2	447.3	191.5	132.7	154.6
乳品	12 697.0	6 740.8	13 420.9	15 690.0	24 414.2
动物生皮	1.4	3.4	4.7	1.6	1.3
动物生毛皮	0.5				
羊毛	31.9	10.1	9.6	11.4	
水产品	7 456.2	8 063.2	16 545.4	14 885.6	14 867.0
饮品	10 198.7	8 392.0	11 301.5	16 500.7	25 436.6
酒	5 030.5	4 363.6	5 819.8	9 329.6	16 519.0
茶	720.6	210.7	505.5	527.2	772.7
咖啡	950.6	946.1	1 204.3	2 072.7	2 578.8
烟草	2 647.2	2 772.4	2 757.2	2 558.8	3 046.7

4-29-3 秘鲁主要农产品出口量（一）

单位：吨

项　目	2002年	2003年	2004年	2005年	2006年	2007年
农产品						
谷物	10 124.7	18 446.6	16 852.1	15 879.9	24 540.7	17 773.4
小麦产品	1 522.5	9 515.3	6 135.3	4 561.1	13 678.5	4 920.6
玉米产品	7 175.2	5 777.6	8 419.6	8 973.9	7 592.3	8 965.1
稻谷产品	207.9	231.5	31.7	261.6	290.0	162.3
棉花	1 620.3	3 580.3	3 339.9	2 007.0	3 816.1	1 576.5
食用油籽	356.1	583.6	680.1	1 127.0	826.0	847.0
大豆	6.0	4.6	3.9	24.1	13.9	78.8
花生	65.0	208.9	116.3	175.1	62.0	65.4
油菜籽						
食用植物油	24.7	25.2	68.8	3 335.4	419.9	872.2
豆油			0.1	0.1	4.1	2.5
菜籽油	6.1			0.1	0.8	
棕榈油		3.9		222.8	300.0	745.4
食糖	41 829.0	61 146.7	41 724.6	32 640.0	109 126.6	48 893.6
蔬菜	217 776.9	234 778.2	283 245.0	347 840.3	381 970.0	447 989.4
水果						
畜产品						
猪产品						
牛产品						
羊产品						
禽产品						
蛋产品						
乳品	12 003.2	20 130.0	36 329.1	39 529.4	50 410.4	51 596.3
动物生皮	2 602.0	5 524.1	4 333.7	3 664.8	3 056.1	2 335.5
动物生毛皮			0.1	2.5		
羊毛	1 805.4	5 508.4	3 543.2	2 198.7	2 706.8	3 242.9
水产品						
饮品						
酒						
茶	60.0	8.7	14.0	7.6	14.7	4.2
咖啡	167 724.9	150 554.2	191 149.9	142 166.0	238 085.0	173 624.5
烟草						

秘鲁主要农产品出口量（二）

单位：吨

项　目	2008年	2009年	2010年	2011年	2012年
农产品					
谷物	52 480.9	70 428.0	25 392.5	22 580.9	77 324.1
小麦产品	22 031.5	8 486.0	5 111.9	3 518.5	4 604.9
玉米产品	8 516.8	9 362.9	11 065.0	8 907.1	9 693.2
稻谷产品	17 589.7	47 974.2	2 075.8	693.8	49 616.3
棉花	961.9	1 581.2	535.2	2 399.6	2 252.6
食用油籽	628.4	547.7	707.2	799.3	894.4
大豆	25.3	34.0	131.7	82.3	90.4
花生	142.6	74.0	109.2	136.6	90.3
油菜籽					
食用植物油	852.4	784.7	531.7	317.6	277.8
豆油	1.7	16.3	10.6	27.6	13.7
菜籽油		0.1			
棕榈油	354.1	40.0	27.9		
食糖	71 060.5	86 179.3	112 810.1	63 380.8	61 424.5
蔬菜	492 163.8	512 251.2	601 364.5	644 593.2	613 067.8
水果					
畜产品					
猪产品					
牛产品					
羊产品					
禽产品					
蛋产品					
乳品	62 926.5	50 593.0	67 299.9	70 466.5	77 641.0
动物生皮	1 098.3	929.0	2 353.0	2 457.6	2 701.5
动物生毛皮					0.1
羊毛	4 261.4	4 963.8	6 159.1	8 265.3	4 522.2
水产品					
饮品					
酒					
茶	3.6	5.4	95.6	8.2	11.9
咖啡	225 094.0	197 787.3	229 936.1	294 154.9	265 825.0
烟草					

4-29-4 秘鲁主要农产品进口量（一）

单位：吨

项目	2002年	2003年	2004年	2005年	2006年	2007年
农产品						
谷物	2 379 341.9	2 382 220.8	2 680 231.3	3 027 490.5	3 147 543.7	3 306 432.8
小麦产品	1 330 557.1	1 302 086.7	1 386 492.7	1 464 943.4	1 473 370.7	1 531 201.3
玉米产品	924 194.1	938 112.7	1 097 070.9	1 314 342.3	1 503 461.7	1 566 787.7
稻谷产品	34 090.1	16 557.0	80 222.8	125 618.4	44 699.8	80 011.3
棉花	43 591.7	40 305.5	36 335.9	46 870.2	38 111.5	60 477.9
食用油籽	139 565.7	158 669.7	74 936.2	99 755.4	117 212.6	132 133.9
大豆	136 275.0	155 859.6	70 885.4	93 651.6	110 751.4	125 328.5
花生	1 897.3	1 773.7	2 509.6	3 965.8	3 900.4	4 199.3
油菜籽	0.3		0.1			23.0
食用植物油	265 602.2	251 864.9	259 877.0	296 514.3	325 188.1	337 462.2
豆油	237 701.1	220 872.6	230 399.6	263 056.2	303 305.0	299 558.0
菜籽油	15.8	33.4	278.3	413.0	482.0	361.1
棕榈油	16 048.0	21 662.8	21 097.9	21 638.7	10 389.9	24 030.5
食糖	138 350.2	10 946.6	180 281.0	251 548.9	243 259.2	245 627.1
蔬菜	6 719.9	6 887.1	7 183.1	8 152.0	9 110.3	10 795.7
水果						
畜产品						
猪产品						
牛产品						
羊产品						
禽产品						
蛋产品						
乳品	36 712.6	26 536.4	33 115.9	31 880.8	37 546.5	36 159.2
动物生皮		0.7	0.1	0.2	1.8	9.2
动物生毛皮						
羊毛	33.2	42.2	56.7	233.9	247.2	124.5
水产品						
饮品						
酒						
茶	334.4	406.2	469.5	472.0	293.1	426.1
咖啡	574.8	473.5	478.0	2 018.0	772.8	970.4
烟草						

秘鲁主要农产品进口量（二）

单位：吨

项　目	2008 年	2009 年	2010 年	2011 年	2012 年
农产品					
谷物	3 192 557.9	3 257 528.0	3 868 088.6	3 992 491.0	4 010 891.4
小麦产品	1 494 620.2	1 513 342.0	1 697 718.8	1 699 074.9	1 702 674.4
玉米产品	1 404 598.7	1 510 558.1	1 917 825.3	1 908 034.3	1 847 245.7
稻谷产品	146 585.7	91 369.6	95 233.0	205 384.0	253 202.3
棉花	53 519.0	47 031.7	70 012.0	67 774.2	48 963.7
食用油籽	168 019.4	185 575.7	198 221.8	142 019.3	160 031.6
大豆	160 426.8	178 733.2	189 258.9	131 424.0	149 692.8
花生	5 654.6	3 722.2	5 317.0	7 292.7	6 702.4
油菜籽	1.0	5.0			
食用植物油	338 019.4	316 688.0	395 561.7	368 817.4	387 722.7
豆油	291 855.4	272 087.7	351 929.6	314 947.3	343 591.4
菜籽油	356.3	116.1	198.5	213.1	141.4
棕榈油	37 251.3	34 540.8	31 041.1	37 787.8	25 081.7
食糖	207 506.2	145 719.0	209 902.2	189 413.1	301 080.7
蔬菜	14 803.6	12 659.7	17 662.5	20 091.1	24 517.2
水果					
畜产品					
猪产品					
牛产品					
羊产品					
禽产品					
蛋产品					
乳品	37 888.1	34 707.6	49 855.3	45 593.0	78 539.1
动物生皮	11.7	84.3	36.0	19.5	9.9
动物生毛皮	0.1				
羊毛	55.1	36.8	14.2	13.4	
水产品					
饮品					
酒					
茶	430.4	399.8	689.9	770.1	796.3
咖啡	973.0	1 069.2	1 313.6	2 093.6	3 237.6
烟草					

大洋洲

4-30 澳大利亚主要农产品贸易情况

4-30-1 澳大利亚农产品贸易综述

一、10年来澳大利亚农产品贸易总体情况

2002—2012年，澳大利亚农产品贸易额稳步增长，由2002年205.3亿美元增至2012年的512.8亿美元，年均增长9.6%。其中出口额由167.8亿美元增至377.9亿美元，年均增长8.5%；进口额由37.5亿美元增至134.9亿美元，年均增长13.7%。澳大利亚农产品贸易保持顺差，由2002年的130.3亿美元增加到243亿美元，年均增加6.4%（图1）。

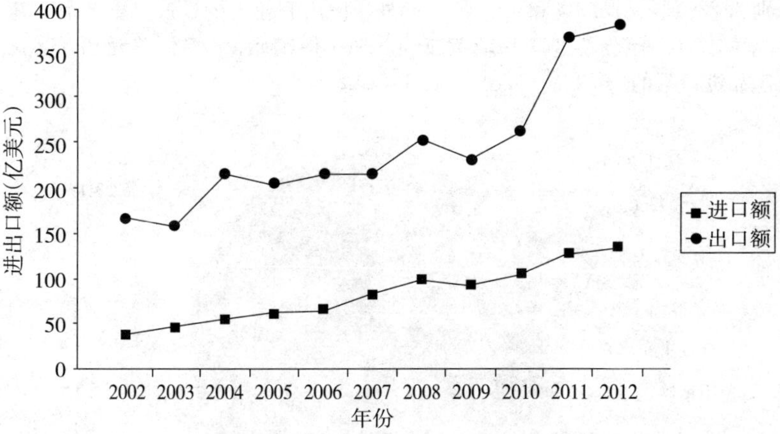

图1　2002—2012年澳大利亚农产品进出口额变化

2003—2012年，除2009年进口下降、2012年进口增幅较低外，其余年份农产品进口

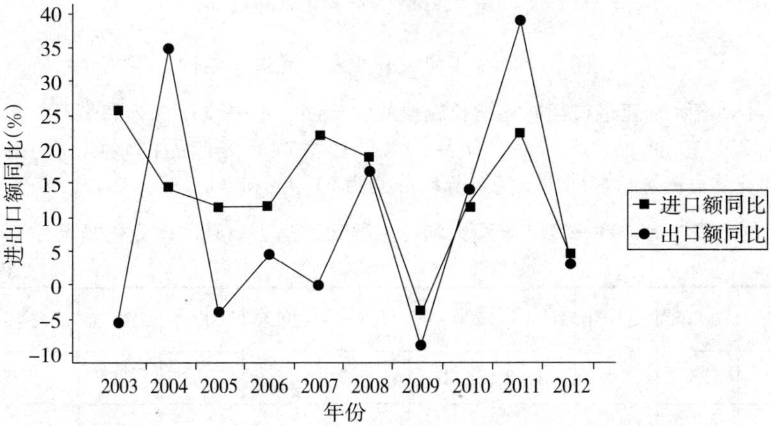

图2　2003—2012年澳大利亚农产品进出口额同比变化

额同比保持正增长，增长率在 11.7%～25.6%，其中增长最快的年份为 2003 年。出口额同比下降的年份有 4 个，分别为 2003 年、2005 年、2007 年和 2009 年；其余年份同比增长，其中最高的年份为 2011 年，同比增长 39.3%（图 2）。

二、2012 年澳大利亚农产品贸易情况

2012 年，澳大利亚农产品贸易额为 512.8 亿美元，同比增长 3.6%，居全球第 15 位。其中出口额为 377.9 亿美元，同比增长 3.2%，居全球第 12 位；进口额为 134.9 亿美元，同比增长 4.6%，居全球第 22 位。

（一）进出口产品结构

2012 年，澳大利亚进口农产品以饮品、水果和水产品为主，进口额分别为 31.1 亿美元、20.6 亿美元和 17.7 亿美元，同比分别增长 4.6%、3.1%和 5.6%，占其农产品进口额的比重分别为 23.1%、15.3%和 13.1%。此外，澳大利亚还少量进口畜产品、蔬菜、食用植物油和烟草，2012 年分别进口 14.7 亿美元、9.1 亿美元、3.5 亿美元和 3.2 亿美元，分别占其农产品进口额的 10.9%、6.8%、2.6%和 2.4%（图 3）。

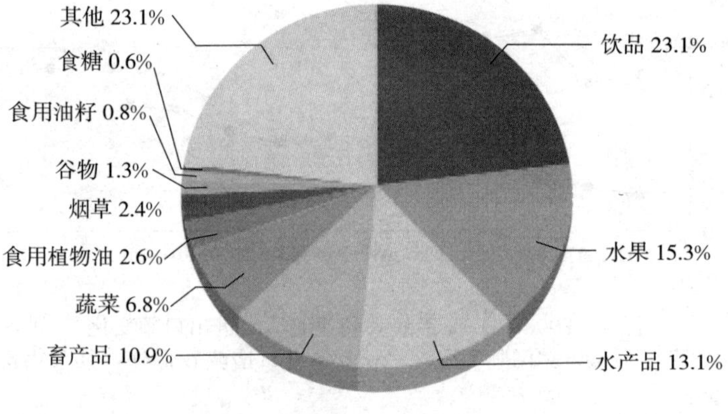

图 3　2012 年澳大利亚农产品进口结构

2012 年，澳大利亚进口额同比增长较快的农产品主要是食用油籽和烟草，增幅分别为 27.8%和 12.1%。此外，水产品、饮品、水果和畜产品等产品的增幅保持在 2.8%～5.6%。棉花、食糖进口额同比下降，降幅分别为 51.0%和 28.8%（表 1）。

表 1　2003—2012 年澳大利亚主要农产品进口额同比变化情况

单位：%

	2003 年	2004 年	2005 年	2006 年	2007 年	2008 年	2009 年	2010 年	2011 年	2012 年
农产品	25.6	14.3	11.4	11.8	22.7	18.9	−3.7	11.7	22.5	4.6
谷物	180.2	−39.0	18.0	1.3	49.0	95.7	10.5	−7.1	−0.3	−7.8

（续）

	2003年	2004年	2005年	2006年	2007年	2008年	2009年	2010年	2011年	2012年
棉花	29.8	−24.4	−71.7	−48.1	28.9	174.8	−78.9	308.1	335.2	−51.0
食用油籽	88.5	10.7	9.1	28.4	−6.1	−8.6	−15.8	26.9	20.9	27.8
食用植物油	24.6	26.2	−3.2	37.7	23.2	7.6	−12.3	3.9	9.5	−5.3
食糖	66.0	13.2	−38.5	47.8	40.6	29.0	253.9	93.2	131.1	−28.8
蔬菜	31.7	18.9	8.9	8.1	27.9	24.3	−7.4	6.9	33.3	−2.3
水果	32.3	23.7	8.7	4.8	25.8	8.7	0.1	11.4	29.1	3.1
畜产品	31.0	14.9	21.6	6.6	22.8	27.5	−13.7	25.3	13.6	2.8
水产品	10.7	11.7	9.3	15.4	9.2	15.7	−4.3	7.9	17.4	5.6
饮品	22.6	19.5	14.0	14.3	26.9	24.8	−3.1	12.0	26.2	4.6
烟草	7.2	−27.5	14.9	26.0	4.6	−13.1	38.6	3.7	25.3	12.1

2012年，澳大利亚出口农产品以畜产品和谷物为主，出口额分别为149.2亿美元和87.5亿美元，占其农产品出口额的比重分别为39.5%和23.2%。此外，澳大利亚还出口少量的棉花、饮品、食用油籽和水产品等，出口额分别为27.2亿美元、24.2亿美元、18.7亿美元和11.9亿美元，分别占其农产品出口额的7.2%、6.4%、5.0%和3.2%（图4）。

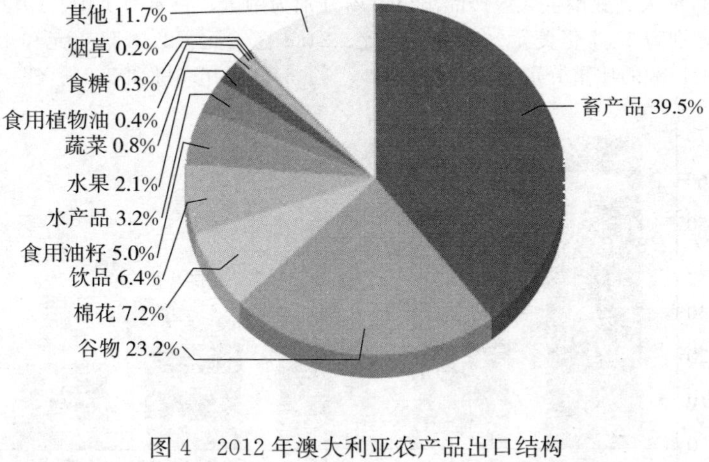

图4　2012年澳大利亚农产品出口结构

2012年，澳大利亚出口额同比增长较快的农产品主要是食用油籽和水果，增幅分别为37.3%和12.3%，而烟草、食糖和水产品出口降幅较大，同比分别下降33.4%、17.8%和

13.5%（表 2）。

表 2 2003—2012 年澳大利亚主要农产品出口额同比变化情况

单位：%

	2003 年	2004 年	2005 年	2006 年	2007 年	2008 年	2009 年	2010 年	2011 年	2012 年
农产品	−5.5	35.3	−3.8	4.7	−0.1	17.3	−8.9	14.1	39.3	3.2
谷物	−30.4	102.8	−28.7	18.7	−34.3	94.6	−0.8	4.0	73.7	6.9
棉花	−12.9	19.9	7.9	−0.6	−39.7	−18.1	11.6	121.8	180.2	3.7
食用油籽	−40.9	92.8	−34.3	−10.6	−52.7	155.4	82.6	−12.9	155.7	37.3
食用植物油	−19.9	89.0	−4.9	18.1	12.3	155.4	−10.4	11.4	30.4	−9.8
食糖	−18.5	8.2	54.1	94.7	−21.4	−2.1	18.1	82.5	8.6	−17.8
蔬菜	9.1	5.8	−2.2	−0.6	5.5	10.4	−6.2	10.0	15.7	−9.8
水果	10.9	1.5	7.5	2.4	4.0	0.8	5.4	−11.9	12.2	12.3
畜产品	−1.9	28.7	4.3	1.8	10.8	6.6	−18.0	20.6	25.5	−1.8
水产品	0.7	1.5	2.8	2.2	−3.8	4.9	−10.0	5.5	19.7	−13.5
饮品	19.9	25.6	3.8	−1.8	18.2	−11.8	−11.6	6.5	6.2	−1.5
烟草	17.7	20.8	−22.2	47.8	38.0	−14.0	−3.2	11.8	11.1	−33.4

（二）进出口产品市场

2012 年，澳大利亚前五大农产品出口市场分别为中国、日本、美国、印度尼西亚和韩国，出口额分别为 69.7 亿美元、43.5 亿美元、24.8 亿美元、23.8 亿美元和 19.6 亿美元，占其农产品出口额的比重分别为 18.4%、11.5%、6.6%、6.3%和 5.2%（图 5）。

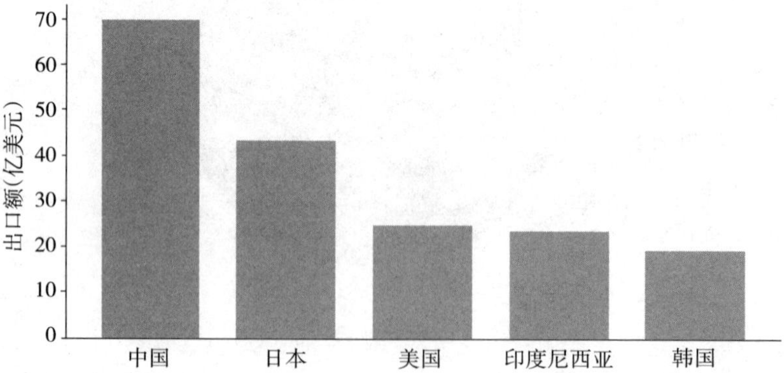

图 5 2012 年澳大利亚前五大农产品出口市场

2012 年，澳大利亚前五大农产品进口来源地分别为新西兰、美国、中国、泰国和新加坡，进口额分别为 23.0 亿美元、14.5 亿美元、10.0 亿美元、8.7 亿美元和 8.4 亿美元，占其农产品进口额的比重分别为 17.0%、10.7%、7.4%、6.4%和 6.2%（图 6）。

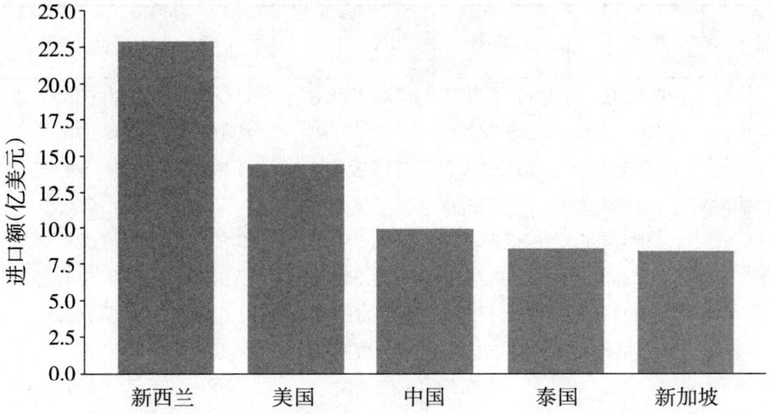

图 6　2012 年澳大利亚前五大农产品进口来源地

4-30-2 澳大利亚主要农产品出口额（一）

单位：万美元

项 目	2002 年	2003 年	2004 年	2005 年	2006 年	2007 年
农产品	1 678 344.0	1 585 359.2	2 145 630.8	2 063 064.8	2 160 638.0	2 157 810.9
谷物	299 192.6	208 284.9	422 371.8	301 165.1	357 376.2	234 765.1
小麦产品	230 092.2	162 040.7	315 892.4	234 216.2	261 224.7	171 116.6
玉米产品	846.7	578.0	634.8	553.5	750.2	865.8
稻谷产品	9 224.6	6 557.4	3 764.3	3 803.3	16 928.4	12 269.5
棉花	68 362.0	59 524.4	71 392.6	77 024.1	76 534.6	46 159.0
食用油籽	41 441.5	24 479.9	47 196.6	31 028.6	27 742.4	13 121.4
大豆	508.2	283.5	797.3	461.2	337.0	411.8
花生	451.3	468.5	1 931.1	521.1	497.9	845.0
油菜籽	32 233.2	18 592.3	38 459.2	23 687.2	21 555.4	8 517.8
食用植物油	2 788.1	2 233.9	4 221.4	4 015.5	4 744.3	5 327.6
豆油	153.2	116.4	131.7	49.8	63.2	166.8
菜籽油	1 856.0	1 629.5	3 602.0	2 511.9	2 315.1	3 435.4
棕榈油	35.7	2.8	3.7	1.5	0.9	12.1
食糖	3 144.1	2 561.6	2 772.4	4 273.0	8 318.5	6 538.4
蔬菜	20 978.2	22 891.0	24 228.2	23 694.4	23 547.0	24 840.7
水果	51 461.2	57 079.9	57 928.4	62 264.9	63 766.2	66 321.9
畜产品	773 268.9	758 826.2	976 315.8	1 018 449.7	1 037 140.9	1 148 725.1
猪产品	19 150.0	19 570.5	20 236.5	18 492.0	17 011.5	15 365.7
牛产品	271 074.5	285 589.4	408 167.2	432 394.0	440 769.1	454 061.3
羊产品	84 529.1	89 699.8	100 027.6	119 852.3	126 526.7	131 703.3
禽产品	8 243.9	8 872.0	11 364.3	12 404.6	10 259.3	10 781.9
蛋产品	159.8	149.8	361.1	171.0	142.2	119.7
乳品	154 864.6	132 295.2	171 279.0	182 402.6	179 330.5	199 155.0
动物生皮	35 596.6	41 368.8	50 413.8	47 479.9	49 962.3	60 760.3
动物生毛皮	250.9	74.7	47.1	35.6	4.7	39.4
羊毛	171 041.2	147 362.8	175 699.7	168 584.4	173 178.2	221 042.8
水产品	111 921.5	112 747.2	114 486.1	117 675.4	120 250.8	115 713.9
饮品	153 226.6	183 735.5	230 724.7	239 522.1	235 199.0	278 079.5
酒	137 026.4	164 095.0	208 571.7	219 066.3	216 754.7	254 898.2
茶	333.1	385.6	312.7	405.9	371.5	476.1
咖啡	2 136.5	2 478.9	2 814.7	3 132.7	3 574.2	4 119.3
烟草	5 420.5	6 377.6	7 704.2	5 997.5	8 861.6	12 227.4

澳大利亚主要农产品出口额（二）

单位：万美元

项　目	2008年	2009年	2010年	2011年	2012年
农产品	2 530 177.7	2 304 913.8	2 629 824.0	3 662 296.5	3 778 951.2
谷物	456 742.1	453 272.0	471 253.9	818 559.4	874 896.6
小麦产品	331 121.1	378 234.2	380 264.1	631 894.1	680 394.1
玉米产品	2 268.3	1 781.4	1 356.8	2 770.4	4 973.0
稻谷产品	5 557.2	2 728.6	5 680.7	27 396.3	35 744.2
棉花	37 795.7	42 170.6	93 530.6	262 113.2	271 894.1
食用油籽	33 514.0	61 189.9	53 302.1	136 306.9	187 157.7
大豆	415.9	607.3	506.2	1 055.8	722.7
花生	1 188.0	747.2	883.8	766.5	758.6
油菜籽	29 045.4	53 157.8	45 863.3	114 237.8	160 018.3
食用植物油	13 605.7	12 189.1	13 575.8	17 699.7	15 964.4
豆油	258.3	416.7	237.0	48.5	130.0
菜籽油	9 935.1	6 947.7	9 382.6	13 714.9	13 206.4
棕榈油	545.2	9.7	6.3	14.5	
食糖	6 398.4	7 557.9	13 792.6	14 984.2	12 310.6
蔬菜	27 423.8	25 737.2	28 320.5	32 771.3	29 555.4
水果	66 881.1	70 520.6	62 118.2	69 667.3	78 262.5
畜产品	1 224 423.0	1 004 565.2	1 211 533.8	1 519 879.0	1 492 234.0
猪产品	15 030.2	14 900.6	15 605.5	18 707.3	21 361.9
牛产品	516 081.4	425 968.9	494 245.1	597 673.4	603 890.7
羊产品	144 169.7	147 183.6	172 511.0	204 745.5	199 285.0
禽产品	11 223.2	10 782.8	10 574.0	13 821.0	17 930.5
蛋产品	172.2	195.9	85.1	285.4	500.0
乳品	220 770.9	164 793.8	191 432.1	221 199.5	221 527.6
动物生皮	60 403.8	40 953.0	64 727.0	87 790.2	84 720.9
动物生毛皮	18.5	0.6	4.7	3.9	5.0
羊毛	186 050.5	142 126.8	197 522.6	292 557.4	261 103.7
水产品	121 328.8	109 178.0	115 204.6	137 888.3	119 218.6
饮品	245 254.0	216 852.3	230 947.7	245 163.8	241 524.1
酒	220 640.2	190 598.5	201 692.4	210 637.9	210 153.4
茶	480.2	703.9	959.7	1 150.3	717.1
咖啡	4 157.9	4 158.8	4 547.7	7 034.7	5 873.3
烟草	10 515.2	10 173.5	11 374.2	12 635.2	8 417.8

4-30-3 澳大利亚主要农产品进口额（一）

单位：万美元

项 目	2002年	2003年	2004年	2005年	2006年	2007年
农产品	375 038.8	470 912.9	538 323.1	599 799.9	670 593.9	822 857.8
谷物	3 190.0	8 937.2	5 448.1	6 431.3	6 513.3	9 707.6
小麦产品	51.7	3 475.8	135.5	265.0	166.3	338.4
玉米产品	430.2	1 259.7	589.9	404.0	364.5	401.5
稻谷产品	2 639.3	3 769.8	4 610.7	5 579.3	5 831.9	8 645.5
棉花	57.7	74.9	56.6	16.0	8.3	10.7
食用油籽	2 746.0	5 177.0	5 729.2	6 248.4	8 023.8	7 534.6
大豆	195.0	2 147.5	2 594.4	3 199.5	2 346.1	559.4
花生	1 482.0	1 670.5	950.5	825.8	1 374.7	3 236.7
油菜籽	15.8	38.2	21.0	21.6	1 820.9	58.8
食用植物油	13 417.4	16 723.3	21 098.7	20 431.6	28 140.7	34 678.3
豆油	571.7	793.8	920.5	664.8	2 017.6	1 821.5
菜籽油	250.2	523.5	893.3	839.5	1 269.8	1 240.6
棕榈油	4 146.1	4 494.5	5 317.9	4 665.0	5 769.3	8 111.8
食糖	239.6	397.7	450.0	276.6	408.8	574.6
蔬菜	24 087.8	31 716.4	37 710.5	41 083.0	44 421.7	56 805.7
水果	54 586.0	72 224.0	89 337.1	97 086.1	101 747.9	127 974.1
畜产品	38 119.6	49 936.4	57 375.3	69 794.2	74 433.7	91 438.0
猪产品	11 240.3	14 670.1	19 114.2	24 682.0	25 454.9	36 493.1
牛产品	555.7	1 192.5	1 831.6	2 661.0	2 656.1	2 226.6
羊产品	79.8	139.1	138.7	86.3	203.1	143.2
禽产品	1 165.9	1 447.3	1 605.9	1 779.3	1 563.9	1 791.5
蛋产品	205.6	241.7	274.4	282.6	432.3	458.9
乳品	14 897.5	18 761.5	23 548.4	27 380.5	29 915.4	36 055.4
动物生皮	150.8	135.6	159.8	91.9	108.1	163.7
动物生毛皮	61.9	39.0	29.6	45.0	78.4	69.0
羊毛	3 226.9	4 100.5	3 261.5	2 778.4	2 078.2	1 953.0
水产品	70 313.3	77 865.0	86 955.7	95 011.6	109 602.5	119 690.6
饮品	71 829.8	88 062.2	105 253.8	119 941.3	137 123.9	173 955.0
酒	32 752.4	39 826.2	49 655.2	55 238.0	67 498.6	83 564.7
茶	5 309.8	6 409.7	7 048.7	7 466.1	7 619.6	8 882.1
咖啡	12 236.2	13 570.5	14 157.4	19 131.5	21 724.7	27 499.8
烟草	15 525.8	16 641.1	12 058.9	13 858.3	17 464.5	18 267.7

澳大利亚主要农产品进口额（二）

单位：万美元

项　目	2008年	2009年	2010年	2011年	2012年
农产品	978 602.3	942 039.2	1 051 867.3	1 288 891.2	1 348 753.0
谷物	19 000.9	21 000.9	19 520.3	19 465.4	17 943.2
小麦产品	490.0	898.5	647.3	762.5	843.4
玉米产品	349.8	480.4	438.6	618.4	669.7
稻谷产品	17 805.0	19 333.3	18 041.4	17 409.0	15 652.2
棉花	29.4	6.2	25.3	110.1	54.0
食用油籽	6 883.8	5 793.2	7 349.9	8 882.5	11 349.0
大豆	425.2	322.5	316.8	358.2	338.3
花生	2 523.0	1 837.8	2 490.0	3 299.4	4 557.7
油菜籽	54.8	123.2	72.6	191.5	297.2
食用植物油	37 328.3	32 748.0	34 036.4	37 257.6	35 280.1
豆油	3 038.6	2 033.8	2 876.6	2 864.7	2 792.6
菜籽油	2 044.8	1 332.7	1 711.7	2 191.1	2 571.9
棕榈油	12 974.4	11 191.7	9 382.2	12 196.9	10 509.3
食糖	741.2	2 623.4	5 067.5	11 712.8	8 344.6
蔬菜	70 620.6	65 376.2	69 857.4	93 144.1	91 042.9
水果	139 072.0	139 158.6	154 988.4	200 126.6	206 377.6
畜产品	116 563.6	100 602.1	126 059.4	143 246.7	147 196.5
猪产品	38 510.7	41 313.1	44 323.9	47 887.9	54 082.9
牛产品	2 402.4	2 597.5	3 520.0	5 156.4	4 813.5
羊产品	278.4	420.1	1 106.4	967.1	818.0
禽产品	2 303.8	3 233.9	4 948.8	6 140.5	7 963.8
蛋产品	697.4	514.0	732.3	700.1	517.4
乳品	53 807.3	39 042.3	55 095.5	63 783.9	60 718.2
动物生皮	126.1	49.7	63.7	112.6	185.5
动物生毛皮	78.9	34.5	51.8	107.3	81.8
羊毛	1 892.7	1 356.6	1 520.9	1 457.6	705.3
水产品	138 485.6	132 495.0	142 999.2	167 846.9	177 208.9
饮品	217 080.4	210 351.4	235 557.1	297 228.6	310 913.0
酒	108 096.9	99 933.0	113 829.5	135 880.1	149 269.5
茶	10 036.3	9 797.0	10 966.5	11 898.2	12 908.0
咖啡	32 965.2	34 131.7	37 909.5	59 286.4	61 314.4
烟草	15 868.8	21 996.9	22 805.8	28 580.5	32 045.7

4-30-4 澳大利亚主要农产品出口量（一）

单位：吨

项 目	2002年	2003年	2004年	2005年	2006年	2007年
农产品						
谷物	24 280 331.9	13 552 115.5	26 098 717.2	19 784 073.2	21 015 498.6	13 334 454.4
小麦产品	19 010 795.5	11 028 615.0	18 957 453.4	15 487 294.9	15 569 026.8	11 184 163.8
玉米产品	114 748.3	23 799.8	12 568.5	17 707.0	14 244.6	12 372.1
稻谷产品	388 912.6	156 618.7	73 649.2	64 697.2	334 988.8	200 402.5
棉花	650 278.5	459 818.2	447 498.5	599 948.5	580 290.7	328 541.2
食用油籽	1 863 761.5	802 358.4	1 415 998.6	1 113 157.1	955 516.8	268 945.1
大豆	13 444.3	6 496.7	16 984.8	10 102.5	6 816.1	5 877.7
花生	4 554.4	4 340.8	16 497.1	3 989.0	3 574.8	4 703.8
油菜籽	1 352 165.5	625 152.9	1 197 679.5	842 181.5	763 600.5	209 546.1
食用植物油	51 934.8	31 432.2	61 365.7	48 264.4	46 906.8	43 624.9
豆油	2 376.1	1 736.3	1 846.2	614.8	806.0	1 700.6
菜籽油	39 958.4	25 994.8	56 409.5	39 401.7	32 981.4	36 633.6
棕榈油	1 393.4	21.6	43.0	14.3	2.8	87.4
食糖	214 624.6	127 849.3	116 661.9	155 336.3	187 235.6	222 388.0
蔬菜	358 655.9	374 182.5	297 980.8	265 026.6	240 397.7	227 092.3
水果						
畜产品						
猪产品						
牛产品						
羊产品						
禽产品						
蛋产品						
乳品	1 011 341.2	788 917.5	847 500.3	807 605.5	833 952.4	718 507.1
动物生皮	196 924.3	210 769.2	261 673.6	283 093.6	267 805.3	354 643.4
动物生毛皮			4.2			
羊毛	441 617.3	324 917.6	420 235.5	423 048.8	433 885.1	414 065.2
水产品						
饮品						
酒						
茶	791.2	817.8	672.4	684.1	495.2	693.0
咖啡	4 947.9	4 301.8	4 686.8	5 113.6	5 886.6	5 509.5
烟草						

澳大利亚主要农产品出口量（二）

单位：吨

项　目	2008年	2009年	2010年	2011年	2012年
农产品					
谷物	12 282 287.5	24 439 519.5	20 382 802.5	25 667 909.1	29 814 936.5
小麦产品	8 330 552.3	20 802 502.4	15 996 741.0	19 819 015.1	23 626 321.3
玉米产品	87 231.6	40 549.1	29 632.1	60 499.8	126 350.3
稻谷产品	57 221.1	19 647.2	58 321.4	316 348.6	454 792.7
棉花	225 710.0	317 552.7	474 805.9	852 703.0	1 220 976.4
食用油籽	563 172.7	1 342 083.5	1 239 841.5	2 455 590.1	3 470 552.0
大豆	3 747.5	8 138.4	5 081.8	8 961.2	4 657.5
花生	6 213.0	4 643.0	4 205.5	3 163.4	2 851.7
油菜籽	530 237.1	1 222 344.0	1 081 497.5	1 853 482.4	2 677 048.6
食用植物油	92 718.9	91 938.3	121 507.9	135 999.9	117 770.8
豆油	1 697.4	3 262.0	1 851.8	368.7	1 114.5
菜籽油	74 521.1	67 907.2	98 942.2	117 671.4	108 266.7
棕榈油	7 403.8	45.8	40.8	66.8	
食糖	196 825.6	192 697.5	273 851.7	222 935.1	207 643.0
蔬菜	207 774.2	237 987.3	237 284.0	249 985.1	248 896.2
水果					
畜产品					
猪产品					
牛产品					
羊产品					
禽产品					
蛋产品					
乳品	626 857.3	717 388.6	610 683.7	628 969.4	683 160.8
动物生皮	323 225.1	245 433.3	501 197.9	332 630.7	375 835.3
动物生毛皮				0.6	0.9
羊毛	358 634.9	339 202.6	350 998.3	347 969.9	337 958.3
水产品					
饮品					
酒					
茶	1 507.2	1 904.6	1 959.9	1 979.7	998.4
咖啡	4 760.6	4 806.6	5 027.7	6 615.1	5 512.4
烟草					

4-30-5　澳大利亚主要农产品进口量（一）

单位：吨

项　目	2002 年	2003 年	2004 年	2005 年	2006 年	2007 年
农产品						
谷物	78 981.5	460 231.4	109 680.6	126 600.5	116 692.1	161 257.4
小麦产品	837.0	301 124.7	2 851.5	4 130.1	3 389.3	6 026.4
玉米产品	12 211.8	60 870.3	11 394.7	7 032.3	4 946.0	5 169.0
稻谷产品	64 247.7	79 438.7	93 010.0	112 139.1	106 049.4	143 626.4
棉花	422.4	479.0	302.0	96.6	111.0	361.1
食用油籽	38 121.1	118 515.4	119 881.5	163 338.5	192 654.2	88 187.2
大豆	3 780.9	84 766.6	94 159.4	141 370.7	105 749.8	16 375.0
花生	23 532.6	21 377.6	10 699.8	8 514.2	14 732.5	29 304.0
油菜籽	175.1	260.4	101.4	126.4	57 269.3	265.2
食用植物油	192 833.4	197 012.3	207 588.1	199 215.2	261 195.0	261 971.0
豆油	12 153.6	12 826.3	13 396.8	10 491.6	32 179.0	22 134.2
菜籽油	3 700.4	6 084.2	10 208.6	9 380.9	16 200.8	10 765.5
棕榈油	119 621.2	104 898.6	111 819.7	112 104.8	136 528.4	128 230.1
食糖	6 575.5	11 636.0	12 362.6	6 126.3	8 010.7	10 467.8
蔬菜	221 082.4	274 978.0	300 394.1	318 405.8	351 400.5	464 362.8
水果						
畜产品						
猪产品						
牛产品						
羊产品						
禽产品						
蛋产品						
乳品	65 475.8	76 886.9	84 138.9	85 600.5	96 002.1	102 254.4
动物生皮	642.3	629.9	715.9	473.4	407.3	606.7
动物生毛皮		5.6	2.4	70.7	6.5	
羊毛	13 566.0	13 371.9	9 925.2	8 973.7	7 308.6	6 457.0
水产品						
饮品						
酒						
茶	15 489.8	14 337.4	15 141.7	15 061.4	14 151.3	14 953.4
咖啡	52 987.3	52 724.4	53 157.7	64 275.3	65 641.9	68 680.8
烟草						

澳大利亚主要农产品进口量（二）

单位：吨

项　目	2008年	2009年	2010年	2011年	2012年
农产品					
谷物	218 328.4	239 806.9	221 347.8	198 276.4	177 479.6
小麦产品	5 095.9	14 988.3	10 099.6	10 858.6	12 741.5
玉米产品	5 197.8	7 005.9	6 195.4	8 798.1	9 344.5
稻谷产品	203 642.0	214 904.1	202 460.5	175 111.4	151 345.9
棉花	510.6	83.6	289.5	461.5	589.6
食用油籽	41 646.3	32 313.7	38 981.3	40 414.2	45 442.2
大豆	6 795.5	4 186.7	4 370.7	3 979.8	3 428.4
花生	16 621.4	12 176.5	18 102.9	18 433.2	21 282.1
油菜籽	284.1	483.2	315.1	643.7	843.5
食用植物油	247 682.4	249 279.2	252 318.5	239 847.5	225 530.8
豆油	22 889.0	21 391.7	26 547.0	20 205.0	19 212.4
菜籽油	11 266.8	10 064.7	12 526.5	17 132.0	17 856.2
棕榈油	133 976.4	135 144.8	123 348.1	110 256.4	97 915.9
食糖	12 442.3	54 156.9	76 040.3	155 226.3	133 424.4
蔬菜	518 839.1	439 648.7	461 465.7	708 194.9	716 541.9
水果					
畜产品					
猪产品					
牛产品					
羊产品					
禽产品					
蛋产品					
乳品	121 430.2	120 028.3	137 438.7	148 271.3	142 945.9
动物生皮	496.5	205.4	410.2	1 041.9	1 235.9
动物生毛皮				74.7	47.0
羊毛	6 259.4	5 083.8	5 140.1	2 807.6	1 416.8
水产品					
饮品					
酒					
茶	15 427.1	14 167.9	15 100.4	21 945.1	24 148.5
咖啡	70 382.3	75 443.4	79 347.8	93 665.2	103 942.3
烟草					

4-30-6 澳大利亚农产品出口额前 15 位国家（地区）
（2012 年）

单位：万美元，%

序号	国家（地区）	出口额	同比增长
1	中国	697 181.2	9.5
2	日本	434 607.3	−8.7
3	美国	248 419.1	10.0
4	印度尼西亚	237 753.8	0.8
5	韩国	196 185.9	−8.7
6	新西兰	139 032.6	−1.9
7	中国香港	112 649.3	−6.7
8	新加坡	98 026.0	3.9
9	泰国	97 179.0	5.9
10	越南	93 025.4	−5.1
11	马来西亚	88 582.1	2.7
12	菲律宾	79 969.9	22.7
13	印度	73 295.3	31.1
14	荷兰	72 397.8	−14.0
15	阿拉伯联合酋长国	66 601.2	17.0
	总计	2 734 905.9	

4-30-7 澳大利亚农产品进口额前15位国家（地区）
（2012年）

单位：万美元，%

序号	国家（地区）	进口额	同比增长
1	新西兰	229 923.1	1.6
2	美国	144 828.2	8.5
3	中国	99 576.4	1.6
4	泰国	87 455.9	1.3
5	新加坡	84 438.1	6.6
6	马来西亚	50 520.5	−3.5
7	意大利	48 183.2	0.8
8	法国	43 691.2	12.8
9	英国	42 905.2	7.1
10	阿根廷	40 808.5	32.3
11	荷兰	40 218.3	29.1
12	越南	35 279.3	7.7
13	德国	30 936.1	20.7
14	印度	26 814.0	25.4
15	丹麦	24 576.7	1.1
	总计	1 030 154.7	

4-31　新西兰主要农产品贸易情况

4-31-1　新西兰农产品贸易综述

一、10 年来新西兰农产品贸易总体情况

2002—2012 年，新西兰农产品贸易额快速增长，贸易额由 2002 年的 93.9 亿美元增至 2012 年的 266.5 亿美元，年均增长 11%；其中出口额由 80 亿美元增至 224.3 亿美元，年均增长 10.9%；进口额由 13.9 亿美元增至 42.2 亿美元，年均增长 11.8%。10 年来新西兰农产品贸易始终保持顺差，顺差额由 2002 年的 66.1 亿美元增加到 2012 年的 182.1 亿美元，年均递增 10.7%（图 1）。

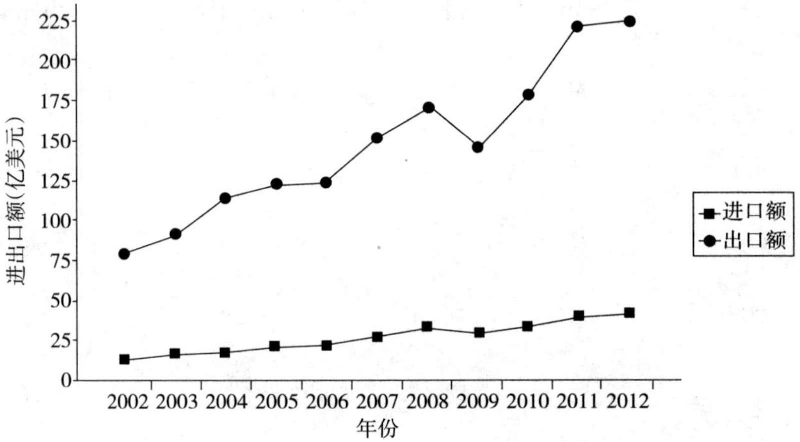

图 1　2002—2012 年新西兰农产品进出口额变化

2003—2012 年，新西兰农产品进口额同比年度间变化较大，除 2009 年出现下降、2006

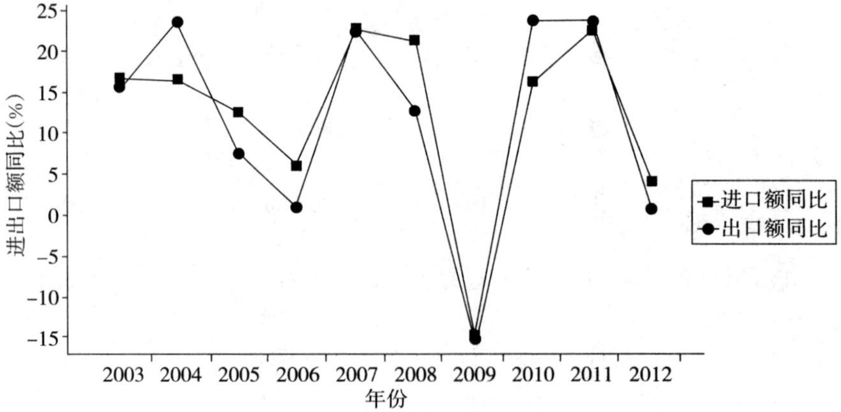

图 2　2003—2012 年新西兰农产品进出口额同比变化

年和2012年出现个位数增长外，基本维持在12%～23%。出口额除2009年同比下降外，其余年份保持增长，增幅较大的年份有2004年、2007年、2010年和2011年（图2）。

二、2012年新西兰农产品贸易情况

2012年，新西兰农产品贸易额266.5亿美元，同比增长1.2%，居全球第24位。其中出口额为224.3亿美元，同比增长0.7%，居全球第18位；进口额为42.2亿美元，同比增长4.0%，居全球第47位。

（一）进出口产品结构

2012年，新西兰畜产品出口表现抢眼，出口额为152.6亿美元，占其农产品出口额的比重为68.1%，其次是水果，出口额为17.9亿美元，占8%；与上年基本持平（图3）。

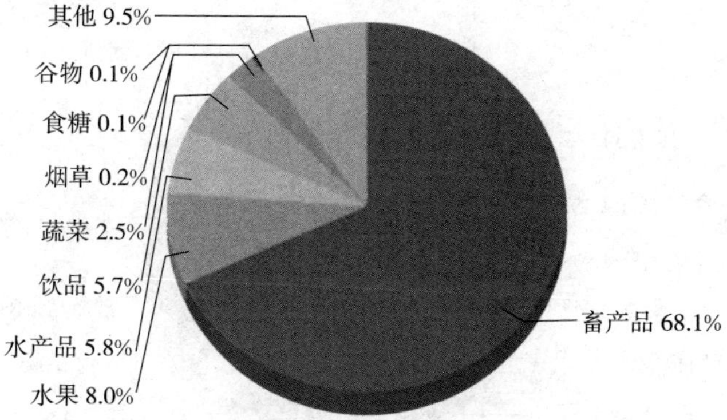

图3 2012年新西兰农产品出口结构

2012年，新西兰出口同比增长较快的农产品主要是棉花和烟草，同比增幅分别为123.9%和47.7%，但食用植物油和谷物出口额下降幅度较大，下降两成以上（表1）。

表1 2003—2012年新西兰主要农产品出口额同比变化情况

单位：%

	2003年	2004年	2005年	2006年	2007年	2008年	2009年	2010年	2011年	2012年
农产品	15.7	23.5	7.7	1.0	22.2	12.7	−15.1	23.9	23.7	0.7
谷物	18.4	8.7	3.4	23.2	45.5	126.7	−32.0	17.9	18.6	−22.3
棉花	−22.0	−31.3	23.0	909.5	364.9	−98.2	88.2	41.0	−1.7	123.9
食用油籽	216.0	84.8	36.8	−25.1	35.1	−39.0	−2.0	83.4	9.7	17.6
食用植物油	13.4	20.7	14.1	−40.2	44.4	39.7	−22.1	47.0	1.4	−28.5
食糖	4.3	19.3	−22.9	23.6	29.9	−3.6	0.3	73.6	6.3	22.5
蔬菜	28.9	5.4	1.8	1.7	22.1	−0.2	−11.2	18.3	24.8	−4.3

（续）

	2003 年	2004 年	2005 年	2006 年	2007 年	2008 年	2009 年	2010 年	2011 年	2012 年
水果	19.4	54.3	0.3	−0.2	18.1	1.8	−2.7	4.5	23.2	3.4
畜产品	17.3	21.9	7.4	0.7	22.4	16.2	−18.9	31.3	26.6	−1.8
水产品	0.7	18.5	5.0	−1.7	6.3	4.9	−7.5	18.0	15.0	4.0
饮品	22.7	39.8	26.6	11.0	38.9	9.8	−5.2	24.4	15.1	9.7
烟草	154.8	124.5	−12.6	−22.6	−9.6	8.7	9.6	62.9	27.3	47.7

2012 年，新西兰进口农产品中饮品和水果的比重稍大，进口额分别为 7.1 亿美元和 6.3 亿美元，占其农产品进口额的比重分别为 16.9%和 14.9%（图 4）。

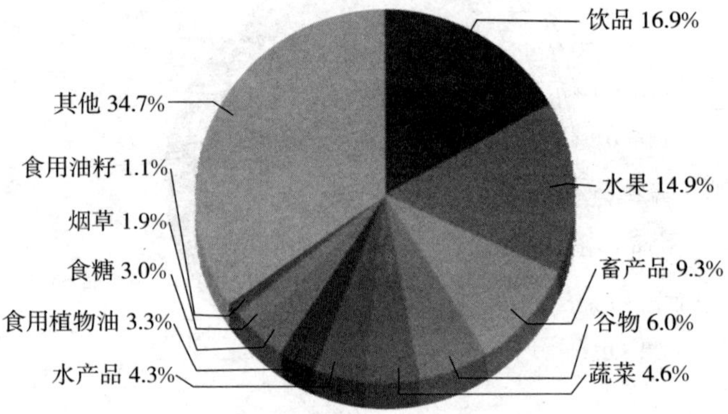

图 4　2012 年新西兰农产品进口结构

2012 年，新西兰进口额增长较快的农产品主要是棉花，增幅为 173.9%。进口额下降较大的是食糖，降幅达三成以上（表 2）。

表 2　2003—2012 年新西兰主要农产品进口额同比变化情况

单位：%

	2003 年	2004 年	2005 年	2006 年	2007 年	2008 年	2009 年	2010 年	2011 年	2012 年
农产品	16.7	16.5	12.5	6.1	22.6	21.3	−15.0	16.3	22.5	4.0
谷物	−0.8	34.2	−1.1	2.3	33.5	65.9	−36.4	−0.4	61.7	−4.9
棉花	22.6	−60.5	−85.7	186.9	82.8	70.1	−57.1	50.9	−68.5	173.9
食用油籽	22.5	39.5	−17.4	24.4	18.7	−10.9	−7.4	26.5	2.0	11.6
食用植物油	1.3	32.5	4.6	−0.2	29.6	40.3	−30.7	5.0	37.3	3.3
食糖	4.8	9.0	8.0	45.9	−21.1	3.5	38.2	22.7	53.6	−30.1
蔬菜	21.8	20.8	9.4	7.4	19.9	12.5	−2.8	1.6	13.7	−10.7

（续）

	2003年	2004年	2005年	2006年	2007年	2008年	2009年	2010年	2011年	2012年
水果	24.3	14.4	19.4	1.8	20.0	6.6	−9.1	10.1	13.6	6.8
畜产品	−0.7	14.2	23.8	−2.3	25.6	−1.3	5.1	5.0	7.5	18.5
水产品	3.3	18.4	16.0	7.5	4.5	15.6	−15.0	17.3	26.7	−0.2
饮品	25.9	15.6	11.8	2.6	18.1	10.6	−9.5	13.6	16.4	3.0
烟草	27.3	−7.8	−10.9	70.8	44.1	−4.4	2.1	18.6	19.5	4.0

（二）进出口产品市场

2012年，新西兰前五大农产品出口市场分别为中国、美国、澳大利亚、日本和英国，出口额分别为39亿美元、23.7亿美元、23.3亿美元、14.5亿美元和8.9亿美元，占其农产品出口额比重分别为17.4%、10.6%、10.4%、6.5%和4.0%（图5）。

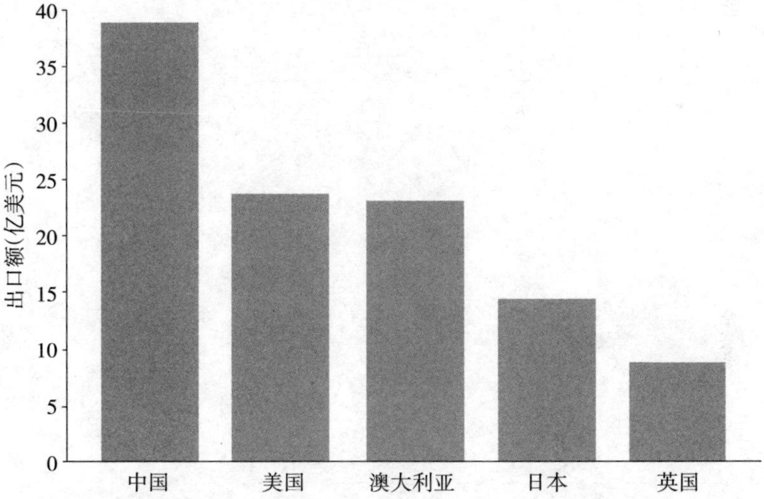

图5 2012年新西兰前五大农产品出口市场

2012年，新西兰前五大农产品进口来源地分别为澳大利亚、美国、马来西亚、中国和泰国，进口额分别为15.7亿美元、4.6亿美元、2.4亿美元、1.7亿美元和1.7亿美元，占其农产品进口额比重分别为37.2%、10.9%、5.7%、4.0%和4.0%（图6）。

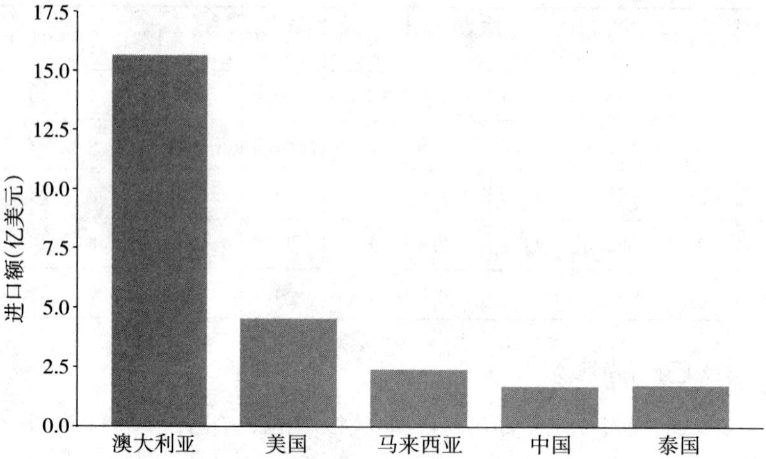

图 6 2012 年新西兰前五大农产品进口来源地

4-31-2 新西兰主要农产品出口额（一）

单位：万美元

项 目	2002年	2003年	2004年	2005年	2006年	2007年
农产品	800 035.0	925 257.9	1 142 661.2	1 230 721.7	1 243 333.1	1 519 544.8
谷物	312.5	370.0	402.1	416.0	512.6	745.7
小麦产品	17.1	20.5	32.7	35.7	61.0	72.6
玉米产品	245.6	175.6	178.5	214.7	256.6	410.6
稻谷产品	6.0	107.3	86.7	27.9	41.9	38.7
棉花	0.3	0.2	0.2	0.2	1.9	8.9
食用油籽	63.3	200.0	369.5	505.5	378.4	511.4
大豆	1.0	24.7	1.3	1.0	0.6	0.8
花生	9.1	8.0	28.0	18.3	15.7	16.3
油菜籽	35.2	65.8	164.5	299.2	209.5	122.5
食用植物油	117.9	133.7	161.3	184.1	110.1	158.9
豆油	5.3	10.5	9.8	18.4	41.4	45.9
菜籽油	0.3	2.2		0.8	0.1	2.0
棕榈油	0.2	1.0	0.2	2.0	1.1	1.0
食糖	761.4	794.4	947.7	730.5	903.1	1 173.3
蔬菜	25 707.5	33 143.7	34 943.8	35 569.4	36 179.3	44 174.1
水果	62 199.9	74 290.8	114 644.1	115 012.4	114 736.9	135 522.7
畜产品	524 003.4	614 857.5	749 622.6	805 214.4	811 182.9	992 644.1
猪产品	7 718.8	9 330.0	11 636.7	12 436.4	11 706.8	11 662.2
牛产品	84 127.1	103 642.4	147 572.0	150 371.4	132 887.8	131 867.7
羊产品	106 404.2	129 304.7	148 948.1	167 766.1	155 604.9	175 094.3
禽产品	17 030.0	20 003.3	25 412.9	29 182.8	29 607.8	29 615.9
蛋产品	274.0	380.3	376.0	400.8	463.2	415.8
乳品	240 040.4	274 986.9	329 214.9	363 471.2	401 990.9	552 213.2
动物生皮	15 595.8	16 640.3	17 400.4	14 667.4	12 746.6	15 750.4
动物生毛皮	0.1	4.8	3.1	32.7	13.3	103.8
羊毛	38 194.5	43 814.2	47 055.5	46 065.1	44 904.3	46 855.5
水产品	72 291.3	72 832.2	86 285.1	90 602.5	89 063.5	94 646.8
饮品	23 384.2	28 698.0	40 115.3	50 784.0	56 368.8	78 307.9
酒	16 100.5	19 887.6	29 224.1	37 610.0	43 743.2	61 280.1
茶	40.5	62.1	67.6	114.7	114.2	136.0
咖啡	69.8	62.5	123.0	138.3	97.6	125.2
烟草	376.3	959.0	2 152.6	1 881.2	1 456.9	1 316.7

新西兰主要农产品出口额（二）

单位：万美元

项 目	2008 年	2009 年	2010 年	2011 年	2012 年
农产品	1 713 271.6	1 453 793.8	1 801 012.6	2 228 288.6	2 242 884.0
谷物	1 690.8	1 149.6	1 355.4	1 607.5	1 248.5
小麦产品	73.4	157.0	225.9	111.3	95.9
玉米产品	460.4	786.5	923.2	1 083.3	771.5
稻谷产品	41.5	46.2	45.1	80.2	50.9
棉花	0.2	0.3	0.4	0.4	0.9
食用油籽	311.8	305.7	560.8	615.1	723.2
大豆	0.7	1.3	1.9	30.2	16.1
花生	16.5	17.4	35.6	32.3	39.0
油菜籽	104.3	158.8	315.1	234.3	308.4
食用植物油	222.0	172.8	254.0	257.7	184.2
豆油	65.2	61.9	53.3	94.5	30.8
菜籽油	3.6	3.0	4.5	9.2	9.2
棕榈油	1.2	0.8	6.8	23.0	1.2
食糖	1 131.6	1 135.6	1 971.2	2 095.0	2 565.7
蔬菜	44 106.4	39 174.2	46 337.3	57 834.0	55 356.7
水果	137 960.8	134 209.7	140 305.8	172 843.6	178 770.1
畜产品	1 153 790.7	935 807.6	1 228 276.1	1 554 837.8	1 526 479.4
猪产品	13 653.3	12 428.3	13 213.8	18 946.1	24 448.8
牛产品	152 778.3	127 440.8	157 852.1	188 727.2	196 896.8
羊产品	194 770.4	182 077.5	194 253.8	237 020.2	212 614.8
禽产品	38 118.2	31 153.3	31 042.3	40 384.6	45 117.7
蛋产品	398.7	401.4	697.9	704.1	685.0
乳品	656 297.4	503 770.5	732 713.6	940 411.1	920 933.8
动物生皮	17 543.8	10 405.0	13 759.0	23 921.0	28 290.2
动物生毛皮	113.7	22.6	0.7	4.4	2.4
羊毛	41 444.3	33 354.7	44 447.5	62 754.9	57 761.6
水产品	99 252.5	91 838.7	108 403.2	124 638.6	129 582.2
饮品	85 954.0	81 457.3	101 297.1	116 552.5	127 894.0
酒	69 716.6	69 208.7	85 719.2	98 029.0	108 343.5
茶	119.0	83.3	136.2	138.7	179.1
咖啡	233.6	700.4	567.0	433.3	442.7
烟草	1 431.1	1 569.2	2 555.5	3 252.7	4 804.7

4-31-3 新西兰主要农产品进口额（一）

单位：万美元

项 目	2002年	2003年	2004年	2005年	2006年	2007年
农产品	138 740.9	161 928.5	188 615.9	212 193.6	225 237.4	276 233.9
谷物	8 670.2	8 601.0	11 544.4	11 417.2	11 674.9	15 591.6
小麦产品	5 693.9	5 306.1	7 358.6	7 669.4	7 575.5	10 138.1
玉米产品	542.4	556.0	371.1	321.2	363.0	666.8
稻谷产品	1 715.8	2 264.9	2 536.0	2 594.6	2 739.3	3 360.0
棉花	9.0	11.1	4.4	0.6	1.8	3.3
食用油籽	1 938.6	2 375.4	3 312.8	2 735.2	3 401.3	4 036.1
大豆	656.1	752.6	1 152.7	420.4	1 035.1	1 365.7
花生	887.4	1 038.5	1 197.0	1 159.4	1 344.8	1 533.5
油菜籽	3.3	3.6	35.9	3.7	69.6	12.2
食用植物油	5 276.8	5 343.2	7 078.9	7 407.2	7 395.8	9 581.8
豆油	1 031.9	1 112.6	1 609.6	1 698.1	1 309.9	1 867.2
菜籽油	1 218.3	1 226.2	1 599.6	1 682.6	1 654.1	2 692.9
棕榈油	929.9	933.9	1 118.3	1 038.8	1 281.9	1 597.7
食糖	4 693.9	4 920.8	5 365.1	5 795.4	8 456.6	6 670.9
蔬菜	8 316.7	10 131.5	12 241.7	13 393.6	14 383.6	17 241.2
水果	23 388.8	29 078.5	33 264.3	39 719.1	40 444.8	48 524.4
畜产品	16 440.8	16 322.2	18 641.4	23 071.3	22 544.1	28 320.5
猪产品	4 090.0	4 730.1	5 613.1	7 902.5	7 701.3	10 051.8
牛产品	3 149.8	2 751.0	2 761.2	2 365.7	2 541.9	3 709.0
羊产品	571.5	409.5	475.4	779.3	803.3	883.6
禽产品	420.6	314.9	330.4	413.0	337.2	439.2
蛋产品	95.6	71.6	99.8	109.9	106.9	179.6
乳品	2 241.4	2 239.2	2 894.5	4 776.2	4 892.1	7 330.4
动物生皮	2 073.3	1 738.3	2 374.1	1 132.7	419.0	294.3
动物生毛皮	1.3					
羊毛	129.5	283.0	199.8	200.6	156.7	286.1
水产品	7 766.9	8 024.2	9 502.9	11 021.7	11 844.1	12 371.6
饮品	26 482.1	33 352.6	38 564.5	43 129.9	44 249.9	52 272.5
酒	14 029.9	17 772.4	20 475.5	22 416.0	22 429.7	26 049.5
茶	1 249.8	1 644.2	1 903.9	1 987.9	2 110.8	2 225.4
咖啡	2 704.9	3 165.6	3 695.3	4 583.3	5 190.8	6 350.1
烟草	2 194.6	2 793.2	2 574.2	2 293.0	3 915.5	5 642.2

新西兰主要农产品进口额（二）

单位：万美元

项　目	2008年	2009年	2010年	2011年	2012年
农产品	334 939.6	284 608.1	330 989.0	405 452.1	421 524.2
谷物	25 859.8	16 448.7	16 389.6	26 500.6	25 213.8
小麦产品	14 386.4	9 279.8	8 809.0	17 665.3	15 808.6
玉米产品	626.5	513.8	509.4	884.1	688.3
稻谷产品	4 828.8	4 989.2	5 018.4	5 098.3	5 081.3
棉花	5.6	2.4	3.6	1.1	3.1
食用油籽	3 595.9	3 331.5	4 213.1	4 297.9	4 795.1
大豆	223.8	245.6	529.5	233.2	239.1
花生	1 905.9	1 778.1	1 977.2	2 356.0	2 643.7
油菜籽	38.8	4.3	1.5	1.6	13.2
食用植物油	13 443.1	9 309.9	9 772.1	13 413.0	13 862.2
豆油	3 021.3	1 438.1	1 755.3	1 704.7	1 965.6
菜籽油	3 795.9	3 231.5	3 497.8	5 301.0	5 723.8
棕榈油	2 784.4	1 812.2	1 480.6	2 492.3	2 427.5
食糖	6 904.9	9 539.1	11 699.9	17 970.8	12 559.9
蔬菜	19 389.8	18 839.6	19 143.7	21 757.5	19 420.8
水果	51 703.2	46 976.2	51 705.2	58 744.4	62 754.2
畜产品	27 939.4	29 359.0	30 818.6	33 114.7	39 255.5
猪产品	9 586.9	9 766.3	9 775.2	10 953.0	11 661.6
牛产品	3 764.1	2 787.9	3 439.5	4 321.8	3 886.6
羊产品	1 289.3	1 385.3	725.7	727.5	807.6
禽产品	887.1	769.7	771.0	776.0	950.1
蛋产品	254.0	154.7	165.4	170.6	232.1
乳品	7 526.0	7 849.8	8 413.9	9 935.6	14 238.6
动物生皮	261.3	291.7	246.8	142.2	279.2
动物生毛皮			0.1	0.1	1.9
羊毛	338.8	266.5	193.3	526.1	416.8
水产品	14 305.4	12 155.6	14 256.5	18 062.6	18 022.7
饮品	57 795.9	52 306.2	59 401.2	69 146.3	71 191.4
酒	27 743.9	21 302.7	24 496.8	27 832.4	29 545.2
茶	2 490.2	2 107.9	2 174.3	2 252.0	2 309.8
咖啡	7 175.2	7 633.8	7 972.2	10 887.8	10 855.3
烟草	5 392.4	5 507.3	6 533.6	7 805.9	8 119.3

4-31-4 新西兰主要农产品出口量（一）

单位：吨

项 目	2002年	2003年	2004年	2005年	2006年	2007年
农产品						
谷物	8 697.0	5 941.6	6 654.7	6 839.5	8 357.6	8 426.1
小麦产品	600.2	483.6	784.1	814.4	1 700.5	1 282.9
玉米产品	6 769.4	3 336.2	3 200.3	3 716.4	4 010.5	5 532.2
稻谷产品	145.0	977.7	1 077.8	439.1	365.3	216.8
棉花	0.9	2.3	0.3	0.4	5.5	24.1
食用油籽	671.5	2 140.3	2 056.7	2 171.7	2 078.9	2 099.6
大豆	23.5	761.6	16.4	12.6	8.1	8.7
花生	84.8	37.8	272.2	132.6	121.9	111.4
油菜籽	387.8	471.9	854.0	1 419.8	993.0	697.1
食用植物油	1 710.2	1 200.9	1 670.4	1 465.8	998.4	864.6
豆油	81.3	114.3	116.1	178.2	733.4	251.9
菜籽油	5.3	27.1	0.4	4.0	0.7	14.9
棕榈油	6.6	9.5	2.1	32.8	16.9	15.4
食糖	25 513.1	21 647.6	25 738.9	18 754.8	19 115.5	25 643.8
蔬菜	510 477.9		546 895.1	551 175.2	528 776.4	603 500.3
水果						
畜产品						
猪产品						
牛产品						
羊产品						
禽产品						
蛋产品						
乳品	1 695 384.7	1 737 621.7	1 693 109.5	1 626 395.5	1 907 058.4	1 925 805.7
动物生皮	46 369.1	44 571.3	54 261.6	50 069.2	56 150.8	72 720.0
动物生毛皮	0.3	1.8	3.1	29.3	24.6	16.8
羊毛	157 619.6	150 109.7	153 021.5	154 798.2	159 821.5	154 022.4
水产品						
饮品						
酒						
茶	103.1	98.7	139.3	265.4	298.2	382.6
咖啡	201.0	115.6	185.2	273.6	163.6	175.5
烟草						

新西兰主要农产品出口量（二）

单位：吨

项　目	2008 年	2009 年	2010 年	2011 年	2012 年
农产品					
谷物	32 528.0	25 995.1	21 231.1	18 482.5	11 622.0
小麦产品	1 023.5	7 036.4	7 901.4	1 676.1	1 325.7
玉米产品	8 468.5	18 098.7	11 950.7	13 458.7	7 820.2
稻谷产品	429.3	526.7	354.2	668.4	403.3
棉花	0.2	0.5	0.3	2.9	5.3
食用油籽	1 326.4	1 180.3	1 902.4	3 019.0	56 730.1
大豆	6.8	8.0	8.1	525.9	249.1
花生	79.9	91.9	162.8	103.6	121.7
油菜籽	653.4	639.2	1 114.2	740.8	1 095.3
食用植物油	1 052.1	821.5	1 722.7	731.4	393.8
豆油	404.2	455.8	461.8	258.6	128.3
菜籽油	23.6	23.4	34.3	46.0	42.2
棕榈油	19.9	13.5	71.0	104.2	14.0
食糖	21 622.4	19 616.8	26 121.3	21 113.2	22 924.8
蔬菜	560 009.3	489 842.9	500 957.9	541 364.6	564 157.2
水果					
畜产品					
猪产品					
牛产品					
羊产品					
禽产品					
蛋产品					
乳品	1 704 166.3	2 272 524.0	2 193 429.0	2 460 304.9	2 768 132.7
动物生皮	65 891.2	57 664.7	66 430.4	65 130.8	73 948.0
动物生毛皮	18.4	9.4		9.5	3.9
羊毛	135 650.3	129 631.9	134 530.2	120 737.7	127 803.2
水产品					
饮品					
酒					
茶	203.6	144.9	115.8	187.7	223.9
咖啡	403.0	1 477.3	770.3	801.0	634.6
烟草					

4-31-5 新西兰主要农产品进口量（一）

单位：吨

项 目	2002年	2003年	2004年	2005年	2006年	2007年
农产品						
谷物	452 973.0	358 638.4	470 123.5	486 828.4	455 586.5	452 818.8
小麦产品	343 082.4	281 629.1	359 049.4	405 302.1	366 574.8	357 165.8
玉米产品	26 160.1	19 665.4	5 646.1	3 378.5	3 987.8	11 248.1
稻谷产品	38 638.5	39 893.0	39 805.9	38 255.2	41 293.4	43 089.4
棉花	105.8	73.0	23.0	1.0	9.0	13.8
食用油籽	38 545.3	40 605.2	46 898.5	24 410.0	48 126.6	51 488.6
大豆	27 935.5	29 822.3	33 877.9	12 231.6	32 036.6	38 314.9
花生	8 128.4	8 036.1	8 261.5	7 881.4	8 762.5	9 133.5
油菜籽	34.2	14.2	1 030.9	12.3	3 111.1	12.5
食用植物油	83 943.0	67 344.1	81 175.2	86 935.6	83 964.3	82 485.8
豆油	19 364.4	16 725.4	21 564.1	25 151.6	18 497.9	18 639.1
菜籽油	21 680.4	17 231.2	20 807.6	22 362.1	23 669.5	26 286.7
棕榈油	22 629.5	18 883.7	21 027.1	21 029.4	25 460.5	20 395.7
食糖	268 938.2	246 289.3	264 615.1	225 059.3	234 756.8	231 833.5
蔬菜	80 004.0		95 092.4	99 183.7	102 857.8	111 025.5
水果						
畜产品						
猪产品						
牛产品						
羊产品						
禽产品						
蛋产品						
乳品	14 642.5	14 223.9	17 489.9	23 771.1	21 174.8	24 956.4
动物生皮	8 085.2	3 081.0	5 163.9	3 282.0	1 764.0	1 228.6
动物生毛皮	1.2					
羊毛	493.1	1 038.2	666.6	738.9	597.3	971.6
水产品						
饮品						
酒						
茶	4 528.4	4 553.9	5 508.2	5 003.4	4 871.3	4 742.9
咖啡	10 490.8	11 033.8	11 688.6	12 087.4	13 243.2	13 675.8
烟草						

新西兰主要农产品进口量（二）

单位：吨

项　目	2008 年	2009 年	2010 年	2011 年	2012 年
农产品					
谷物	547 540.0	373 094.0	417 648.2	615 588.0	623 168.7
小麦产品	319 100.6	275 991.2	302 242.2	480 062.1	468 897.8
玉米产品	4 904.5	3 935.8	3 664.8	10 526.5	4 957.6
稻谷产品	45 685.5	46 568.4	45 493.7	47 122.9	45 728.4
棉花	13.5	10.0	8.8	2.0	11.5
食用油籽	17 433.5	16 227.8	23 098.9	18 350.3	18 639.7
大豆	2 579.9	2 474.8	9 419.7	2 248.5	2 150.1
花生	9 464.2	9 468.3	9 031.9	10 109.1	11 221.4
油菜籽	43.4	1.3	0.7	0.6	5.8
食用植物油	85 631.0	75 129.4	73 380.7	80 917.6	88 814.7
豆油	20 503.8	14 651.2	14 971.8	11 289.4	13 717.3
菜籽油	24 535.2	27 859.3	28 440.7	35 935.2	38 370.2
棕榈油	25 875.5	19 485.0	15 816.7	18 776.9	19 823.5
食糖	238 650.4	248 746.4	214 567.5	253 999.6	246 557.4
蔬菜	123 643.5	119 144.7	99 182.5	125 830.2	110 602.0
水果					
畜产品					
猪产品					
牛产品					
羊产品					
禽产品					
蛋产品					
乳品	22 751.4	30 425.1	26 140.3	32 979.8	46 420.0
动物生皮	889.5	1 477.9	1 932.2	280.0	805.4
动物生毛皮					0.2
羊毛	1 082.9	922.2	626.6	1 384.7	1 044.6
水产品					
饮品					
酒					
茶	4 949.7	4 528.1	2 161.9	3 441.6	3 265.0
咖啡	14 110.9	15 905.5	13 751.4	15 612.0	16 873.2
烟草					

4-31-6 新西兰农产品出口额前15位国家（地区）
（2012年）

单位：万美元，%

序号	国家（地区）	出口额	同比增长
1	中国	390 004.8	23.6
2	美国	236 798.4	10.5
3	澳大利亚	232 865.1	2.3
4	日本	144 939.6	1.9
5	英国	88 734.0	−6.8
6	马来西亚	56 488.9	8.0
7	中国香港	53 692.5	17.4
8	韩国	52 491.1	−12.2
9	沙特阿拉伯	51 461.0	1.8
10	德国	49 514.1	−2.5
11	印度尼西亚	47 952.2	−5.0
12	新加坡	45 048.3	−4.5
13	菲律宾	44 612.3	−11.6
14	阿拉伯联合酋长国	43 666.4	17.1
15	泰国	37 741.0	−14.9
	总计	1 576 009.7	

4-31-7 新西兰农产品进口额前 15 位国家（地区）
（2012 年）

单位：万美元，%

序号	国家（地区）	进口额	同比增长
1	澳大利亚	157 184.8	−0.4
2	美国	45 988.1	23.1
3	马来西亚	24 138.8	3.8
4	中国	16 931.0	2.2
5	泰国	16 853.7	−3.1
6	印度尼西亚	14 743.8	−13.2
7	新加坡	13 998.1	39.6
8	阿根廷	10 979.1	47.3
9	荷兰	10 501.4	18.2
10	加拿大	8 135.8	−0.6
11	法国	7 569.4	30.0
12	菲律宾	7 038.7	8.6
13	德国	7 033.4	25.8
14	英国	7 023.2	8.0
15	意大利	5 234.4	−9.0
	总计	353 353.7	

非　洲

4-32 南非主要农产品贸易情况

4-32-1 南非农产品贸易综述

一、10年来南非农产品贸易总体情况

2002—2012年，南非农产品贸易额呈快速增长趋势。贸易额由2002年的42.9亿美元增至2012年的144亿美元，年均增长12.9%；其中出口额由27.9亿美元增至74.6亿美元，年均增长10.3%；进口额由14.9亿美元增至69.4亿美元，年均增长16.6%。南非农产品贸易过去10年来始终保持顺差，顺差额由2002年的13亿美元减少到2012年的5.2亿美元，年均递减8.8%（图1）。

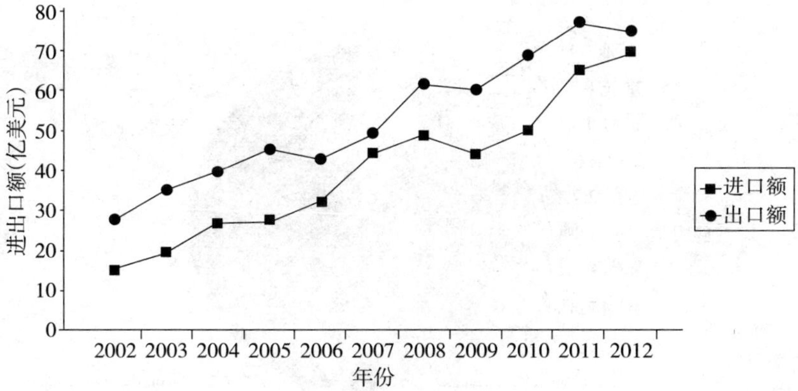

图1　2002—2012年南非农产品进出口额变化

2003—2012年，南非农产品进口额同比年度间变化较大，除2009年下降、2005年和

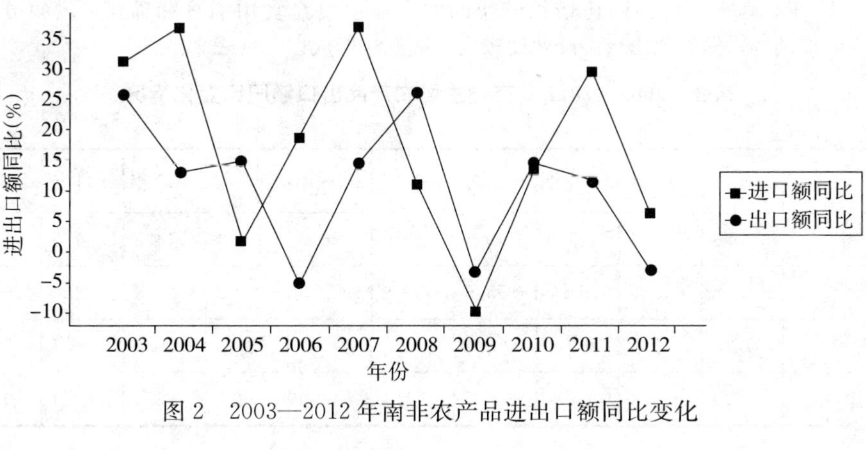

图2　2003—2012年南非农产品进出口额同比变化

2012 年出现个位数增长外，其余年份保持 10%以上的增幅，其中 2003 年、2004 年和 2007 年增幅达 3 成以上。出口额除 2006 年、2009 年和 2012 年同比下降外，其余年份保持 10%以上的增幅，其中 2003 年和 2008 年增幅在 25%以上（图 2）。

二、2012 年南非农产品贸易情况

2012 年，南非农产品贸易额 144 亿美元，同比增长 1.2%，居全球第 38 位。其中出口额为 74.6 亿美元，同比下降 3.1%，居全球第 33 位；进口额为 69.4 亿美元，同比增长 6.4%，居全球第 36 位。

（一）进出口产品结构

2012 年，南非水果出口比重较大，其次为饮品。水果出口额为 27 亿美元，占其农产品出口额的比重为 36.3%；饮品出口额为 11.7 亿美元，占 15.7%，与上年基本持平。此外，南非还出口少量畜产品、水产品和谷物等（图 3）。

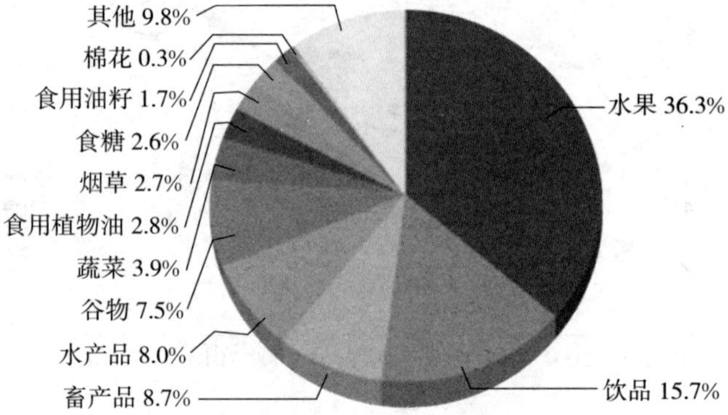

图 3　2012 年南非农产品出口结构

2012 年，南非出口额同比增长较快的农产品主要是食用油籽和棉花，增幅分别为 121%和 83.3%，但谷物出口下降幅度较大，减幅达四成以上（表 1）。

表 1　2003—2012 年南非主要农产品出口额同比变化情况

单位：%

	2003 年	2004 年	2005 年	2006 年	2007 年	2008 年	2009 年	2010 年	2011 年	2012 年
农产品	25.8	13.0	15.0	−5.1	13.9	26.0	−3.4	14.8	11.5	−3.1
谷物	−12.8	−19.9	167.7	−55.5	−59.9	962.6	−21.3	−27.4	121.6	−41.4
棉花	375.8	72.7	145.7	−73.0	−10.6	−12.3	289.6	−10.1	−30.7	83.3
食用油籽	−22.0	−7.4	4.9	−46.5	1.4	543.9	−3.8	−3.0	−37.4	121.0

（续）

	2003年	2004年	2005年	2006年	2007年	2008年	2009年	2010年	2011年	2012年
食用植物油	−19.5	−0.8	34.5	−25.7	−19.7	637.8	−23.1	84.8	36.4	13.9
食糖	6.3	−0.8	24.1	35.7	−24.8	−21.5	67.4	−32.7	−20.8	−0.3
蔬菜	37.2	0.6	13.2	−4.6	19.4	11.7	1.7	16.7	17.5	−0.4
水果	46.4	24.3	4.6	−3.6	23.1	7.9	2.1	27.8	4.9	0.9
畜产品	8.1	4.6	−13.2	12.3	26.9	3.6	5.7	19.2	16.1	−0.5
水产品	25.0	6.4	4.9	−8.4	29.7	4.9	−18.5	27.4	5.1	−4.4
饮品	37.8	12.9	12.3	−10.3	21.1	15.6	−0.9	12.5	−3.7	−0.5
烟草	0.9	37.5	37.3	12.7	−9.8	−13.1	51.4	9.4	−26.0	13.6

2012年，南非农产品中进口额靠前的有谷物、畜产品和食用植物油，进口额分别为13.1亿美元、9.6亿美元和9.6亿美元，占其农产品进口额的比重分别为18.9%、13.8%和13.8%。此外，南非还少量进口饮品、水产品、水果等（图4）。

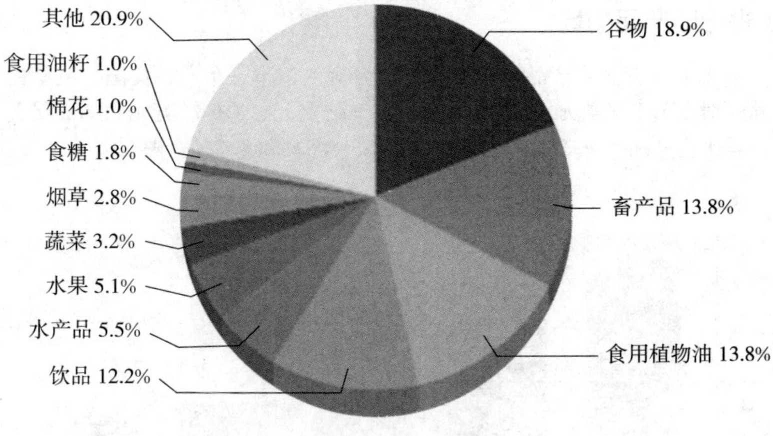

图4　2012年南非农产品进口结构

2012年，拉动南非进口额增长较快的农产品主要是水产品和食糖，其增幅分别为32.5%和24.7%。此外，棉花和烟草的进口额同比下降，其中棉花降幅较大，达3成以上（表2）。

表 2 2003—2012 年南非主要农产品进口额同比变化情况

单位:%

	2003 年	2004 年	2005 年	2006 年	2007 年	2008 年	2009 年	2010 年	2011 年	2012 年
农产品	31.3	36.7	1.7	18.5	36.8	11.3	−9.8	13.6	29.5	6.4
谷物	4.1	36.7	−8.9	18.0	47.8	20.5	−20.6	−4.1	64.0	8.8
棉花	27.7	53.3	−42.1	−21.6	4.3	−8.2	−7.9	6.4	109.5	−33.9
食用油籽	108.7	17.3	−19.6	30.1	119.3	−51.4	78.3	−38.1	42.6	15.2
食用植物油	43.5	47.2	−12.3	28.8	67.5	16.4	−31.7	60.1	31.9	0.4
食糖	131.4	9.7	−12.8	4.4	191.6	54.4	−9.2	10.7	75.8	24.7
蔬菜	82.9	26.3	6.7	35.4	26.6	−3.1	−5.1	40.7	15.6	6.0
水果	46.7	23.1	38.7	22.2	38.8	−1.0	−11.2	10.4	35.8	5.0
畜产品	50.4	34.2	28.5	10.7	23.8	−10.3	−12.6	30.6	35.4	11.6
水产品	58.6	33.7	18.6	20.8	27.9	20.2	9.1	−4.7	12.3	32.5
饮品	47.6	23.2	25.9	24.3	30.3	9.0	−1.6	6.5	17.3	4.1
烟草	25.1	60.8	−25.9	3.1	5.0	21.2	75.9	−7.0	−2.8	−7.6

(二) 进出口产品市场

2012 年，南非前五大农产品出口市场分别为荷兰、津巴布韦、英国、莫桑比克和墨西哥，出口额分别为 7.1 亿美元、6.1 亿美元、6.0 亿美元、3.6 亿美元和 3.2 亿美元，占其农产品出口额比重分别为 9.5%、8.2%、8.0%、4.8%和 4.3%（图 5)。

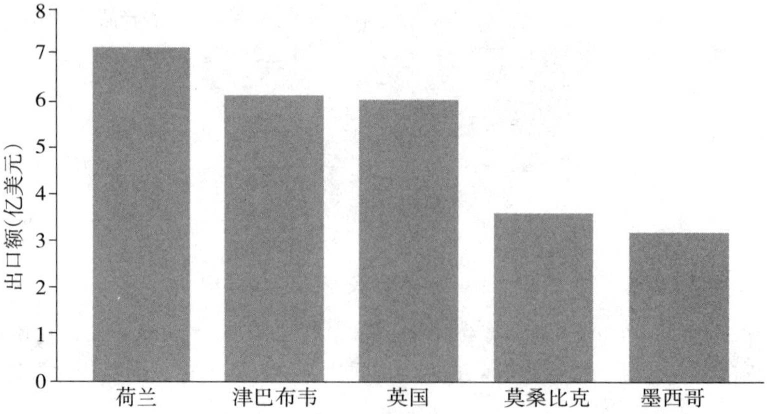

图 5 2012 年南非前五大农产品出口市场

2012年南非前五大农产品进口来源地分别为阿根廷、中国、巴西、泰国和英国，进口额分别为8.3亿美元、5.9亿美元、5.3亿美元、4.8亿美元和3.8亿美元，占其农产品进口额比重分别为12.0%、8.5%、7.6%、6.9%和5.5%（图6）。

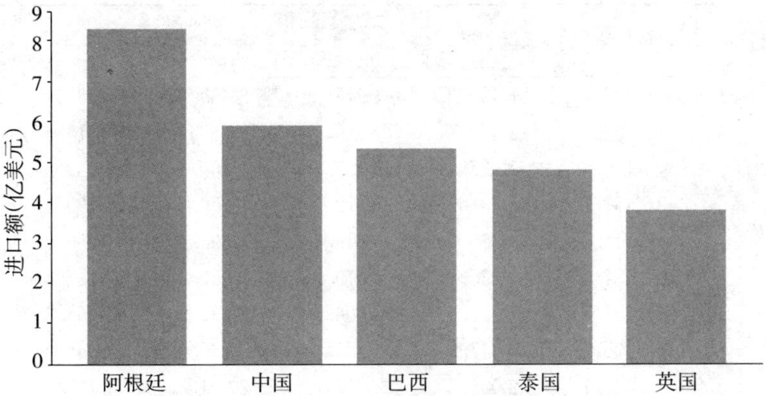

图6 2012年南非前五大农产品进口来源地

4-32-2 南非主要农产品出口额（一）

单位：万美元

项 目	2002 年	2003 年	2004 年	2005 年	2006 年	2007 年
农产品	279 286.2	351 429.0	396 948.2	456 359.3	433 286.4	493 639.9
谷物	21 292.3	18 573.8	14 880.7	39 838.1	17 715.3	7 109.3
小麦产品	4 149.5	2 626.9	2 223.5	1 160.2	942.6	1 702.8
玉米产品	16 457.1	15 321.0	12 072.9	37 696.4	15 390.4	4 657.0
稻谷产品	510.7	386.0	449.4	698.5	1 150.2	426.0
棉花	131.4	625.1	1 079.2	2 652.2	717.3	641.5
食用油籽	3 607.8	2 815.6	2 606.0	2 732.5	1 463.2	1 483.1
大豆	205.7	347.2	125.1	257.0	64.5	56.9
花生	2 813.1	2 078.8	2 217.7	2 094.2	1 127.2	1 115.4
油菜籽	2.8	0.4	1.9	0.1		
食用植物油	2 002.8	1 611.9	1 599.0	2 151.3	1 598.0	1 282.6
豆油	240.9	97.0	86.8	54.4	330.0	55.2
菜籽油	0.2	2.0	1.7	2.0	2.0	0.4
棕榈油	78.8	146.3	90.7	47.9	62.0	93.2
食糖	21 015.9	22 347.7	22 177.7	27 516.4	37 326.2	28 077.5
蔬菜	10 493.5	14 402.2	14 490.0	16 401.1	15 645.4	18 688.4
水果	80 349.9	117 669.1	146 281.8	153 020.1	147 521.1	181 603.6
畜产品	30 888.6	33 400.8	34 952.0	30 338.9	34 085.3	43 261.3
猪产品	406.5	625.0	711.6	777.4	818.1	654.5
牛产品	1 940.7	2 401.2	3 238.9	2 594.8	1 999.1	2 658.3
羊产品	99.5	145.0	113.8	214.2	115.5	411.0
禽产品	5 086.9	5 368.9	4 892.1	2 750.4	5 603.4	7 030.7
蛋产品	876.6	772.2	402.3	137.6	80.8	151.3
乳品	4 334.3	3 674.0	3 733.2	2 481.9	3 121.9	3 420.8
动物生皮	7 666.1	8 780.4	9 855.0	8 626.6	7 723.4	9 316.1
动物生毛皮	4.6	6.0	19.9	12.1	10.6	4.5
羊毛	7 641.4	8 923.6	9 292.5	9 370.2	11 378.9	16 337.0
水产品	32 771.5	40 978.6	43 593.8	45 743.4	41 885.6	54 316.7
饮品	49 868.7	68 722.7	77 555.6	87 083.0	78 081.8	94 577.8
酒	40 749.7	56 552.2	67 554.8	78 905.2	69 289.5	84 837.7
茶	1 858.8	1 354.4	1 303.9	700.5	1 035.5	1 029.5
咖啡	449.8	632.6	618.0	772.7	883.4	925.7
烟草	8 710.0	8 792.5	12 087.1	16 599.6	18 710.8	16 870.9

南非主要农产品出口额（二）

单位：万美元

项　目	2008年	2009年	2010年	2011年	2012年
农产品	622 129.4	600 948.4	689 853.6	769 506.2	746 008.1
谷物	75 541.8	59 426.5	43 118.3	95 567.2	55 967.6
小麦产品	14 060.0	5 266.0	4 561.0	5 584.2	6 556.3
玉米产品	59 310.3	51 893.1	36 290.8	87 261.2	45 863.6
稻谷产品	1 730.2	1 560.7	1 683.9	2 158.7	3 001.3
棉花	562.6	2 191.7	1 971.4	1 366.3	2 504.5
食用油籽	9 549.9	9 189.7	8 914.1	5 576.9	12 326.7
大豆	938.5	6 829.8	5 305.7	2 404.5	9 277.5
花生	2 456.8	1 609.8	3 380.8	2 834.5	2 638.7
油菜籽	6.0	4.9	19.0	6.0	0.9
食用植物油	9 462.5	7 279.8	13 455.9	18 349.6	20 896.1
豆油	328.7	894.9	2 890.3	8 609.6	12 456.0
菜籽油	6.9	4.8	13.3	29.5	33.0
棕榈油	305.6	477.2	262.0	271.8	352.5
食糖	22 032.9	36 884.9	24 818.6	19 652.3	19 586.0
蔬菜	20 866.1	21 213.4	24 763.2	29 092.5	28 973.7
水果	195 866.7	199 914.4	255 547.3	268 096.9	270 632.7
畜产品	44 814.3	47 352.7	56 427.3	65 513.9	65 212.1
猪产品	978.3	1 313.2	1 188.7	1 084.1	1 147.6
牛产品	2 924.7	3 229.1	3 505.0	3 604.9	4 369.8
羊产品	426.4	334.5	321.1	359.0	299.7
禽产品	7 724.9	9 552.4	11 395.3	5 581.2	3 665.7
蛋产品	314.5	801.0	1 685.8	954.5	1 419.8
乳品	5 166.8	6 652.9	6 531.6	8 118.9	9 549.5
动物生皮	8 061.7	6 495.5	9 715.3	11 835.1	11 132.3
动物生毛皮	3.3	12.0	1.2		0.8
羊毛	15 367.0	15 618.1	18 361.2	30 189.4	29 449.9
水产品	56 979.4	46 453.1	59 158.5	62 154.9	59 424.3
饮品	109 366.9	108 414.7	121 929.6	117 359.6	116 791.6
酒	97 227.5	94 184.9	105 656.8	105 553.1	105 171.5
茶	1 193.0	1 562.5	1 509.3	1 279.2	1 406.4
咖啡	1 013.0	955.0	1 013.9	1 114.3	1 014.7
烟草	14 664.8	22 209.4	24 307.1	17 979.7	20 418.8

4-32-3 南非主要农产品进口额（一）

单位：万美元

项　目	2002年	2003年	2004年	2005年	2006年	2007年
农产品	149 317.9	195 983.2	267 865.8	272 474.3	322 844.3	441 783.8
谷物	35 353.7	36 793.7	50 293.0	45 807.6	54 050.7	79 888.0
小麦产品	8 886.6	11 386.2	19 963.6	18 367.7	15 275.5	26 624.9
玉米产品	10 560.0	6 740.8	7 502.2	1 022.3	11 394.9	21 034.2
稻谷产品	11 853.1	15 792.3	20 761.4	23 302.3	24 699.6	29 924.5
棉花	6 016.9	7 686.3	11 784.0	6 818.0	5 348.6	5 577.7
食用油籽	1 387.4	2 895.9	3 397.0	2 731.5	3 552.9	7 792.8
大豆	591.4	582.0	491.6	330.9	252.9	3 440.0
花生	170.6	1 387.5	1 060.1	346.1	1 843.8	2 030.6
油菜籽	2.6	4.6	3.5	1.4	18.7	51.0
食用植物油	14 177.8	20 349.1	29 944.3	26 275.6	33 836.3	56 687.5
豆油	4 137.3	6 567.0	10 020.9	10 929.1	12 878.8	20 921.8
菜籽油	5.0	42.0	9.8	7.1	12.5	500.7
棕榈油	7 228.6	9 802.4	12 266.6	10 436.6	11 656.3	19 611.5
食糖	544.7	1 260.5	1 383.3	1 206.0	1 258.9	3 671.4
蔬菜	3 289.9	6 017.8	7 599.2	8 108.7	10 980.4	13 901.9
水果	5 972.9	8 764.1	10 792.9	14 966.6	18 291.5	25 395.3
畜产品	17 402.0	26 170.0	35 131.4	45 130.0	49 944.4	61 810.3
猪产品	2 452.6	4 125.7	6 898.2	9 507.8	8 752.7	10 356.3
牛产品	787.8	1 439.7	2 676.8	4 046.6	3 971.8	3 927.2
羊产品	619.3	870.0	1 371.5	2 079.7	3 420.7	3 319.4
禽产品	5 165.2	9 632.1	14 619.4	19 030.4	23 079.9	29 217.1
蛋产品	15.7	36.8	58.8	96.4	73.8	86.7
乳品	3 179.2	4 067.4	3 766.7	6 753.9	6 500.0	11 786.8
动物生皮	1 535.3	2 869.7	2 533.7	1 140.2	378.2	496.9
动物生毛皮		1.2	0.6		1.9	0.4
羊毛	698.5	614.2	517.7	591.1	639.8	690.0
水产品	5 261.9	8 343.8	11 157.7	13 231.0	15 983.8	20 437.7
饮品	16 354.5	24 145.8	29 741.4	37 456.6	46 574.4	60 693.4
酒	8 316.1	12 990.8	17 232.0	20 383.4	24 916.5	37 076.0
茶	1 674.2	1 641.8	2 044.5	2 503.6	3 260.1	2 750.0
咖啡	2 195.9	2 913.6	3 389.4	4 734.3	6 261.4	6 723.3
烟草	6 730.1	8 420.2	13 540.0	10 038.4	10 353.6	10 867.2

南非主要农产品进口额（二）

单位：万美元

项 目	2008年	2009年	2010年	2011年	2012年
农产品	491 879.9	443 623.8	504 078.0	652 600.2	694 227.6
谷物	96 304.9	76 506.3	73 359.6	120 282.3	130 880.1
小麦产品	43 817.5	27 869.4	27 911.1	60 235.4	48 905.4
玉米产品	2 702.4	2 211.5	1 215.2	3 311.4	7 533.9
稻谷产品	46 499.0	44 479.3	41 458.4	50 757.7	68 664.5
棉花	5 119.7	4 717.1	5 018.4	10 511.8	6 943.3
食用油籽	3 784.1	6 748.5	4 174.9	5 951.9	6 856.5
大豆	496.8	118.1	110.9	107.5	140.5
花生	1 569.3	1 354.1	755.2	2 495.2	3 677.6
油菜籽	1.7	25.7	74.2	27.0	17.9
食用植物油	65 966.5	45 052.2	72 117.2	95 131.8	95 514.0
豆油	28 341.4	11 020.7	27 547.6	37 332.7	26 548.2
菜籽油	630.9	137.3	1 561.9	1 551.2	758.6
棕榈油	29 187.5	22 728.7	29 885.3	40 953.5	40 756.8
食糖	5 668.0	5 148.4	5 700.3	10 023.7	12 495.8
蔬菜	13 471.0	12 778.0	17 978.3	20 785.9	22 031.3
水果	25 137.2	22 314.3	24 629.3	33 443.2	35 128.3
畜产品	55 432.6	48 458.9	63 299.5	85 690.7	95 644.5
猪产品	11 493.7	10 981.2	13 559.1	16 853.1	17 231.1
牛产品	2 665.5	3 318.4	3 110.7	5 225.6	5 033.5
羊产品	3 109.6	1 426.2	1 649.5	1 847.9	1 124.7
禽产品	27 488.2	25 317.7	32 281.8	46 924.1	51 900.6
蛋产品	25.9	32.3	28.2	67.5	85.5
乳品	9 589.0	7 243.7	10 018.8	12 345.1	17 230.4
动物生皮	464.6	93.1	145.5	264.3	624.6
动物生毛皮	1.1	0.8	0.6	0.5	1.3
羊毛	518.8	360.1	318.1	245.1	319.3
水产品	24 574.1	26 800.6	25 528.7	28 658.7	37 960.6
饮品	66 155.5	65 096.2	69 303.6	81 281.3	84 637.6
酒	37 997.5	39 848.2	36 843.8	43 165.3	42 501.6
茶	3 078.4	4 313.8	5 055.5	4 957.6	5 468.8
咖啡	9 454.9	6 682.2	9 637.3	13 811.7	13 905.5
烟草	13 165.7	23 164.8	21 553.6	20 944.5	19 356.8

4-32-4 南非主要农产品出口量（一）

单位：吨

项　目	2002年	2003年	2004年	2005年	2006年	2007年
农产品						
谷物	1 182 359.1	971 662.1	577 076.8	2 563 564.7	737 084.7	176 202.7
小麦产品	249 662.5	103 022.3	82 230.3	54 602.0	35 576.9	65 699.9
玉米产品	906 850.4	852 136.9	479 303.5	2 474 494.5	678 945.7	98 375.7
稻谷产品	21 982.6	12 963.3	13 930.0	28 986.0	20 719.5	8 763.4
棉花	2 853.1	7 272.1	10 501.6	25 288.6	7 374.4	5 917.6
食用油籽	63 972.1	36 411.5	21 222.6	92 307.0	14 622.7	10 500.7
大豆	5 284.8	8 864.2	2 178.4	68 662.3	561.9	417.3
花生	52 945.7	24 678.1	17 571.1	21 201.5	12 967.6	9 184.5
油菜籽	136.0	0.6	1.2			
食用植物油	32 930.0	17 826.2	14 840.8	23 377.3	27 384.8	12 709.4
豆油	5 701.8	2 049.1	1 378.5	685.6	7 695.0	726.3
菜籽油	0.2	14.6	5.9	24.3	4.0	0.5
棕榈油	1 615.2	1 579.6	781.2	510.4	804.7	1 001.1
食糖	1 135 904.8	979 292.2	962 510.4	1 072 790.2	2 155 244.8	1 032 489.2
蔬菜	198 023.6		168 952.4	150 082.3	182 209.9	199 345.1
水果						
畜产品						
猪产品						
牛产品						
羊产品						
禽产品						
蛋产品						
乳品	34 160.3	22 764.6	23 676.6	17 647.5	27 222.8	19 013.0
动物生皮	34 965.2	38 118.4	43 393.1	45 374.6	40 615.1	45 807.0
动物生毛皮	2.4	4.0	16.5		24.1	11.7
羊毛	24 680.2	24 748.0	27 867.5	42 689.9	34 668.4	36 058.0
水产品						
饮品						
酒						
茶	11 825.9	67 816.8	5 765.1	2 309.2	3 795.6	5 186.8
咖啡	1 882.4	1 923.9	2 028.4	2 587.7	5 234.3	8 390.1
烟草						

南非主要农产品出口量（二）

单位：吨

项 目	2008年	2009年	2010年	2011年	2012年
农产品					
谷物	1 453 138.2	1 998 494.8	1 518 041.6	2 835 380.0	1 332 316.4
小麦产品	171 858.4	122 118.1	83 223.0	93 487.8	131 125.1
玉米产品	1 252 754.1	1 832 605.1	1 397 299.8	2 705 247.1	1 152 336.9
稻谷产品	24 922.5	33 794.6	31 660.2	32 377.0	43 443.2
棉花	4 507.2	19 648.4	13 708.2	13 381.7	14 231.9
食用油籽	111 791.6	177 340.2	149 983.4	61 776.0	196 743.3
大豆	14 551.0	162 412.4	123 050.5	45 640.8	184 382.9
花生	15 777.3	12 787.8	26 190.2	14 938.1	11 511.4
油菜籽	6.8	8.6	41.4	4.8	0.3
食用植物油	62 474.4	73 571.0	103 425.0	113 193.8	128 288.7
豆油	1 940.7	8 001.3	22 386.6	53 898.2	76 687.0
菜籽油	17.1	21.3	60.5	177.4	174.1
棕榈油	2 165.3	5 685.1	2 428.8	1 624.5	2 233.3
食糖	684 935.7	905 229.7	421 178.4	262 924.8	306 890.6
蔬菜	212 929.0	256 994.2	692 529.6	263 375.0	
水果					
畜产品					
猪产品					
牛产品					
羊产品					
禽产品					
蛋产品					
乳品	42 387.6	42 195.0	35 036.2	42 751.4	53 929.6
动物生皮	35 461.8	47 890.6	45 398.6	33 261.1	34 296.5
动物生毛皮	6.5	67.6	0.6		
羊毛	36 559.9	43 581.8	37 462.1	43 271.4	43 081.9
水产品					
饮品					
酒					
茶	9 487.3	5 486.1	7 036.1	2 652.7	2 870.9
咖啡	3 253.4	2 195.3	3 327.9	2 518.9	2 247.1
烟草					

4-32-5 南非主要农产品进口量（一）

单位：吨

项　目	2002年	2003年	2004年	2005年	2006年	2007年
农产品						
谷物	2 775 249.9	2 208 054.3	2 669 274.8	2 311 004.4	2 971 556.0	3 397 591.2
小麦产品	686 976.0	725 708.9	1 197 810.5	1 277 260.3	982 271.4	1 110 491.0
玉米产品	1 043 881.0	505 028.9	600 310.2	91 165.3	1 055 759.3	1 243 227.8
稻谷产品	747 769.9	794 377.4	748 631.0	772 932.7	816 611.3	962 694.2
棉花	57 498.9	73 735.4	91 547.9	62 046.3	47 789.8	46 153.7
食用油籽	75 066.3	98 023.5	118 783.6	140 071.1	116 463.4	243 374.1
大豆	33 231.9	23 736.9	18 603.4	14 980.7	10 590.6	118 046.4
花生	2 852.1	24 185.1	17 594.9	4 693.4	27 518.4	27 364.9
油菜籽	38.1	40.1	53.1	26.2	118.8	195.8
食用植物油	398 778.3	424 723.8	541 758.2	543 457.5	686 366.3	758 416.2
豆油	106 343.9	127 499.6	175 322.9	218 510.9	261 203.2	272 707.2
菜籽油	47.5	498.9	64.6	40.6	49.1	4 115.7
棕榈油	237 712.7	241 764.0	266 361.9	273 583.5	292 370.2	299 092.2
食糖	22 367.2	38 546.1	38 727.3	38 495.8	31 199.9	102 544.4
蔬菜	27 158.6		73 984.0	81 847.7	112 608.8	122 099.3
水果						
畜产品						
猪产品						
牛产品						
羊产品						
禽产品						
蛋产品						
乳品	24 611.5	24 381.1	18 299.2	30 770.2	30 824.7	44 309.3
动物生皮	8 547.6	13 253.0	10 181.9	4 180.1	1 418.6	2 384.6
动物生毛皮		0.6	0.3		0.4	1.0
羊毛	3 024.0	2 494.2	1 890.0	2 078.5	2 341.0	2 597.4
水产品						
饮品						
酒						
茶	17 520.7	16 645.7	17 959.4	19 702.3	22 282.1	20 740.8
咖啡	21 198.1	22 786.0	24 568.9	26 902.0	30 866.8	24 208.2
烟草						

南非主要农产品进口量（二）

单位：吨

项　目	2008年	2009年	2010年	2011年	2012年
农产品					
谷物	2 313 669.7	2 168 536.8	2 091 380.8	2 996 721.3	3 451 980.6
小麦产品	1 438 098.8	1 323 013.8	1 265 661.4	1 860 208.4	1 711 806.7
玉米产品	103 843.9	31 564.3	5 679.4	88 555.7	250 649.4
稻谷产品	654 146.5	747 806.6	733 960.7	885 402.8	1 297 867.8
棉花	35 467.1	36 925.5	30 099.7	33 807.3	39 328.1
食用油籽	71 751.9	175 075.0	81 433.8	78 185.6	92 558.2
大豆	18 421.3	3 139.2	2 523.7	1 652.9	1 167.7
花生	12 425.9	11 774.0	4 451.2	15 524.8	22 067.5
油菜籽	16.3	73.3	116.5	47.6	20.9
食用植物油	625 173.7	593 669.4	760 057.5	757 656.6	820 470.1
豆油	247 887.6	137 801.1	272 962.7	277 728.5	197 938.3
菜籽油	5 527.2	1 281.1	14 587.2	10 300.8	4 952.4
棕榈油	314 198.5	324 949.5	350 928.4	364 483.0	401 464.0
食糖	158 090.5	120 311.2	103 569.6	143 810.4	207 095.3
蔬菜	99 782.0	94 379.5	137 277.3	130 973.5	
水果					
畜产品					
猪产品					
牛产品					
羊产品					
禽产品					
蛋产品					
乳品	34 223.1	32 351.3	35 187.5	37 879.9	59 102.8
动物生皮	2 257.6	1 079.6	2 159.8	3 696.1	3 880.8
动物生毛皮	1.3	0.6			
羊毛	1 967.7	1 832.4	1 227.2	775.2	954.7
水产品					
饮品					
酒					
茶	21 279.2	27 432.4	27 674.1	24 284.6	24 323.7
咖啡	30 395.3	22 384.8	29 952.7	29 242.7	26 713.0
烟草					

4-32-6 南非农产品出口额前 15 位国家（地区）
（2012 年）

单位：万美元，%

序号	国家（地区）	出口额	同比增长
1	荷兰	71 282.6	−1.5
2	津巴布韦	60 864.8	7.7
3	英国	60 463.9	0.5
4	莫桑比克	35 964.1	4.2
5	墨西哥	31 900.5	−16.8
6	中国	30 999.4	25.4
7	美国	30 916.2	7.5
8	安哥拉	29 319.1	16.5
9	中国香港	26 404.6	−6.0
10	德国	23 861.7	−11.6
11	阿拉伯联合酋长国	21 483.5	9.1
12	日本	20 162.1	−6.5
13	赞比亚	18 669.9	19.4
14	马来西亚	16 883.1	61.1
15	俄罗斯	16 587.8	−4.0
	总计	495 763.3	

4-32-7 南非农产品进口额前15位国家（地区）(2012年)

单位：万美元，%

序号	国家（地区）	进口额	同比增长
1	阿根廷	83 387.6	7.6
2	中国	59 052.3	78.6
3	巴西	53 193.6	6.9
4	泰国	48 464.5	−2.0
5	英国	38 480.3	7.2
6	荷兰	35 298.6	36.1
7	印度	31 090.6	20.4
8	美国	28 236.9	−35.5
9	印度尼西亚	27 926.1	10.7
10	马来西亚	26 922.5	−11.0
11	德国	26 489.9	−28.2
12	西班牙	20 475.8	2.0
13	澳大利亚	20 167.0	−5.2
14	法国	18 522.6	12.5
15	意大利	14 048.5	10.2
	总计	531 756.8	

4－33 埃及主要农产品贸易情况

4－33－1 埃及农产品贸易综述

一、10 年来埃及农产品贸易总体情况

2002—2012 年，埃及农产品贸易额总体呈增长趋势。贸易额由 2002 年 43.2 亿美元增至 2012 年的 207.2 亿美元，年均增长 17%；其中出口额由 7.9 亿美元增至 47.1 亿美元，年均增长 19.5%；进口额由 35.3 亿美元增至 160.1 亿美元，年均增长 16.3%。埃及农产品贸易在过去的 10 年始终呈现逆差，逆差额由 2002 年的 27.4 亿美元到 2012 年的 113 亿美元，年均递增 15.2%（图 1）。

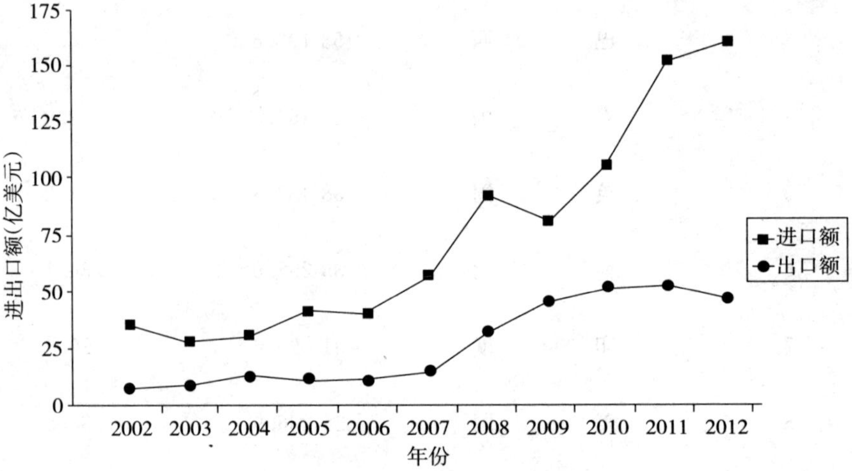

图 1　2002—2012 年埃及农产品进出口额变化

2003—2012 年，埃及农产品进口额同比年度间变化较大，2003 年、2006 年和 2009 年

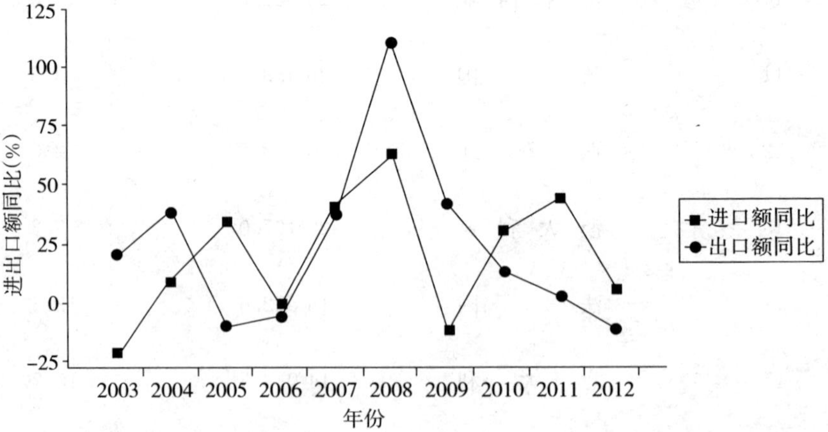

图 2　2003—2012 年埃及农产品进出口额同比变化

出现下降，而2008年同比增长高达63.8%。出口额除2005年、2006年和2012年同比下降外，其余年份保持增长，其中2008年增幅达110.5%（图2）。

二、2012年埃及农产品贸易情况

2012年，埃及农产品贸易额207.2亿美元，同比增长1.0%，在全球各大农产品贸易国中排名第32位。其中出口额为47.1亿美元，同比下降11.3%，全球排名第47位；进口额为160.1亿美元，同比增长5.3%，全球排名第19位。

（一）进出口产品结构

2012年，埃及出口的农产品中水果和蔬菜比重较大。水果出口额为12.2亿美元，占其农产品出口额的比重为25.9%，蔬菜出口额为9.7亿美元，占20.7%。此外，埃及还少量出口畜产品、棉花、食用植物油等（图3）。

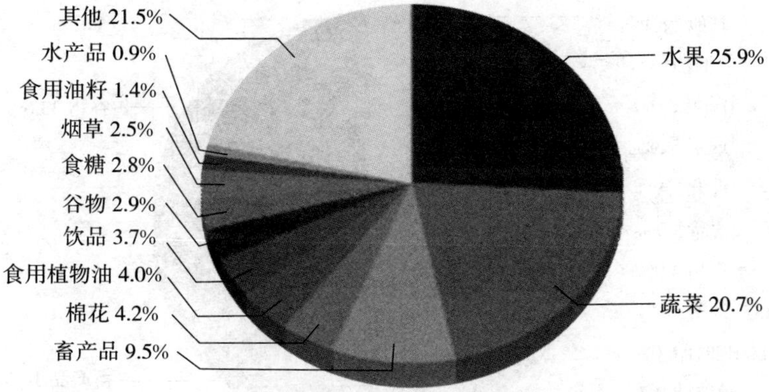

图3　2012年埃及农产品出口结构

2012年，埃及农产品出口呈普遍下降趋势，其中降幅最大的为食糖和棉花，同比降幅分别为49.7%和26%，但谷物出口增长幅度较大，增幅达到64.1%（表1）。

表1　2003—2012年埃及主要农产品出口额同比变化情况

单位：%

	2003年	2004年	2005年	2006年	2007年	2008年	2009年	2010年	2011年	2012年
农产品	19.8	37.4	−9.3	−6.6	37.9	111.0	42.0	13.0	2.8	−11.3
谷物	44.4	48.7	38.7	−3.5	33.7	−52.1	165.0	−17.6	−81.1	64.1
棉花	11.0	31.7	−62.5	−26.6	15.5	28.6	−53.0	189.3	−0.3	−26.0
食用油籽	−3.1	98.8	−9.6	−20.2	−4.2	196.0	167.0	−33.4	9.6	−5.8
食用植物油	217.4	−10.5	175.1	−20.7	−25.3	1263.8	−2.8	−24.0	175.1	−30.8
食糖	144.0	10.3	39.7	9.0	99.7	−72.6	709.0	143.5	−16.5	−49.7
蔬菜	12.3	38.3	14.8	−4.4	43.9	103.9	32.0	10.7	18.0	−16.0

（续）

	2003年	2004年	2005年	2006年	2007年	2008年	2009年	2010年	2011年	2012年
水果	39.0	70.0	27.5	−0.5	72.3	227.2	40.4	1.0	7.0	−0.8
畜产品	77.6	14.1	33.0	−20.9	18.3	696.2	32.8	7.5	−1.7	−20.1
水产品	32.6	12.0	24.6	−6.9	15.4	356.4	27.3	20.5	24.9	2.5
饮品	24.7	−13.8	42.9	21.4	9.8	203.1	42.3	42.7	7.6	−7.5
烟草	168.7	−84.5	105.3	1011.2	−90.7	7428.4	211.6	19.5	47.1	−17.1

2012年，谷物和畜产品占埃及进口农产品的比重较大，进口额分别为53.8亿美元和23.3亿美元，占其农产品进口额的比重分别为33.6%和14.5%。此外，埃及还少量进口食用植物油、食用油籽、食糖和水产品等（图4）。

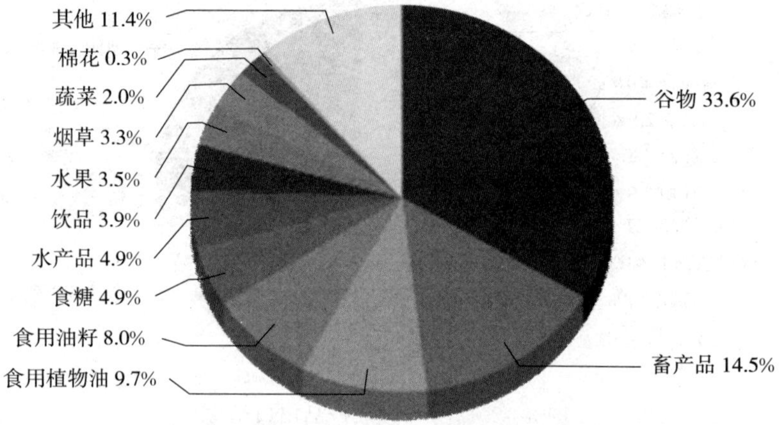

图4　2012年埃及农产品进口结构

2012年，埃及进口增长较快的农产品主要是水产品和水果，其增幅分别为46.5%和44.3%。此外，畜产品、食用油籽、饮品、烟草等同比也保持两位数增长，但棉花、食用植物油、食糖同比两位数下降，其中棉花降幅达七成（表2）。

表2　2003—2012年埃及主要农产品进口额同比变化情况

单位：%

	2003年	2004年	2005年	2006年	2007年	2008年	2009年	2010年	2011年	2012年
农产品	−21.3	9.4	34.9	−1.2	39.8	63.8	−12.9	30.1	44.5	5.3
谷物	−18.8	−4.5	49.3	−7.4	67.5	22.6	−21.3	42.5	56.6	−1.8
棉花	157.4	422.3	−38.4	36.6	−1.1	120.2	−15.1	20.3	−8.5	−70.0
食用油籽	−44.5	38.3	126.6	−13.4	139.0	33.3	24.5	8.8	36.1	18.2
食用植物油	−14.9	138.8	22.5	8.2	−26.9	327.0	−41.9	14.7	106.4	−20.5

（续）

	2003年	2004年	2005年	2006年	2007年	2008年	2009年	2010年	2011年	2012年
食糖	－35.1	－14.8	132.2	2.0	－8.9	308.4	－48.9	67.1	86.9	－10.5
蔬菜	6.6	－30.0	58.5	－19.5	65.1	55.7	44.9	－2.6	49.9	－11.2
水果	－35.6	2.4	67.7	－7.0	1.9	109.8	26.3	25.5	44.7	44.3
畜产品	－26.2	－6.2	55.5	18.8	22.3	48.2	－7.1	52.0	0.3	33.5
水产品	－8.2	35.2	12.2	12.1	33.1	69.1	25.8	5.8	6.0	46.5
饮品	－49.3	－54.7	17.3	－17.0	91.4	435.8	1.6	9.5	27.1	18.9
烟草	－13.8	0.8	－5.2	16.8	9.5	21.3	－13.4	50.0	23.0	16.6

（二）进出口产品市场

2012年埃及前五大农产品出口市场分别为沙特阿拉伯、利比亚、伊拉克、阿拉伯联合酋长国和意大利，出口额分别为5.8亿美元、3.8亿美元、2.4亿美元、2.1亿美元和2.0亿美元，占其农产品出口额比重分别为12.3%、8.1%、5.1%、4.5%和4.2%（图5）。

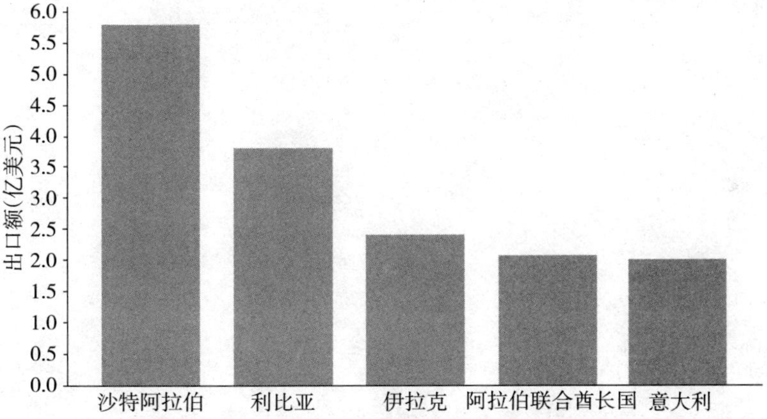

图5　2012年埃及前五大农产品出口市场

2012年埃及前五大农产品进口来源地分别为乌克兰、巴西、俄罗斯、美国和阿根廷，进口额分别为22.9亿美元、21.3亿美元、20.2亿美元、18.9亿美元和10.7亿美元，占其农产品进口额比重分别为14.3%、13.3%、12.6%、11.8%和6.7%（图6）。

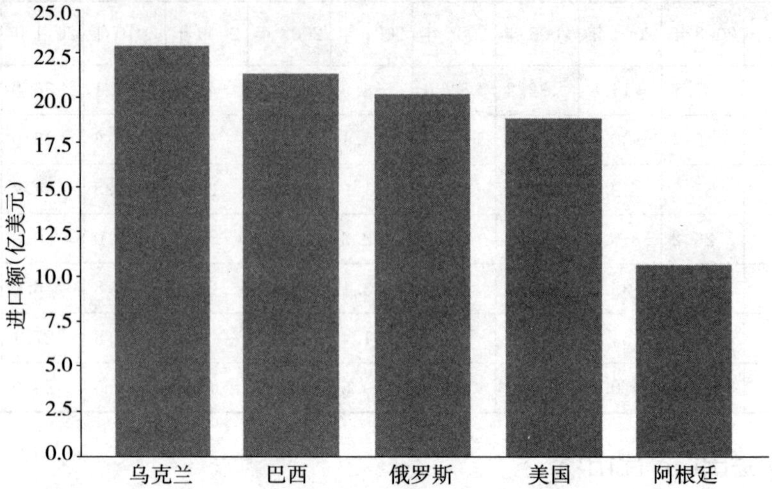

图 6　2012 年埃及前五大农产品进口来源地

4-33-2 埃及主要农产品出口额（一）

单位：万美元

项　目	2002年	2003年	2004年	2005年	2006年	2007年
农产品	79 377.8	95 098.5	130 641.6	118 470.3	110 623.4	152 507.3
谷物	10 815.0	15 612.5	23 216.2	32 202.6	31 078.1	41 540.0
小麦产品	205.5	502.6	53.1	667.0	435.0	503.8
玉米产品	19.2	49.4	47.4	118.4	236.9	148.4
稻谷产品	10 576.3	15 025.2	23 074.7	31 319.8	30 146.1	40 566.2
棉花	32 977.3	36 589.9	48 203.7	18 064.6	13 251.7	15 300.5
食用油籽	901.9	873.8	1 736.8	1 570.2	1 253.2	1 200.8
大豆	1.7	0.3	3.2	1.0	1.0	0.3
花生	543.5	502.5	1 149.1	1 025.7	631.4	612.2
油菜籽				3.0		
食用植物油	210.4	667.7	597.6	1 644.1	1 303.4	973.3
豆油	7.0	254.0	111.6	310.0	293.7	173.7
菜籽油						
棕榈油	27.1	10.3	18.1	313.9	65.3	29.4
食糖	710.7	1 734.2	1 913.2	2 672.8	2 913.8	5 817.5
蔬菜	13 454.1	15 103.3	20 886.9	23 978.9	22 932.0	33 010.5
水果	4 786.1	6 653.0	11 310.5	14 422.9	14 346.0	24 720.0
畜产品	1 993.3	3 540.5	4 038.3	5 369.2	4 246.1	5 022.3
猪产品		1.9		4.2	24.2	19.2
牛产品	49.2	66.2	68.9	86.9	70.6	76.6
羊产品	16.5	46.5	7.8	33.1	8.3	0.3
禽产品	603.1	885.2	1 112.8	874.0	407.2	494.0
蛋产品	224.4	818.7	694.2	709.2	154.2	5.8
乳品	927.7	1 470.0	1 852.5	3 452.3	3 331.4	4 110.4
动物生皮	67.1	3.8	24.3	2.0	22.9	92.9
动物生毛皮				8.1		
羊毛	1.4	33.4	65.5	54.6	41.8	64.9
水产品	232.9	308.7	345.7	430.8	401.0	462.8
饮品	1 392.4	1 736.3	1 497.5	2 140.5	2 598.7	2 853.0
酒	287.0	216.7	319.4	599.2	880.8	1 046.1
茶	901.5	953.3	756.2	977.6	1 290.7	1 391.1
咖啡	6.1	40.1	13.1	3.8	21.2	12.6
烟草	39.2	105.4	16.4	33.6	373.8	34.7

埃及主要农产品出口额（二）

单位：万美元

项　目	2008 年	2009 年	2010 年	2011 年	2012 年
农产品	321 806.0	457 066.2	516 581.7	530 834.5	470 738.4
谷物	19 916.3	52 781.5	43 484.4	8 230.2	13 503.5
小麦产品	1 217.3	2 675.2	3 845.1	5 189.7	4 031.0
玉米产品	250.4	880.1	662.7	110.8	263.0
稻谷产品	17 939.9	47 732.3	36 783.9	1 911.5	8 504.8
棉花	19 671.1	9 255.1	26 772.9	26 693.7	19 764.3
食用油籽	3 554.0	9 488.0	6 320.3	6 924.1	6 524.0
大豆	97.6	183.3	49.7	15.5	56.6
花生	1 659.9	6 621.1	4 047.1	5 031.5	4 544.5
油菜籽			1.1		2.4
食用植物油	13 273.8	12 908.3	9 814.2	26 997.0	18 680.0
豆油	2 783.5	2 613.2	2 930.8	6 009.9	6 347.8
菜籽油		2.6	3.7		
棕榈油	401.0	1 603.7	2 408.5	4 552.7	1 626.5
食糖	1 594.6	12 901.4	31 411.4	26 238.1	13 194.8
蔬菜	67 322.7	88 860.7	98 387.0	116 083.3	97 452.3
水果	80 882.2	113 571.5	114 709.6	122 739.1	121 743.4
畜产品	39 989.7	53 118.8	57 117.0	56 170.1	44 892.4
猪产品	1 966.6	2 532.0	2 630.1	1 369.3	975.0
牛产品	103.8	119.6	46.1	138.8	155.0
羊产品	15.2	123.7	16.9	30.5	203.2
禽产品	2 147.7	2 506.8	2 036.7	1 393.4	1 480.4
蛋产品	63.9	74.6	81.3	188.5	268.1
乳品	35 788.2	47 252.2	51 223.9	51 099.3	39 557.5
动物生皮	277.8	252.1	453.8	778.7	1 084.4
动物生毛皮	1.7		3.6	6.1	0.4
羊毛	101.0	101.9	359.6	422.4	334.2
水产品	2 112.6	2 689.3	3 242.0	4 050.6	4 153.8
饮品	8 646.9	12 301.7	17 560.1	18 897.1	17 474.9
酒	2 004.5	2 375.0	6 234.1	4 774.6	3 938.6
茶	2 176.5	2 653.1	2 794.6	2 310.9	2 446.6
咖啡	1 717.3	3 159.5	3 409.7	4 612.9	2 817.3
烟草	2 613.2	8 141.7	9 726.7	14 308.4	11 861.3

4-33-3 埃及主要农产品进口额（一）

单位：万美元

项 目	2002年	2003年	2004年	2005年	2006年	2007年
农产品	353 332.8	278 006.5	304 056.9	410 245.7	405 167.3	566 534.3
谷物	141 684.3	115 014.6	109 802.9	163 971.9	151 798.3	254 289.1
小麦产品	81 869.3	60 739.7	72 714.6	93 613.3	96 510.7	156 400.6
玉米产品	59 540.1	54 086.0	36 784.2	69 980.4	54 796.4	94 364.4
稻谷产品	86.1	91.4	148.0	239.9	351.7	3 319.7
棉花	651.0	1 675.8	8 752.6	5 390.8	7 365.8	7 284.9
食用油籽	12 192.5	6 764.0	9 357.6	21 200.6	18 362.0	43 886.6
大豆	7 161.1	3 531.9	6 438.6	19 395.4	16 298.8	42 713.3
花生	8.8	7.7	4.1	14.9	10.7	29.8
油菜籽				0.3		
食用植物油	16 811.3	14 312.9	34 180.2	41 858.9	45 297.9	33 111.8
豆油	7 738.2	5 689.8	5 551.6	4 997.6	2 441.3	6 973.1
菜籽油						
棕榈油	6 335.3	610.4	20 179.6	26 739.3	33 266.7	13 141.8
食糖	11 306.4	7 337.4	6 249.0	14 507.5	14 800.9	13 490.0
蔬菜	6 920.7	7 376.3	5 164.1	8 185.9	6 592.8	10 886.8
水果	7 767.9	5 000.4	5 119.1	8 586.5	7 982.3	8 132.4
畜产品	53 119.0	39 202.5	36 777.3	57 183.9	67 916.5	83 082.1
猪产品	15.2	36.4	11.8	42.0	103.1	275.3
牛产品	30 218.9	19 646.3	19 836.0	33 961.3	48 653.8	57 598.1
羊产品	453.7	517.4	37.6	191.1	308.0	551.8
禽产品	3 034.6	1 564.1	841.4	1 108.4	2 842.9	3 689.0
蛋产品	15.3	10.0	3.0	114.5	24.2	28.7
乳品	13 009.9	12 379.9	11 461.1	16 892.8	12 367.6	17 425.1
动物生皮	91.7	22.7	33.2	70.8	28.6	301.1
动物生毛皮		1.9			0.8	
羊毛	213.6	220.3	292.5	222.9	187.5	117.5
水产品	10 810.9	9 927.1	13 418.6	15 056.1	16 875.8	22 469.6
饮品	16 337.8	8 277.9	3 749.9	4 397.6	3 652.0	6 989.8
酒	26.3	33.7	46.1	6.1	16.2	221.6
茶	14 140.9	6 218.2	436.6	1 030.4	978.1	2 677.3
咖啡	714.1	680.4	860.3	1 050.8	1 100.2	1 871.6
烟草	21 876.0	18 862.3	19 020.5	18 036.4	21 067.5	23 074.4

埃及主要农产品进口额（二）

单位：万美元

项　目	2008 年	2009 年	2010 年	2011 年	2012 年
农产品	928 130.2	808 325.2	1 051 983.9	1 519 885.4	1 601 004.2
谷物	311 827.5	245 560.7	349 929.7	547 973.1	538 252.5
小麦产品	211 369.3	157 771.2	218 422.8	320 175.1	320 053.9
玉米产品	98 682.4	84 901.3	128 301.7	220 403.0	198 710.0
稻谷产品	795.5	934.2	912.5	5 296.3	17 354.1
棉花	16 039.1	13 622.4	16 384.3	14 990.6	4 497.8
食用油籽	58 496.7	72 836.8	79 263.8	107 874.3	127 485.3
大豆	51 748.3	66 068.4	69 513.0	93 672.1	108 883.7
花生	618.0	505.6	726.8	590.8	1 130.3
油菜籽	2.4		9.1	8.5	
食用植物油	141 377.5	82 119.0	94 225.9	194 455.0	154 586.0
豆油	44 620.4	6 970.5	12 694.5	53 329.0	3 756.2
菜籽油	5.4	207.0	4.2		0.5
棕榈油	65 336.1	45 270.3	52 619.2	86 042.0	44 584.5
食糖	55 096.2	28 171.9	47 071.7	87 987.2	78 751.0
蔬菜	16 953.0	24 563.9	23 929.9	35 861.6	31 846.6
水果	17 065.4	21 559.0	27 049.5	39 137.5	56 465.1
畜产品	123 114.1	114 426.0	173 946.6	174 425.9	232 843.4
猪产品	4 052.1	2 885.6	2 595.4	2 205.7	2 049.6
牛产品	59 468.2	54 575.2	98 829.4	93 435.7	121 305.3
羊产品	1 316.8	734.4	1 384.3	356.7	1 518.6
禽产品	7 001.4	9 889.8	19 136.8	11 426.2	25 185.6
蛋产品	166.0	377.4	221.7	233.4	345.4
乳品	48 136.7	42 919.5	46 218.7	62 829.1	75 638.0
动物生皮	1 366.0	1 759.9	2 231.2	1 189.2	448.7
动物生毛皮		1.5			
羊毛	480.9	53.4	62.8	246.1	3 303.2
水产品	37 986.7	47 790.2	50 569.9	53 616.4	78 533.6
饮品	37 452.7	38 062.4	41 667.3	52 968.7	63 001.2
酒	2 992.5	2 069.1	4 929.7	3 898.9	3 890.9
茶	22 950.5	22 796.5	22 163.5	31 220.6	33 082.3
咖啡	6 695.2	6 639.8	5 029.7	6 963.2	10 395.2
烟草	27 989.5	24 239.8	36 365.8	44 730.0	52 144.1

4-33-4 埃及主要农产品出口量（一）

单位：吨

项　目	2002年	2003年	2004年	2005年	2006年	2007年
农产品						
谷物	491 428.5	613 566.4	852 203.9	1 153 168.3	1 019 952.4	1 259 852.6
小麦产品	9 009.7	22 970.7	6 812.7	24 608.1	16 941.9	13 229.9
玉米产品	626.0	1 318.8	2 122.0	4 523.6	5 326.6	5 588.6
稻谷产品	481 095.5	587 572.4	841 891.4	1 119 798.1	983 885.9	1 232 529.8
棉花	161 228.0	15.1	183 685.8	96 799.8	55 241.1	68 854.1
食用油籽	19 523.8	17 952.9	26 356.3	28 074.5	20 901.5	16 589.8
大豆	71.3	11.0	85.1	27.9	20.0	50.0
花生	11 056.7	9 327.8	16 310.1	18 278.6	9 617.2	8 026.4
油菜籽				15.1		
食用植物油	3 373.3	9 009.6	7 483.1	20 078.9	15 728.2	11 663.2
豆油	87.6	3 281.2	1 997.6	4 333.1	4 558.3	2 903.0
菜籽油						
棕榈油	376.3	169.7	273.1	7 476.5	1 370.4	443.6
食糖	20 488.0	72 059.2	70 852.7	113 560.0	101 110.6	252 433.1
蔬菜	639 996.3	729 278.4	855 004.1	898 478.0	813 809.3	838 766.9
水果						
畜产品						
猪产品						
牛产品						
羊产品						
禽产品						
蛋产品						
乳品	6 703.2	13 350.1	14 319.4	23 215.7	19 551.7	28 037.7
动物生皮	358.1	11.0	135.4	3.5	122.1	29.1
动物生毛皮				467.4		
羊毛	133.5	1 169.5	1 279.0	550.2	297.9	595.6
水产品						
饮品						
酒						
茶	1 396.9	2 146.4	1 349.0	1 433.1	1 878.7	2 125.4
咖啡	11.9	64.9	26.3	8.9	195.8	48.6
烟草						

埃及主要农产品出口量（二）

单位：吨

项　目	2008 年	2009 年	2010 年	2011 年	2012 年
农产品					
谷物	399 221.2	759 393.5	741 853.5	182 874.7	221 599.7
小麦产品	24 150.1	61 602.7	105 827.2	116 911.5	81 534.4
玉米产品	7 996.1	21 274.7	27 197.2	2 541.2	4 510.2
稻谷产品	360 543.7	654 753.4	575 838.6	46 102.0	125 396.9
棉花	93 118.3	2 068.4	79 030.7	62 339.5	73 619.0
食用油籽	28 255.3	62 724.7	44 649.6	43 324.2	41 891.2
大豆	1 008.2	1 433.1	1 796.4	91.5	1 101.6
花生	11 268.1	39 183.9	25 643.5	31 028.3	31 184.6
油菜籽		0.1	2.3	0.2	37.5
食用植物油	86 825.6	95 114.3	84 005.1	132 620.5	123 337.1
豆油	18 927.0	20 311.6	27 428.5	40 716.4	42 275.7
菜籽油		19.5	25.3		
棕榈油	3 378.5	11 882.3	19 773.4	28 879.8	11 389.3
食糖	33 655.9	200 097.1	493 539.0	281 927.2	178 102.9
蔬菜	1 079 585.4	901 604.0	1 466 755.2	1 722 842.7	
水果					
畜产品					
猪产品					
牛产品					
羊产品					
禽产品					
蛋产品					
乳品	158 143.5	149 971.6	199 904.4	197 959.3	98 214.2
动物生皮	789.2	707.9	4 519.8	4 874.3	3 441.5
动物生毛皮	25.0		15.3	6.3	
羊毛	1 643.8	1 438.8	3 078.8	1 560.1	
水产品					
饮品					
酒					
茶	4 231.1	4 758.4	3 348.6	4 762.1	5 132.6
咖啡	2 833.3	6 115.9	7 011.8	10 725.2	2 161.8
烟草					

4-33-5 埃及主要农产品进口量（一）

单位：吨

项　目	2002年	2003年	2004年	2005年	2006年	2007年
农产品						
谷物	10 337 468.6	8 198 677.3	6 823 385.8	10 873 027.8	9 617 278.3	10 524 387.8
小麦产品	5 583 453.7	4 060 960.9	4 367 585.6	5 755 196.8	5 819 307.2	5 911 194.3
玉米产品	4 738 973.2	4 133 038.6	2 442 332.6	5 109 173.5	3 786 760.1	4 488 654.2
稻谷产品	1 422.4	2 710.3	3 139.6	4 760.3	5 819.0	118 025.1
棉花	6 198.8	150 405.2	227 105.1	109 275.6	71 214.8	5 087.1
食用油籽	399 396.3	192 053.6	256 370.7	599 111.4	606 182.6	1 150 149.3
大豆	322 649.2	132 214.5	214 892.8	574 040.7	573 170.9	1 136 646.9
花生	44.7	40.5	44.8	155.6	197.4	178.8
油菜籽				1.5		
食用植物油	340 684.0	260 756.4	842 141.5	1 011 753.7	1 155 736.5	527 513.2
豆油	155 635.3	107 262.6	91 702.7	88 212.0	45 173.3	95 884.6
菜籽油						
棕榈油	143 198.6	14 696.7	617 731.2	754 516.5	957 304.2	260 667.1
食糖	492 636.2	361 820.1	292 326.9	577 994.5	394 215.9	432 438.3
蔬菜	124 260.3	152 539.2	98 545.9	120 903.6	105 106.6	121 346.6
水果						
畜产品						
猪产品						
牛产品						
羊产品						
禽产品						
蛋产品						
乳品	89 018.2	93 232.8	70 537.5	93 192.3	70 180.8	88 212.8
动物生皮	217.8	10.2	95.7	294.7	105.3	945.2
动物生毛皮		4.0	0.1		6.4	
羊毛	590.1	553.3	1 057.8	759.4	758.9	478.4
水产品						
饮品						
酒						
茶	79 080.5	38 358.3	2 623.6	9 243.9	8 685.4	22 337.6
咖啡	6 081.1	5 291.2	6 692.7	7 002.6	6 474.7	7 808.2
烟草						

埃及主要农产品进口量（二）

单位：吨

项　目	2008年	2009年	2010年	2011年	2012年
农产品					
谷物	6 688 440.6	6 079 398.4	15 395 862.0	17 061 621.6	14 613 896.0
小麦产品	4 080 828.2	4 062 058.6	9 930 500.5	9 805 138.7	8 252 761.1
玉米产品	2 572 111.6	1 963 519.3	5 298 902.9	7 110 910.5	6 114 695.5
稻谷产品	11 606.3	16 302.6	17 703.3	94 352.1	186 494.5
棉花	67 363.2	46 011.2	55 450.2	45 484.4	14 287.8
食用油籽	457 965.4	585 914.5	555 595.2	1 215 139.8	2 020 942.3
大豆	419 267.1	549 118.4	496 714.9	1 116 296.8	1 923 497.0
花生	3 582.8	3 518.5	5 291.0	3 931.8	7 096.6
油菜籽	40.1		16.9	26.1	
食用植物油	660 043.2	440 654.4	455 067.5	1 162 529.3	1 081 598.0
豆油	224 639.2	38 083.5	34 067.8	350 101.4	28 965.0
菜籽油	5.6	79.9	22.0		3.0
棕榈油	269 216.0	256 149.5	253 342.9	509 060.0	326 766.7
食糖	1 321 474.9	416 750.3	868 839.8	1 248 471.0	891 671.9
蔬菜	177 222.0	119 890.2	416 283.4	272 355.0	
水果					
畜产品					
猪产品					
牛产品					
羊产品					
禽产品					
蛋产品					
乳品	144 449.4	106 851.8	274 663.1	332 875.7	152 219.9
动物生皮	6 653.5	8 759.7	59 997.1	4 559.0	2 162.5
动物生毛皮		0.9			
羊毛	912.6	534.1	596.5	391.9	
水产品					
饮品					
酒					
茶	59 374.1	80 327.8	141 243.1	100 449.1	109 405.9
咖啡	20 484.9	18 034.4	23 612.8	22 697.4	18 429.5
烟草					

4-33-6 埃及农产品出口额前15位国家（地区）
（2012年）

单位：万美元，%

序号	国家（地区）	出口额	同比增长
1	沙特阿拉伯	57 985.8	−7.5
2	利比亚	38 221.5	60.9
3	伊拉克	24 466.1	22.2
4	阿拉伯联合酋长国	20 634.5	−11.9
5	意大利	20 150.8	−19.7
6	英国	19 872.6	−1.1
7	约旦	18 718.5	−1.7
8	俄罗斯	17 811.0	−43.3
9	荷兰	13 708.0	16.3
10	黎巴嫩	13 359.8	−15.8
11	叙利亚	13 174.4	−54.0
12	德国	12 368.6	5.8
13	土耳其	11 474.9	79.3
14	科威特	11 199.8	−13.0
15	摩洛哥	9 935.7	−3.2
	总计	303 082.0	

4-33-7 埃及农产品进口额前 15 位国家（地区）
（2012 年）

单位：万美元，%

序号	国家（地区）	进口额	同比增长
1	乌克兰	229 363.0	142.4
2	巴西	212 532.8	33.9
3	俄罗斯	201 962.8	46.6
4	美国	189 009.4	−36.2
5	阿根廷	107 242.0	−41.4
6	印度	62 856.9	55.4
7	法国	44 823.0	−25.7
8	荷兰	37 609.0	−6.9
9	印度尼西亚	37 122.2	−31.0
10	澳大利亚	36 331.4	−18.3
11	肯尼亚	31 878.1	−4.0
12	新西兰	31 389.7	51.8
13	泰国	24 545.6	73.7
14	中国	23 941.8	22.9
15	马来西亚	22 510.2	−52.2
	总计	1 293 117.9	

4-34 津巴布韦主要农产品贸易情况

4-34-1 津巴布韦主要农产品出口额（一）

单位：万美元

项目	2002年	2003年	2004年	2005年	2006年	2007年
农产品	78 672.2		85 736.3	45 324.8	179 398.7	86 956.7
谷物	1 165.8		11.6	32.6	47.5	28.8
小麦产品	127.3			16.1		10.4
玉米产品	815.6		7.1	8.7	41.3	1.4
稻谷产品	82.6		0.6	0.2	0.3	1.1
棉花	11 708.6		23 931.6	5 029.5	8 978.5	9 493.8
食用油籽	56.4		184.1	67.4	61.6	72.3
大豆	0.5		2.3	3.3	4.0	7.1
花生	38.7		18.4	13.2	27.5	24.0
油菜籽	2.8		0.2	0.5	0.4	
食用植物油	292.4		45.8	2.5	9.2	35.6
豆油	49.1					
菜籽油						
棕榈油					0.1	
食糖	4 439.5		3 711.0	5 847.6	5 527.4	3 518.6
蔬菜	5 956.2		2 394.2	524.9	45 863.0	14 653.4
水果	3 274.1		853.9	3 666.4	5 158.0	1 125.6
畜产品	7 190.8		2 713.6	1 682.6	2 247.3	3 431.4
猪产品	503.8		388.0	334.1	389.8	461.1
牛产品	645.2		60.2	1.8	22.0	43.8
羊产品	0.3					
禽产品	1 957.8		467.1	301.3	353.6	523.6
蛋产品	1 670.6		706.4	369.3	472.0	1 574.0
乳品	843.3		494.7	280.3	488.6	500.6
动物生皮	1 373.7		569.1	391.1	305.1	318.3
动物生毛皮			5.3			
羊毛	156.9		0.9	0.6	0.3	
水产品	472.3		281.4	195.2	1 270.0	1 150.8
饮品	7 976.6		2 076.8	881.2	2 040.8	1 453.6
酒	3 827.9		47.9	392.4	438.2	434.8
茶	3 024.8		1 341.2	283.3	1 354.9	838.4
咖啡	1 011.1		666.1	188.7	227.9	166.0
烟草	23 968.6		44 330.5	21 957.8	29 328.3	27 832.4

津巴布韦主要农产品出口额（二）

单位：万美元

项 目	2008 年	2009 年	2010 年	2011 年	2012 年
农产品	57 236.2	85 663.1	78 012.0	115 609.5	
谷物	2.9	50.1	51.5	148.8	
小麦产品			5.9	3.7	
玉米产品	2.4	32.5	35.9	137.5	
稻谷产品		17.6	8.5	7.6	
棉花	9 035.9	10 281.3	15 821.3	27 562.6	
食用油籽	163.7	695.1	401.5	981.1	
大豆	86.2	80.1	1.1	1.2	
花生	43.0	17.1	24.3	110.2	
油菜籽					
食用植物油	4.2	5.8	136.5	117.3	
豆油	0.1		1.4		
菜籽油					
棕榈油				0.1	
食糖	3 932.7	7 352.3	4 851.5	4 995.5	
蔬菜	3 915.6	656.1	475.5	567.2	
水果	4 486.2	433.7	514.3	601.2	
畜产品	1 700.9	1 558.1	2 280.3	3 028.3	
猪产品	217.8	6.4	0.7	0.4	
牛产品	7.9	10.3	129.7	11.5	
羊产品					
禽产品	74.5	172.3	175.8	183.5	
蛋产品	347.1	181.1	117.4	258.4	
乳品	174.2	233.6	78.8	1.7	
动物生皮	861.6	944.1	1 761.2	2 564.4	
动物生毛皮		0.1			
羊毛					
水产品	152.5	228.7	327.6	809.9	
饮品	622.9	1 449.5	2 171.0	2 428.1	
酒	196.0	477.7	741.7	667.9	
茶	315.9	815.6	1 290.2	1 584.2	
咖啡	80.0	137.8	89.6	126.3	
烟草	12 738.1	27 619.1	47 805.5	71 804.4	

4-34-2 津巴布韦主要农产品进口额（一）

单位：万美元

项 目	2002年	2003年	2004年	2005年	2006年	2007年
农产品	29 778.2		43 128.7	24 795.9	46 091.1	38 600.9
谷物	8 126.4		22 452.7	5 095.2	14 848.1	22 126.5
小麦产品	270.0		9 316.5	792.8	2 411.2	3 864.7
玉米产品	6 486.9		11 610.8	3 100.3	10 183.7	16 401.0
稻谷产品	1 225.2		793.6	1 082.9	690.5	1 110.3
棉花	41.6		1 096.2	3 984.0	19.0	52.4
食用油籽	931.1		801.4	715.8	616.2	379.2
大豆	513.8		437.5	120.7	153.3	234.7
花生	301.7		312.8	49.5	73.8	93.8
油菜籽	10.4		3.4	2.3	6.8	1.1
食用植物油	4 011.8		4 297.7	1 200.6	19 324.5	1 859.6
豆油	992.7		1 580.5	326.6	227.6	73.4
菜籽油				6.0		
棕榈油	2 159.0		1 931.3	658.6	565.1	482.8
食糖	4.3		104.2	1 841.7	1.3	7.9
蔬菜	1 150.4		496.4	657.4	336.7	430.1
水果	1 840.7		1 535.0	188.6	1 172.1	1 492.8
畜产品	1 633.3		1 064.0	627.3	610.4	932.7
猪产品	449.8		146.8	33.8	69.0	143.0
牛产品	5.4		40.4	84.4	67.2	48.6
羊产品	0.2			1.5	0.6	1.8
禽产品	297.8		228.4	104.6	118.7	233.6
蛋产品	0.2		0.2	3.1	4.5	0.7
乳品	716.8		508.4	279.3	207.9	300.5
动物生皮	9.3		29.7	85.6	18.0	32.6
动物生毛皮			4.1			
羊毛	1.8		0.3			0.1
水产品	383.0		349.5	266.4	542.1	384.6
饮品	3 210.0		757.1	1 169.4	506.1	708.2
酒	2 557.7		333.3	274.9	391.7	460.8
茶	128.0		8.7	1.0	13.9	14.9
咖啡	98.0		166.1	739.6	6.6	36.9
烟草	382.0		6 075.9	7 142.6	4 878.2	6 253.3

津巴布韦主要农产品进口额（二）

单位：万美元

项 目	2008 年	2009 年	2010 年	2011 年	2012 年
农产品	49 623.4	79 633.0	107 311.9	130 639.8	
谷物	28 443.6	36 573.5	40 027.7	48 562.1	
小麦产品	5 525.0	15 627.7	24 492.6	24 783.4	
玉米产品	19 566.6	15 753.6	8 721.1	14 293.1	
稻谷产品	1 216.1	2 694.0	5 710.3	8 592.8	
棉花	7.0	21.3	66.4	238.1	
食用油籽	211.1	986.1	1 389.3	401.6	
大豆	86.4	579.1	1 255.1	316.6	
花生	98.9	341.3	78.5	19.8	
油菜籽			2.0		
食用植物油	3 788.9	9 974.3	13 217.4	19 429.3	
豆油	234.3	153.0	2 981.3	5 345.7	
菜籽油	4.1	0.9	1.5		
棕榈油	124.7	195.2	699.2	1 629.8	
食糖	325.4	2 667.2	5 973.2	4 395.8	
蔬菜	732.8	1 602.0	3 219.0	3 912.4	
水果	817.2	2 364.7	4 579.6	5 798.3	
畜产品	2 438.6	7 031.9	6 779.1	9 335.5	
猪产品	42.5	364.4	194.7	357.3	
牛产品	29.0	113.5	114.4	1 142.4	
羊产品	1.3	1.3	1.9	7.0	
禽产品	252.2	3 105.5	2 439.3	1 608.1	
蛋产品	4.2	638.3	623.5	137.8	
乳品	1 922.3	2 114.8	2 944.0	4 870.0	
动物生皮	14.6	2.6	0.3	2.7	
动物生毛皮					
羊毛	0.2	0.3	1.2	3.2	
水产品	548.9	630.1	1 881.7	3 127.1	
饮品	2 562.3	4 044.9	4 688.1	5 391.9	
酒	1 603.5	2 389.3	2 070.2	2 609.8	
茶	46.3	78.2	96.7	130.3	
咖啡	36.9	63.5	211.6	136.5	
烟草	3 435.7	3 303.8	12 132.9	9 973.9	

4-34-3 津巴布韦主要农产品出口量（一）

单位：吨

项　目	2002年	2003年	2004年	2005年	2006年	2007年
农产品						
谷物			1 019.8	789.9	1 590.0	879.7
小麦产品			0.2	623.0		768.6
玉米产品			32.4	92.3	1 559.8	40.9
稻谷产品			485.5	0.5	2.8	38.9
棉花			173 788.6	71 475.9	83 538.8	92 057.7
食用油籽			11 882.5	7 416.0	5 419.9	407.0
大豆			408.6	95.3	204.0	170.3
花生			136.1	157.6	362.5	236.6
油菜籽			1.9	5.2	0.9	
食用植物油			274.8	55.2	113.6	367.9
豆油						
菜籽油						
棕榈油					0.1	
食糖			102 603.8	180 838.8	173 309.4	57 814.2
蔬菜				7 302.3	211 883.6	
水果						
畜产品						
猪产品						
牛产品						
羊产品						
禽产品						
蛋产品						
乳品			6 587.5	2 649.9	5 153.0	4 899.3
动物生皮			1 024.0	835.3	434.4	155.6
动物生毛皮			1.8			
羊毛			18.4	4.6	1.3	
水产品						
饮品						
酒						
茶			14 969.2	5 027.4	11 602.4	3 575.8
咖啡			6 467.2	1 852.1	1 791.0	774.2
烟草						

津巴布韦主要农产品出口量（二）

单位：吨

项　目	2008 年	2009 年	2010 年	2011 年	2012 年
农产品					
谷物	21.1	409.2	376.6	1 721.4	
小麦产品			97.3	63.7	
玉米产品	12.8	89.1	152.3	1 435.3	
稻谷产品		320.0	120.0	222.0	
棉花	78 736.3	91 255.8	92 352.9	98 249.4	
食用油籽	9 352.7	40 543.3	13 609.9	15 709.9	
大豆	6 441.9	1 732.7	26.2	86.0	
花生	455.3	182.2	178.4	1 078.9	
油菜籽					
食用植物油	242.5	35.7	1 643.8	1 426.7	
豆油	0.5		13.0		
菜籽油					
棕榈油				0.2	
食糖	79 389.1	138 173.0	112 000.0	102 000.0	
蔬菜	5 507.9	4 049.6	3 783.7	3 633.6	
水果					
畜产品					
猪产品					
牛产品					
羊产品					
禽产品					
蛋产品					
乳品	3 099.2	550.3	118.3	1.9	
动物生皮	214.8	327.2	3 085.5	4 662.8	
动物生毛皮		0.7			
羊毛					
水产品					
饮品					
酒					
茶	7 153.3	7 873.6	10 022.7	11 221.5	
咖啡	812.8	709.2	315.3	251.5	
烟草					

4-34-4 津巴布韦主要农产品进口量（一）

单位：吨

项目	2002年	2003年	2004年	2005年	2006年	2007年
农产品						
谷物			673 866.2	228 813.7	516 681.7	951 232.6
小麦产品			257 336.2	51 712.4	55 211.7	126 827.7
玉米产品			347 412.0	137 823.5	378 401.3	787 800.9
稻谷产品			34 404.4	31 071.6	19 302.8	36 469.8
棉花			11 751.2	37 594.9	2 174.4	406.1
食用油籽			19 010.4	52 100.4	28 605.8	6 758.6
大豆			13 175.4	5 775.3	4 555.2	5 571.3
花生			2 866.1	319.1	1 094.3	1 130.0
油菜籽			4.0	36.0	35.1	37.3
食用植物油			57 734.0	38 665.1	28 926.5	23 035.8
豆油			21 962.8	12 779.7	2 828.7	1 035.3
菜籽油				79.4		0.2
棕榈油			28 231.4	22 596.2	11 437.4	8 745.1
食糖			1 995.7	30 746.4	11.6	123.9
蔬菜				7 290.5	5 664.5	
水果						
畜产品						
猪产品						
牛产品						
羊产品						
禽产品						
蛋产品						
乳品			1 869.8	1 681.1	880.2	1 359.9
动物生皮			226.8	554.3	33.6	0.5
动物生毛皮			29.3			
羊毛			6.5		0.1	0.7
水产品						
饮品						
酒						
茶			83.9	8.9	39.5	44.0
咖啡			779.8	2 353.6	13.6	76.6
烟草						

津巴布韦主要农产品进口量（二）

单位：吨

项　目	2008 年	2009 年	2010 年	2011 年	2012 年
农产品					
谷物	1 973 637.3	1 328 891.1	667 616.2	1 027 996.8	
小麦产品	90 101.4	297 670.4	285 339.6	364 589.5	
玉米产品	558 036.4	949 756.1	259 171.0	511 889.3	
稻谷产品	1 287 129.0	37 761.3	100 295.6	129 311.4	
棉花	62.4	177.8	459.0	659.8	
食用油籽	3 496.3	9 807.1	30 657.3	6 246.6	
大豆	2 224.7	7 805.1	27 223.4	5 761.4	
花生	889.6	1 678.8	1 048.4	300.4	
油菜籽			31.2		
食用植物油	24 175.0	62 590.8	97 267.1	113 719.5	
豆油	1 335.1	1 286.9	21 924.3	30 977.0	
菜籽油	5.9	5.5	6.0		
棕榈油	1 142.6	1 790.0	6 150.6	10 290.2	
食糖	3 624.0	38 838.9	93 629.7	51 918.3	
蔬菜	6 735.7	18 179.4	31 232.1	30 975.6	
水果					
畜产品					
猪产品					
牛产品					
羊产品					
禽产品					
蛋产品					
乳品	1 384.0	13 632.5	15 614.8	24 855.9	
动物生皮	37.2	6.4	0.5	22.2	
动物生毛皮					
羊毛	1.4	1.0	2.1	28.8	
水产品					
饮品					
酒					
茶	154.1	227.3	284.0	222.1	
咖啡	80.5	142.5	342.1	238.9	
烟草					

4-35 尼日利亚主要农产品贸易情况

4-35-1 尼日利亚主要农产品出口额（一）

单位：万美元

项目	2002年	2003年	2004年	2005年	2006年	2007年
农产品	17 102.5	762.4			22 228.3	99 996.3
谷物		50.7			0.8	402.1
小麦产品		4.2			0.8	394.4
玉米产品						4.6
稻谷产品		46.5				
棉花	81.7	27.6			43.7	4 732.6
食用油籽	641.0	46.7			281.2	12 230.2
大豆						6.7
花生						
油菜籽						94.8
食用植物油	80.6					2.8
豆油						
菜籽油						
棕榈油	80.6					2.8
食糖	29.8	207.1				151.5
蔬菜	1.0	9.3			20.7	1 783.3
水果	2.1	11.2			1.0	1 219.6
畜产品	5 180.9	121.9			23.7	642.6
猪产品	5 149.2	9.3				23.0
牛产品					0.2	12.5
羊产品					5.6	5.4
禽产品	5 153.1	8.6				
蛋产品						
乳品	27.9	111.3			0.4	476.9
动物生皮						25.1
动物生毛皮						30.9
羊毛						
水产品	20.4	13.7			44.3	5 713.1
饮品	74.1	43.2			1 793.9	48 915.2
酒	3.0	1.1			22.5	1 165.1
茶	0.3				0.2	0.1
咖啡						212.8
烟草					95.8	3 504.5

尼日利亚主要农产品出口额（二）

单位：万美元

项　目	2008 年	2009 年	2010 年	2011 年	2012 年
农产品	121 124.7	256 266.9	350 996.9	246 009.2	796 122.5
谷物	295.2	69.9	90.9	364.9	4.9
小麦产品	266.4	30.7	29.7	95.5	3.1
玉米产品		34.4	22.0	12.7	0.9
稻谷产品		4.7		256.0	
棉花	7 262.6	6 245.8	33 657.0	8 161.3	17 922.0
食用油籽	15 361.0	19 496.5	64 265.0	39 101.0	50 427.6
大豆	12.1		94.3		16.5
花生	0.7	1.2	6.2	32.3	595.4
油菜籽				23.8	16.8
食用植物油	54.9	58.4	108.7	69.2	63.2
豆油			45.8		0.1
菜籽油				0.1	34.2
棕榈油	54.9	30.2	14.9		3.4
食糖		42.9	55.4	49.3	338.9
蔬菜	2 082.4	2 596.8	6 521.5	4 989.4	10 609.9
水果	1 299.4	700.0	501.5	454.1	1 095.8
畜产品	1 160.6	1 118.6	3 756.2	5 832.9	123 331.5
猪产品					
牛产品	0.8	0.3			0.3
羊产品					
禽产品					
蛋产品	7.7				
乳品	869.0	1 072.5	3 588.1	5 487.1	116 028.8
动物生皮	75.1	1.3	61.1		80.1
动物生毛皮	1.5	22.4	84.7		
羊毛	34.7				
水产品	7 326.0	33 708.6	32 408.8	10 406.2	35 367.8
饮品	62 409.5	145 205.2	133 283.7	115 897.1	382 068.6
酒	2 009.5	2 064.8	2 472.9	2 024.5	1 311.1
茶	4.6	0.3		12.0	72.0
咖啡	16.6			8.4	49.1
烟草	5 580.1	9 865.0	17 032.3	17 379.4	27 789.5

4-35-2 尼日利亚主要农产品进口额（一）

单位：万美元

项 目	2002年	2003年	2004年	2005年	2006年	2007年
农产品	184 783.1	240 860.5			424 495.8	683 551.1
谷物	59 277.8	63 131.9			179 338.5	266 441.2
小麦产品	35 277.1	39 469.7			136 580.1	217 907.3
玉米产品	281.9	199.4			61.3	97.4
稻谷产品	23 482.4	23 253.1			42 356.9	48 095.8
棉花	2 068.3	1 443.9			1.0	27.9
食用油籽	229.1	907.8			354.0	229.2
大豆	13.6	647.5			157.6	13.9
花生	13.4	9.4			0.1	52.2
油菜籽						
食用植物油	909.5	2 493.8			6.2	960.3
豆油	8.1	1 526.7				0.4
菜籽油						
棕榈油	816.4	915.6				754.9
食糖	25 600.1	16 233.9			9 562.8	27 865.4
蔬菜	1 062.0	401.8			10 707.7	10 682.4
水果	1 932.8	5 659.3			6 956.8	11 632.3
畜产品	20 469.4	34 293.2			71 927.2	112 074.8
猪产品	388.5	496.0			96.3	6.2
牛产品	30.1	54.9			184.7	0.3
羊产品	12.4	40.3			0.6	0.1
禽产品	322.0	4 329.6			24.6	
蛋产品	22.9	5.2			24.6	
乳品	17 848.5	23 746.3			66 274.2	101 647.4
动物生皮	17.2	219.3			38.7	5.6
动物生毛皮	3.5	5.8				9.5
羊毛	122.6	3.7				
水产品	36 579.1	48 981.7			82 034.9	128 057.1
饮品	5 288.4	35 908.4			11 105.7	37 766.2
酒	3 038.7	3 487.6			6 296.1	27 723.5
茶	1 341.4	930.5			1 938.3	3 174.9
咖啡	303.8	30 932.2			420.0	1 695.0
烟草	10 190.2	10 131.3			6 695.3	10 757.2

尼日利亚主要农产品进口额（二）

单位：万美元

项 目	2008 年	2009 年	2010 年	2011 年	2012 年
农产品	291 468.4	420 631.2	477 363.2	2 092 986.2	835 769.1
谷物	77 584.3	158 600.4	134 787.7	513 857.0	344 274.7
小麦产品	67 123.1	110 779.9	84 706.6	347 642.7	149 185.0
玉米产品	39.5	246.0	419.4	622.1	2 843.8
稻谷产品	9 598.1	47 189.5	49 485.0	165 303.2	192 058.1
棉花	1.9	5.6	81.3	1 070.0	46.7
食用油籽	570.5	335.0	13 828.9	81 137.6	3 646.8
大豆	23.3	201.3	12 534.8	1 000.1	3 066.2
花生	424.7	61.0	1 218.8	425.6	464.2
油菜籽					
食用植物油	166.2	1 342.3	1 057.8	4 662.0	9 440.3
豆油		107.7	6.4	13.6	0.8
菜籽油	1.3	12.8	0.3	4.9	2.0
棕榈油	0.4	1 002.7	938.4	3 986.0	9 150.0
食糖	5 438.8	30 472.8	37 279.5	147 869.3	94 837.4
蔬菜	6 871.5	8 512.0	14 168.2	19 289.4	17 118.1
水果	8 820.7	14 395.9	13 660.9	12 941.7	12 117.9
畜产品	49 361.1	34 329.3	41 729.3	199 380.8	55 527.9
猪产品		5.0	1 794.2	13 639.4	1 925.3
牛产品	293.5	9.0	45.7	53.4	107.6
羊产品	5.2	11.4	163.0	234.9	0.2
禽产品	1.6	6.4	9.2	7.4	453.1
蛋产品	0.5	30.2	83.3	61.7	103.2
乳品	38 746.4	30 038.3	34 317.2	171 580.3	47 776.8
动物生皮	903.2	45.0	119.1	23.1	121.5
动物生毛皮	0.9	0.5	1.5	0.2	1.8
羊毛	1.9	9.7		0.1	23.6
水产品	69 553.6	82 035.4	100 424.7	206 952.1	148 231.9
饮品	16 808.0	17 310.7	24 546.1	212 261.6	59 152.6
酒	11 632.2	9 898.3	15 487.0	17 114.8	20 983.5
茶	1 152.2	1 806.7	2 490.4	3 246.0	3 303.0
咖啡	767.1	1 759.4	1 244.2	954.5	1 500.6
烟草	6 832.2	7 614.2	10 167.7	19 273.7	9 633.9

4-35-3 尼日利亚主要农产品出口量（一）

单位：吨

项 目	2002年	2003年	2004年	2005年	2006年	2007年
农产品						
谷物		232.3			22.0	11 756.5
小麦产品		158.1			22.0	11 627.0
玉米产品						115.9
稻谷产品		74.2				
棉花	1 068.3	441.8			225.9	39 799.5
食用油籽	12 599.1	3 671.0			18 500.2	149 620.7
大豆						280.9
花生						0.4
油菜籽						79.8
食用植物油	215.0					64.0
豆油						
菜籽油						
棕榈油	215.0					64.0
食糖	1 342.3	7 294.8				3 183.3
蔬菜					51.2	
水果						
畜产品						
猪产品						
牛产品						
羊产品						
禽产品						
蛋产品						
乳品	50.3	685.2			87.0	2 301.7
动物生皮					46.5	227.6
动物生毛皮						
羊毛						
水产品						
饮品						
酒						
茶	40.0	87.8			4.2	0.1
咖啡					59.6	718.9
烟草						

尼日利亚主要农产品出口量（二）

单位：吨

项　目	2008年	2009年	2010年	2011年	2012年
农产品					
谷物	6 031.4	16 479.5	190.4	1 380.2	4 333.8
小麦产品	5 093.5	16 411.6	57.6	906.8	11.1
玉米产品		52.1	118.8	74.2	4 300.1
稻谷产品		13.4		239.1	2.0
棉花	57 359.4	40 462.8	45 146.1	21 067.1	62 951.7
食用油籽	130 797.9	112 042.4	234 041.1	170 615.6	246 455.1
大豆	306.9		879.5		20.0
花生	6.1	1.5	26.4	76.5	3 418.5
油菜籽				190.0	129.5
食用植物油	772.6	137.0	1 397.6	572.3	215.7
豆油			1 000.5		0.2
菜籽油				7.3	3.3
棕榈油	772.6	44.0	34.2		32.2
食糖		214.7	158.1	147.5	3 556.3
蔬菜		14 794.0	29 580.9	14 652.2	19 135.0
水果					
畜产品					
猪产品					
牛产品					
羊产品					
禽产品					
蛋产品					
乳品	2 351.4	5 011.4	11 992.2	14 320.1	50 993.2
动物生皮	519.2	39.5	53.0		37.2
动物生毛皮		0.2	314.5		
羊毛	122.9				
水产品					
饮品					
酒					
茶	9.0	1.5		29.4	6.3
咖啡	67.3			1.5	292.4
烟草					

4-35-4 尼日利亚主要农产品进口量（一）

单位：吨

项　目	2002年	2003年	2004年	2005年	2006年	2007年
农产品						
谷物	2 585 518.5	3 835 462.5			15 929 828.3	12 429 754.2
小麦产品	1 327 749.7	1 358 986.3			13 341 249.5	11 408 423.4
玉米产品	18 545.2	8 564.0			1 994.8	1 586.9
稻谷产品	1 232 847.8	2 460 088.0			2 551 812.1	1 014 420.5
棉花	37 388.9	9 767.3			2.0	216.1
食用油籽	97 101.2	25 192.8			11 580.2	882.5
大豆	14.6	21 355.9			4 624.4	281.0
花生	24.2	211.3			0.7	173.0
油菜籽						
食用植物油	8 043.0	11 533.8			43.1	14 498.5
豆油	103.9	1 007.7				4.6
菜籽油						
棕榈油	6 426.5	9 984.5				13 632.5
食糖	395 382.0	1 059 581.1			188 427.4	533 607.7
蔬菜					337 360.0	
水果						
畜产品						
猪产品						
牛产品						
羊产品						
禽产品						
蛋产品						
乳品	89 808.5	98 680.8			1 060 859.6	440 167.4
动物生皮	73.2	530.0			104.0	20.4
动物生毛皮	50.4	46.6				
羊毛	372.1	49.1				
水产品						
饮品						
酒						
茶	9 157.1	10 278.7			8 357.5	9 797.3
咖啡	375.4	4 384.5			10 586.8	2 781.5
烟草						

尼日利亚主要农产品进口量（二）

单位：吨

项　目	2008年	2009年	2010年	2011年	2012年
农产品					
谷物	2 610 331.6	1 734 031.4	2 299 121.4	2 229 351.9	2 471 419.3
小麦产品	2 428 477.9	1 323 283.3	1 438 648.8	1 778 416.2	1 975 101.9
玉米产品	522.1	1 735.8	143 966.5	7 487.9	15 830.5
稻谷产品	160 394.2	398 092.9	711 364.4	441 576.2	479 013.5
棉花	19.3	11.2	655.1	2 631.0	378.2
食用油籽	2 787.6	1 327.9	6 183.0	34 820.8	64 739.1
大豆	507.9	715.5	3 013.4	15 903.1	58 710.6
花生	1 842.2	261.5	2 113.4	3 510.5	4 070.8
油菜籽					
食用植物油	431.5	11 345.7	2 990.5	25 262.8	7 879.6
豆油		1 802.6	500.0	5.0	2.0
菜籽油	10.5	132.4	12.0	64.5	10.7
棕榈油	5.1	6 091.0	2 035.3	21 233.4	3 504.2
食糖	113 396.8	544 687.4	440 097.5	1 477 766.3	1 127 087.1
蔬菜		102 273.7	126 767.0	181 726.3	200 261.0
水果					
畜产品					
猪产品					
牛产品					
羊产品					
禽产品					
蛋产品					
乳品	125 820.0	510 223.4	1 763 229.1	176 165.6	155 929.8
动物生皮	5 379.0	657.2	4 370.8	130.5	1 524.5
动物生毛皮		2.2	16.6	1.0	6.6
羊毛	7.3	35.8		2.0	11.2
水产品					
饮品					
酒					
茶	4 419.3	11 387.1	6 388.6	7 928.2	8 834.5
咖啡	1 008.8	6 550.6	6 070.7	4 201.4	5 337.5
烟草					

4-36 阿尔及利亚主要农产品贸易情况

4-36-1 阿尔及利亚主要农产品出口额（一）

单位：万美元

项目	2002年	2003年	2004年	2005年	2006年	2007年
农产品	4 637.7	5 667.2	6 385.7	7 104.1	9 053.5	10 036.9
谷物	1.6	0.2	171.8	301.2	144.8	244.7
小麦产品	1.5	0.1	171.8	301.1	144.5	242.1
玉米产品						
稻谷产品	0.1				0.2	1.8
棉花	1.5		0.3	2.2	5.8	
食用油籽				0.6	6.6	
大豆						
花生					0.1	
油菜籽						
食用植物油	650.9	251.6	698.5	428.6	1 478.0	64.4
豆油						33.9
菜籽油	49.5				1 049.8	0.4
棕榈油						
食糖	0.1				273.7	171.2
蔬菜	59.0	83.2	117.0	113.1	126.6	1 310.1
水果	1 650.9	1 682.6	1 480.5	1 963.6	2 074.1	2 353.8
畜产品	309.0	1 021.6	780.3	596.3	671.8	451.3
猪产品						
牛产品	1.5	2.1	8.2		11.2	14.0
羊产品	2.8	0.8			3.3	47.8
禽产品	0.7	0.4			13.8	18.8
蛋产品	0.2	0.1			0.4	0.4
乳品	40.8	539.6	554.4	538.5	394.8	201.0
动物生皮	261.7	478.4	215.8	51.7	243.8	168.9
动物生毛皮						
羊毛						
水产品	601.2	695.0	950.8	1 192.8	1 298.5	1 431.9
饮品	967.6	1 184.1	1 253.8	1 254.5	1 355.1	2 401.0
酒	438.0	341.4	454.7	296.1	218.8	228.8
茶					0.1	
咖啡	0.2	4.8	0.7	0.2	0.2	0.1
烟草	20.0	20.2	27.2	2.6	21.4	32.4

阿尔及利亚主要农产品出口额（二）

单位：万美元

项　目	2008 年	2009 年	2010 年	2011 年	2012 年
农产品	13 042.5	11 696.1	32 363.9	35 886.4	32 005.5
谷物	660.0	180.9	157.6	3.8	30.0
小麦产品	660.0	173.3	0.1		27.6
玉米产品			0.1		
稻谷产品		2.5	0.5	0.5	
棉花		2.8	0.3		
食用油籽		0.1			
大豆					
花生					
油菜籽					
食用植物油	896.0	174.4	723.0	927.5	729.6
豆油	830.9	92.2	39.9	104.0	49.4
菜籽油	0.8	0.1			
棕榈油					
食糖	11.2	658.6	23 135.2	26 504.5	20 797.5
蔬菜	1 263.0	2 314.7	1 082.6	1 103.6	1 367.3
水果	2 071.4	1 477.5	2 325.0	2 706.2	2 693.9
畜产品	496.7	280.6	481.2	138.6	244.9
猪产品	0.1				
牛产品	0.1				
羊产品			0.4		8.1
禽产品	0.2	0.7	2.7	32.0	3.3
蛋产品			0.6		
乳品	296.3	227.5	109.8	102.5	225.1
动物生皮	194.3	46.5	364.4		
动物生毛皮					
羊毛					1.2
水产品	1 511.1	975.1	684.4	673.2	657.3
饮品	3 750.8	2 937.0	3 157.7	2 962.6	3 516.1
酒	188.2	135.8	175.5	112.3	122.5
茶				0.1	
咖啡	0.6	0.1	0.8	1.7	3.5
烟草	245.9	7.9	41.1	6.3	5.8

4-36-2 阿尔及利亚主要农产品进口额（一）

单位：万美元

项　目	2002年	2003年	2004年	2005年	2006年	2007年
农产品	306 695.6	308 864.7	406 167.5	398 730.9	417 757.4	555 344.6
谷物	128 910.1	112 701.8	137 681.4	142 872.6	138 731.0	196 050.6
小麦产品	95 228.5	88 059.4	104 263.1	102 498.7	99 724.5	139 447.1
玉米产品	24 136.7	21 313.4	29 928.9	35 568.1	33 892.0	51 921.8
稻谷产品	2 694.6	2 019.3	2 870.1	2 267.9	2 488.3	3 058.1
棉花	1 464.3	1 495.7	1 481.2	1 389.6	1 261.2	918.8
食用油籽	2 530.1	2 656.3	3 951.9	3 277.8	2 370.1	2 930.5
大豆	190.8	364.1	1 497.0	65.2	53.3	171.4
花生	1 871.3	1 685.8	1 872.7	2 472.2	1 906.1	2 175.5
油菜籽	4.4	8.0	4.2	3.1	5.9	4.5
食用植物油	21 748.4	28 173.2	30 922.0	24 500.2	30 816.1	43 197.6
豆油	1 043.9	5 302.3	5 422.9	14 926.1	18 464.9	25 840.4
菜籽油	8 923.0	2 302.1	2 968.2	813.6	0.7	1.8
棕榈油	3 635.6	6 743.1	7 365.0	2 830.6	7 672.9	4 988.1
食糖	26 125.3	22 230.0	25 603.8	28 107.1	42 747.6	41 298.2
蔬菜	8 582.7	6 767.9	9 526.5	7 231.4	11 118.9	18 017.1
水果	12 124.5	13 619.9	16 706.0	15 673.4	15 203.8	20 209.0
畜产品	54 305.6	64 315.3	108 667.2	101 990.5	92 487.7	123 116.2
猪产品	354.2	301.6	133.8	162.2	10.7	130.6
牛产品	3 138.5	9 667.4	21 731.3	21 425.0	16 478.8	12 652.6
羊产品	444.6	656.6	2 909.3	4 097.3	1 890.8	1 909.0
禽产品	826.7	1 313.1	1 473.8	1 789.8	2 916.1	1 743.5
蛋产品	449.7	691.2	489.0	178.3	179.9	87.8
乳品	48 773.3	51 384.7	81 659.2	74 150.3	70 686.6	106 253.3
动物生皮	209.3	129.4	105.6	10.7	3.2	1.3
动物生毛皮						
羊毛	9.0	17.3	28.1	19.5	9.0	24.2
水产品	970.6	1 727.2	2 429.0	2 709.1	3 389.5	2 909.0
饮品	10 266.7	14 390.3	15 181.0	17 612.1	21 530.3	29 148.4
酒	1 199.2	1 531.1	428.8	1 353.3	1 987.4	2 241.2
茶	739.0	857.7	923.4	1 199.9	1 179.3	1 182.5
咖啡	7 034.2	9 870.1	11 544.3	13 001.7	15 656.5	22 758.4
烟草	3 020.6	2 644.8	3 044.5	4 797.4	8 366.0	12 911.3

阿尔及利亚主要农产品进口额（二）

单位：万美元

项　目	2008年	2009年	2010年	2011年	2012年
农产品	855 591.2	650 928.2	679 809.2	1 089 284.0	1 014 115.1
谷物	401 871.7	231 737.5	195 380.9	402 355.5	326 380.1
小麦产品	317 444.3	183 048.7	125 191.0	284 745.3	212 992.1
玉米产品	67 370.7	41 092.1	64 029.5	100 162.9	94 522.1
稻谷产品	6 287.8	4 498.3	5 808.5	5 360.6	6 841.7
棉花	1 474.2	1 305.3	1 133.0	1 226.8	1 693.8
食用油籽	3 674.0	3 952.3	3 730.5	5 338.5	7 429.8
大豆	113.2	135.8	120.7	171.1	218.2
花生	2 676.5	2 913.4	2 461.0	3 535.4	5 395.5
油菜籽	6.5	1.1	9.3	13.2	18.9
食用植物油	64 052.9	48 346.3	57 531.9	83 172.2	85 894.1
豆油	40 665.4	31 549.2	39 846.6	61 484.9	57 185.1
菜籽油	8.3	6.4	751.7	1 824.3	
棕榈油	16 783.2	3 895.1	5 102.3	8 886.6	6 028.3
食糖	41 051.1	54 053.7	64 642.2	111 809.2	96 090.2
蔬菜	16 138.9	19 659.9	18 507.7	21 658.4	30 373.0
水果	24 737.8	29 943.3	35 289.5	48 821.5	58 749.0
畜产品	148 207.5	110 668.5	126 844.0	185 823.1	166 266.7
猪产品	11.4	133.8	12.4	11.9	14.7
牛产品	16 664.1	21 713.3	24 455.1	28 064.8	34 298.4
羊产品	1 129.6	5.1	232.4		1 469.7
禽产品	2 060.7	2 303.2	2 583.4	2 958.7	3 432.3
蛋产品	117.2	343.2	62.7	110.1	152.9
乳品	127 379.8	85 812.8	99 236.4	154 180.0	126 560.7
动物生皮	14.3	18.1		0.6	1.4
动物生毛皮					
羊毛	28.2	19.2	11.6	7.3	
水产品	3 241.6	5 511.0	7 599.2	6 108.2	7 015.1
饮品	39 865.2	32 660.6	32 965.4	50 209.0	56 358.7
酒	2 558.7	1 720.3	2 097.9	4 315.4	6 122.6
茶	1 364.2	1 405.1	1 537.8	2 128.4	2 790.5
咖啡	30 937.9	24 080.9	22 460.2	32 911.1	34 796.7
烟草	19 779.2	20 107.4	24 341.0	29 354.5	36 278.1

4-36-3 阿尔及利亚主要农产品出口量（一）

单位：吨

项 目	2002年	2003年	2004年	2005年	2006年	2007年
农产品						
谷物	46.2	2.5	4 763.9	10 059.7	5 130.0	5 208.0
小麦产品	45.4	2.2	4 763.9	10 058.7	5 126.6	5 109.3
玉米产品						
稻谷产品	0.8	0.3		1.0	2.3	91.4
棉花	6.0		1.4	7.0	25.6	
食用油籽				0.1	100.2	
大豆						
花生					0.2	
油菜籽						
食用植物油	8 387.2	3 582.9	5 387.6	3 557.3	17 004.3	483.7
豆油						370.7
菜籽油	1 647.9				13 847.5	2.4
棕榈油						
食糖	1.5	0.4			6 323.2	4 601.4
蔬菜	505.3	2 564.4	2 808.8	2 278.0	1 350.2	11 084.5
水果						
畜产品						
猪产品						
牛产品						
羊产品						
禽产品						
蛋产品						
乳品	711.0	8 203.8	7 798.0	8 545.4	5 008.3	2 254.4
动物生皮	1 790.8	2 249.8	1 027.2	531.8	2 670.1	1 104.7
动物生毛皮						
羊毛						
水产品						
饮品						
酒						
茶					0.5	0.2
咖啡	0.6	54.1	2.0	0.6	0.5	0.2
烟草						

阿尔及利亚主要农产品出口量（二）

单位：吨

项　目	2008 年	2009 年	2010 年	2011 年	2012 年
农产品					
谷物	8 718.6	4 343.9	10 991.5	28.8	810.3
小麦产品	8 718.0	4 289.6	0.5		784.2
玉米产品		1.1	0.1		
稻谷产品		24.8	5.0	5.1	0.1
棉花		5.1	0.7		
食用油籽		1.5			
大豆					
花生					
油菜籽					
食用植物油	5 167.2	1 281.4	5 323.4	7 154.7	4 549.3
豆油	4 850.0	763.9	281.3	768.2	420.0
菜籽油	1.4	0.4			0.1
棕榈油					
食糖	204.9	13 820.2	366 783.7	333 373.5	313 384.2
蔬菜	7 600.9	16 507.3	11 751.5	11 311.6	7 286.0
水果					
畜产品					
猪产品					
牛产品					
羊产品					
禽产品					
蛋产品					
乳品	2 651.5	2 164.7	1 067.7	714.3	1 840.3
动物生皮	1 107.8	331.3	3 727.2		
动物生毛皮					
羊毛					10.0
水产品					
饮品					
酒					
茶				0.1	
咖啡	2.4	0.4	3.2	3.8	10.2
烟草					

4-36-4 阿尔及利亚主要农产品进口量（一）

单位：吨

项　目	2002年	2003年	2004年	2005年	2006年	2007年
农产品						
谷物	8 632 335.5	6 905 673.7	6 953 613.5	8 343 732.3	10 227 590.3	7 283 142.3
小麦产品	6 021 817.2	5 189 559.3	5 047 834.8	5 685 906.6	7 804 616.9	4 856 163.4
玉米产品	1 904 762.8	1 547 209.4	1 793 090.0	2 455 245.7	2 198 167.7	2 287 529.8
稻谷产品	96 783.0	65 306.9	71 297.7	54 439.7	67 379.4	73 745.9
棉花	13 647.5	20 737.3	9 234.6	11 377.1	7 455.6	6 457.4
食用油籽	58 150.8	62 699.5	93 137.0	60 331.9	47 329.6	60 273.0
大豆	6 898.5	12 747.2	44 646.1	354.0	517.2	3 134.9
花生	43 765.6	41 411.2	41 213.2	51 597.6	40 872.3	47 226.9
油菜籽	29.3	102.7	67.5	59.1	85.3	71.6
食用植物油	442 867.3	504 376.4	506 730.0	442 174.2	559 861.9	546 139.3
豆油	24 922.7	92 402.2	92 924.6	278 328.5	328 177.1	309 327.0
菜籽油	184 655.6	37 920.1	44 560.0	12 161.4	0.2	3.9
棕榈油	90 039.2	132 940.1	135 385.2	58 240.1	151 009.3	66 538.1
食糖	1 024 028.2	946 833.4	1 075 353.6	993 375.9	1 052 440.4	1 189 303.3
蔬菜	201 108.5	127 923.9	174 269.8	124 636.2	197 392.2	297 110.6
水果						
畜产品						
猪产品						
牛产品						
羊产品						
禽产品						
蛋产品						
乳品	269 918.7	236 742.9	293 297.4	287 517.3	288 099.8	293 223.5
动物生皮	1 010.1	555.5	542.7	58.8	29.7	2.1
动物生毛皮	0.2		0.1			
羊毛	70.1	116.5	136.5	112.6	70.6	90.5
水产品						
饮品						
酒						
茶	6 944.7	8 273.5	8 230.0	10 631.9	11 189.1	10 822.5
咖啡	110 986.8	105 218.6	129 177.0	113 648.3	110 597.3	118 145.1
烟草						

阿尔及利亚主要农产品进口量（二）

单位：吨

项　目	2008 年	2009 年	2010 年	2011 年	2012 年
农产品					
谷物	9 117 285.2	7 906 855.4	8 126 320.7	11 097 310.1	9 918 068.8
小麦产品	6 486 751.5	5 719 898.9	5 232 704.6	7 454 909.7	6 347 734.8
玉米产品	2 203 735.8	2 001 489.9	2 788 377.3	3 158 323.1	3 046 498.3
稻谷产品	97 650.6	75 948.9	95 017.6	86 963.8	108 752.4
棉花	7 818.1	9 610.3	6 096.4	3 758.4	6 471.6
食用油籽	63 728.4	65 340.7	58 395.1	64 008.1	52 050.4
大豆	878.6	1 095.3	1 036.9	1 342.1	1 624.8
花生	53 290.8	57 084.5	46 846.7	52 060.7	39 053.3
油菜籽	66.7	16.9	132.5	141.9	209.2
食用植物油	515 695.1	597 955.1	621 792.9	655 444.4	711 057.1
豆油	330 991.3	391 095.5	426 777.7	484 490.6	464 720.9
菜籽油	40.1	26.3	7 003.2	14 003.1	
棕榈油	135 140.9	51 214.3	56 004.9	71 344.2	53 261.5
食糖	1 096 650.7	1 214 719.4	1 225 837.4	1 551 354.8	1 672 489.2
蔬菜	1 394 607.3	242 132.4	239 836.6	237 666.5	325 440.9
水果					
畜产品					
猪产品					
牛产品					
羊产品					
禽产品					
蛋产品					
乳品	293 630.3	324 601.8	298 898.2	375 949.1	344 379.1
动物生皮	16.8	102.4	0.1	1.2	1.2
动物生毛皮					
羊毛	120.7	132.9	60.7	19.1	
水产品					
饮品					
酒					
茶	11 257.5	11 813.4	12 671.5	15 775.9	16 010.0
咖啡	126 859.3	123 791.6	121 999.4	117 260.5	127 571.8
烟草					

4-37 肯尼亚主要农产品贸易情况

4-37-1 肯尼亚主要农产品出口额（一）

单位：万美元

项目	2002年	2003年	2004年	2005年	2006年	2007年
农产品	59 138.8	135 508.5	139 185.4	163 102.7	191 271.3	223 379.8
谷物	804.6	1 074.0	440.4	771.1	634.9	1 592.8
小麦产品	41.2	76.7	26.3	13.8	68.2	45.4
玉米产品	707.1	797.6	323.2	424.4	439.6	1 314.0
稻谷产品	40.9	47.0	8.0	52.8	47.6	66.5
棉花	108.0	126.7	87.4	40.8	10.4	14.8
食用油籽	35.8	275.6	349.3	382.6	724.4	789.4
大豆	16.7	62.6	44.0	35.5	335.1	222.3
花生	8.7	13.6	3.8	8.9	4.5	3.0
油菜籽				0.2	4.8	
食用植物油	1 240.5	3 269.3	3 082.1	2 755.2	2 794.3	4 211.4
豆油	514.4	954.9	465.1	336.3	192.5	389.4
菜籽油						0.4
棕榈油	652.3	2 211.3	2 566.2	2 270.1	2 527.2	3 716.1
食糖	1 379.9	2 039.3	32.4	744.4	802.0	1 416.3
蔬菜	8 324.2	16 123.7	18 753.8	21 853.5	24 210.2	27 816.1
水果	5 839.0	8 035.9	7 956.4	7 962.1	7 977.5	10 379.9
畜产品	836.9	1 750.8	2 443.0	2 567.2	2 739.0	3 204.8
猪产品	76.1	172.1	282.7	355.7	398.9	477.0
牛产品	22.5	46.4	65.9	107.3	130.4	130.6
羊产品	2.9	2.9	11.9	31.3	39.1	47.4
禽产品	43.9	69.5	122.3	83.7	41.0	91.1
蛋产品	6.4	19.9	12.3	17.5	9.4	8.3
乳品	109.2	177.1	260.3	436.4	860.7	1 662.1
动物生皮	365.1	879.0	1 356.3	1 146.2	862.3	212.8
动物生毛皮				0.1		
羊毛	64.6	198.6	163.7	188.9	193.0	343.5
水产品	2 563.3	5 773.2	5 307.2	6 191.9	5 613.0	6 241.6
饮品	17 948.6	58 965.1	57 586.6	71 030.3	83 097.6	91 503.3
酒	211.0	623.8	605.5	856.4	2 592.7	4 213.6
茶	14 118.2	48 789.9	46 842.2	56 832.8	66 142.9	69 862.2
咖啡	3 540.4	9 139.1	9 484.2	12 821.0	13 839.1	16 622.5
烟草	3 771.7	4 863.4	3 948.8	6 971.8	11 270.3	12 781.6

肯尼亚主要农产品出口额（二）

单位：万美元

项 目	2008 年	2009 年	2010 年	2011 年	2012 年
农产品	274 972.6	255 588.9	299 557.7		
*谷物	1 384.2	1 108.5	2 786.7		
小麦产品	231.0	318.7	310.3		
玉米产品	890.5	442.4	668.0		
稻谷产品	103.8	155.2	138.8		
棉花	0.4	11.2	32.5		
食用油籽	619.4	684.9	926.3		
大豆	166.9	2.7	224.1		
花生	16.5	65.5	100.6		
油菜籽					
食用植物油	5 777.4	5 183.8	8 681.9		
豆油	375.4	167.7	130.3		
菜籽油	1.5		0.2		
棕榈油	5 221.3	4 726.7	8 350.3		
食糖	2 905.9	150.0	194.3		
蔬菜	30 307.1	25 907.2	28 651.9		
水果	12 906.1	10 087.9	12 351.5		
畜产品	3 297.8	3 283.2	4 507.2		
猪产品	582.3	600.1	747.4		
牛产品	216.7	306.3	539.0		
羊产品	49.9	99.0	434.3		
禽产品	134.3	125.1	374.2		
蛋产品	5.7	12.4	56.8		
乳品	1 599.0	1 366.6	1 697.7		
动物生皮	57.7	38.2	14.5		
动物生毛皮					
羊毛	222.8	260.6	290.3		
水产品	7 631.2	5 904.8	6 478.2		
饮品	114 578.7	116 933.2	145 147.2		
酒	5 045.7	6 279.0	6 564.8		
茶	93 176.5	89 410.8	116 376.6		
咖啡	15 402.5	20 228.2	20 886.6		
烟草	13 768.7	13 616.0	13 582.8		

4-37-2 肯尼亚主要农产品进口额（一）

单位：万美元

项　目	2002年	2003年	2004年	2005年	2006年	2007年
农产品	38 873.4	44 169.0	49 896.3	58 772.3	71 259.5	103 739.2
谷物	9 612.3	13 671.1	19 273.3	18 603.5	20 780.6	28 507.0
小麦产品	6 617.3	8 114.6	8 627.2	10 626.9	11 186.3	17 394.3
玉米产品	294.2	1 791.4	6 224.5	2 339.3	2 582.7	2 975.5
稻谷产品	2 685.4	3 728.7	4 376.6	5 257.3	6 392.4	7 124.8
棉花	44.8	198.4	256.0	331.2	589.8	465.5
食用油籽	38.8	80.0	400.4	505.5	472.4	2 209.2
大豆	22.7	31.2	247.6	430.7	355.5	1 718.5
花生	2.3	8.2	33.3	19.9	19.9	387.0
油菜籽	0.1		0.4	0.3		
食用植物油	15 591.9	15 735.7	10 529.9	17 247.4	22 509.9	32 542.7
豆油	388.1	1 289.4	265.5	113.5	463.0	661.1
菜籽油	0.2	0.3	0.4	0.6	0.8	0.1
棕榈油	14 999.1	14 332.4	10 211.2	16 819.2	21 622.5	31 390.4
食糖	3 278.7	4 801.0	4 585.6	4 851.0	6 722.2	10 843.8
蔬菜	646.6	815.0	918.3	1 212.6	1 819.3	1 954.5
水果	868.4	978.8	1 235.7	1 375.3	1 789.0	2 552.6
畜产品	797.0	472.6	693.0	568.3	954.7	1 277.9
猪产品	10.8	7.6	16.2	65.2	107.4	167.9
牛产品	25.4	27.7	41.8	6.8	19.1	17.2
羊产品	9.0	4.6	5.1	0.4	8.6	14.1
禽产品	29.7	29.4	41.5	31.3	16.8	24.4
蛋产品	2.7	8.9	107.1	49.6	21.8	70.7
乳品	353.2	162.7	330.0	226.3	411.6	466.0
动物生皮	16.7	31.7	35.9	131.8	293.2	427.7
动物生毛皮				0.1		
羊毛	1.6			3.5		
水产品	303.8	356.1	606.1	743.8	834.9	1 152.7
饮品	2 564.5	2 562.2	3 747.8	3 222.8	4 035.8	4 350.2
酒	1 286.1	1 065.3	1 535.5	1 697.7	1 895.9	2 240.7
茶	607.9	782.0	1 513.4	810.9	1 121.3	838.5
咖啡	77.1	104.4	125.3	103.6	131.2	201.0
烟草	1 496.4	449.6	2 705.5	2 992.1	2 455.2	4 410.8

肯尼亚主要农产品进口额（二）

单位：万美元

项　目	2008 年	2009 年	2010 年	2011 年	2012 年
农产品	134 380.5	161 266.4	149 716.5		
谷物	40 909.5	79 320.7	42 636.7		
小麦产品	21 189.1	19 899.7	23 307.8		
玉米产品	10 272.8	45 959.4	8 433.7		
稻谷产品	8 655.8	9 959.6	10 034.7		
棉花	448.2	502.2	513.6		
食用油籽	1 987.4	3 027.4	2 307.5		
大豆	733.3	1 666.3	833.6		
花生	349.6	548.2	786.1		
油菜籽	0.2				
食用植物油	48 231.8	34 124.2	46 213.2		
豆油	1 386.5	3.7	54.8		
菜籽油	2.5	0.6	4.4		
棕榈油	45 876.0	33 261.9	45 196.0		
食糖	9 955.2	9 377.6	16 839.1		
蔬菜	2 345.2	2 074.5	2 226.1		
水果	3 336.9	3 624.8	4 287.9		
畜产品	1 332.8	1 716.6	2 599.5		
猪产品	146.1	77.6	69.5		
牛产品	6.6	15.9	14.3		
羊产品	0.2	0.2	2.9		
禽产品	42.9	38.8	84.5		
蛋产品	19.6	8.8	2.5		
乳品	623.1	1 121.1	1 479.9		
动物生皮	362.7	327.9	733.7		
动物生毛皮					
羊毛			0.1		
水产品	1 048.8	1 078.2	1 453.7		
饮品	4 780.3	4 694.4	7 480.7		
酒	2 651.3	2 555.3	3 515.6		
茶	514.7	469.7	1 787.4		
咖啡	155.8	225.3	342.0		
烟草	5 868.2	3 935.1	6 496.3		

4-37-3 肯尼亚主要农产品出口量（一）

单位：吨

项 目	2002年	2003年	2004年	2005年	2006年	2007年
农产品						
谷物	59 296.0	37 280.6	28 811.6	17 266.4	23 237.4	56 781.9
小麦产品	1 888.5	3 049.0	974.3	488.9	3 211.6	2 944.9
玉米产品	55 448.4	27 657.0	24 497.9	11 751.9	17 800.6	50 027.7
稻谷产品	1 501.4	2 410.3	142.3	783.5	1 043.2	697.9
棉花	1 242.4	895.9	679.2	426.5	83.2	122.0
食用油籽	988.2	5 312.8	8 210.2	7 499.6	12 038.2	7 765.7
大豆	585.5	1 883.4	808.0	919.7	6 325.8	4 374.5
花生	182.6	233.1	35.4	112.4	60.8	23.4
油菜籽				2.1		
食用植物油	17 011.7	41 952.2	39 734.5	36 642.8	36 562.1	38 837.0
豆油	6 456.7	7 608.9	5 321.2	3 798.2	2 134.7	3 339.4
菜籽油		0.1				0.7
棕榈油	9 573.0	33 152.1	33 865.3	31 510.7	33 731.8	34 564.7
食糖	38 797.2	38 197.2	2 901.9	11 978.3	14 518.9	22 267.0
蔬菜				88 336.4	94 252.5	124 735.7
水果						
畜产品						
猪产品						
牛产品						
羊产品						
禽产品						
蛋产品						
乳品	670.2	3 269.2	3 235.9	6 479.5	7 522.8	11 812.7
动物生皮	2 040.2	17 210.1	20 839.2	15 683.0	11 875.4	2 415.6
动物生毛皮				0.2		
羊毛	916.2	1 864.5	1 274.6	1 456.7	1 372.8	1 973.5
水产品						
饮品						
酒						
茶	113 737.6	295 328.9	284 382.7	348 215.2	325 145.6	374 416.8
咖啡	52 301.9	64 473.4	52 769.4	50 562.8	50 266.5	59 384.6
烟草						

肯尼亚主要农产品出口量（二）

单位：吨

项　目	2008年	2009年	2010年	2011年	2012年
农产品					
谷物	33 764.1	18 201.1	83 157.5		
小麦产品	4 364.2	5 413.1	7 465.8		
玉米产品	24 858.4	5 940.3	11 144.3		
稻谷产品	1 540.8	2 510.2	2 242.5		
棉花	3.0	27.3	130.4		
食用油籽	8 086.2	6 496.5	11 024.3		
大豆	1 933.7	75.9	5 290.2		
花生	83.0	243.7	381.8		
油菜籽					
食用植物油	38 840.4	47 890.1	72 030.0		
豆油	2 202.8	1 222.3	903.6		
菜籽油	9.6		0.1		
棕榈油	35 542.2	44 624.7	69 790.3		
食糖	45 095.2	2 135.9	2 750.4		
蔬菜	105 391.2	95 900.4	111 124.7		
水果					
畜产品					
猪产品					
牛产品					
羊产品					
禽产品					
蛋产品					
乳品	10 721.4	9 177.9	12 091.5		
动物生皮	841.3	716.9	322.4		
动物生毛皮					
羊毛	1 326.6	1 842.4	1 851.8		
水产品					
饮品					
酒					
茶	390 294.5	331 607.4	417 704.3		
咖啡	44 178.3	62 110.1	44 363.5		
烟草					

4-37-4 肯尼亚主要农产品进口量（一）

单位：吨

项　目	2002年	2003年	2004年	2005年	2006年	2007年
农产品						
谷物	613 222.6	790 232.4	842 684.3	952 305.3	1 014 987.5	1 068 061.1
小麦产品	455 857.7	485 521.4	381 356.2	624 566.2	652 678.7	619 752.2
玉米产品	16 398.3	105 875.7	250 607.6	82 809.1	82 351.8	137 739.9
稻谷产品	140 591.7	196 029.9	207 836.1	228 979.2	260 935.9	261 711.4
棉花	2 306.9	2 343.7	3 148.9	3 742.8	4 732.2	3 782.4
食用油籽	3 376.9	5 188.0	84 215.0	14 343.5	14 362.3	89 646.7
大豆	1 614.5	2 670.0	76 123.4	8 588.1	10 236.7	59 904.8
花生	39.6	164.4	1 148.5	965.1	861.5	21 865.5
油菜籽	0.2		0.8	20.1		
食用植物油	353 093.0	313 751.9	194 665.2	379 617.3	462 125.8	427 276.0
豆油	9 051.2	22 971.0	4 928.8	3 522.7	6 648.4	7 257.9
菜籽油	0.9	1.4	3.1	7.4	4.6	0.4
棕榈油	341 329.3	289 575.5	189 513.9	372 310.1	450 788.5	415 970.5
食糖	109 170.0	163 644.9	157 662.6	149 663.4	166 325.2	230 013.0
蔬菜				9 764.9	22 830.3	35 365.2
水果						
畜产品						
猪产品						
牛产品						
羊产品						
禽产品						
蛋产品						
乳品	1 656.9	545.6	1 628.7	1 151.8	2 221.2	2 899.7
动物生皮	193.4	1 062.8	733.9	1 448.0	2 834.5	3 505.7
动物生毛皮				1.0		
羊毛	17.9			14.8		
水产品						
饮品						
酒						
茶	7 682.4	10 275.4	19 064.6	11 181.7	12 102.7	8 682.9
咖啡	1 039.7	354.9	668.5	666.7	341.6	329.1
烟草						

肯尼亚主要农产品进口量（二）

单位：吨

项 目	2008年	2009年	2010年	2011年	2012年
农产品					
谷物	1 112 332.0	2 748 229.0	1 453 932.4		
小麦产品	563 181.8	802 913.3	873 837.0		
玉米产品	258 846.8	1 545 338.0	263 835.5		
稻谷产品	266 220.8	302 802.7	283 059.7		
棉花	2 701.6	4 243.4	2 995.5		
食用油籽	29 446.6	50 530.2	40 753.9		
大豆	14 876.0	34 797.6	21 465.1		
花生	5 865.5	7 658.7	12 161.2		
油菜籽	1.1				
食用植物油	431 204.5	495 715.4	545 002.4		
豆油	10 201.7	13.9	482.1		
菜籽油	12.1	7.7	17.9		
棕榈油	415 757.1	487 061.8	536 571.7		
食糖	220 526.4	184 537.4	257 724.2		
蔬菜	58 907.9	26 009.9	22 787.1		
水果					
畜产品					
猪产品					
牛产品					
羊产品					
禽产品					
蛋产品					
乳品	3 394.4	5 164.5	8 679.9		
动物生皮	2 804.6	2 370.1	4 360.6		
动物生毛皮					
羊毛			0.1		
水产品					
饮品					
酒					
茶	4 935.8	4 334.6	13 735.5		
咖啡	349.2	446.1	674.4		
烟草					

图书在版编目（CIP）数据

国际农产品贸易统计年鉴．2013/农业部农产品贸易办公室，农业部农业贸易促进中心编．—北京：中国农业出版社，2013.12

ISBN 978-7-109-18657-6

Ⅰ．①国… Ⅱ．①农…②农… Ⅲ．①农产品贸易－国际贸易－统计资料－2013－年鉴 Ⅳ．①F746.2-66

中国版本图书馆 CIP 数据核字（2013）第 285067 号

中国农业出版社出版
（北京市朝阳区农展馆北路 2 号）
（邮政编码：100125）
责任编辑 汪子涵

中国农业出版社印刷厂印刷 新华书店北京发行所发行
2013 年 12 月第 1 版 2013 年 12 月北京第 1 次印刷

开本：720mm×960mm 1/16 印张：29.5 插页：2
字数：525 千字
定价：80.00 元
（凡本版图书出现印刷、装订错误，请向出版社发行部调换）